Paul Larreya & C

GRAMMAIRE EXPLICATIVE

DE L'anglais

Troisième édition

En complément de cet ouvrage :
Exercices de la grammaire explicative de l'anglais
Deuxième édition

Paul Larreya & Claude Rivière

GRAMMAIRE EXPLICATIVE

DE L'anglais

Troisième édition

PEARSON
Longman

REMERCIEMENTS

Nous tenons à remercier particulièrement Wendy Schottman pour ses observations et suggestions, toujours très pertinentes. Cet ouvrage doit également beaucoup à des remarques qui nous ont été faites concernant les éditions précédentes, et, de façon plus large, il doit beaucoup à la communauté des linguistes anglicistes : notre réflexion sur les phénomènes grammaticaux de l'anglais a été sans cesse enrichie par des discussions avec nos collègues, ou par la lecture de leurs publications. Parmi ceux, très nombreux, que nous tenons à remercier, nous mentionnerons particulièrement Viviane Arigne, Pierre J. Arnaud, Danielle Bailly, Patrice Bergheaud, Joan Bertrand, Claude Boisson, Daniel Bonnet-Piron, Dominique Boulonnais, Philippe Bourdin, Sylviane Burner-Labaune, Pierre Busuttil, Agnès Celle, Colette Charpentier, Claude Charreyre, Marie-France Chen-Géré, François Chevillet, Hélène Chuquet, Jean Chuquet, Pierre Cotte, Henry Daniels, Bernard De Giorgi, Monique De Mattia-Viviès, Guy de Montjou, Catherine Delesse, Ilse Depraetere, Gérard Deléchelle, Claude Delmas, Alain Deschamps, Françoise Dubois-Charlier, Ulrika Dubos, Jean-Louis Duchet, Lionel Dufaye, Ronald Flintham, Jean-Michel Fournier, Hervé Fourtina, Marc Fryd, Grégory Furmaniak, Jean-Marc Gachelin, Georges Garnier, Isabelle Gaudy-Campbell, André Gauthier, Pierre-Don Giancarli, Geneviève Girard, Lucie Gournay, Mark Gray, Stéphane Gresset, Hubert Greven, Marie-Line Groussier, Jacqueline Guéron, Claude Guimier, Christiane Haeusser, Ruth Huart, John Humbley, Denis Jamet, André Joly, Jean-Charles Khalifa, Pierre Labrosse, Annie Lancri, Morag Landi, Jean-Rémi Lapaire, Tony Lattes, Laetitia Leonarduzzi, André Lipcey, Malcolm Massey, Susan Mauroux, Régis Mauroy, Gérard Mélis, Jean-Marie Merle, Renaud Méry, Christiane Migette, Philip Miller, Michelle Mittner, Catherine Moreau, Gérard Naudé, Alain Nicaise, Dairine O'Kelly, Eithne O'Neill, John Osborne, Maurice Pagnoux, Michel Paillard, Michael Parsons, Jean Pauchard, Catherine Paulin, Michel Petit, Dennis Philps, Nigel Quayle, Michel Ratié, Isabelle Richard, Simone Rinzler, René Rivara, Valerie Roques, Wilfrid Rotgé, Daniel Roulland, Raphael Salkie, Arlette Sancery, Anne-Marie Santin-Guettier, Martine Schuwer, Richard Sibley, Jean-Claude Souesme, Christine Thompson, Jean Tournier, Anne Trévise, Béatrice Vautherin, Monique Verrac, Jean-Louis Vidalenc, Michel Viel, Jean-Philippe Watbled, Charles Watkins et Christopher Williams.

Notre reconnaissance va également à Lionel Guierre, pour le rôle important qu'il a joué lors de la conception de cet ouvrage.

P. L. et C. R.

Sommaire

Symboles, abréviations, conventions typographiques

!   Attention

➤   Voir / Se reporter à

★   La forme est incorrecte

?   La forme est d'acceptabilité douteuse, ou elle nécessite un contexte très particulier

= $(X = Y)$ Formes équivalentes du point de vue du sens

≈ $(X ≈ Y)$ Formes de sens voisin

≠ $(X ≠ Y)$ Formes à contraster

↔ $(X ↔ Y)$ On passe de X à Y par une modification syntaxique (par exemple actif ↔ passif)

Ø   Zéro (voir index)

GN	Groupe nominal	N	Nom
GV	Groupe verbal	V	Verbe
GB	Forme de l'anglais britannique	US	Forme de l'anglais américain

Les passages en petits caractères permettent une étude plus poussée en donnant des détails supplémentaires. Pour les conventions typographiques concernant l'emploi des capitales (*CAN* / *can*), ➤ 1.3.4.

Signes phonétiques utilisés, anglais britannique

(Les transcriptions figurent entre barres obliques / /)

Voyelles :

iː	sheep	ʊə	poor
ɪ	ship	əʊ	note
i	pretty	ɔɪ	boy
e	bed	uː	boot
æ	bad	ʊ	put
ɪə	here	ɔː	caught
eɪ	make	ɒ	dog
eə	there	ɑː	calm
ʌ	cut	aɪ	bite
ɜː	bird	aʊ	now
ə	about		

Consonnes

ð	then
θ	thing
ŋ	song
dʒ	judge
tʃ	cheer
h	here
ʒ	pleasure
ʃ	ship
j	year

Seules les consonnes inconnues en français, ou dont la transcription peut prêter à confusion, sont données ici. Mais attention, certains signes – comme /r/ – ne représentent pas le même son en français et en anglais.

L'accent principal de mot est indiqué par le signe /ˈ/, qui précède la voyelle accentuée. Dans le texte, l'accent de groupe intonatif est indiqué, lorsque c'est nécessaire, par des lettres capitales : *They should've LEFT, now.*

1 Introduction

1.1 Les variétés d'anglais

Il existe de multiples variétés d'anglais (comme de français, d'ailleurs). Cependant, ces diverses variétés ont des points communs considérables, et, par ailleurs, une grammaire qui s'adresse à des étrangers doit faire un choix.

Vous trouverez ici une description de l'anglais dit **standard**, c'est-à-dire l'anglais que parlent et écrivent les gens d'un bon niveau d'éducation en Grande-Bretagne, aux États-Unis et dans les autres pays anglophones. C'est l'anglais qu'on lit dans les journaux et qu'on entend à la radio et à la télévision. Nous signalons à l'occasion les différences qui existent entre l'anglais de Grande-Bretagne et celui des États-Unis.

De plus, à l'intérieur de l'anglais standard, il existe des registres différents :

- **oral / écrit**
- **familier / soutenu** (ou **"formel"**), avec des degrés intermédiaires
  oral familier : par exemple, conversation entre amis
  oral soutenu : par exemple, conversation avec un inconnu, avec un supérieur
  écrit familier : par exemple, lettre à un ami, presse à sensation
  écrit soutenu : par exemple, dissertation, presse "sérieuse", courrier administratif et commercial

Un étranger (ou, pour employer un terme technique, un locuteur non natif) doit apprendre un anglais qui ne se fasse pas remarquer : il faut éviter de paraître trop guindé (parler comme un livre), ou aussi bien de paraître trop familier. Pour vous guider, nous mentionnons les différences de registre quand elles sont importantes : il y a des choses qui se disent mais ne s'écrivent pas, d'autres qui s'écrivent mais ne se disent pas.

> *Got it?* Compris ? (registre oral familier)
> *Had he known the truth, he would have reacted differently.* (registre soutenu, oral ou écrit)
> *They are certain that he is not leaving.* (écrit soutenu)
> *They're certain that he isn't leaving.* (écrit familier, qui retranscrit l'oral)

Nous mentionnerons éventuellement des formes que vous ne devez pas imiter, mais que vous rencontrerez souvent et que vous devrez être capable de comprendre :

> *He didn't do nothing about it.* (variété non standard)

1.2 Comment décrire l'anglais : la grammaire

1.2.1 Pourquoi étudier la grammaire

On fabrique une phrase parce qu'on désire communiquer. Si l'on veut être compris, il faut que la phrase soit grammaticale. Sinon on encourt le risque du malentendu ou, pire peut-être, du ridicule.

On peut souhaiter communiquer pour quantité de raisons : pour obtenir quelque chose (renseignement, service, objet), pour persuader les autres qu'on a raison, exprimer sa joie, se plaindre, expliquer ce qui s'est passé à quelqu'un qui n'a pas assisté à un événement, écrire une chanson, se justifier, insulter, faire rire... Il n'y a pas de limites à cette liste, mais dans tous les cas il faut se plier à la grammaire de la langue. En fait, comme la grammaire est un système très organisé, elle est un moyen de simplifier le problème.

1.2.2 Sens et opérations

La grammaire d'une langue peut être définie comme le système des relations qui existent entre, d'une part, des **formes** de cette langue et, d'autre part, le **sens** que ces mots expriment. Le mot "sens", toutefois, recouvre une réalité assez complexe. Dans les cas les plus simples, le sens peut être décrit à l'aide d'une paraphrase : dans *Fred can swim*, on peut dire que le modal CAN a approximativement le sens de *be able to* (être capable de). Dans d'autres cas, en revanche, il n'est absolument pas possible de remplacer un mot grammatical par une paraphrase ; ainsi, le seul moyen de décrire le sens du mot *the* dans une phrase comme *He repaired the door* sera de décrire le fonctionnement grammatical de ce mot (on pourra l'opposer à celui de *a* dans *He repaired a door*). Plus précisément, pour décrire le sens de *the*, on décrira les **opérations** qui sous-tendent son emploi. Et, d'une façon plus générale, la description du sens d'une forme grammaticale consistera généralement à décrire l'opération (de nature mentale) que cette forme sert à exprimer.

1.2.3 Sens fondamental et emplois

Il arrive souvent qu'une même forme puisse exprimer des valeurs sémantiques en apparence très différentes. Ainsi, le modal WILL peut exprimer (entre autres choses) un futur, une habitude, ou une volonté. Toutefois, un ouvrage de grammaire qui se contenterait de fournir des listes d'emploi des formes grammaticales donnerait à penser que la grammaire est le règne de l'arbitraire, et il ne permettrait pas d'apprendre la langue d'une manière rationnelle, ni même de la comprendre véritablement. En fait, si une même forme (comme WILL) peut servir à exprimer des valeurs sémantiques en apparence très différentes, cela n'est pas un effet du hasard : entre les divers emplois d'une même forme, il y a toujours un point commun, une constante sémantique, qui constitue le **sens fondamental** de cette forme, et qui rend possible son utilisation dans des contextes divers, avec des valeurs sémantiques qui ne sont très différentes qu'en apparence. Il est donc essentiel de bien connaître le sens fondamental de chaque forme. La description sémantique qu'on trouvera dans cet ouvrage consistera, pour chaque forme grammaticale (*the*, le prétérit, *WILL*, etc.), à décrire :

- le sens fondamental
- les divers emplois possibles dans divers contextes
- la façon dont les valeurs sémantiques correspondant à ces emplois se rattachent au sens fondamental

1.3 Quelques notions essentielles

1.3.1 Phrase, énoncé

La **phrase** peut être une simple abstraction, alors que l'**énoncé** (constitué d'un ou plusieurs segments correspondant à des phrases) est un échantillon "réel" de langage ; si deux personnes A et B disent (à deux moments différents ou en même temps, peu importe) "J'ai fini mon travail", nous avons deux énoncés de la même phrase. Il va de soi que, bien souvent, il y a des différences importantes dans ce qui est exprimé par deux énoncés d'une même phrase. Ainsi, dans "J'ai fini mon travail", le pronom "je" ne désignera pas la même personne. Pour bien comprendre le fonctionnement de la grammaire, il est essentiel de considérer les énoncés non pas dans l'abstrait, mais en tenant compte de leurs conditions d'**énonciation** (énonciation = acte consistant à produire un énoncé). En particulier, il faut tenir compte non seulement du contexte et / ou de la situation, mais aussi du rôle de l'**énonciateur** (c'est-à-dire de la personne qui produit l'énoncé).

1.3.2 Le concept d'énonciateur

L'énonciateur n'est pas forcément la personne qui parle (le locuteur). En effet, un énoncé n'est pas nécessairement parlé : il peut également être écrit, ou encore pensé. De surcroît, il peut y avoir un emboîtement d'énonciations, et donc plusieurs énonciateurs :

Edwin thinks that fast cars are dangerous.

La partie *fast cars are dangerous* est énoncée (ici, pensée) par l'énonciateur Edwin, mais l'ensemble est énoncé par un autre énonciateur : la personne qui dit / écrit / pense cette phrase.

L'énonciateur opère constamment des choix qui lui permettent de représenter la réalité (ou sa vision de la réalité, sa pensée, etc.) de plusieurs façons : il n'y a pas une (et une seule) façon de raconter ou décrire quelque chose. Par exemple, l'énonciateur peut représenter un événement passé comme coupé du présent (*I lost my cap yesterday*), ou bien le mettre en rapport avec le présent (*I have lost my cap*).

Certaines formes indiquent la présence de l'énonciateur (*You must read this book*), d'autres n'impliquent pas l'énonciateur (*You have to read this book*). D'autres enfin impliquent le **co-énonciateur**, c'est-à-dire la personne à qui l'énoncé s'adresse (*Must I read this book?*).

Beaucoup de formes ne correspondent à rien dans la réalité mais représentent la façon dont l'énonciateur perçoit la réalité (article défini : terme déjà connu) ou la juge (modaux dans certains de leurs emplois : chances de réalisation d'un événement).

1.3.3 Phrase simple et phrase complexe

On appelle **phrase simple** une phrase comprenant une seule **proposition** (organisée autour d'un seul verbe), et **phrase complexe** une phrase comprenant plus d'une proposition.

a. Les éléments de base de la phrase simple

Considérons la phrase :

The old man was waiting for the bus in Oxford Street.

On peut analyser cette phrase comme indiqué dans le schéma ci-après :

The old man	*was waiting*	*for the bus*	*in Oxford Street.*
groupe nominal sujet	groupe verbal	complément du verbe	complément circonstanciel

Cette analyse appelle un certain nombre de remarques.

- Les groupes *the old man, the bus* et *Oxford Street* sont par **nature** des groupes nominaux : leur centre est un nom. (Les pronoms font également partie de la catégorie des groupes nominaux.) Un **groupe nominal** peut occuper plusieurs places dans la phrase, et donc remplir plusieurs **fonctions** : sujet, complément du verbe (direct ou indirect), complément circonstanciel.
- Le **groupe verbal** est l'ensemble auxiliaire(s) et / ou verbe.
- Le **complément du verbe** (appelé aussi complément d'objet) peut être un complément **direct** (c'est-à-dire un complément qui n'est pas introduit par une préposition : *He was driving **the bus***) ou un complément **indirect** (c'est-à-dire un complément qui est introduit par une préposition : *He was waiting **for the bus***).
- La structure représentée par le schéma ci-dessus n'est pas la seule possible. Notons en particulier les structures suivantes (➤ chap. 22) :

Sujet + groupe verbal (sans compléments) :
Ken smokes.

Sujet + groupe verbal + attribut du sujet :
He was / remained a great singer / very clever.

Sujet + groupe verbal + complément du verbe + attribut du complément :
We found it a very good film.

b. Phrases complexes

Entre les propositions qui constituent une phrase complexe, la relation peut être de deux types : **subordination** ou **coordination**.

La coordination unit les propositions au même niveau :

[*Keith was reading*] *and* [*Susie was listening to some music*].

La relation de subordination est une relation d'emboîtement. Par exemple, la phrase *He explained that they had missed the train* est construite ainsi :

> *He explained* that they had missed the train.

Dans cette phrase, la proposition *that they had missed the train* est une **proposition subordonnée**, qui remplit la fonction de complément du verbe *explained* (cf. *He explained the plan*). La **proposition principale** englobe la subordonnée : c'est l'ensemble *He explained that they had missed the train.* (Ce n'est pas seulement le segment *He explained.*)

Il peut y avoir dans une phrase plusieurs niveaux de subordination. (En d'autres termes, une proposition peut être la subordonnée d'une subordonnée.) Dans l'exemple suivant, les niveaux de subordination sont indiqués par des crochets :

[*He explained* [*that Tom didn't like* [*them to sing that song.*]]]

1.3.4 Forme et sens

Dans une description grammaticale, il importe de faire une distinction claire entre, d'une part, les **formes** (c'est-à-dire les mots et les suites de mots qui constituent les phrases) et, d'autre part, le **sens** que ces formes expriment. Or, un grand nombre de termes grammaticaux d'usage courant – dont on peut difficilement éviter l'emploi – contribuent à créer une confusion. Prenons l'exemple du mot "présent" : ce mot peut être utilisé aussi bien pour désigner une forme (en l'occurrence un temps syntaxique – *tense* en anglais) qu'une catégorie de sens (un temps sémantique – *time* en anglais). Les deux ne coïncident pas nécessairement. Par exemple, il arrive souvent – aussi bien en anglais qu'en français – qu'on emploie le temps syntaxique "présent" pour raconter des événements passés. Donc, chaque fois que cela sera possible, nous utiliserons des appellations formelles (ex. : BE + -*ING*), qui ne préjugent pas des valeurs sémantiques possibles.

En ce qui concerne les formes elles-mêmes, nous adopterons la convention qui consiste à utiliser des petites majuscules pour désigner des éléments susceptibles d'être réalisés de façons différentes. Ainsi, CAN (écrit en petites majuscules) représentera de façon abstraite l'auxiliaire modal qui, de façon concrète, peut prendre les formes suivantes :

can (= CAN au présent), *could* (= CAN au prétérit), *cannot / can't* (= CAN au présent + négation), *could not / couldn't* (= CAN au prétérit + négation)

Donc, d'une façon générale, nous utiliserons des petites majuscules (CAN, etc.) pour désigner le mot tel qu'il apparaît dans le dictionnaire, et des minuscules italiques (*can, could*, etc.) pour les diverses formes que ce mot peut prendre.

2 | Auxiliaires et verbes

2.1 Définitions

Les éléments verbaux qui peuvent entrer dans la composition du groupe verbal (GV) se divisent en deux catégories : les **auxiliaires** et les **verbes**. Les auxiliaires se définissent par les deux caractéristiques syntaxiques suivantes (que les verbes ne possèdent pas) :

a. Leur négation se forme par la simple adjonction de NOT (contracté en *n't* dans *isn't, can't,* etc., ➤ 2.7.2) :

> *I am ready* ↔ *I am not ready* / *I'm not ready.* Contrastez avec *I smoke* ↔ **I smoke not.* (Rappel : un astérisque précédant une forme indique que cette forme est agrammaticale.)

b. Ils permettent le passage de la forme déclarative à la forme interrogative par simple inversion avec le groupe sujet :

> *Your brother is ready* ↔ *Is your brother ready?* (Contrastez avec *Your brother smokes* ↔ **Smokes your brother?*)

> Nous verrons par ailleurs (23.2) que le premier auxiliaire du groupe verbal joue un rôle particulier dans un certain nombre de constructions.

Les 11 éléments suivants répondent à cette définition : BE, HAVE, DO, CAN, MAY, MUST, WILL, SHALL, OUGHT, NEED, DARE. Il faut toutefois observer que certains d'entre eux (notamment BE et HAVE, ➤ chap. 3) fonctionnent tantôt comme des auxiliaires, tantôt comme des verbes.

> Certains linguistes (notamment R. Quirk) désignent ces éléments verbaux sous le nom d'*'operators'*, en faisant une distinction par rapport à la catégorie des auxiliaires. Ainsi, ils diront que *have* est un auxiliaire aussi bien dans *They **have** finished* que dans *They will **have** finished*, mais que, dans le premier cas, *have* est également *'operator'* : il peut servir, entre autres choses, à former la négation ou l'interrogation. Cette distinction se justifie entièrement sur le plan théorique, notamment dans le cas de BE. (Au sens strict, BE est véritablement un auxiliaire dans *He is reading*, mais non dans *He is ready*.) Cependant, pour éviter la multiplication des termes techniques, nous nous en tiendrons à la distinction établie plus haut entre la catégorie des auxiliaires et celle des verbes.

2.2 Les formes du verbe

Prenons l'exemple du verbe EAT. On peut trouver ce verbe sous l'une des cinq formes suivantes :

• *eat*, la forme "nue" du verbe (ou **base verbale**), que nous représenterons par **V** ; la base verbale est utilisée pour le présent simple (sauf avec un sujet à la

3e personne du singulier), pour le subjonctif, l'impératif et l'infinitif (➤ 2.5 pour ce qui concerne modes et temps)

- ***eats***, la forme **verbe + -*S*** (ou **V-*S***), qui est employée uniquement pour la 3e personne du singulier du présent simple
- ***ate***, le **prétérit** (ou **V-*ED***)
- ***eating***, la **forme en -*ING*** (ou **V-*ING***)
- ***eaten***, le **participe passé** (ou **V-*EN***)

À propos de l'infinitif, il faut distinguer l'**infinitif sans *TO***, ou infinitif proprement dit (*Why **worry**?* = Pourquoi s'inquiéter ?) et l'**infinitif précédé de *TO***, ou ***TO* + V** (*He wants to **work*** = Il veut travailler).

> Le mot *TO* joue dans la grammaire de l'anglais un rôle particulier : dans certains contextes (par exemple dans *I'm going to London*), *TO* est une préposition (il introduit un élément de nature nominale), et dans d'autres (comme dans *I'm going to eat*) c'est la particule infinitive (il introduit un élément de nature verbale). Il faut distinguer soigneusement ces deux valeurs syntaxiques, mais il faut également se rappeler que le changement de valeur syntaxique ne modifie pas le sens fondamental de *TO* (à savoir l'idée d'un "mouvement vers") : on retrouve ce sens fondamental aussi bien dans le cas de la particule infinitive que dans celui de la préposition.
>
> En ce qui concerne les abréviations V-*S*, V-*ED*, V-*ING* et V-*EN*, il faut se rappeler que -*S*, -*ED*, etc. sont simplement les représentations symboliques d'un élément grammatical : dans le cas de -*S*, il s'agit de la marque de la 3e personne du singulier du présent simple ; dans le cas de -*ED*, il s'agit de la marque du prétérit ; etc. Les réalisations concrètes des éléments -*S*, -*ED*, etc. ne sont pas les mêmes avec tous les verbes. L'élément -*ED*, en particulier, ne prend pas toujours la forme de la terminaison -*ed* : dans le cas de verbes irréguliers comme *eat* ou *write*, -*ED* est réalisé sous la forme d'une modification de la racine du mot (*ate*, *wrote*, ➤ chap. 4). Il en va de même de l'élément -*EN*, qui n'est réalisé sous la forme -*en* qu'avec un nombre réduit de verbes.

2.3 Valeurs sémantiques des formes du verbe

Les cinq formes du verbe – auxquelles il convient d'ajouter *TO* + V – représentent différentes façons de voir un **événement**. Nous appellerons **événement** l'ensemble de ce qui est désigné par une proposition – et pas seulement l'action ou l'état représentés par le verbe. Dans un énoncé comme *Ted drank a lot of whisky*, le verbe *drank* situe dans le passé, non pas l'action de boire considérée en général, mais l'action de "boire beaucoup de whisky" accomplie par Ted. Notons encore que le terme "événement" peut désigner non seulement un fait correspondant à une action, comme dans *He opened the door*, mais aussi un fait de nature "statique", comme dans *Ken likes chocolate* ou dans *Cats are carnivorous animals*.

- **Forme V** (verbe seul). Un verbe considéré isolément désigne simplement une **notion**. (Un mot comme *work* pris isolément n'est d'ailleurs pas plus un nom qu'un verbe : il désigne de façon indistincte la notion de "travail".) Et, lorsqu'un verbe ne porte aucune marque (autrement dit lorsqu'il est sous la forme d'une base verbale), cela signifie, tout simplement, qu'aucune limitation n'est introduite dans la notion désignée par le verbe – ou, si le verbe a un sujet et des compléments, dans l'événement désigné par la proposition. En d'autres termes, lorsqu'on utilise une base verbale seule, cela signifie que l'événement désigné par la proposition est considéré "en bloc" (point de vue **global**). On peut donc représenter ainsi la valeur fondamentale de la forme V (ou øV) :

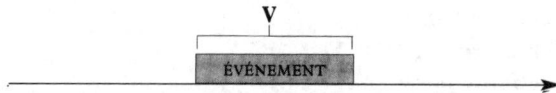

V

ÉVÉNEMENT

- **Formes V-*S* et V-*ED*.** Les éléments -*S* et -*ED* ne modifient pas le caractère "global" du point de vue exprimé par V : les formes V-*S* (*eats*) et V-*ED* (*ate*) expriment donc, tout comme V (*eat*), une vision globale de l'événement. (Les différences seront examinées au chap. 4.)

- **Forme *TO* + V.** Nous l'avons vu, le mot *TO* exprime de façon fondamentale l'idée d'un "mouvement vers". Toutefois, il ne s'agit pas nécessairement d'un mouvement au sens concret du terme, d'un mouvement dans l'espace ; il peut s'agir d'un mouvement de nature abstraite. C'est le cas avec *TO* + V, où *TO* exprime, de façon métaphorique, un mouvement vers la réalisation d'un événement. (Le fait qu'il s'agit d'une forme imagée de mouvement apparaît par exemple si l'on compare *I'm going to London* et *I'm going to eat*.) Le sens de *TO* + V peut être représenté par le schéma suivant :

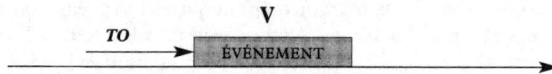

V

TO ÉVÉNEMENT

- **Forme V-*ING*.** Avec cette forme, l'énonciateur se place mentalement non pas avant l'événement, comme dans le cas de *TO* + V, mais **pendant** cet événement : V-*ING* exprime un regard sur un événement en un point quelconque de son déroulement. (Nous verrons que ce point peut être déterminé par le contexte, qu'il peut être unique ou multiple, fixe ou mobile, etc.) On peut représenter ainsi la façon de considérer l'événement exprimée par V-*ING* :

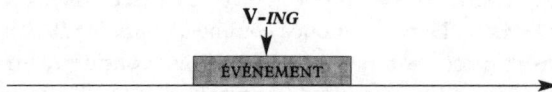

V-*ING*

ÉVÉNEMENT

- **Forme V-*EN*.** Avec cette forme, on se place non plus avant (comme avec *TO* + V), ou pendant (comme avec V-*ING*), mais **après** : on effectue sur l'événement un retour en arrière. Ce retour en arrière peut s'effectuer sur un événement terminé (*He has **broken** the branch*) ou sur un événement qui dure encore au moment présent, et n'est pas nécessairement terminé (*He has **lived** in London for 10 years*). Le schéma suivant peut représenter le sens de V-*EN* :

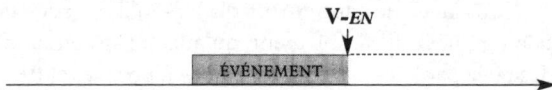

V-*EN*

ÉVÉNEMENT

2.4 Formes des auxiliaires

La description détaillée de ces formes sera donnée plus loin (➤ 2.6 pour *DO*, chap. 3 pour *BE* et *HAVE*, chap. 7, 8 et 9 pour les modaux). Nous ferons simplement ici deux remarques d'ordre général.

a. L'auxiliaire *DO* et les modaux sont "défectifs" : ils ne possèdent pas d'autres formes qu'un présent et / ou un prétérit.

b. La plupart des auxiliaires possèdent des **formes réduites** ; ainsi, *must* est prononcé soit /mʌst/ (**forme non réduite**, ou **forme pleine**), soit /məs/ ou /ms/ (formes réduites). Dans certains cas, il existe dans la langue écrite une opposition **forme contractée / forme non contractée** (ex. : *I'm / I am*) qui correspond à l'opposition entre la ou les formes réduites et la forme pleine. Le choix entre les formes pleines et les formes réduites obéit (en particulier) aux deux principes suivants :

• Les formes réduites appartiennent à la langue non recherchée. (Dans la langue parlée courante, la forme *I'm ready* /aɪm 'redi/ est donc la forme normale, si l'on ne veut pas insister sur *am* ; les journaux utilisent de plus en plus fréquemment les formes contractées – qu'on trouve rarement, en revanche, dans les lettres commerciales ou les textes officiels.)

• Les formes réduites sont exclues lorsque l'auxiliaire n'est pas suivi du reste du groupe verbal (*You said she hadn't left but I think she has by now*, et non *... she's by now*), ou lorsqu'il en est séparé par une incise ou toute forme de rupture (exemple : *She has, by the way, finished the job*). Elles sont généralement évitées, dans un style soigné, pour un auxiliaire placé tout à fait en tête d'une question ; ainsi, l'auxiliaire *are* de *Are you going?* sera prononcé /ɑː/ dans un style soigné (même sans accentuation particulière), et /ə/ dans un style courant.

2.5 Modes et temps ; structure du groupe verbal

Le GV (= groupe verbal) qui, rappelons-le, est le groupe "auxiliaire(s) et / ou verbe", peut être à un **mode personnel** ou à un **mode impersonnel**. (On dit également mode fini et mode non fini.) Les modes personnels sont les modes dans lesquels le GV a nécessairement un sujet (qui est à la 1re, la 2e ou la 3e personne). Il s'agit de l'**indicatif**, du **subjonctif** et (marginalement, ➤11.2) de l'**impératif**. Les modes impersonnels sont l'**infinitif** (précédé ou non de *TO*), la **forme en -*ING*** (**V-*ING***) et le **participe passé** (**V-*EN***).

Nous n'allons considérer ici que le groupe verbal à l'indicatif (les autres modes seront examinés au chap. 11), et à la voix active. Nous traiterons d'abord des constructions dites **assertives**. (Comme nous le verrons au chap. 20, il s'agit des constructions déclaratives "positives" ne contenant pas l'élément "emphase".)

Nous éviterons l'appellation "forme affirmative", ou "construction affirmative", en raison des contradictions qu'elle peut entraîner. Les termes employés seront les suivants, illustrés par les exemples :

He likes traditional jazz : forme déclarative positive (ou forme assertive)

He doesn't like traditional jazz : forme déclarative négative

Does he like traditional jazz? : forme interrogative positive

Doesn't he like traditional jazz? : forme interrogative négative (ou interro-négative)

He does like traditional jazz : forme emphatique

On appellera **formes simples** du groupe verbal les formes comprenant seulement un verbe (sans auxiliaire), et **formes composées** les constructions dans lesquelles interviennent un ou plusieurs auxiliaires. (Le cas du présent simple et du prétérit simple dans les constructions qui nécessitent l'emploi de *DO* sera examiné en 2.6.) Le tableau 2-A ci-après représente les divers types de formes simples et composées du groupe verbal. La phrase utilisée comme exemple est une phrase formée avec le nom *John* (en fonction de sujet) et le verbe *WORK*. Le modal *MAY* est utilisé pour illustrer les formes dans lesquelles intervient un modal.

Tableau 2-A : Formes du groupe verbal à l'indicatif (constructions assertives, voix active)

Formes		
Formes simples	Présent	*John* **works.**
	Prétérit	*John* **worked.**
Verbe + *HAVE* **+** *-EN*	Présent	*John* **has** *worked.*
	Prétérit	*John* **had** *worked.*
Verbe + *BE* **+** *-ING*	Présent	*John* **is** *working.*
	Prétérit	*John* **was** *working.*
Verbe + *HAVE* **+** *-EN* **+** *BE* **+** *-ING*	Présent	*John* **has been** *working.*
	Prétérit	*John* **had been** *working.*
Verbe + modal	Présent	*John* **may** *work.*
	Prétérit	*John* **might** *work.*
Verbe + modal + *HAVE* **+** *-EN*	Présent	*John* **may have** *worked.*
	Prétérit	*John* **might have** *worked.*
Verbe + modal + *BE* **+** *-ING*	Présent	*John* **may be** *working.*
	Prétérit	*John* **might be** *working.*
Verbe + modal + *HAVE* **+** *-EN* **+** *BE* **+** *-ING*	Présent	*John* **may have been** *working.*
	Prétérit	*John* **might have been** *working.*

Ce tableau appelle les commentaires suivants :

a. Toutes ces formes résultent de la formule qui suit (entre parenthèses, ce qui est optionnel) :

tense + (modal) + (*HAVE* + *-EN*) + (*BE* + *-ING*) + V

b. Comme on le voit, tout GV à l'indicatif est nécessairement soit au **présent** soit au **prétérit**. Du point de vue syntaxique, il n'y a en anglais que ces deux temps. (Rappel : le mot anglais qui désigne un temps syntaxique est *tense*.)

> Les éléments *HAVE* + *-EN*, *BE* + *-ING*, *WILL*, *SHALL*, etc. ne sont pas des temps ; on voit d'ailleurs que le présent ou le prétérit ne font que s'ajouter à eux. Il n'y a pas en anglais de temps syntaxique qui puisse être appelé "futur", et il n'y a pas non plus de "conditionnel" ; *would* est simplement la forme prétérit du modal *WILL*, *should* la forme prétérit du modal *SHALL*, etc.

La marque du temps (présent ou prétérit) est nécessairement portée par le premier élément du groupe verbal (c'est-à-dire par le verbe lui-même dans les formes simples, et par le premier auxiliaire dans les formes composées) ; elle ne peut figurer qu'une fois dans un même groupe verbal (**He didn't wrote* est impossible).

c. En plus de la marque présent / prétérit, le premier élément du GV porte (le cas échéant) la marque de l'accord sujet-verbe. Donc, ne pas oublier, en particulier, la terminaison *-S* de la 3e personne du singulier au présent de l'indicatif (sauf dans le cas des modaux).

d. *BE* + *-ING* et *HAVE* + *-EN* sont des formes "discontinues" (constituées de deux éléments séparés) : *John **was working**, John must **have** worked, John must **have been** there.*

e. Les éléments du groupe verbal ne peuvent se combiner que dans l'ordre indiqué par le tableau ci-dessus ; s'il y a un modal, il vient nécessairement en tête, et il ne peut pas être suivi d'un autre modal ; viennent ensuite, éventuellement, *HAVE* + *-EN*, puis *BE* + *-ING*. (En français, les éléments du groupe verbal sont dans certains cas plus mobiles : "Il peut avoir manqué son train" / "Il a pu manquer son train".)

f. Parmi les formes composées, il faut inclure le passif, qui ajoute *BE* + *-EN* aux autres éléments du groupe verbal (➤ chap. 24).

2.6 L'auxiliaire *DO*

Pour les formes verbales qui sont simples à la forme assertive (*John works, John worked*), le passage à une forme négative, interrogative ou emphatique exige l'ajout d'un auxiliaire – qui est l'auxiliaire *DO* (*Does John work? / Did John work?*). Par commodité, cependant, nous continuerons de parler de "présent simple" et de "prétérit simple" pour ces formes.

L'auxiliaire *DO* a deux propriétés importantes : (a) il n'existe qu'au présent (*do, does*) et au prétérit (*did*), et (b) il exclut la présence de tout autre auxiliaire (il est donc incompatible avec *HAVE* + *-EN*, avec *BE* + *-ING* et avec tout modal).

Tableau 2-B : Les formes de DO

	Présent (sauf 3ᵉ pers. sing.)	Présent (3ᵉ pers. sing.)	Prétérit
Forme positive	*do* /duː/, /dʊ/, /d(ə)/	*does* /dʌz/, /dəz/	*did* /dɪd/
Forme négative non contractée	*do not*	*does not*	*did not*
Forme négative contractée	*don't* /dəʊnt/	*doesn't* /'dʌzn(t)/	*didn't* /'dɪdn(t)/

Il ne faut pas confondre l'**auxiliaire** *DO* et le **verbe** *DO*. Comme tous les verbes, ce dernier exige dans certains cas l'emploi de l'auxiliaire *DO* : *What do you do in that case?* (Que faites-vous dans ce cas-là ?)

La valeur sémantique de l'auxiliaire *DO* sera examinée au chap. 20. (Voir également, sur les trois types de *DO*, l'encadré 30-A.)

2.7 Rôle de l'auxiliaire dans certaines constructions

Nous donnerons ici un aperçu général de ces constructions, qui se rattachent à des domaines divers de la grammaire, et qui seront traitées de façon plus détaillée aux chap. 20, 23 et 30. Il faut souligner le rôle important que joue, dans toutes les constructions non assertives de l'indicatif, **le premier auxiliaire** du GV (ou, dans des énoncés comme *He doesn't work* / *He hasn't worked*, l'auxiliaire unique). Cet auxiliaire a deux fonctions syntaxiques : (a) il sert de support à la marque du temps (comme nous l'avons vu à propos des formes composées, ➤ Tableau 2-A) ; (b) il occupe une place particulière dans un certain nombre de structures, décrites ci-après (2.7.1-2.7.6).

2.7.1 Structure "auxiliaire-sujet"

Cette forme est employée, en particulier, pour la construction interrogative (➤ chap. 23 sur son utilisation dans d'autres constructions). Le schéma de la construction interrogative est le suivant (les parenthèses indiquent des éléments qui ne sont pas présents dans tous les cas) :

(Groupe interrogatif) +	**auxiliaire** +	**groupe sujet**	(+ ...) ?
How many cigarettes	*did*	*he*	*smoke?*
	Can	*your brother*	*swim?*
What	*has*	*that child*	*been doing?*

Si **le mot interrogatif** (ou **l'expression interrogative**) est **sujet** de la phrase, le schéma ci-dessus ne peut pas s'appliquer, et on utilise (comme en français) la construction de la phrase déclarative ; donc, au présent / prétérit simples, **on n'utilise pas** *DO* dans ce cas :

> *Who broke this lamp?* Qui a cassé cette lampe ? (Cf. *Somebody broke this lamp.*)

Ne confondez pas par exemple, *Who saw you?* (Qui vous a vu ?) et *Who did you see?* (Qui avez-vous vu ?). ➤ aussi 20.2.

> **!** Contrairement au français, l'anglais utilise assez peu les questions à la forme déclarative (ex. : "Tu es prêt ?" – construction déclarative, intonation montante). Dans la plupart des situations ou contextes imaginables, l'équivalent anglais de "Tu es prêt ?" sera donc *Are you ready?*, et non *You are ready?* (qui a une forte orientation positive, et n'est pas très éloigné de l'affirmation).

2.7.2 Construction négative

Il s'agit d'une construction utilisant la **négation** *NOT*, laquelle s'appuie obligatoirement sur un auxiliaire (*He doesn't like horror films*). On notera que **les négations autres que** *NOT* **ne déclenchent pas l'emploi de** *DO* au présent / prétérit simples : opposez *He does not smoke* à *He never smokes*, ou *He doesn't know anything* à *He knows nothing* (➤ chap. 21). Autre règle importante : *NOT* **est obligatoirement placé après le premier auxiliaire.** (Donc, *He **may not** have been at home*, et non *⋆He may have not been at home*.)

2.7.3 Construction interro-négative

Cette construction, qui associe à *NOT* la structure "auxiliaire-sujet", pose le problème de la place de la négation. Si le sujet est un **pronom**, il y a deux possibilités :

> *Isn't he English?* (avec cet ordre des mots, la contraction est obligatoire)
> ***Is he not** English?* (niveau de langue recherché, ou volonté d'insistance sur la négation)

Si le sujet n'est pas un pronom, on peut trouver, dans un style recherché, ou pour insister sur la négation, la construction *Is not the writer English?*, mais dans la plupart des cas on utilisera le même ordre des mots qu'avec les pronoms (*Isn't the writer English? / Is the writer not English?*).

> Pour la première personne du singulier de *BE*, la forme interro-négative contractée est **aren't I** /'ɑːntaɪ/ : à *Am I not English?* (niveau de langue recherché) correspond *Aren't I English?* (niveau de langue non recherché).

2.7.4 Construction emphatique

> *'I don't know if he enjoyed the party.' 'I'm sure he **did** enjoy it.'*
> *'As you can't swim we won't go to the swimming-pool.' 'But I **can** swim!'*

Nous verrons en 20.6 que cette construction n'exprime pas nécessairement une "insistance".

2.7.5 Reprises par auxiliaire : généralités

Les reprises par auxiliaire sont formées à l'aide d'un **groupe nominal sujet** et d'un **auxiliaire**. Sauf cas particuliers indiqués un peu plus loin, tout ce qui suit le premier auxiliaire (et éventuellement sa négation) est effacé :

> 'Will Jane wait for him?' 'Yes, she **will**.' / 'No, she **won't**.' Est-ce que Jane l'attendra ? – Oui. / Non.

La forme des reprises par auxiliaire permet de jouer sur le GN (reprise du même GN ou introduction d'un nouveau GN), et sur l'orientation (positive ou négative, ou encore question). Par ailleurs, la reprise peut être faite soit par le même locuteur, soit par un autre. Tout cela produit des effets divers : confirmation, dénégation, doute, indignation, etc. Les remarques ci-après concernent l'ensemble de ces constructions.

- Au présent et au prétérit simples, on doit utiliser l'auxiliaire DO.

- Dans la construction **there is / are /...**, there joue le rôle syntaxique de sujet (➤ 3.5), et c'est lui qui est repris.

- Les indéfinis au singulier (**somebody**, etc.) sont habituellement repris par le pronom **they**, et, dans la reprise elle-même, l'accord de l'auxiliaire se fait également ment au pluriel (*Nobody has finished*, **have they?**). ➤ 19.4.1.

! **BE** et **HAVE** ont dans ces constructions un fonctionnement particulier : dans de nombreux cas, ils **ne peuvent pas être omis** à la suite du premier auxiliaire. (On omet seulement ce qui suit BE / HAVE.) Ceci concerne essentiellement ment BE suivi d'un attribut du sujet, et HAVE auxiliaire du parfait. Comparez les reprises, dans chacune des paires d'exemples :

> 'Nora likes that film very much.' 'How **can she**?'
> 'Nora's very enthusiastic about that film.' 'How **can she be**?'

> I'm sure he doesn't like it. Why **should he**? Je suis sûr que ça ne lui plaît pas. Pourquoi ça lui plairait ? / voudriez-vous que ça lui plaise ?
> I'm sure he isn't pleased. Why **should he be**?

De la même façon, on ne pourrait pas omettre *have* ou *have been* dans :

> They didn't complain, but they **should have**. (...but they should équivaudrait à "ils devraient", et non à "ils auraient dû".)
> 'Did you share the news with other people?' 'No, but I wish I **could have**.' ...je regrette de ne pas avoir pu le faire.
> 'Were they scared?' 'Well, they **must have been**.'

Dans le doute, il est prudent de ne pas omettre BE / HAVE : le seul risque sera, tout au plus, la lourdeur de la construction.

Dans certains variétés d'anglais (notamment en anglais britannique), on peut avoir recours non pas à la suppression de ce qui suit l'auxiliaire (verbe + compléments éventuels), mais à son remplacement par DO : *So far he has never asked that question, but next time he might do / but he could have done.*

2.7.6 Types essentiels de construction avec reprise par auxiliaire

(Dans les exemples, la place de l'accent principal de groupe intonatif est indiquée par des lettres majuscules ; éventuellement, le caractère montant ou descendant de l'intonation est indiqué par une flèche.)

a. Réponses abrégées (*'short answers'*). Jeu sur l'orientation ("oui / non") avec changement de locuteur :

'I wonder if Ken liked the film.' 'I'm sure he ↘*DID. / I'm sure he* ↘*DIDN'T.'*
... – Je suis sûr(e) que oui / que non.
'I'm afraid Ken didn't like the film.' 'But he ↘*DID!'* ... – Mais si ! (Remarquez qu'en français le passage du négatif au positif est indiqué par "si", et en anglais par l'accentuation de l'auxiliaire.)
'Are there any difficulties?' 'Yes, there ↘*ARE.'*

Cas particulier : reprise interro-négative utilisée pour exprimer une **approbation** (avec une intonation obligatoirement descendante, et parfois à la suite d'une reprise déclarative). Ex. : *'This weather's really gorgeous!' 'Yes, it is,* ↘*ISn't it?'*

b. Question posée par l'interlocuteur :

'I've sold my motorbike.' 'HAVE you?'

Les termes déjà introduits sont repris sous forme d'une question. L'intonation peut être montante ou descendante, et plus ou moins creusée. On obtient des sens très variés : faible intérêt ("Ah bon ?"), faible surprise ("Vraiment ? / Tiens donc."), mise en doute, grande surprise, indignation ("Pas possible ! / Sans blague !).

c. Modification de tous les termes (orientation et sujet) :

'I think Ken liked the film.' 'But ↘*TIna* ↗*DIDn't. /* ↘*TIna* ↘*DIDn't.'* Je crois que Ken a aimé le film. – Mais Tina ne l'a pas aimé.
'Ken didn't like the film, but ↘*I* ↗*DID /* ↘*I* ↘*DID.'* Ken n'a pas aimé le film, mais moi si.

Remarquez la possibilité d'une double accentuation, qui correspond à l'introduction d'un nouveau GN sujet en même temps que d'une nouvelle orientation. L'énonciateur ouvre ou ferme la discussion selon que l'intonation du dernier élément est montante ou descendante.

d. Construction *so* + GN sujet + auxiliaire (pour exprimer une confirmation étonnée). L'interlocuteur reprend (mais sous la forme d'un pronom et d'un auxiliaire) tous les termes introduits précédemment :

'Someone has been trying to open the door.' 'So they ↘*HAVE!'* Quelqu'un a essayé d'ouvrir la porte. – En effet ! / Mais c'est vrai !

! Ne pas confondre avec la construction **i** ci-dessous : il n'y a pas ici d'inversion sujet-auxiliaire. (Sur *so*, ➤ aussi 30.4.)

e. Reprises interrogatives (*'question tags'*), cas général. Il n'y a pas changement de locuteur. L'intonation est descendante quand il ne s'agit pas véritablement d'une question (appel à l'interlocuteur pour simplement attirer son attention, pour obtenir une simple confirmation, etc.).

> *Fred likes tennis, ↗DOESn't he?* / *Fred likes tennis, ↘DOESn't he?* Fred aime le tennis, hein ? / non ? / pas vrai ? / n'est-ce pas ?
>
> *The meeting won't be finished by six, ↗WILL it?* / *... won't be finished by six, ↘WILL it?* La réunion ne sera pas finie pour six heures, hein ? / pas vrai ?
>
> *Nice morning, ↘ISn't it?* (Intonation obligatoirement descendante : il ne s'agit pas véritablement d'une question.)

Les *'question tags'* sont beaucoup plus utilisés que leurs équivalents français. En règle générale, la reprise est **négative** (interro-négation) après un GV **positif**, et **positive** après un GV **négatif** (ou contenant une idée de négation, avec des mots comme *hardly* ou *few* / *little* : *There was very little traffic, was there?*).

f. Reprises interrogatives, cas particuliers. Pour produire certains effets (ironie...), on peut faire suivre un GV positif d'une reprise également positive (*'same way tag'*) :

> *So you've lost your ↘PASSport, ↗HAVE you?* Alors, comme ça vous avez perdu votre passeport, hein?

Autre cas particulier de *'same way tag'* : la reprise est précédée de *or*, et sert à introduire un doute dans ce qui vient d'être affirmé. Exemple :

> *He had decided to leave. Or ↘HAD he? Two days later he was still there.* Il avait décidé de partir. Mais était-ce vrai ? Deux jours plus tard, il était toujours là.

Dans la langue familière, il existe une forme de reprise voisine du *'question tag'* (elle est en fait exclamative, mais parfois proche de l'interrogation) :
He gave them a piece of his mind, Tim did! Il leur a dit ce qu'il pensait, Tim, sûr !
Différence de forme avec les *'question tags'* : la reprise est formée avec un GN qui explicite le pronom sujet de la proposition précédente, et ce GN **précède** l'auxiliaire.
Si l'auxiliaire est BE, on peut cependant avoir l'ordre interrogatif :
He was a dying breed, was Cruz, Carriscant reflected. (W. Boyd, *The Blue Afternoon*)

g. Question avec changement du sujet (équivalent de "Et vous ?" / "Pas vous ?"/ etc.) On pose une question véritable (avec une intonation montante) à propos d'un nouveau GN sujet :

> *I prefer this one. **Don't** ↗YOU?* Je préfère celui-ci. Pas vous ?

La question peut également porter sur l'identité du sujet : *'He'd like to meet you, by the way.' ' ' WHO does?'* (... – Qui c'est qui voudrait me rencontrer ?)

h. Ajout d'une remarque, avec changement d'auxiliaire

> *I've never played American football, and I never ↘WILL.* Je n'ai jamais joué au football américain, et je n'y jouerai jamais.

i. Construction *so* / *neither* / *nor* + **auxiliaire** + **GN sujet** (= ... aussi / ... non plus). Le locuteur peut être le même, ou différent. Reprise de l'orientation ("oui / non"), mais changement du GN sujet, qui est mis en relief en fin de phrase grâce à l'inversion et à une accentuation mélodique. *So* / *neither* / *nor* et l'auxiliaire portent un accent secondaire.

> *He sent us a postcard, and* '*so* '*did his* ↘*BROther.* Il nous a envoyé une carte postale, et son frère aussi.
>
> '*They haven't got a car.*' "*Neither* /'*Nor* '*have* ↘*WE.*' Ils n'ont pas d'auto. – Nous non plus.

j. Construction GN sujet + **auxiliaire** + *too* / *either.* Sens identique à celui de la construction **i.** Le sujet et l'auxiliaire portent un accent non mélodique.

> *He sent us a postcard, and* **his** '*brother* '*did* ↘*TOO.* Il nous a envoyé une carte postale, et son frère aussi.
>
> '*Ken didn't send them a postcard.*' "*Tina* '*didn't* ↘*EIther.*' Ken ne leur a pas envoyé de carte postale. – Tina non plus.

3 BE, HAVE et GET

3.1 *BE* et *HAVE* : auxiliaires ou verbes ?

Ils peuvent appartenir aux deux catégories : ils possèdent tantôt les caractéristiques syntaxiques des auxiliaires (négation et interrogation directes, c'est-à-dire sans *DO*), tantôt celles des verbes.

a. *BE* a dans la plupart des cas les caractéristiques syntaxiques d'un **auxiliaire** (ex. : *He is English* → *He is not English / Is he English?*). Cependant (suivant en cela une règle générale), il utilise *DO*, et non l'adjonction directe de *NOT*, pour l'impératif négatif ou emphatique : ***Don't** be silly! /* ***Do** be careful!*

> Dans la langue courante, il existe un autre emploi de *BE* avec l'auxiliaire *DO* : celui d'énoncés du type *Why don't you be quiet?* (Pourquoi tu ne te tiens pas tranquille / vous ne vous tenez pas tranquilles ?), apparentés sémantiquement à l'impératif. On peut opposer *Why don't you be quiet?* à *Why aren't you quiet?*, qui est une simple demande d'information.

b. Pour *HAVE*, on retiendra ceci :

• *HAVE* a nécessairement les caractéristiques syntaxiques d'un **auxiliaire** (a) dans la construction du **parfait** (*HAVE* + participe passé) : *He has eaten* → *He has not eaten / Has he eaten?*, et (b) dans l'expression *HAVE GOT* (➤ 3.6) : *I haven't got a car / Have you got a car?*

• En dehors du parfait, l'emploi de *HAVE* comme auxiliaire est possible dans certains cas, qui seront examinés de façon détaillée en 3.6 : *Have you any doubt about it? / I haven't a clue* (Je n'en ai pas la moindre idée). Cependant, même dans ces cas, on peut **toujours** choisir d'utiliser *HAVE* comme **verbe** : *Do you have a car? / I don't have a clue.* En d'autres termes, l'emploi de *HAVE* comme auxiliaire (négation / interrogation formées directement) n'est obligatoire que dans le cas du parfait.

3.2 Les formes de *BE* et de *HAVE*

Voyez les Tableaux 3-A et 3-B à la page ci-après.

3.3 Sens fondamental de *BE* et de *HAVE*

Il y a entre *BE* et *HAVE* un lien sémantique étroit. On peut le constater si l'on compare deux énoncés comme *Mary **has** a car* et *The car **is** Mary's* : ils expriment, en gros, la même relation, mais de deux points de vue différents. Cette relation, on la retrouve (sous une forme qui n'est pas nécessairement

Tableau 3-A : Les formes de BE

Base verbale : *be* (forme utilisée pour l'infinitif, l'impératif et le subjonctif)

Présent

Formes positives non contractées *I am*...   *he / she / it is*... *we / you / they are*...
Formes positives contractées   ***I'm***...   *he / she / it's*... *we / you /they're*...
Formes négatives contractées   ***I'm not***... *he / she / it isn't*... ou *he / she / it's not*...
  we / you / they aren't... (forme orale : /ɑːnt/)
  ou *we / you / they're not*...

Notez également l'existence de ***ain't*** /eɪnt/, forme contractée non standard de *am / is / are not* et de *have / has not*. (Pour la forme interro-négative *aren't I ?*, ➤ 2.7.3.)

Prétérit

Formes positives   *I / he / she / it **was***... (forme orale : /wɒz/, /wəz/)
  *we / you / they **were***... /wɜː/, /wə/
Formes négatives contractées   *I / he / she / it **wasn't***... /ˈwɒznt/
  *we / you / they **weren't***... /wɜːnt/

BE, contrairement à tous les autres auxiliaires ou verbes, possède un **subjonctif prétérit** (➤ 11.1.1), dont la forme est ***were*** à toutes les personnes.

Forme en -ING et **participe passé** : ***being*** /ˈbiːɪŋ/ et ***been*** /biːn/, /bɪn/

Tableau 3-B : Les formes de HAVE

Base verbale : *have*. Forme contractée : *'ve*. Formes orales : /hæv/, /həv/, /(ə)v/

Présent

Formes positives non contractées   *I / we / you / they **have***... *he / she / it **has***...
Formes positives contractées   *I / we / you / they'**ve***... *he / she / it'**s***...
Formes négatives contractées   *I / we / you / they **haven't***... ou *'ve **not**...*
(pour *HAVE* **auxiliaire**)   *he / she / it **hasn't***... ou *'s **not**...*

Notez que *'s* peut également correspondre à *is*. Avec *HAVE GOT*, la forme négative contractée est obligatoirement *I / we / you / they **haven't** got* et *he / she / it **hasn't** got*.

Prétérit

Forme positive non contractée   ***had*** à toutes les personnes
Forme positive contractée   ***'d***
Formes orales   /hæd/, /həd/, /əd/, /d/
Forme négative contractée (pour *HAVE* auxiliaire) ***hadn't***

Forme en -ING et **participe passé** : ***having*** et ***had***

l'expression d'une possession) dans tous les emplois de *BE* / *HAVE*, et en particulier dans leurs emplois comme auxiliaires d'aspect (➤ chap. 5 et 6). D'une façon générale, on peut dire que *BE* et *HAVE* servent tous deux à situer un élément (ou un sous-ensemble d'éléments) dans un ensemble (ou une catégorie, un lieu, etc.) La différence (illustrée par les schémas ci-après) est la suivante :

• Dans le cas de *BE*, c'est le **sujet** qui est situé dans la catégorie à laquelle on se réfère. Ex. : *The car is Mary's* (La voiture est à Marie) situe *the car* dans l'ensemble des objets "à Mary". (Sur le sens de *'s*, ➤ 18.3.)

• Dans le cas de *HAVE*, en revanche, c'est le **complément** (ou, plus généralement, ce qui se trouve immédiatement à la suite de *HAVE*) qui est situé dans la catégorie à laquelle on se réfère. Cette dernière, toutefois, est définie par rapport au sujet : il s'agit, d'une façon générale, de ce qu'on peut appeler **l'univers du sujet**. (Le sens de *HAVE* est en effet beaucoup plus large que le sens de possession, cf., par exemple, *I have noisy neighbours*.)

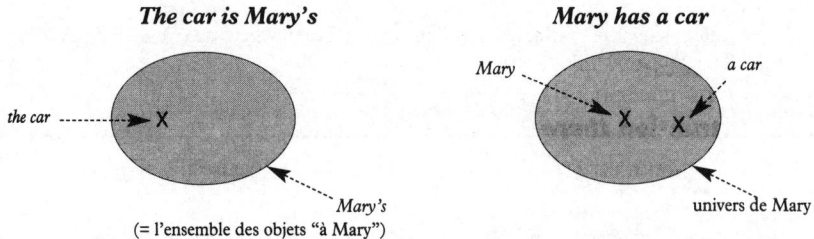

The car is Mary's

the car ------ ➤ X

Mary's
(= l'ensemble des objets "à Mary")

Mary has a car

Mary ------ ➤ X X ◀------ a car

univers de Mary

Cela explique, entre autres choses, le rôle essentiel que joue le sujet dans la grammaire de *BE*, et, dans la grammaire de *HAVE*, le rôle essentiel des éléments qui sont placés immédiatement à sa suite.

> Les schémas décrivent les **valeurs statives** (expression d'un état) de *BE* et de *HAVE*, mais *BE* et *HAVE* peuvent également avoir des **valeurs dynamiques** (expression d'une action ou d'un changement d'état). Ces dernières sont liées aux valeurs statives par une relation de type métonymique : il s'agit de tout ce qui peut précéder l'être (pour *BE*) ou l'avoir (pour *HAVE*), c'est-à-dire "devenir", "obtenir", etc. (➤ 3.7, schéma).

3.4 Emplois particuliers : *BE* ou *HAVE* ?

Il y a en français, entre "être" et "avoir", la même parenté de sens qu'en anglais entre *BE* et *HAVE* – même si les emplois de *BE* / *HAVE* sont assez différents de ceux de "être" / "avoir". Il n'est donc pas surprenant que dans certains cas, le français aussi bien que l'anglais ait le choix entre deux formes ("être" / *BE* et "avoir" / *HAVE*) pour exprimer la même relation : "Il **est** très patient" ↔ "Il **a** beaucoup de patience" / *He **is** very patient* ↔ *He **has** a lot of patience*. Mais il n'est pas surprenant non plus que, dans d'autres cas, la grammaire et l'usage imposent un choix entre "être" et "avoir" (en français) ou entre *BE* et *HAVE* (en anglais). Et, bien évidemment, ce choix n'est pas nécessairement similaire dans les deux langues. On pourra donc avoir, pour exprimer le même sens, une construction avec "avoir" en français et avec BE en anglais, ou (plus rarement) avec "être" en français et HAVE en anglais.

Elle **a** de la chance. *She is lucky.*

Il **a** faim et soif. *He is hungry and thirsty.*

Quel âge **a**-t-il ? *How old is he?*

Il **a** vingt ans. *He is twenty.*

Elle **a** peur. *She is scared.*

Tu devrais **avoir** honte. *You should be ashamed of yourself.*

Le mur **a** deux mètres de haut. *The wall is two metres high.*

Il y **a** à peu près trois kilomètres jusqu'au village. *It's about two miles to the village.*

Il **est** enrhumé. *He has / He's got a cold.*

Ce seau **est** troué / **a** un trou. *This bucket has a hole in it.* (emploi obligatoire de *in it* dans ce cas)

Le type de construction illustré par le dernier exemple sert également, en anglais, à exprimer une caractéristique abstraite, dans des cas où le français utilise simplement "avoir" + complément d'objet ; la préposition qui précède le pronom est alors généralement *about* ou *to* :

He had a strange aura about him. Il avait une aura étrange.

This play has a freshness to it that may explain its success. Cette pièce a une fraîcheur qui peut expliquer son succès.

3.5 Construction *there is... / there are...*

Cette construction n'est pas toujours l'équivalent du français "il y a" ; en particulier, on ne peut pas l'employer pour exprimer une mesure de temps (➤ 6.8.3) ou de distance (➤ 3.4).

Le *there* de cette construction (souvent appelé *"there* existentiel") ne doit pas être confondu avec le *there* ayant une fonction d'adverbe (*There's a taxi over there*). Contrairement à ce dernier, qui est toujours prononcé sous sa forme pleine (/ðeə/), il possède une forme réduite (/ðə/).

Du point de vue de la syntaxe de cette construction, il faut noter ceci :

a. Le **sujet réel** se trouve placé **après** l'auxiliaire BE :

There is a car in the street. Il y a une auto dans la rue.

L'accord singulier / pluriel se fait avec ce sujet réel :

There is a car in the street. / There are two cars in the street.

Les formes du type *There's two men waiting for you*, parfois utilisées dans la langue familière, sont considérées comme incorrectes.

b. Cependant, c'est *there* qui, à la forme interrogative, joue le rôle du sujet pour l'inversion sujet-auxiliaire : *Is there a car in the street?*

c. *BE* peut être construit avec d'autres auxiliaires (formes composées) ou avec des verbes du type *SEEM* :

*So far, **there have been** a lot of people.* Jusqu'à maintenant, il y a eu beaucoup de monde.

***There must have been** difficulties.* Il a dû y avoir des difficultés. (Attention : ne pas utiliser *it* à la place de *there*.)

***There don't seem to be** difficulties.* Il ne semble pas y avoir de difficultés. (Faire attention à l'accord singulier / pluriel, qui concerne le premier auxiliaire ou verbe.)

Dans une langue recherchée, des verbes d'état ou de mouvement / changement, tels que *exist, remain, follow* ou *arise*, peuvent remplacer *BE* dans cette construction :

There exists a solution. / *There exist solutions.* (Attention : pas *★It exist(s)…*)

3.6 Emplois de *HAVE* et de *HAVE GOT*

Le sens fondamental de *HAVE*, nous l'avons vu, est l'expression d'une relation d'appartenance / inclusion, plus ou moins apparentée au sens de possession. (Il s'agit donc non pas d'une action mais d'un état : *I've got a cold*, etc.) Toutefois, il arrive que, par une sorte de glissement de sens, *HAVE* exprime ce qui vient logiquement avant la notion d'"avoir" – c'est-à-dire "prendre", "obtenir", etc. :

Have a cigarette! Prends / Prenez une cigarette !

They have lunch at one o'clock. Ils déjeunent à une heure.

What will you have? Qu'est-ce que vous prendrez ?

D'une façon plus générale, il existe un certain nombre d'emplois dans lesquels *HAVE* exprime non pas un état mais une action. Il est d'ailleurs significatif que pour ces emplois, l'équivalent français de *HAVE* soit souvent un verbe d'action tel que "faire" ou "prendre", et que dans certains cas l'anglais américain utilise non pas *HAVE* mais *TAKE*.

He has / takes a shower twice a day. Il prend une douche deux fois par jour.

They're having lunch. Ils déjeunent. (*HAVE + BE + -ING*, ➤ 5.6.3)

Have a good time! Amusez-vous bien !

Did you have a good journey? Vous avez fait bon voyage ?

Let's have / take a look. Jetons un coup d'œil.

We had a good laugh. On a bien ri.

Dans certains de ses emplois avec une valeur d'action (ou valeur dynamique), *HAVE* est compatible avec le passif :

We've been had. On s'est fait avoir.

I looked for a black hat but there was none to be had. … pas moyen de s'en procurer un.

L'opposition entre ces deux valeurs de *HAVE* ("état" et "action") joue un rôle essentiel en ce qui concerne le choix entre *HAVE* et *HAVE GOT*.

3.6.1 *HAVE GOT*

La particule *GOT* de cette expression est, à l'origine, le participe passé du verbe *GET*. (On comprend aisément cette origine : si on "a obtenu", on "a".) Toutefois, il ne faut pas confondre les deux formes. Dans l'emploi actuel de *HAVE GOT*, l'idée d'obtenir a complètement disparu (ex. : *She's got blue eyes*), et il ne reste plus qu'un sens d'état (ou sens **statif**).

1. En anglais américain, le *got* utilisé à la suite de *have* / *has* se différencie du participe passé du verbe *GET* (qui est *gotten*) : on aura par exemple *We've got a problem* (Nous avons un problème) et *We've gotten the message across* (Nous avons réussi à faire passer le message). En anglais britannique, par contre, on aura *got* également dans le deuxième cas (*We've got the message across*).

2. La langue familière tend à remplacer *have got* / *has got* par *got* (*We got a problem*). Certains parlers (non standard) possèdent même le verbe autonome *GOT* (*He don't got no problems.* / *You got a problem, don't you?*).

En ce qui concerne les **emplois** de *HAVE GOT*, on retiendra trois principes :

a. *HAVE GOT* appartient au niveau de langue courant ou familier ; il est préférable de ne pas l'employer dans la langue soignée.

b. *HAVE GOT* ne peut être employé qu'au présent simple (*He's got a car*) et, de façon très marginale, au prétérit simple. (On dira normalement *He had* / *He didn't have a car*, plutôt que *He had* / *hadn't got a car*.)

c. *HAVE GOT* ne peut être employé que pour exprimer un **sens statif** (ce qui ne veut pas dire nécessairement un sens de possession) : *He's got two brothers* / *She's got a cold*. Sont donc exclues les valeurs dynamiques (= sens d'action) : on dira non pas *What time have you got lunch?*, mais *What time do you have lunch?* Est également exclu l'emploi de *HAVE GOT* pour le sens de "avoir habituellement" : on dira *Do you ever have colds?*, et non *Have you ever got colds?* (Sur *HAVE (GOT) TO,* ➤ 10.4.)

3.6.2 *HAVE* (sans *GOT*)

Comme nous l'avons vu, *HAVE* (sans *GOT*) peut être soit auxiliaire, soit verbe (alors que *HAVE* construit avec *GOT* est toujours auxiliaire). Toutefois, la question du choix entre l'auxiliaire et le verbe ne se pose qu'aux formes non assertives (= avec négation / interrogation / emphase) du présent ou du prétérit. (Dans *I have a problem*, rien ne permet de dire si *HAVE* est auxiliaire ou verbe – et la question n'a guère d'intérêt.) Ce choix, par ailleurs, n'est absolument pas problématique puisque, comme nous l'avons vu, on peut **toujours**, en dehors du parfait, utiliser *HAVE* comme **verbe** (*I don't have any objection*).

L'emploi comme auxiliaire, en fait, est relativement rare ; dans la plupart des variétés d'anglais, on dira ainsi *I don't have a car* (ou, bien sûr, *I haven't got a car*), mais non *I haven't a car*. Cet emploi existe cependant, mais il est limité, pour l'essentiel, aux cas où *HAVE* est suivi d'un mot tel que *any* ou *no* (*I haven't any* / *I have no brothers or sisters*) ou d'un nom désignant une notion abstraite : *I haven't a clue* (Je n'en ai pas la moindre idée) / *Have you an idea of what happened?*

Pour les constructions assertives au présent ou au prétérit, notez, dans la plupart des variétés d'anglais, l'absence d'une forme réduite pour *have* / *has* / *had* non suivis de *got* : on dira *I have* / *he has* / *he had a car*, mais non ?*I've* / *he's* / *he'd a car*.

3.7 *GET*

Contrairement à *BE* et à *HAVE*, **GET** a toujours les caractéristiques d'un **verbe**. Il est cependant proche de *BE* et de *HAVE*, à la fois dans le domaine de la syntaxe et dans celui du sens. Dans le domaine de la syntaxe, il faut mentionner, en plus de l'association avec *HAVE* dans *HAVE GOT*, le fait que *GET* peut occuper la même place que *BE* ou que *HAVE* dans certaines constructions :

He was arrested. / *He got arrested.* (➤ 24.2.4 et 24.3)
I had my hair cut. / *I got my hair cut.* (➤ 26.2.6)

Pour l'instant, observons simplement que *GET* ne peut remplacer *BE* ou *HAVE* que lorsque ces derniers ont une valeur **dynamique**. Cela n'a rien de surprenant : le sens fondamental de *GET* (commun aux diverses valeurs que ce verbe peut prendre : "devenir", "obtenir", etc.) est celui d'un **mouvement** – plus précisément du mouvement qui conduit soit à un "être" soit à un "avoir". On peut représenter par les deux schémas suivants la relation entre *GET* et *BE* / *HAVE* :

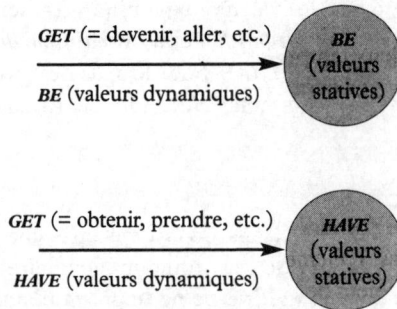

GET (= devenir, aller, etc.)
———————————————➤ **BE** (valeurs statives)
BE (valeurs dynamiques)

GET (= obtenir, prendre, etc.)
———————————————➤ **HAVE** (valeurs statives)
HAVE (valeurs dynamiques)

4 Présent et prétérit

Il n'existe en anglais que deux temps grammaticaux (*'tenses'*), le présent et le prétérit. Les verbes de *I know* / *I knew the answer* peuvent s'analyser ainsi :

know = verbe KNOW + présent
knew = verbe KNOW + prétérit

Comme nous l'avons vu en 2.5, l'élément présent ou prétérit est toujours, dans un groupe verbal, porté par le premier terme : verbe dans le cas des formes simples, auxiliaire dans les autres cas. L'élément présent et l'élément prétérit ont toujours le même sens fondamental, qu'ils soient portés par un verbe ou par un auxiliaire (BE, HAVE, DO ou un modal).

4.1 Présent et prétérit simples : formes

(Exemples avec le verbe WORK.)

a. Présent simple

*he / she / it **works*** (base verbale + terminaison -*s* à la 3e pers. du singulier)
*I / you / we / they **work*** (base verbale seule aux autres personnes)

Prononciation de la terminaison -*s* et cas particuliers orthographiques : ➤ c et e.

b. Prétérit simple

- Pour un certain nombre de verbes, forme irrégulière (➤ annexe 2).
- Pour les verbes réguliers :

*I / you / he / she / it / we / you / they **worked*** (base verbale + terminaison -*ed* à toutes les personnes)

Prononciation de la terminaison -*ed* et cas particuliers orthographiques : ➤ d et f ci-après.

c. Prononciation de la finale -*s* du présent, 3e personne du singulier

/ɪz/ ou /əz/ (selon variété d'anglais)	/s/	/z/
après les sons /s/, /z/, /ʃ/, /ʒ/, /tʃ/ et /dʒ/ (terminaisons écrites -*s*, -*x*, -*z*, -*ch*, -*sh*, -*ce* ou -*ge*) : *pass* → *passes* /'pɑːsɪz/, /'pɑːsəz/ *watch* → *watches* /'wɒtʃɪz/, /'wɒtʃəz/ *judge* → *judges* /'dʒʌdʒɪz/, /'dʒʌdʒəz/ (etc.)	après les **consonnes sourdes** /p/, /t/, /k/, /f/ et /θ/ : *look* → *looks* /lʊks/	après les **consonnes sonores** /b/, /d/, /g/, /v/, etc., et après les **voyelles** : *dig* → *digs* /dɪgz/ *lie* → *lies* /laɪz/ (etc.)

Le choix entre /s/ et /z/ est en fait déterminé par la facilité de la prononciation : on ne prononce /s/ que lorsqu'il est difficile de prononcer /z/ (*looks* → /lʊks/, et non **/lʊkz/).

Say et ***do*** sont irréguliers du point de vue de la prononciation pour la troisième personne du singulier (*says* et *does*) : /seɪ/ → /sez/, /duː/ → /dʌz/.

d. Prononciation de la terminaison *-ed* du prétérit

/ɪd/ ou /əd/ (selon variété d'anglais)	/t/	/d/
après les sons /t/ ou /d/ : *wanted* /ˈwɒntɪd/, /ˈwɒntəd/ *recommended* /rekəˈmendɪd/, /rekəˈmendəd/ (etc.)	après les **consonnes sourdes** /p/, /k/, /f/, etc. : *tipped* /tɪpt/ *looked* /lʊkt/ (etc.)	après les **consonnes sonores** /b/, /g/, /v/, etc., et après les **voyelles** : *robbed* /rɒbd/ *played* /pleɪd/ (etc.)

Le choix entre /t/ et /d/ est en fait déterminé par la facilité de la prononciation : on ne prononce /t/ que lorsqu'il est difficile de prononcer /d/ (*looked* 🡒 /lʊkt/, et non **/lʊkd/).

Ne vous laissez pas influencer par la forme écrite pour les verbes dont la base verbale se termine par la lettre *-r* (*remember*, etc.) ; quelle que soit la variété d'anglais (*-r* final prononcé ou non), la terminaison *-ed* se réalise /d/ avec ces verbes, et il ne faut pas rajouter une voyelle devant ce /d/. Ex. : *remember* (anglais britannique) /rɪˈmembə/ → *remembered* /rɪˈmembəd/, (anglais américain) /rɪˈmembᵊr/ → *remembered* /rɪˈmembᵊrd/.

e. Cas particuliers orthographiques pour la terminaison *-s* du présent

- Après *-s*, *-x*, *-z*, *-ch*, *-sh* et *-o*, terminaison *-es* : he pass**es**, he mix**es**, it buzz**es**, he watch**es**, he wash**es**, he go**es**...
- Un *-y* final précédé d'une consonne devient *-ie* (→ terminaison *-ies*) : *try* → he tr**ies**. (Aucune modification pour *-y* après voyelle : *play* → he plays.)

f. Cas particuliers orthographiques pour la terminaison *-ed* du prétérit

- Si la base verbale se termine par un *-e*, on ajoute seulement *-d* (*like* → *liked*).
- Un *-y* final précédé d'une consonne devient *-ie* (→ terminaison *-ied*) : *try* → *tried*. (Aucune modification pour *-y* après voyelle : *play* → *played*.)
- Si la base verbale se termine par une **seule consonne** (autre que *w*) précédée d'une **seule voyelle**, et **si la dernière syllabe** est **accentuée**, la consonne est **redoublée** : *preˈfer* → *preˈferred* (mais *ˈoffer* → *ˈoffered*).
- Un *-g* final est redoublé dans tous les cas (même quand la syllabe finale est inaccentuée) : *humbug* → *humbugged*.
- En anglais britannique, la consonne finale des terminaisons *-al* et *-el* (syllabe inaccentuée) est redoublée, mais ce n'est pas le cas en anglais américain : *signal* → (GB) *signalled*, (US) *signaled* ; *travel* → (GB) *travelled*, (US) *traveled*.
- Cas particulier du même type (dernière syllabe inaccentuée) pour *worship* et *kidnap* : *worship* → (GB) *worshipped*, (US) *worshiped* ; *kidnap* → (GB)

kidnapped, (US) *kidnap(p)ed* ; *bias* → *bias(s)ed* ; *focus* → *focus(s)ed*. Notez par ailleurs *handicap* et *program* → (toutes variétés d'anglais) *handicapped* et *programmed*.

- Verbes en *-ic* et en *-ac* (*panic, picnic, tarmac*, etc.) : on rajoute un *-k-* devant *-ed* (*panic* → *panicked, tarmac* → *tarmacked*).

Exception : le verbe *sic* (*He'll sic his dog on you* = Il vous lancera son chien dessus), qui s'écrit également *sick*, a pour prétérit *sicced* ou *sicked*.

Les sigles (suites de lettres) peuvent, comme les autres mots, être suivis de terminaisons. Ex. : *He OK'd / OKd the project* (Il a donné son accord au projet).

4.2 Le présent : sens et emplois

Sens fondamental. L'emploi de la forme du présent sur un verbe ou un auxiliaire indique (a) que l'énonciateur place son point de vue au **moment présent**, et (b) qu'il montre comme **réel** au moment présent ce qui est représenté par le verbe ou l'auxiliaire.

Avec le **présent simple**, le point de vue sur l'événement (ou la série d'événements) est un point de vue **global** (➤ 2.3) ; ceci permet d'expliquer l'opposition entre le présent simple et le présent en *BE* + *-ING* (➤ chap. 5).

Voici les **principaux emplois du présent simple** :

a. Événements qui coïncident à peu près dans le temps avec le moment de l'énonciation, et qui sont considérés en bloc, autrement dit dans la totalité de leur durée. Ce dernier point est important ; on notera dans les exemples ci-après que, bien que l'événement soit en train de se produire au moment où l'on parle, on n'utilise pas *BE* + *-ING*. (Ceci sera développé en 5.3.2 et 5.3.3.)

*Now I **crack** the egg, I **mix** it with the flour,...* Maintenant, je casse l'œuf, je le mélange avec la farine... (démonstration de recette de cuisine)

*Jenkins **passes** the ball...* Jenkins fait une passe... (extrait d'un commentaire de match de football à la radio)

*I **declare** the meeting open.* Je déclare la séance ouverte. (énoncé performatif – c'est-à-dire utilisé pour accomplir un acte)

b. Événements passés qu'on raconte au présent (ce qui a pour effet de leur donner une plus grande apparence de réalité, de les faire vivre en quelque sorte en direct). Cette forme est très utilisée dans la vie courante. On la trouve également parfois dans la partie narrative des romans.

*Then the man **comes** out of his car, and he **says** to me...* Alors l'homme sort de sa voiture, et il me dit...

Les récits au présent contiennent parfois, dans la langue parlée familière, la forme non standard *I says* (*... and then I says...*).

c. Événements qui sont situés dans une période englobant le moment présent, mais qu'il est normal de considérer en bloc, et non en un point de leur durée :

*He **knows** the answer.* Il connaît la réponse. (On ne pourrait pas dire **He is knowing the answer,* ➤ 5.6.2.)

*2 and 2 **is** 4.* 2 et 2 font 4.

*The earth **revolves** round the sun.* La terre tourne autour du soleil.

*John **smokes**.* John fume / John est fumeur. (Il s'agit d'une propriété permanente, qui n'est pas liée à l'instant – comme le montre l'opposition avec *John is smoking.* Cet emploi est proche de l'emploi "habituel", ➤ d.)

Emploi voisin avec des verbes du type *say* / *tell* / *hear,* pour mentionner une information qu'on a apprise récemment :

*Sue **tells** me that* / *I **hear** that you're getting married.* Sue me dit que / J'apprends que tu te maries.

d. Événements habituels (= série d'événements), dans le cas d'une habitude non temporaire (➤ 5.4.3 pour d'autres types d'événements habituels) :

*Fred **walks** to work every morning.* Fred va à pied à son travail tous les matins.

e. Événements futurs qui sont déjà programmés dans le présent (et dont on peut constater la réalité sur un agenda, un calendrier, un horaire de chemins de fer, etc. ; ➤ 5.3.1, différence avec la forme *BE* + *-ING*) :

*His train **arrives** at 6.35.* Son train arrive à 6 h 35.

*She **is** 20 next month.* Elle a 20 ans le mois prochain.

On a également cette valeur avec les verbes *happen* ou *come* dans les énoncés du type *What **happens** / **comes** next?* (Et ensuite, qu'est-ce qu'il va se passer ?)

f. Dans les subordonnées qui interdisent l'emploi de *will* / *shall* à valeur de futur (➤ 9.3) :

I'll tell him if / *when I **see** him.* Je le lui dirai si je le vois / quand je le verrai.

De façon fréquente (mais non obligatoire) le présent simple est également utilisé pour se référer au futur à la suite des verbes *hope* et *bet* :

I hope / *I bet he **succeeds**.* J'espère / Je parie qu'il va réussir.

L'emploi du présent simple peut ici s'expliquer par le caractère évident de la référence au futur, qui n'a pas besoin d'être exprimée de façon spécifique ; l'emploi de *will* est également possible, mais il souligne l'idée de prévision.

4.3 Le prétérit : sens et emplois (généralités)

Sens fondamental. Le présent, nous l'avons vu, fait apparaître ce qui est représenté par le verbe ou l'auxiliaire comme réel au moment présent. Le prétérit, par opposition, le fait apparaître comme **non réel** au moment présent. Cette non-réalité peut prendre plusieurs formes ; c'est ce qui détermine les catégories d'emploi du prétérit.

Il faut distinguer, en premier lieu, deux grandes catégories d'emplois : les emplois temporels (**valeur de passé**) et les emplois non temporels (**valeur hypothétique**).

À propos des emplois non temporels, le terme de "valeur modale" est souvent employé. Ce terme comporte un risque de confusion, notamment en raison du fait que cette valeur peut se superposer à celle des modaux (➤ chap. 7-10). Nous lui préférerons donc celui de "valeur hypothétique".

4.4 Emplois temporels du prétérit (= valeur de passé)

Cette section est essentiellement consacrée aux emplois temporels du **prétérit simple**. Il faut cependant noter qu'un bon nombre des questions qui se posent à propos de ces emplois concernent l'opposition entre (a) le prétérit simple et le prétérit en *BE* + *-ING* et (b) le prétérit simple et le present perfect. Ces questions seront traitées aux chap. 5 et 6. Quant aux problèmes particuliers que pose l'emploi du prétérit avec les modaux et les expressions de modalité, ils seront traités aux chap. 7-9.

Les emplois temporels du prétérit peuvent, à leur tour, se diviser en deux catégories : **passé de narration** et **passé de discours indirect**.

4.4.1 Passé de narration

Soit un énoncé *Ted smoked cigars*. Cet énoncé n'est concevable que s'il est associé à un repère temporel (*last year, when he was young*, etc.), et il peut, au niveau implicite, correspondre à plusieurs types de **non-réalité** par rapport au moment présent. La non-réalité peut porter de façon directe sur l'événement que désigne l'énoncé ; dans ce cas, on sous-entend simplement que Ted ne fume plus des cigares. Elle peut également avoir un caractère relativement indirect par rapport à l'événement désigné ; ce qui est implicite sera, par exemple, que Ted est mort, ou encore qu'on a perdu tout contact avec lui (ce qui n'exclut pas qu'il fume encore des cigares). Plus généralement, on peut dire que le prétérit temporel présente l'événement comme faisant partie d'une situation qui n'a plus de réalité au moment présent.

Autre caractéristique importante du prétérit simple : comme le présent simple, il exprime une vision **globale** de l'événement. Sur ce point, il s'oppose donc au prétérit avec *BE* + *-ING* (➤ chap. 5). Les catégories d'emploi sont en grande partie parallèles à celles du présent simple :

a. Récits. Le prétérit simple est, par excellence, le temps du récit ; sur ce point, il s'oppose au present perfect (➤ 6.2). Son usage est courant, en particulier dans la partie narrative des romans, pour désigner des événements dans l'ordre de leur succession chronologique :

> *John Ducane **looked** into the eyes of Jessica Bird. Jessica's eyes slowly **filled** with tears. Ducane **looked** away, sideways, downward.* (I. Murdoch, *The Nice and the Good*)

Il existe un emploi du prétérit dans une zone où il est en concurrence avec le present perfect (➤ 6.5.3) : *Look, you broke the armchair! / I already saw this film.* Dans cet emploi (qui ne doit être imité qu'avec prudence), le point de vue privilégie le caractère passé de l'événement, plutôt que sa relation avec le moment présent.

b. Événements qui peuvent être situés de façon vague dans le passé, mais qu'il est normal de considérer en bloc, et non en un point de leur durée dans le temps (comparez avec le présent simple en 4.2.c) :

> *He **knew** the answer.* Il connaissait la réponse.

*Most dinosaurs **ate** grass.* La plupart des dinosaures mangeaient de l'herbe.

*John **smoked**.* John fumait / John était fumeur.

c. Événements habituels (= série d'événements) dans le passé (➤ aussi 4.2.d) :

*Ted **walked** to work every morning.* Ted allait à pied à son travail tous les matins.

d. Événements qui sont déjà programmés à un moment du passé – projection dans l'avenir à partir du passé (comparez avec 4.2.e) :

*John had to leave early: his train **left** at 6.35.* John a dû / devait partir de bonne heure : son train partait à 6 h 35.

e. Dans les subordonnées qui interdisent l'emploi de *would / should* pour exprimer un futur par rapport à un moment passé (➤ 4.2.f) :

*I decided that I'd tell him if / when I **saw** him.* J'ai décidé que je le lui dirais si je le voyais / quand je le verrais.

*When I married her, she was 22 and I was 48. She'd be 35 when I **was** 61.* Quand je l'ai épousée, elle avait 22 ans et j'en avais 48. Ce qui signifiait qu'elle aurait 35 ans quand j'en aurais 61.

> **!** Le prétérit ne peut pas, à lui seul, situer un événement dans le temps ; pour exprimer le passé, il a besoin d'un repère temporel. Ce dernier peut être explicite (*In 1990, John lived in London*) ou implicite (*The Gauls lived in huts* = Les Gaulois vivaient dans des huttes). Il peut être précis (date, heure, etc.), ou imprécis (*formerly* = autrefois, *in past centuries* = dans les siècles passés, etc.). Les formules avec *ago* (ou *back*, dans une langue plutôt familière) constituent l'un des moyens d'établir un repère temporel :
>
> *We met him **two years ago**.* Nous l'avons rencontré il y a deux ans.
>
> *That was **a few years back**.* C'était il y a quelques années.

La mention d'un lieu peut aussi impliquer un repère temporel passé :

*I bought this T-shirt **in London**.* (= when I was in London)

Il est tout à fait possible d'associer les compléments introduits par *for* avec le prétérit ; toutefois, ces compléments ne constituent pas un repérage dans le temps mais une mesure de la durée de l'événement (➤ 6.8.1). Il ne faut pas confondre *for* avec *during* (qui permet de situer l'événement sur la ligne du temps, même s'il le fait de façon relativement imprécise) :

*He worked **for three weeks during the holidays**.* Il a travaillé pendant trois semaines pendant les vacances.

4.4.2 Passé de discours indirect

Concernant le passage du discours direct au discours indirect (➤ Encadré 4-A), et plus précisément l'emploi des formes verbales, il existe une règle dite de concordance des temps, qui est assez semblable à celle qui s'applique en français aux formes en "-ais" (imparfait et "conditionnel"), et qui peut être illustrée par l'exemple suivant :

[Énoncé rapporté au **discours direct**] → [Énoncé rapporté au **discours indirect**]
*Mary said, 'John **likes** tea.' → Mary said that John **liked** tea.*
*Leo said, 'Tina **can** speak Greek.' → Leo said that Tina **could** speak Greek.*

On peut donner de la règle de concordance une formulation générale simple : si le verbe de la proposition qui introduit le discours indirect est au **prétérit** (dans les exemples, il s'agit du verbe SAY), le verbe ou le premier auxiliaire de l'énoncé rapporté sera également au prétérit. En fait, il faut tenir compte des deux cas particuliers suivants. (➤ également, pour les modaux, chap. 7-9.)

a. Si l'on rapporte au style indirect des faits considérés comme valables d'une façon générale, et donc comme toujours valables au moment présent, on peut utiliser le **présent** (et non le prétérit) dans la proposition qui correspond à l'énoncé rapporté :

*He said that John **likes** tea / that Tina **can** speak Greek.*

L'emploi du présent est toutefois impossible (comme en français) s'il s'agit d'un fait dont la validité est considérée non pas de façon générale mais par rapport à un moment particulier du passé : *John **told** me you **were** there.* (**John **told** me you **are** there.*)

b. La règle générale concerne les verbes / auxiliaires qui, dans l'énoncé originel (réel ou imaginaire), sont au **présent** : au discours indirect, ce présent devient un prétérit si le verbe introducteur est lui-même au prétérit. Mais que se passe-t-il si le verbe de l'énoncé originel est déjà au prétérit ? S'il s'agit d'exprimer un passé au second degré (➤ 6.9.1.c), un **prétérit de narration** du discours direct devient, au discours indirect, un **past perfect** :

*Tom said, 'I **arrived** on May 1st.' → Tom said that he **had arrived** on May 1st.*

Toutefois, on conserve le prétérit si l'énonciateur-rapporteur repère l'événement rapporté directement par rapport au présent (et par conséquent s'il ne s'agit pas vraiment d'un passé au second degré) :

*Somebody **told** you the new boss **arrived** yesterday, didn't they?*
*He said, 'The Gauls **lived** in huts.' → He said that the Gauls **lived** in huts.*

La transformation "prétérit → past perfect" n'est donc pas automatique quand on rapporte au style indirect un récit situé dans le passé (et qui bien sûr relate des événements encore antérieurs). Si le contexte rend évident que ces événements sont situés dans un passé au second degré, on peut garder le prétérit de l'énoncé originel :

'The accident happened at about 4 pm,' the witness said. 'It was raining.'
→ The witness said that the accident (had) happened at about 4 pm and that it was raining.
(Notez que ... *that it had been raining* équivaudrait à "... qu'il avait plu.")

De même, on garde le prétérit simple si l'on se réfère à un fait dont la vérité n'est pas liée de façon stricte à un moment particulier du passé :

*He asked me, '**Was** your visitor Irish?' → He asked me if my visitor **was** Irish.*

S'il s'agit d'un prétérit hypothétique (➤ 4.5), il n'y a pas non plus de changement :

*She said, 'I wish I **lived** in France.' → She said she wished she **lived** in France.*

Encadré 4-A : Le discours rapporté

1. Le **discours direct** et le **discours indirect** (on dit également le **style direct** et le **style indirect**) sont deux variétés du discours rapporté :

Bert said, 'I'm listening.' Bert a dit : "J'écoute." (discours **direct**)
Bert said that he was listening. Bert a dit qu'il écoutait. (discours **indirect**)

Le **discours hybride** est une catégorie intermédiaire. Il se présente sous plusieurs formes, assez souvent sans équivalent en français. Le premier des deux exemples ci-après appartient à la langue familière non standard. Dans le second, notez l'emploi de *I* au lieu de *he*.

He asked her was she quite sure about that. (= *He asked her, 'Are you quite sure about that?' / He asked her if she was quite sure about that.*)
In Paris and Elsewhere *Cobb proposes 'the framework of a novel that has not been written and that I will not be likely to write'.* (J. Barnes, *Something to Declare*)

Conventions d'écriture pour le discours direct en anglais

- Les guillemets ne sont jamais du type "chevrons" (« ... »), comme en français.

- En français, il arrive très souvent que l'on remplace les guillemets par un tiret, qui indique le début des paroles de chaque nouveau locuteur. En anglais, cela se fait très rarement.

- En anglais britannique, les guillemets sont le plus souvent des guillemets simples (voir exemples ci-dessus), alors que l'anglais américain utilise généralement des guillemets doubles (*Ed said, "I'm pleased."*)

- Le discours direct est souvent introduit par une virgule (et non par deux points, comme en français) après les verbes de parole du type *SAY* ou *ASK*.

Le discours rapporté peut être du discours au sens étroit : il consiste alors en paroles que l'on rapporte. Mais il peut également consister en pensées, sentiments, impressions, opinions, etc., et dans ce dernier cas le discours est généralement rapporté par l'intermédiaire d'un verbe ou d'une expression du type *THINK, KNOW, FEEL*, etc. :

*Bert **thought** / **knew** / **felt** / **was sure** that Flo was listening.*

Quelle que soit sa nature, un discours rapporté est toujours un énoncé : il s'agit soit de paroles au sens propre du terme, soit de pensées (impressions, opinions, etc.) traduites en **mots**. On peut donc, pour désigner la pensée attribuée à Bert dans l'exemple ci-dessus, dire qu'il s'agit d'un **énoncé rapporté**. La personne à qui sont attribuées des paroles ou des pensées rapportées (Bert dans les exemples ci-dessus) est l'**énonciateur rapporté** (ou **énonciateur secondaire**), par opposition à l'**énonciateur rapportant** (ou **primaire**), responsable de l'ensemble de l'énoncé.

2. Il existe **deux types de discours indirect :**

a. Le **discours indirect explicite**, dans lequel le discours rapporté est introduit par un verbe ou une expression comme *THINK, KNOW*, etc. (exemples plus haut).

(discours direct / indirect)

b. Le **discours indirect libre**, dans lequel, malgré l'absence d'un verbe introducteur du type *THINK*, le contexte désigne clairement l'un des personnages du récit comme la source des pensées qui sont exprimées (autrement dit comme l'énonciateur de ces pensées).

> *[Peter Watson] waited for the train to come.*
> *Would the driver see him? It was very unlikely, for this was the main line, London, Doncaster, York, [...].* (R. Dahl, nouvelle extraite de *The Wonderful Story of Henry Sugar and Six More*)

Dans la seconde et la troisième phrase, on a affaire à du discours indirect libre : ce qui est décrit est la pensée du personnage Peter Watson. Le discours indirect explicite correspondant pourrait être :

> *He asked himself if the driver would see him. He decided that it was very unlikely, for this was the main line [...].*

3. Modifications entraînées par le passage du discours direct au discours indirect :

a. Pronoms personnels

Cette modification ne pose guère de problèmes :

> *Bert said, 'I'm listening.'* →*Bert said that **he** was listening.*

b. Repérages dans le temps et dans l'espace

> *Bert said, 'I've been **here** since **yesterday**.'* → *Bert said that he'd been **there** since **the day before**.*

Bien sûr, *yesterday* et *here* ne sont pas modifiés si les paroles de Bert sont rapportées le même jour et au même endroit (même règle en français) :
*Bert said that he'd been **here** since **yesterday**.* Bert a dit qu'il était ici depuis hier.

c. Temps / aspects (➤ 4.4.2)

! Dans le cas des **interrogations indirectes** (➤ 25.2.1), on garde l'ordre "sujet + auxiliaire / verbe" (ce qui n'est pas le cas avec les interrogations **directes**) :

> *'Why are they waiting?' she wondered.* → *She wondered **why they were waiting**.*

Les constructions exclamatives ne modifient pas l'ordre "sujet + auxiliaire / verbe" (qu'elles soient directes ou indirectes). Elles peuvent cependant poser des problèmes concernant l'ordre des mots (➤ 25.2.2) :
Il comprit à quel point serait difficile sa nouvelle mission. → *He realized how difficult his new mission would be.*

4.5 Emplois non temporels du prétérit (= valeur hypothétique)

Dans le cas des emplois temporels (➤ 4.4), l'événement est vu comme non réel dans le présent, mais comme ayant eu une réalité dans le passé. Ici, l'événement est vu comme **imaginaire** (il fait l'objet d'une hypothèse, d'un souhait, etc.) :

> *If only I **knew** the answer!* Si seulement je connaissais la réponse !
>
> *If I **won** the lottery...* Si je gagnais à la loterie...

Ces exemples font apparaître la seconde caractéristique importante du prétérit hypothétique : l'événement (*'I know the answer'*, *'I win the lottery'*) est vu non seulement comme imaginaire, mais aussi, de façon implicite, comme "contraire à la réalité" ; dans le premier exemple, cette non-réalité est totale ("...mais je ne connais pas la réponse") ; dans le second, elle est seulement partielle ("...mais il est peu probable que je gagne"). Ces deux exemples illustrent les deux valeurs essentielles du prétérit hypothétique : la valeur d'irréel et la valeur de doute.

4.5.1 Prétérit hypothétique : valeur d'irréel

Examinons l'opposition présent / prétérit (*knows* / *knew*) dans ces deux énoncés :

> *If he **knows** the answer, he'll give it to you.* S'il connaît la réponse, il vous la donnera.
>
> *If he **knew** the answer, he'd give it to you.* S'il connaissait la réponse, il vous la donnerait.

Dans les deux cas, l'événement *he knows the answer* a un caractère imaginaire (il fait l'objet d'une hypothèse). La différence se situe au niveau implicite. Le premier énoncé (*If he knows...*) ne nous dit rien sur le caractère vrai ou faux, dans la réalité, de l'hypothèse *he knows the answer*. En revanche, le second énoncé (*If he knew...*) présuppose que, dans la réalité, cette hypothèse est fausse ; et c'est à cette présupposition (une présupposition d'irréalité) que correspond l'emploi du prétérit.

La présupposition irréelle est parfois liée à un souhait, comme dans le cas du prétérit hypothétique qu'on trouve après le verbe *WISH*, du moins dans l'une de ses constructions (➤ Encadré 25-B) :

> *I wish I **knew** the answer.* J'aimerais connaître la réponse / Je regrette de ne pas connaître la réponse.

Cette phrase présuppose *I do not know the answer.*

Dans certains cas, l'irréalité ne concerne pas de façon **directe** l'élément verbal qui porte la marque du prétérit. Ceci est fréquent avec les modaux (➤ chap. 7-9). Comparons : *Tim **may** have broken his leg* (Il se peut que Tim se soit cassé la jambe) et *Tim **might** have broken his leg* (utilisé dans le sens de "Tim aurait pu se casser la jambe"). Le second énoncé (contrairement au premier) présuppose *he didn't break his leg*. La marque de cette présupposition irréelle (le prétérit) est portée non pas par le verbe qui est directement concerné par l'irréalité, c'est-à-dire *break*, mais par le premier auxiliaire du GV – le modal. On peut donc parler ici d'un marquage **indirect** de la valeur d'irréel. (Le marquage indirect peut, de la même façon, concerner la valeur de doute, ➤ 4.5.2.)

4.5.2 Prétérit hypothétique : valeur de doute

a. Comparons :

*If I **win** the lottery I'll buy myself a watch.* Si je gagne à la loterie, je m'achèterai une montre.

*If I **won** the lottery I'd buy myself a watch.* Si je gagnais à la loterie, je m'achèterais une montre.

La différence est ici beaucoup moins grande que dans le cas de *If he knows* / *If he knew the answer.* Il y a cependant une différence (la même qu'en français entre "Si je gagne..." et "Si je gagnais..."), et cette différence se situe, ici encore, au niveau de l'implicite : *If I won...*, comparé à *If I win...*, implique un doute plus grand sur les chances de réalisation de l'hypothèse, et présuppose quelque chose comme "... mais je ne gagnerai probablement pas". (En outre, *If I win...*, contrairement à *If I won...*, laisse entendre que j'ai acheté un billet de loterie.)

b. C'est également à cette catégorie (expression d'une présupposition de doute orientée négativement) qu'appartient le prétérit utilisé après les expressions *it's time* et *I'd rather* :

*It's (high) time you **left**.* Il est (grand) temps que vous partiez.

*I'd rather you **left**.* Je préférerais que vous partiez.

Il y a, dans les deux cas, un effet de politesse (analysé ci-après), auquel s'ajoute dans le premier cas un irréel concernant le présent ("vous n'êtes pas encore parti").

c. Le prétérit dit "de politesse", fréquemment employé dans les énoncés exprimant un conseil, une suggestion, une requête, etc. s'explique par ce type d'implicite :

*You **could** take more exercise.* Vous pourriez faire plus d'exercice physique.

***Could** you / **Would** you close the door, please?* Pourriez-vous / Voudriez-vous fermer la porte, s'il vous plaît ?

Dans les énoncés de ce type, l'énonciateur, en présupposant que l'action conseillée / suggérée / demandée / etc. ne sera peut-être pas accomplie, paraît laisser son interlocuteur entièrement libre de son choix – d'où l'effet de politesse.

On a, ici encore, un marquage indirect : la non-réalité implicite (présupposition de doute) concerne l'accomplissement de l'action (*... take more exercise* / *close the window*), mais sa marque (le prétérit) est portée par le modal.

d. Mentionnons pour terminer un emploi du prétérit hypothétique qui pose parfois un problème aux francophones. On le trouve dans certaines subordonnées (➤ 9.3), par exemple dans des subordonnées relatives :

I think Wieland is a fool and a charlatan and anyone who listened to him would be mad. (W. Boyd, *The Blue Afternoon*)

L'équivalent français de *anyone who **listened** to him* est évidemment "quiconque l'**écouterait**". Il faut ici expliquer deux choses. D'une part, malgré le sens "conditionnel", on n'a pas *would listen* (➤ 9.3). D'autre part, on emploie le prétérit. Cet emploi s'explique par le caractère à la fois hypothétique et non réel de la proposition (cf. *if someone listened to him, they would be mad*). Notons par ailleurs qu'il est ici difficile de dire si l'on a affaire à une valeur d'irréel ou à une valeur de doute : on est dans la zone floue qui sépare les deux valeurs.

1. Il arrive assez souvent, en fait, que l'on se trouve dans cette zone floue entre la valeur d'irréel et la valeur de doute. Ainsi, *You should take more exercise* contient, au niveau implicite, d'une part un irréel en ce qui concerne le présent ("vous ne faites pas assez d'exercice") et d'autre part un doute en ce qui concerne le futur ("mais vous ne suivrez peut-être pas mon conseil").

2. Le prétérit non temporel (hypothétique) peut porter sur tous les types d'auxiliaires ainsi que sur le verbe seul, mais (le cas examiné en 4.5.3 devant être mis à part) c'est seulement avec les auxiliaires modaux que l'emploi non temporel du prétérit est possible, dans une phrase simple ou dans une proposition principale : *Could you lend me five pounds?*

Dans les subordonnées, on n'emploie le prétérit hypothétique que dans un certain nombre de cas bien délimités :

- dans les propositions hypothétiques introduites par *if, as if, as though* ou *suppose* (*Suppose he came tonight*)
- dans les subordonnées dont la principale est soumise à une hypothèse non réelle (➤ 9.3)
- dans les subordonnées compléments après *I wish, I'd rather, it's time*

4.5.3 Emplois particuliers avec les verbes du type *WANT*

Il existe, avec des verbes comme *WANT* ou *WONDER*, un emploi du prétérit qui justifie un classement dans une catégorie à part :

*I **wanted** to ask you a favour.* Je voulais vous demander un service.

*I **was wondering** if you could lend me your car.* Je me demandais : est-ce que vous pourriez me prêter votre voiture ?

Il est difficile de voir dans ces emplois l'expression d'une non-réalité temporelle ou hypothétique portant sur le verbe de la proposition principale. Mais si l'on compare l'emploi de *I wanted... / I was wondering...* à celui de *I want... / I'm wondering...*, on constate que le prétérit ajoute à l'énoncé une hésitation ou un doute implicites. Cette hésitation ou ce doute peuvent porter sur au moins deux choses : (a) sur l'acte de demande exprimé par l'énoncé ("... mais je ne sais pas si je peux / si je vais oser vous le demander") et (b) sur l'accomplissement par l'interlocuteur de l'action demandée ("... mais je ne sais pas si vous allez pouvoir me rendre ce service / me prêter votre voiture"). On a donc ici encore – comme dans de nombreux emplois temporels ou hypothétiques –, l'expression d'une non-réalité qui ne concerne pas directement le verbe ou l'auxiliaire porteurs de la marque du prétérit.

5 La forme *BE* + *-ING*

5.1 Forme et sens général

5.1.1 Forme

La forme *BE* + *-ING* (auxiliaire *BE* et terminaison *-ING* sur le verbe), appelée "forme progressive" dans les grammaires traditionnelles, s'oppose à la forme simple (absence de marqueur, symbolisée par Ø), et les sens de ces deux formes doivent être considérés en contraste. La forme *BE* + *-ING* s'applique à toutes les formes du verbe : présent (*is washing*), prétérit (*was washing*), parfait (*has been washing*), infinitif après les auxiliaires comme *will, must, should* (*must be washing*). Et il ne faut pas oublier que la forme *BE* + *-ING* est compatible avec le passif (*is being washed*).

L'opposition Ø / *BE* + *-ING* appliquée aux formes de parfait (par ex. *has washed / has been washing*), abordée déjà brièvement dans ce chapitre-ci, reçoit un traitement plus détaillé au chap. 6.

Modifications orthographiques entraînées par l'ajout de la terminaison *-ing* :

- Un *-ie* final devient *y* devant *-ing* : *lie* → *lying*.

- Un *-e* final, s'il est précédé d'une **consonne,** est supprimé devant *-ing* : *love* → *loving* (mais *agree* → *agreeing, shoe* → *shoeing*) ; même règle pour les verbes en *-gue* : *intrigue* → *intriguing*. Cas particulier (pour éviter la confusion avec *singing*) : *singe* (roussir) → *singeing* ; plusieurs verbes laissent deux possibilités (donc ne présentent pas de risque d'erreur) : *age* → *ageing* ou *aging*, etc.

- **Consonne finale** : redoublement dans les mêmes cas que devant *-ed* (➤ 4.1) ; donc *pre'fer* → *pre'ferring*, mais *re'member* → *re'membering* (etc.). Également même règle que devant *-ed* pour les verbes en *-ic* et *-ac* : ajout d'un *k* à la suite du *c* (*picnic* → *picnicking*, etc.).

5.1.2 Sens fondamental

Le sens de la forme *BE* + *-ING* résulte de l'association de l'auxiliaire *BE* et de la terminaison *-ING* portée par le verbe.

En raison de la présence de *BE*, la forme *BE* + *-ING* exprime explicitement le fait que le sujet de la phrase est rattaché à l'événement exprimé par le verbe et ses compléments éventuels. En d'autres termes, l'énonciateur choisit de mettre en évidence la participation du sujet à cet événement. La forme simple (Ø) ne comporte pas cette insistance.

La terminaison *-ING*, de son côté, indique qu'on est à l'intérieur de l'événement, en un point quelconque. On saisit l'événement en un point quelconque de son déroulement. La forme Ø, à l'inverse, fait concevoir l'événement comme un bloc, dans son ensemble. Plus généralement, on peut dire que la forme BE + -ING indique explicitement que l'énonciateur a un point de vue sur un événement, alors que l'emploi de la forme simple efface la présence de l'énonciateur. Par ailleurs, la forme que prend BE, ainsi que divers adverbes ou circonstanciels, indiquent en quel(s) point(s) du temps on se place pour considérer l'événement.

Ces éléments de sens se combinent de diverses façons pour donner les valeurs de l'opposition Ø / BE + -ING. Ces valeurs vont être considérées sous les trois titres qui suivent : rattachement temporel (➤ 5.2), valeur aspectuelle (➤ 5.3), valeur modale (➤ 5.4).

5.2 Rattachement temporel

La forme BE + -ING indique ici que l'événement est rattaché à une situation particulière, c'est-à-dire à un moment particulier :

Hey, Joe, what are you doing? (moment présent)
What were you doing yesterday at six? (moment du passé)
Put on your coat, you must be freezing. (moment présent)

Par contre, la forme simple ne précise rien : il peut s'agir d'un événement unique rattaché à un moment précis aussi bien que d'une série illimitée d'événements.

Yesterday, Tina read The Times *for the first time in her life.* (événement unique à un moment passé précis)
Tina reads The Times. (série illimitée d'événements valable pour le présent, en fait une caractéristique de Tina : c'est une lectrice du *Times*)
Tina read The Times *when she was a student.* (cette fois, c'est une caractéristique passée : elle était lectrice du *Times*)
Ask Tina, she must read The Times. (caractéristique présente supposée)

Attention, cependant, il arrive qu'une action qui semble habituelle s'exprime à la forme BE + -ING : on interprète alors qu'il y a une série d'actions qui n'est valable que pour un moment spécifique, ce qui implique qu'elle est temporaire :

Keith is working at a filling-station.
Keith travaille dans une station-service. (c'est une occupation temporaire)
Keith works at a filling-station.
Keith travaille dans une station-service. (c'est son métier)

Il existe un type particulier de caractéristique (qui exige en revanche l'emploi de la forme **simple**), c'est le résumé d'un texte ou la légende d'une image :

*What **does** his letter **say**?*
*The picture **shows** a tiger jumping out of a window.*
*It **says** here that you shouldn't drink alcohol when you take this medicine.*

Mais attention : cela concerne une caractéristique, par nature permanente, du texte lui-même ou de l'image elle-même. Par contre, bien que les **actions** décrites ou représentées par le texte ou l'image soient en général vues dans leur globalité (forme simple) : *In this photograph, the Foreign Secretary **greets** his Canadian counterpart*, il arrive qu'elles soient vues "en cours de déroulement", c'est-à-dire du point de vue du témoin ou du photographe (emploi de *BE* + *-ING*) : *In this photograph, the Foreign Secretary **is greeting** his Canadian counterpart*.

5.3 Valeur aspectuelle

5.3.1 Les bases

Un **aspect** est la façon d'envisager le déroulement d'une action.

La forme simple indique que l'action est vue dans son ensemble. On parle alors d'aspect **global**. De ce fait, dans une situation particulière, la forme simple indique que l'action a une fin ou une conclusion. En contraste, la forme *BE* + *-ING* indique que l'énonciateur pose que la fin ou la conclusion n'est pas atteinte au moment considéré (ou encore que la conclusion n'est pas prise en compte). Comparez :

> (1) *'What did you do with that old bicycle?' 'I repaired it.'*

L'action est vue dans sa totalité, jusqu'à son terme. On parvient à une conclusion : le vélo est réparé.

> (2) *'What were you doing with that old bicycle.' 'I was repairing it.'*

L'action est vue par l'énonciateur dans le cours de son déroulement, il ne dit rien de sa conclusion : peut-être le vélo n'a-t-il pas été réparé (ou peut-être l'a-t-il été).

Cette opposition se retrouve au parfait (➤ chap. 6) :
I've repaired your bicycle. (conclusion atteinte : vélo réparé)
I've been repairing your bicycle. (on ne dit pas si la conclusion est atteinte, c'est-à-dire si le vélo est réparé)

Cette valeur globale de la forme Ø est exploitée systématiquement quand il y a plusieurs actions qui se suivent dans le temps, c'est-à-dire quand on fait un récit (➤ 5.5.1).

Il est utile de définir ici les termes d'action et d'état, qui sont essentiels à la compréhension du fonctionnement de la forme *BE* + *-ING* (ainsi que pour l'aspect *HAVE* + *-EN*, ➤ chap. 6).

Les **états** sont des caractéristiques internes d'objets ou de personnes, ou des relations entre des objets ou des personnes, qui ne doivent rien à la volonté et dont on n'envisage pas qu'ils puissent avoir une évolution et donc un déroulement. Il y a des états temporaires (*contain, be asleep*) et des états permanents (*know, be tall*).

Les **actions** indiquent un déroulement (*run, sing*), une évolution (*warm up, improve*), ou un changement d'état (*leave, die*). Les actions peuvent être provoquées par la volonté du sujet, mais ce n'est pas forcément le cas (*fall, snow*).

La distinction entre action et état appartient à la langue et ne recouvre pas toujours ce que nous ressentons intuitivement : ainsi, *sleep* est conçu comme une action (mais *be asleep* comme un état) de même que *wait* ou *rest*. *Know* est un état, tandis que *learn* et *realize* sont des actions.

➤ chap. 6 pour la nécessité de distinguer plusieurs sortes d'action.

5.3.2 Remarques sur l'aspect

a. Il ne faut pas oublier d'employer la forme *BE* + *-ING* pour exprimer la valeur de déroulement en présence d'un auxiliaire de modalité :

Don't disturb them – they must be having dinner.
You shouldn't be listening to music, you should be working.

b. L'opposition aspectuelle *BE* + *-ING* / Ø ne correspond pas à une différence de durée. Une action unique marquée par Ø peut être longue :

Last year, I read War and Peace *– it took me six months.*
Louis XIV built the palace of Versailles from 1670 to 1715.

Une action marquée par *BE* + *-ING* peut être très brève :

I was turning the key in the lock when I heard a funny noise in the room.

Cependant, il est vrai que certaines actions brèves sont rarement envisagées dans le cours de leur déroulement. Quand elles le sont, le sens de déroulement ne concerne pas une action unique mais une série d'actions dont on n'envisage pas le terme :

The bird was hopping across the room. (plusieurs bonds)
Big Joe was hitting Tiny Tim. (plusieurs coups)

c. Le fait de placer le point de vue avant la conclusion de l'action a un effet différent selon la nature de l'action. Pour les actions qui ont une épaisseur, c'est-à-dire qui n'ont pas un caractère instantané, on est bien à l'intérieur de l'action, dans son déroulement :

The kids are washing the car – I've promised them a reward.

Pour les actions strictement ponctuelles, qui sont seulement une frontière entre deux états, on se trouve en fait avant l'action elle-même, dans la phase préparatoire :

I'm afraid the big apple-tree is dying.
I'm coming.

d. Dans certains cas, le point d'observation peut se déplacer, et en quelque sorte balayer une période plus ou moins longue (l'accent étant mis alors sur la nature de l'action) :

Tim Reede […] said to Gertrude, 'I wonder if there are any of these cheese biscuits in the kitchen? I was painting all through lunch and I could do with a snack.'
(I. Murdoch, *Nuns and Soldiers*) J'ai passé l'heure du déjeuner à peindre, et je mangerais bien quelque chose.

Quel que soit le moment qu'on choisit pendant l'heure du déjeuner, le personnage est occupé à peindre.

5.3.3 L'emploi performatif de certains verbes

Il existe une catégorie de verbes pour lesquels la forme Ø est obligatoire, dans certaines conditions très précises :

I swear to tell the truth.

Le verbe *swear*, employé au présent et à la 1re personne, est à la forme simple bien qu'il corresponde à une action qui s'accomplit au moment précis où est prononcée la phrase. Mais en fait l'énoncé ne décrit pas l'action de jurer, il l'accomplit lui-même. L'action de jurer atteint sa conclusion par le fait même de prononcer *I swear*, c'est pourquoi on emploie la **forme Ø,** dont c'est une des valeurs. On appelle ces verbes **performatifs** (*to perform* = accomplir).

En fait, ces verbes ont seulement un **emploi performatif**, à la 1re personne du **présent**. Ailleurs (autre personne ou autre temps), ils se comportent comme des verbes d'action, acceptant l'alternance *BE* + *-ING* / Ø dans les mêmes conditions que tout verbe d'action, comme le montrent les emplois non performatifs suivants :
'*What's he saying?*' '*He's swearing to tell the truth.*' Ici, la personne qui parle n'accomplit pas l'action de jurer, elle décrit le déroulement de l'action, qui émane d'une autre personne.
'*And finally, what did he do?*' '*He swore to tell the truth.*' Ceci est un emploi classique de la forme Ø, avec la valeur aspectuelle "globale".
Autres exemples d'emploi performatif :
I wish you a happy New Year. / *I advise you to wear glasses.*

Quelques verbes courants qui ont un emploi performatif :

I promise, I give my word, I swear, I guarantee.

I refuse, I accept, I give up.

I suggest, I advise, I beg, I wish.

I deny, I ask, I request, I confirm, I confess, I admit.

I allow, I order, I forbid.

I congratulate, I thank, I apologize, I forgive.

Notez pourtant le cas suivant (fréquent) avec *warn* :
I'm warning you: don't switch off the current. Je vous préviens : ne coupez pas le courant.

5.3.4 Reportages, démonstrations, indications scéniques

Contrairement à ce qu'on pourrait attendre, dans la mesure où il s'agit de paroles prononcées au moment de l'action, les reportages décrivant des actions complètes, les démonstrations et les indications scéniques sont au **présent simple**. Comme ci-dessus (➤ 5.3.3), cet emploi découle de la valeur aspectuelle de la forme Ø (vision globale de l'action). Il s'agit dans tous ces cas de suites d'actions successives, chacune étant complète.

(1) [reportage] *Scott kicks the ball towards the touch line, and the ball bounces into touch. The referee blows the whistle.* Mais : *The players are now getting ready for a throw-in.* (action vue en cours de déroulement)
(2) [démonstration d'une recette de cuisine] *First, I crack the eggs. Next, I add the sugar, then I whisk until the mixture is thick and creamy.*

(3) [indication scénique] *Harold takes off his shoes, crosses from left to right and knocks at the door.*

Dans ces trois cas, on a en fait un récit fait au **présent**. En (2), on voit aussi s'introduire la valeur d'instructions à caractère permanent. Ceci est encore plus net en (3).

5.4 Valeur modale

5.4.1 Énonciateur et sujet

Rappelons que la forme *BE* + *-ING* exprime explicitement le fait que le sujet de la phrase est rattaché à l'événement exprimé par le verbe, c'est-à-dire que l'énonciateur choisit de mettre en évidence la participation du sujet à cet événement. La forme Ø ne comporte pas cette insistance. La participation du sujet que marque *BE* + *-ING* est souvent interprétable comme une intention attribuée au sujet de la phrase, mais ce n'est pas toujours le cas :

I'm leaving tomorrow. (intention)

Brian is leaving tomorrow. (soit intention de Brian, soit obligation qui lui est faite par l'énonciateur)

You are not sitting in that armchair. (intention de l'énonciateur) Tu ne vas pas t'asseoir / Tu ne t'assiéras pas sur ce fauteuil !

On remarque bien sûr que l'événement est situé dans le futur.

Comme l'implication du sujet est souvent interprétée comme une mise en relief de son rôle d'agent, la forme *BE* + *-ING* est d'un emploi difficile quand le sujet n'est pas agent, c'est-à-dire avec les états. Elle n'est pourtant pas impossible (➤ 5.4.2).

Les formes Ø et *BE* + *-ING* peuvent s'employer au **présent** ou au **prétérit**, pour un événement qui est situé dans l'avenir soit par rapport au moment où l'on parle, soit par rapport à un moment du passé :

I'm having lunch with my aunt Agatha tomorrow.

I wasn't able to accept their invitation as I was having lunch with my aunt Agatha the next day.

There's no hurry – our plane leaves at 12.30.

There was no hurry – our plane left at 12.30.

Dans tous les cas, il est nécessaire d'avoir un complément de temps qui mentionne le moment où se produit l'événement ; autrement dit, il est nécessaire de rattacher l'événement à un moment déterminé (sauf sous-entendu très évident : *I'm having lunch with my aunt Agatha* ; cela implique *today*). Les deux formes Ø et *BE* + *-ING* décrivent dans ce cas une situation déjà organisée, donc déjà vraie au moment qui sert de repère (soit le moment où l'on parle, soit un moment du passé). La différence entre les deux formes tient à la prise de position de l'énonciateur. Avec Ø, l'organisation est impersonnelle, totalement extérieure, alors qu'avec *BE* + *-ING*, l'énonciateur implique le sujet de la phrase dans l'organisation, ou s'implique lui-même. Pour cette raison, la phrase *The direct flight to Madrid is leaving at 12.40,* qui serait peu concevable s'il s'agissait d'une annonce officielle dans un aéroport, devient tout à fait vraisemblable si elle est dite par un employé s'adressant à un voyageur qui vient de manquer le vol de 12 heures 10 pour Grenade : elle pourra être complétée par ... *and from Madrid you have a flight to Granada at 16.40. If you hurry you can make it.*

Le fait que le sujet n'a pas de prise sur les événements apparaît dans les questions *What happens next?* et *What do we do now?* (➤ 4.2.e).

5.4.2 Les états et la forme *BE + -ING*

Bien que les états ne soient généralement pas compatibles avec la forme *BE + -ING* (➤ 5.6), on trouve des états (*BE* + adjectif) avec la forme *BE + -ING* :

*It struck me how extraordinarily kind he **was being**.*
L'extraordinaire bonté dont il faisait preuve me frappa.

Ce cas résulte de l'exploitation de la valeur de rattachement à un moment particulier alliée à la valeur modale : d'une part, l'état est nettement marqué comme temporaire, ce n'est pas une caractéristique constante du sujet (rattachement temporel) ; d'autre part, l'énonciateur estime que l'état résulte d'une volonté délibérée du sujet, qui fait un effort ou fait semblant (valeur modale). Remarquez la traduction par "dont il faisait preuve", et comparez :

*It struck me how extraordinarily kind he **was**.*
Son extraordinaire bonté me frappa.

La forme simple de l'état *be kind* indique ici un état permanent et involontaire, dans la mesure où il s'agit d'un trait de caractère qu'on ne choisit pas.

Cette opération n'est normalement possible qu'avec des états qui peuvent donner prise à la volonté ou qu'on peut simuler (d'où la quasi-impossibilité de *He's being tired,* sinon pour dire "Il joue les fatigués"). ➤ aussi 6.5.4.

5.4.3 Actions habituelles à la forme *BE + -ING*

Alors que la forme Ø peut indiquer à elle seule qu'une action est une habitude constante, il faut ajouter à la forme *BE + -ING* des adverbes marquant la répétition à l'infini, comme *always, forever* (= toujours), *continually,* pour obtenir le même effet. Comparez :

(1) *He **smokes** huge cigars.*

Cette phrase exprime une habitude constante, l'événement n'est pas rattaché à un moment précis.

(2) *He **is smoking** huge cigars (these days).*

Ici, la série d'actions est rattachée à un moment du temps et est donc temporaire (➤ 5.2). Il y a bien un événement répété, mais c'est le pluriel indéfini *cigars* qui donne ce sens (comparez à *He is smoking a huge cigar*).

(3) *He* **is always smoking** *huge cigars / a huge cigar.*

L'adverbe *always* a pour effet de multiplier à l'infini des moments où l'action *smoke a huge cigar* est en déroulement (cette action étant attribuée à la volonté du sujet de la phrase, par un effet modal). Les trois valeurs sont associées dans cet énoncé, qui est évidemment une exagération (= quel que soit le moment, il est en train de fumer, et il le fait sans doute exprès), d'où la nuance de critique ou d'irritation qu'on peut y lire dans de nombreux contextes.

5.4.4 La valeur dite d'atténuation de la forme BE + -ING

La présence de l'énonciateur que dénote la forme BE + -ING peut être conçue comme un regard sur l'événement, donc une distance par rapport à celui-ci. On obtient ainsi un effet d'atténuation :

I'**m hoping** *to borrow some money.* / *I* **was wondering** *if you could help me.*

Dans d'autres cas, c'est la valeur aspectuelle (conclusion non atteinte) qui provoque l'atténuation. On ne présente pas l'action comme se réalisant entièrement :

I must **be going.**
I **was talking** *to Ken the other day, and he* **was telling** *me that the house was for sale.*

5.5 La cohabitation de la forme Ø et de la forme BE + -ING

5.5.1 Les bases

La juxtaposition des formes BE + -ING et Ø dans une même phrase se produit généralement au prétérit.

a. Puisque, lorsqu'il s'agit d'actions, le prétérit à la forme Ø indique que l'action est envisagée dans son entier, une série de prétérits Ø est comprise comme une succession d'actions menées à leur conclusion, c'est-à-dire comme un **récit qui progresse**. (Il arrive que certains états s'intègrent dans une telle série : ➤ 5.5.2.)

(When) Big Joe **drew** *his gun, Foxy Malone* **hit** *him in the stomach.* (Quand) Big Joe a sorti son revolver, Foxy Malone l'a frappé à l'estomac. (Remarquez les deux passés composés en français.)

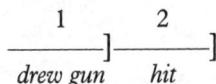

$$\frac{\quad\quad\quad]\quad\quad\quad]}{\text{drew gun}\quad\quad\text{hit}}$$

$$\overset{1}{\quad}\quad\overset{2}{\quad}$$

Une action vue dans son ensemble est représentée ici par une borne fermée:]. L'action 2 suit l'accomplissement total de l'action 1. On peut éventuellement voir une relation de cause à effet entre 1 et 2.

Remarquez que la subordonnée en *when* contient toujours l'action 1 (la première dans le temps), même quand elle vient en fin de phrase :
Foxy Malone **hit** *Big Joe in the stomach when he* **drew** *his gun.*

b. Par contre, puisque la forme *BE* + *-ING* n'indique pas que la fin de l'action est atteinte, une série de prétérits en *BE* + *-ING* s'interprète comme un ensemble d'actions simultanées et parallèles : la narration ne progresse pas, on a une **description**.

*(While) Charles **was watching** TV, Camilla **was doing** the dishes.*
(Pendant que) Charles regardait la télé, Camilla faisait la vaisselle. (Remarquez les deux imparfaits en français.)

1 |——————————[*was watching TV*

2 |——————————[*was doing the dishes*

Une action qui est vue avant sa fin est représentée ici par une borne ouverte : [.

> On constate que les subordonnées introduites par *while* sont très souvent à la forme simple, comme si l'indication de simultanéité donnée par la conjonction *while* ne nécessitait pas d'être redoublée par une forme *BE* + *-ING* :
> *While Charles **watched** TV, Camilla **was doing** the dishes.*

c. Quand les deux types de formes se trouvent côte à côte, les prétérits *BE* + *-ING* (actions sans conclusion exprimée) donnent l'impression d'un cadre descriptif autour des prétérits Ø (actions qui parviennent à une conclusion).

*Big Joe **was drawing** his gun, Foxy Malone **hit** him in the stomach.* Big Joe sortait son revolver, Foxy Malone l'a frappé à l'estomac. (Remarquez, en français, le contraste entre imparfait et passé composé.)

1 |——————————[*was drawing his gun*

2 |——————————] *hit*

On ne sait pas si l'action 1, déjà entamée au moment où commence l'action 2, se conclut ou non : il est possible que Big Joe, sous l'effet du coup, ne soit jamais arrivé à sortir son arme, mais il est tout aussi possible que sa force lui ait permis de résister et de continuer son mouvement.

> Ici encore, une subordonnée en *when* + prétérit Ø est possible ; mais cette fois elle exprime l'action 2, qu'elle soit au début ou à la fin de la phrase :
> *Big Joe **was drawing** his gun when Foxy Malone **hit** him in the stomach.*
> *When Foxy Malone hit him in the stomach, Big Joe was drawing his gun.*

d. La quatrième combinaison des formes Ø et *BE* + *-ING* apparaît dans l'exemple suivant :

> *When you **smoke** more than ten cigarettes a day, you **are destroying** your health.*

La forme *BE* + *-ING* de la deuxième proposition indique que *destroy your health* et *smoke more than ten cigarettes* sont exactement identifiés l'un à l'autre, et que *destroy your health* constitue une description de *smoke more than ten cigarettes* (fumer plus de dix cigarettes, **c'est** se détruire la santé). Le deuxième événement mentionné n'est pas une conséquence du premier, comme ce serait le cas avec *you destroy your health,* mais une réanalyse. Cet emploi de la forme *BE + -ING* est fréquent pour décrire l'attitude d'une personne ou le contenu de ses paroles :

> '*I'm willing to kill someone to prove my love for you and you must do the same for me.*'
> '*You're mad, Senta, that's what you are.*'
> *She looked into his face.*
> '***Are you refusing** to do this, Philip, are you?*' (Ruth Rendell, *The Bridesmaid*)

Pour Senta, les paroles de Philip équivalent à un refus.

5.5.2 Autres cas de la forme Ø associée à une forme *BE + -ING*

a. Action caractéristique

> *Benedetti **was** now **speaking**. He **spoke** English like a native.* Maintenant, c'était Benedetti qui **parlait**. Il **parlait** un anglais parfait. (en français, deux imparfaits)

L'action *spoke*, qui caractérise le sujet de façon générale, et donc aussi au moment mentionné, est parallèle à *was speaking.* Comparez à 5.5.1.c.

b. États (forme simple obligatoire)

> *The moon **was shining**, the sky **looked** like black velvet.* La lune brillait, le ciel ressemblait à du velours noir. (en français, deux imparfaits)

L'action *was shining* et l'état *looked* sont parallèles.

On aboutit donc au Tableau 5-A, qui montre que certains prétérits simples ont dans un texte une fonction identique à celle des prétérits *BE + -ING*, celle de toile de fond d'un récit.

Tableau 5-A : Rôles des prétérits Ø et *BE + -ING*

Description (toile de fond)	Progression du récit
Prétérit *BE + -ING* : action en déroulement	Prétérit simple (Ø) : action dans sa totalité
Prétérit simple (Ø) : <ul><li>caractéristique</li><li>état</li></ul>	

Les états (marqués par Ø) peuvent fonctionner autrement que comme toile de fond. Bien que l'on n'envisage pas qu'ils aient un déroulement, on peut très bien les considérer dans leur totalité, avec un début et une fin. Ils sont donc capables de faire partie de la progression du récit :

> *When I **looked** (1, action) out of the window, I **thought** (2, état) it was still night, then I **realized** (3, action) that the clouds **were** (4, état) so thick the sun couldn't get through.*

Quand j'ai regardé (1, action) par la fenêtre, j'ai cru (2, état avec début et fin : passé composé) qu'il faisait encore nuit, puis j'ai compris (3, action) que les nuages étaient (4, état stable : imparfait) si épais que le soleil ne parvenait pas à les traverser.

5.6 Les obstacles à l'emploi de la forme *BE* + *-ING*

5.6.1 Les états

Les **états** sont difficilement compatibles avec la forme *BE* + *-ING*, même dans une situation particulière (pour des nuances à cette position, ➤ 5.4.2 et 5.6.4). Donc, dans les phrases suivantes, l'état *be asleep* reste à la forme simple, alors que l'action *write* varie :

(1) *Robertson, I noticed that you **were asleep** / **were writing** letters during the conference.* (situation particulière)

(2) *Robertson **was often asleep** / often **wrote** letters during conferences.* (série d'événements)

Pourquoi cette impossibilité ? On peut définir les états comme des caractéristiques (d'objets ou personnes) ou des relations stables (entre objets ou personnes) qui ne doivent rien à la volonté (➤ *be kind* en 5.4.2).

Il est vrai que beaucoup d'états sont temporaires, possédant donc un début et une fin, comme *be young, contain, like, be asleep.* Ils sont bien valables pour un moment précis du temps, mais on n'envisage pas qu'ils puissent avoir une évolution et donc un déroulement (incompatibilité avec la valeur de déroulement de *BE* + *-ING*). Dans la mesure où ils échappent à toute intention, ils sont également incompatibles avec la valeur modale de *BE* + *-ING*. Par conséquent, même quand il est très clair qu'on est placé à un moment précis et que l'état est valable à ce moment, on n'emploie pas la forme *BE* + *-ING* :

I **understand** (état) *very well what the present speaker **is saying*** (action).

Les **verbes de position** (*sit, lie, stand*, etc.) représentent un cas particulier. La forme *BE* + *-ING* est employée soit pour indiquer que l'action est volontaire, soit pour marquer le caractère temporaire de la position.

*When I came in, the children **were lying** on the carpet, watching television.* (sujet animé doué de volonté)

*The pieces of the puzzle **were lying** all over the carpet.* (sujet inanimé, mais position temporaire)

*The mighty city of Babylon **lay** on the Euphrates.* (position donnée comme permanente)

On a souvent une forme simple quand on se contente de décrire sans se préoccuper du rôle des sujets, comme s'ils n'étaient que des éléments du décor.

*Jim looked as if he had lost his last friend. Muggsy **sat** in a chair across the desk from him, and **watched** him sympathetically. Johnny **leaned** against the wall.*

Jim avait l'air d'avoir perdu son dernier ami. Muggsy était assis de l'autre côté du bureau et le regardait, semblant partager sa douleur. Johnny était adossé au mur. (Remarquez les imparfaits.)

> **!** Quand il s'agit de véritables actions (donc pourvues d'un déroulement) que l'on voit dans leur déroulement, on emploie la forme *BE* + *-ING*, même quand le sujet est inanimé (sans volonté) ou que l'action est involontaire :
>
> *The leaves are falling. / It's snowing.*
> *Good God! That girl is falling from her trapeze.*
> *The old king was dying, surrounded by a crowd of priests, doctors, and quacks.*

5.6.2 Verbes difficilement compatibles avec *BE* + *-ING*

Les états exprimés sous la forme *BE* + adjectif (*Her face **was white***), ou *BE* + groupe prépositionnel (*The cat was **under the table***), ne posent pas de problème : pas de tentation d'employer la forme *BE* + *-ING* ; mais, en ce qui concerne les **verbes** exprimant un état, il faut se méfier. Voici des listes. Elles ne peuvent pas être complètes, mais elles contiennent la plupart des verbes d'état courants non compatibles avec la forme *BE* + *-ING* dans la plupart des contextes. Il faut bien comprendre aussi que certains verbes ont plusieurs sens et n'ont valeur d'état que pour un de leurs sens (➤ 5.6.3 et 5.6.4).

- type *have* (notions de possession, inclusion, appartenance) : *have, contain, possess, hold, own, include, involve, lack, belong*
- type *be* (notion d'identité, attribution de caractéristique) : *be, seem, appear, look, sound, smell, taste, feel, remain, resemble, look like* ; *equal, cost, weigh, measure, mean*
- perception involontaire (physique ou mentale) : *see, hear, feel, taste, smell* ; *notice, recognize, understand, realize*
- opinion : *believe, think, suppose, doubt, imagine, know, consider, remember, hope, expect, love, like, hate, dislike, prefer, not mind, not care, miss, want, wish, intend, mean*
- impression (c'est la même chose que l'opinion, mais vue par l'autre bout, comme dans *I hate that man* ↔ *That man disgusts me*) : *astonish, impress, please, satisfy* (et un bon nombre d'autres verbes de ce type) ; *matter, concern*
- autres : *require, apply, deserve, owe, fit, suit*

5.6.3 Méfiance : action ou état ?

Voici quelques exemples de verbes à double emploi (action ou état) :

- ***have***

Have au sens de possession et *have to* au sens d'obligation sont des **états** (de même, bien sûr, que *have* auxiliaire du parfait). Par contre, *have* causatif exprime une **action** et n'exclut pas la forme *BE* + *-ING* :

I can't drive you there, I'm having my car serviced.

Les nombreuses expressions, très courantes, de la forme *have* + **nom** expriment des actions : *have breakfast / lunch /* etc., *have a drink, have a bath, have a fight* (se quereller), *have a try, have a look, have trouble.*

> *We're having dinner, can I call you back later?*
> *The engineers are having trouble with the electronic valves.*

- *weigh* (peser)

> *I weigh a little less today, the diet seems to be working.* (caractéristique du sujet)
> *I'm weighing this bag, I think it can be considered as hand luggage.* (action effectuée par le sujet)

- *think*

> *What do you think of the boss's idea? / What do you think we should do?* (verbe d'opinion, donc état = quelle est ta relation avec ça ?)
> *What are you thinking about?* (verbe d'activité mentale = *What are you doing? / What's going on in your head?*)

- Pour les **verbes de perception**, ne pas confondre la recherche volontaire d'une perception qui ne se réalise pas forcément (on peut regarder sans voir) avec la perception elle-même, qui est involontaire (on voit sans l'avoir nécessairement recherché). Par ailleurs, les objets ont des caractéristiques qui sont à l'origine de perceptions (apparence, goût, etc.). Il y a donc trois séries de verbes, mais il n'y a de verbes distincts que pour la vue et pour l'ouïe. La forme *BE* + *-ING* n'est possible (➤ cependant 5.6.4) qu'avec la série des verbes de **recherche de perception**.

Série 1. Recherche de perception (*BE* + *-ING* possible) : *look (at), listen (to), feel, taste, smell.*

Série 2. Perception involontaire (souvent emploi de l'auxiliaire *CAN*, ➤ 8.1.1) : *see, hear, feel, taste, smell.*

Série 3. Caractéristique perceptive (*He looks old, It smells good,* etc.) : *look, sound, feel, taste, smell.* Souvent rendus en français par "sembler".

> *The audience **were listening** politely but what they **heard sounded** more like pig grunts than like trumpet playing.* (Les verbes sont dans l'ordre des trois séries.)
> *This hamburger **looks** / **tastes** / **smells** funny.* (caractéristique perceptive)
> *Are you **listening** to Keith's recording ?* (recherche de perception) *It **sounds** interesting.* (caractéristique)

Quelques cas de quasi-indifférence : on peut avoir soit *BE* + *-ING*, soit la forme simple dans une situation particulière pour les verbes *wear* et *live*, mais le point de vue est légèrement différent (➤ le cas des verbes de position 5.6.1) :

> *Teresa **wore** / **was wearing** a hat with ostrich feathers at the party.* Teresa portait...

Aussi :

> *You **look** / **are looking** fine.*

*I **feel** / **am feeling** wonderful.*
*My feet **hurt** / **are hurting**.*

5.6.4 États rattachés à un point précis du temps

Il arrive que les états (sens d'aimer, de voir, etc.) soient rattachés à un point précis du temps et marqués par la forme BE + -ING :

How are you liking the party? Alors, cette soirée, ça vous plaît ?
I couldn't believe what I was seeing. Je n'en croyais pas mes yeux.

! Cet emploi de BE + -ING avec les verbes d'état demeure relativement exceptionnel, et il n'est possible que dans des conditions particulières, car il implique une certaine **distance** que l'énonciateur prend par rapport à l'événement ; ainsi, dans le second exemple, BE + -ING exprime une sorte de regard de l'énonciateur sur lui-même en train de voir. Dans les cas habituels, **la forme simple s'impose** : l'équivalent anglais de "Je vois ce que vous voulez dire" est *I see what you mean*, et non ⋆*I'm seeing what you are meaning*.

5.7 Correspondances entre anglais et français

Au niveau des temps qui expriment le passé, comme on pouvait le soupçonner après les analyses de la section 5.5, la correspondance ne s'établit pas directement entre les formes de l'anglais (prétérit simple ou BE + -ING) et celles du français (imparfait, passé composé, passé simple). Il faut toujours analyser les formes, c'est-à-dire comprendre à quoi elles servent dans le texte pour passer d'une langue à l'autre.

Notez que la différence de sens entre le passé simple et le passé composé du français peut être considérée comme négligeable ici : tout dépend du style choisi. Il faut éviter d'employer le passé simple pour rendre des textes anglais de style familier. On aboutit au schéma de correspondance du Tableau 5-B.

Tableau 5-B : Correspondances entre prétérit et temps du français

Anglais		Français
prétérit BE + -ING	—— action en déroulement ——	imparfait
	action caractéristique état	
prétérit Ø	—— action (ou état) dans sa totalité ——	passé simple / passé composé

! Ce tableau ne concerne que les relations entre les formes mentionnées ici. Il existe d'autres relations avec d'autres formes. ➤ chap. 6 sur parfait et prétérit.

6 La forme *HAVE* + *-EN*

6.1 Forme et sens général

6.1.1 Forme

On appelle **parfait** la forme *HAVE* + *-EN*, c'est-à-dire l'association de l'auxiliaire *HAVE* et de la forme de participe passé portée par le verbe. La forme *HAVE* + *-EN* se combine avec le présent pour former le **present perfect** :

*Keith **has switched** on the TV.*

ou avec le prétérit pour former le **past perfect** :

*Keith **had switched** on the TV.*

Mais le parfait existe aussi à l'infinitif et à la forme en *-ING* :

*It's nice of Keith to **have switched** on the TV.*
*Keith must **have switched** on the TV.*
*She was respected for being an actress, for **having gone** to drama school.*

Le parfait se forme **toujours** avec l'**auxiliaire** *HAVE* (c'est un des points qui le différencient du passé composé français, formé avec "avoir" ou avec "être") : "Bob est enfin parti" → *Bob has left, at last.*

> Il existe, avec quelques rares verbes, des constructions qui ressemblent au passé composé français formé avec "être", mais ce sont en fait des constructions *BE* + adjectif : *He is gone* (sens de "Il est absent" / "Il est mort" / ...) / *Let me know when you're done* (Prévenez-moi quand vous aurez fini) / *I accidentally sent this message before I was quite finished* (J'ai envoyé ce message par accident, avant d'(en) avoir vraiment terminé).

> Le participe passé des verbes réguliers a la même forme que le prétérit. Pour les verbes irréguliers, ➤ annexe 2.

6.1.2 Sens général

Le parfait indique que, du point de vue adopté par l'énonciateur, l'événement est (a) **antérieur** au moment considéré et (b) **en relation** avec ce moment.

C'est la forme *HAVE* + *-EN* qui exprime l'antériorité et la relation. C'est le temps de l'auxiliaire *HAVE* (présent *have* / *has* ou prétérit *had*) qui exprime la position dans le temps du point de vue adopté.

> À l'infinitif ou à la forme en *-ING*, le repérage temporel est indirect, par rapport au moment que désigne un auxiliaire de modalité (*They must have hidden the money*) ou un verbe conjugué (*They were said to have hidden the money*). La forme *HAVE* + *-EN* se combine aussi avec le prétérit à valeur non temporelle pour donner le sens d'irréel (*If they had hidden the money, it wouldn't have been stolen*). ➤ 4.5.1, 6.9.3 et 27.4.

Dans HAVE + -EN, HAVE garde sa valeur fondamentale : il exprime le fait que quelque chose est **acquis** au moment du point de vue.

6.2 Plusieurs points de vue sur le passé

Il y a trois manières d'indiquer qu'un événement est antérieur au moment où l'on parle (moment de l'énonciation).

a. Le **prétérit** indique que l'énonciateur se détache du moment présent et fait comme s'il était dans le passé. Il place son point de vue dans le passé, en se coupant du présent comme si celui-ci ne comptait pas. On trouve alors dans la phrase ou dans le contexte des repères du passé (➤ 6.3.2) :

*Keith **switched** on the TV ten minutes ago.*

b. Le **present perfect** indique que l'on adopte un point de vue présent sur un événement antérieur au présent. C'est la forme auxiliaire *HAVE* + -*EN* qui marque le décalage dans le temps entre point de vue et événement, et c'est le fait que l'auxiliaire *HAVE* soit au présent qui marque à quel point du temps se place le point de vue. On trouve alors des repères du présent, ou bien rien du tout parce que le présent est une évidence (➤ 6.3.3) :

*Keith **has switched** on the TV. (= the TV is on now)*

c. Le **past perfect** permet de combiner deux types d'antériorité : décalage entre point de vue et événement (*HAVE* + -*EN*) et point de vue placé dans le passé (forme de prétérit *had*). Il faut alors que des repères du passé indiquent la place du point de vue :

*When I came in five minutes ago, Keith **had** already **switched** on the TV.*

Dans les trois exemples qui viennent d'être donnés, le même événement (*Keith-switch on the TV*) est envisagé des trois manières, mais il est toujours situé exactement au même point du temps. Aucune des formes n'indique une distance différente entre l'événement et le moment présent. Cependant, puisque les trois formes n'expriment pas le même point de vue, elles ne disent pas exactement la même chose, et il existe des contraintes qui peuvent empêcher l'emploi de certaines formes (➤ 6.3 et 6.9).

6.3 Prétérit et present perfect (formes sans *BE* + -*ING*)

6.3.1 Différence entre le prétérit temporel et le present perfect

Le prétérit indique que l'on est dans le domaine du passé alors que le present perfect indique que l'on est dans le domaine du présent.

En employant le **prétérit**, l'énonciateur se détache du présent. Il se place dans le passé pour considérer un événement passé. Il y a coupure entre le passé et le présent (➤ 4.4). L'emploi du prétérit est normalement relié à l'emploi de repères du passé (➤ 6.3.2) :

Jane lost her gloves yesterday.

En employant le **present perfect**, l'énonciateur adopte un point de vue présent pour considérer un événement antérieur. L'événement n'est pas localisé en un point précis du passé, par contre il est rattaché au présent. De ce fait, le present perfect est incompatible avec les repères temporels du passé, et les seuls indicateurs de temps qu'il accepte sont ceux du présent (➤ 6.3.3) :

Jane has lost her gloves. (On ne s'intéresse pas au moment où cela s'est produit, on dit que Jane n'a pas de gants en ce moment.)

Notez bien que dans les deux cas (prétérit ou present perfect) l'événement lui-même est entièrement situé dans le passé (révolu). Il est d'ailleurs clair qu'un événement comme *lose* ne peut pas se prolonger. La différence entre les deux formes se situe dans la relation au présent.

En résumé, comme le prétérit ne dit rien sur le présent, on ne sait pas si le fait de perdre les gants hier a des conséquences aujourd'hui ou non. Donc on ne sait pas si la personne concernée est sans ses gants ou si au contraire elle les a retrouvés entre-temps. Comme le present perfect parle du présent, le fait de perdre les gants a forcément des conséquences maintenant, donc la personne concernée n'a pas ses gants en ce moment.

6.3.2 Repères temporels qui contraignent à employer le prétérit

Condition générale : il s'agit de moments du temps qui sont entièrement antérieurs au moment présent.

- *yesterday, last week / month / year*
- toutes les formules avec *ago* : *three days ago* (il y a trois jours)
- *at ten, in 1985, in February, on Monday,* etc.
- prépositions *during / after / before* + GN :
  They left during the holidays / after the holidays.
- conjonctions *when / while / after / before* + verbe (prétérit ou past perfect) :
  They arrived when he left / after she left / after she had left. (➤ 27.2)
- questions en *when*, appelant une réponse qui contient un des repères du passé qui viennent d'être mentionnés :
  'When did you leave?' 'At ten / On Monday / During the weekend / After Keith arrived.'
- termes qui indiquent que le récit progresse, comme *then, afterwards, later* :
  First, Keith broke two eggs, then he added some sugar and finally he mixed in a little flour.
- de façon indirecte, la mention d'un lieu ou d'une personne qui implique un moment du passé :
  In Korea, we met our next door neighbours. (= *When we were in Korea*)

6.3.3 Repères temporels du present perfect

Condition générale : il s'agit de moments du temps qui incluent le moment présent, une partie de la période pouvant être antérieure au présent.

- *now* (repère par excellence du présent) :

  We have now discovered that any form of excessive eating is harmful.

- *until now, up to now, so far* (jusqu'à maintenant) :

  He's had three wives so far.

- préposition *since* et adverbe *ever since* :

  That boat has been in the harbour since the last holidays.

  The boat arrived during the holidays. It has been in the harbour since then / ever since. (Il est dans le port depuis. *Ever since* + Ø est l'équivalent le plus courant du français 'depuis' + Ø.)

  Since est également compatible avec tous les autres parfaits (past perfect, parfait de l'infinitif et de la forme en *-ING*) : *The boat left on Monday. It had been in the harbour since the holidays.* L'adverbe *long since* se construit lui aussi avec le parfait : *These birds have long since disappeared.* Il y a longtemps que ces oiseaux ont disparu / Ces oiseaux ont disparu depuis longtemps.

- conjonction *(ever) since* + verbe au prétérit ; le present perfect est alors dans la proposition principale :

  Since school started, the children have been practising the piano regularly. Depuis que l'école a commencé, les enfants font du piano régulièrement.

  1. On trouve parfois le présent dans la principale pour souligner un état ou une propriété valable au moment présent : *Ever since an unpleasant experience some years ago, I never go on an errand connected with a murder with only my pocket-knife.* (Sue Grafton)

  2. On trouve aussi le cas : conjonction *(ever) since* + verbe au present perfect, ainsi que le present perfect dans la proposition principale :

  It's been like this ever since the children were small, but it's got worse since they've been teenagers. C'est comme ça depuis l'époque où les enfants étaient petits, mais c'est devenu pire depuis qu'ils sont adolescents.

  L'état *they've been teenagers* (present perfect) est toujours valable actuellement, alors que *the children were small* (prétérit) marque le point de départ pour *It's been like this.*

  3. Quand *since* = puisque, il n'a pas d'influence sur la forme du verbe : *Since you're here, you can help me.* Puisque tu es là, tu peux m'aider.

- expressions du type *It is the first (second, etc.) time...* :

  It's the first time I've met an actor in real life. C'est la première fois que je rencontre un acteur en chair et en os.

  You're the first actor I've met. Vous êtes le premier acteur que je rencontre.

- adverbe *before* (mais PAS la préposition ni la conjonction, ➤ 6.3.2) :

  I think I've met that man before.

- pas de repère du tout ; un événement représenté par un verbe au present perfect est automatiquement compris comme antérieur et relié au moment présent, le moment présent étant considéré comme évident :

  I've met the president. (interprété comme *I know the president*)

  I've bought a new shirt. (interprété comme *I have a new shirt*)

  I've come to tell you that the meeting is off. Je viens vous dire / Je suis ici pour vous dire que la réunion est annulée.

6.3.4 Quelques précautions

Si on cherche bien les repères dans le contexte, on peut déjà éliminer la grande majorité des problèmes de choix prétérit / present perfect, mais attention :

a. Les repères ne sont pas forcément contenus dans la phrase elle-même, ils peuvent se trouver dans une phrase précédente :

I met him at a concert two years ago. He told me he played the guitar.

(Pas de repère du passé dans la deuxième phrase, c'est le même que dans la première.)

Le repérage peut aussi se faire par la mention d'un objet ou d'une personne qui appartient au passé :

King Edward VII was much brighter than he looked. Le roi Edward VII était beaucoup plus intelligent qu'il ne le paraissait.

Il arrive souvent que le repère soit seulement dans l'esprit du locuteur :

You liked Starwars, didn't you? (sous-entendu : *when you saw the film*)

Who left the door open? Qui a laissé la porte ouverte ? (On s'intéresse ici à l'événement lui-même, et plus précisément à son agent.)

b. Dans les autres cas, l'absence totale de repère doit plutôt inciter à utiliser le present perfect, puisque le moment où l'on parle est pour tout le monde quelque chose qui est considéré comme évident et qui n'a pas besoin d'être mentionné :

Mummy, I've broken a glass.

c. Il faut se méfier de la notion de conséquences. La présence d'un repère temporel du passé oblige à employer le prétérit. Cela ne signifie pas qu'il n'y a pas de conséquences sur le moment présent : on a vu en 6.3.1 que le prétérit est neutre de ce point de vue. On peut par exemple expliquer le fait que quelqu'un n'a pas de gants maintenant de deux manières :

*Jane **has lost** her gloves.*

*Jane **lost** her gloves yesterday.*

Le repère du passé est **prioritaire sur la notion de conséquences**, et avec yesterday on a donc le prétérit.

6.4 Le passé qui déborde sur le présent

Puisque le prétérit et le present perfect indiquent tous les deux qu'un événement est antérieur au moment présent, comment faire pour dire qu'un événement se poursuit jusqu'au moment présent ?

Il faut recourir au present perfect, et l'associer à un complément qui mesure la durée de l'événement jusqu'au moment présent. Comparez les phrases suivantes :

(1) *Rodney has been a racing driver.*
(2) *Rodney has been a racing driver for ten years / since 1980.*

En (1), Rodney n'est plus pilote de course, mais sans doute veut-on dire qu'il lui en reste quelque chose maintenant, comme sa technique de conduite ; de façon plus vague, ce peut être seulement une manière de décrire le personnage. En (2), par contre, Rodney est toujours pilote au moment présent.

En anglais, pour dire qu'un événement se poursuit jusqu'au moment présent, on emploie la forme (le present perfect) qui indique que l'événement est à la fois antérieur au présent **et** relié au présent ; cette forme est associée à une durée mesurée (au moyen d'un complément de mesure), elle aussi ramenée au présent.

Le complément de mesure peut avoir plusieurs formes.

• La façon la plus directe d'exprimer la mesure est le groupe prépositionnel introduit par *for* :

Priscilla has been living in Africa for years. Priscilla vit en Afrique depuis des années.

! Un groupe prépositionnel introduit par *for* peut s'associer à n'importe quelle forme du verbe ; il sert alors toujours à mesurer, mais pas par rapport au moment présent :

Priscilla lived in Africa for years. Priscilla a vécu en Afrique pendant des années.

• On peut aussi exprimer la durée indirectement, en mentionnant le point de départ à l'aide d'un groupe prépositionnel introduit par *since* :

Priscilla has been living in Africa since her wedding. Priscilla vit en Afrique depuis son mariage.

• Avec *always*, *never* et *ever*, le present perfect implique que l'événement (ou l'absence d'événement) se prolonge jusqu'au moment présent :

I have always liked this place.
I have never seen that film.

Mais on trouve aussi le prétérit dans ce cas (➤ 6.5.3) :

I always liked him.
Did you ever see such a fool?

Tableau 6-A : Conditions d'emploi du prétérit et du present perfect

Événement révolu ?	Conséquences maintenant ?	
oui	indifférentes	prétérit
oui	oui	present perfect sans complément de mesure
non	évidemment : il dure encore	present perfect + complément de mesure

6.5 Utilisation du prétérit et du present perfect

6.5.1 Les récits au prétérit

Pour raconter une histoire, il faut employer le prétérit (et non le present perfect). Une série de prétérits simples fait progresser le récit (➤ chap. 5 pour la comparaison entre prétérit avec *BE* + *-ING* et prétérit simple). Que le narrateur raconte ce qui lui est arrivé la veille ou qu'il relate des événements historiques éloignés, il est de toute façon impossible d'employer le present perfect :

> *Yesterday, I **met** my boss at the disco.*
> *Julius Caesar **was assassinated** by his son Brutus.*

En effet, le present perfect ne permet pas de situer précisément les événements dans le passé et donc de les placer dans un ordre chronologique, puisqu'il n'indique qu'une relation au présent. Considérez la phrase suivante :

> *I've **had** a good day: I've **pruned** the apple-trees, I've **baked** a birthday cake for Sonia, I've **typed** ten pages of my new novel and I've **planned** the next chapter.*

Rien ne dit dans quel ordre les événements se sont produits ; tout ce qui compte, ce sont les résultats visibles actuellement. Ce n'est qu'en utilisant le prétérit simple que l'on peut ajouter des repères temporels du passé qui situent les événements les uns par rapport aux autres :

> *I've had a good day: first I **pruned** the apple-trees, just before lunch I **baked** a birthday cake for Sonia, later I **typed** ten pages of my new novel and then I **planned** the next chapter.*

6.5.2 Emplois du present perfect

Les conséquences sur le présent que marque le present perfect peuvent être de deux sortes :

a. De l'action résulte un état au moment présent. (Sur la notion d'état résultant, ➤ 6.7.1.)

Damn it, I've lost my keys. (pas de clés maintenant, conséquence directe de *lose*)

I've baked a cake. (le gâteau est prêt maintenant, conséquence directe de *bake*)

b. L'événement antérieur (action ou état) est utilisé pour expliquer une situation présente :

We've had a lot of rain.

Ceci peut servir à expliquer : nous n'avons pas fait le travail prévu / nous ne sommes pas très bronzés / les fleurs ne sont pas belles, ou tout autre chose.

I've been away for a few days, so now that I am back, how is everything? (J'ai été absent quelques jours…)

L'absence de quelques jours (remarquez qu'ici le complément de mesure n'indique pas une prolongation jusqu'au moment présent) explique l'ignorance de la situation actuelle.

De même nature est ce que l'on appelle le parfait d'expérience : un fait du passé (que l'énonciateur ne situe pas dans le temps, et que souvent il ne peut pas situer précisément) est mentionné à propos (généralement) d'une personne vivante. Le lien au présent est que l'événement fait partie de l'expérience de la personne :

We had dinner at the Four Seasons [restaurant célèbre à New York]. *Paul had pheasant among other things. We had some wine and the bill came to $182.37. I have bought cars for less.* (Robert Parker, *Early Autumn*)

I have bought cars for less signifie : "j'ai dans mon expérience des achats de voitures moins coûteux que cette note de restaurant", ce qui donne en bon français "il m'est arrivé d'acheter des voitures pour moins que ça".

L'emploi du parfait d'expérience est très courant dans les notices biographiques de personnes **vivantes**. Les événements, non datés et non ordonnés, servent à expliquer ce qu'est actuellement la personne, en conséquence d'actions passées.

Louis Lamour is of French Irish descent. Since leaving his native Jamestown, North Dakota, at the age of fifteen, he's been a longshoreman, lumberjack, elephant handler, hay shocker, fruit picker and an officer on tank destroyers. And he's written four hundred short stories and over fifty books.

Mr. Lamour has lectured widely, traveled the West thoroughly, studied archaeology, compiled biographies of over one thousand Western gunfighters, and read prodigiously. He's circled the world on a freighter, mined in the West, been shipwrecked in the West Indies, stranded in the Mojave desert. He's also won fifty-nine fights as a professional boxer.

Mr. Lamour now lives in Los Angeles with his wife Kathy.

Le present perfect après *It is the first* (*second*, etc.) *time* (➤ 6.3.3) est un cas de parfait d'expérience. Notez que dans ce cas, on peut toujours ajouter des expressions comme *in my life*, *ever*, *since* + date :

> *It is the first time (ever / in my life) I've seen this film.* C'est la première fois (de ma vie) que je vois ce film.

De même, l'adverbe *before* (équivalent de *before now*) :

> *I've seen that film before.*

6.5.3 Prétérit en concurrence avec le present perfect

En anglais américain, et à un nettement moindre degré en anglais britannique, on trouve souvent le prétérit employé dans des cas où on attendrait le present perfect :

> *I fed the cat. Can I watch TV now?*
> *I just met your sister.*
> *I already saw this film.*

Cette tendance est explicable puisque le prétérit n'est pas incompatible avec des conséquences au moment présent. On trouve cet emploi de préférence avec des actions qui ont un résultat obligatoire (➤ 6.7.2.a), et avec les adverbes *just*, *already*, *not… yet*.

6.6 Prétérit et present perfect : comparaison avec les temps du français

6.6.1 Anglais et français face à face

Partons de quelques exemples français (➤ Tableau 6-B) :

> (1)   Bon dieu, j'ai perdu mes clés. (action révolue qui a des conséquences sur le moment présent : passé composé)
> (2a)   J'ai perdu mes clés hier dans l'autobus. (action révolue située à un moment précis du passé qui est mentionné, conséquences indifférentes : passé composé)
> (2b)   Wellington a battu Napoléon le 18 juin 1815. (même chose que 2a : passé composé)
> (2c)   Wellington battit Napoléon le 18 juin 1815. (même chose que 2a et 2b : passé simple)
> (3)   Rodney est pilote de course depuis dix ans / depuis 1980. (événement, qui est un état, non révolu : présent)

En anglais ces phrases donnent :

> (1)   *Damn it, I've lost my keys.* (present perfect)
> (2a)   *I lost my keys yesterday on the bus.* (prétérit)
> (2b)   *Wellington defeated Napoleon on 18 June 1815.* (prétérit)
> (2c)   *Wellington defeated Napoleon on 18 June 1815.* (exactement comme 2b)
> (3)   *Rodney has been a racing driver for ten years / since 1980.* (present perfect)

Tableau 6-B : Correspondance du prétérit et du present perfect avec les temps du français

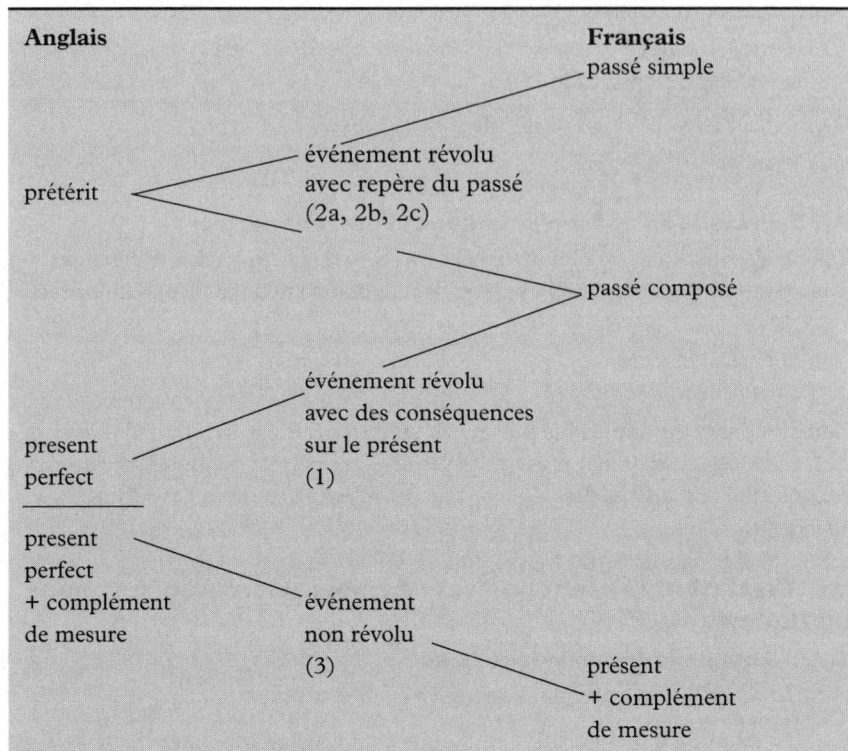

Anglais	Français
	passé simple
prétérit	événement révolu avec repère du passé (2a, 2b, 2c)
	passé composé
present perfect	événement révolu avec des conséquences sur le présent (1)
present perfect + complément de mesure	événement non révolu (3)
	présent + complément de mesure

6.6.2 Un piège du français

Il faut se méfier de certains verbes français accompagnés d'un complément de mesure :

Le patron est parti depuis deux jours / depuis mardi.

Le complément de mesure ne peut pas s'appliquer à "partir", action ponctuelle qui ne peut pas prendre deux jours. En fait l'action de partir est située au début de la période, et ce qui est mesuré, c'est l'état qui résulte de "partir" (c'est-à-dire "ne pas être là"). Lorsque "partir" est employé au passé composé, il peut aussi être accompagné d'un repère temporel du passé qui cette fois s'applique vraiment à "partir". Comparez "ouvrir" (verbe qui ne fait pas problème) et "partir" :

Ils ont ouvert le magasin il y a deux heures / à midi. (verbe "ouvrir" au passé composé + repère temporel)

Le magasin est ouvert depuis deux heures / midi. (adjectif "ouvert", construit avec "être" au présent + complément de mesure)

Le patron est parti il y a deux jours / mardi. (verbe "partir" - auxiliaire "être", au passé composé + repère temporel)

Le patron est parti depuis deux jours / depuis mardi. (verbe "partir", auxiliaire "être", au passé composé + complément de mesure)

Les verbes du même type que "partir" sont tous des verbes qui indiquent le passage d'un état à un autre. On peut citer : "abandonner", "apparaître", "arriver", "disparaître", "quitter". Certains se conjuguent avec "être", d'autres avec "avoir", d'autres avec les deux. Voici un exemple avec "avoir" :

Le patron a disparu il y a deux jours / depuis deux jours.

Les verbes anglais correspondants n'ont pas les mêmes caractéristiques. Il faut faire un choix. Soit on exprime l'action, accompagnée d'un repère temporel du passé, ce qui impose le prétérit :

*The boss **left** two days ago / on Tuesday.*

Soit on exprime l'état qui résulte de l'action, accompagné d'un complément de mesure, avec bien sûr le present perfect :

*The boss **has been** away for the last two days / since Tuesday.*

Signalons aussi l'ambiguïté de : Il est allé à Londres.

(1) *He **has gone** to London.* (= Il est à Londres)

(2) *He **has been** to London.* (= Il a visité Londres à un moment du passé)

6.7 Le present perfect simple et avec *BE + -ING*

6.7.1 Introduction

Résumons les caractéristiques qui sont communes aux deux formes de present perfect. L'énonciateur se place au moment présent pour considérer un événement antérieur. Cet événement est entièrement révolu (➤ 6.7.3 cependant) mais, par le choix du point de vue présent que marque le present perfect, on indique que les conséquences de l'événement ont une importance présente.

(1) *Damn it, I've lost my keys.* (= pas de clés maintenant)

(2) *I've read Moby Dick.* (= Je connais le livre, que je l'ai lu récemment ou il y a longtemps.)

(3) *Rodney has been running.* (= Rodney est en sueur / ses chaussures traînent / etc.)

(4) *I've had the measles.* (J'ai eu la rougeole = je sais que c'est douloureux / je suis immunisé / etc.)

On peut remarquer que les exemples (1) et (2) (present perfect simple) mentionnent une seule conséquence de l'événement. Par contre, les exemples (3) (present perfect en *BE + -ING*) et (4) (present perfect simple) suggèrent une liste de conséquences qui peut être étendue à l'infini. Il faut distinguer deux types de conséquences d'un événement sur le moment présent, et la limite ne coïncide pas avec celle entre le present perfect simple et le present perfect avec *BE* + *-ING* :

a. Conséquence inévitable et directe, qui découle forcément de l'événement, en toutes circonstances (même s'il peut y avoir d'autres conséquences par ailleurs). C'est le cas des phrases (1) et (2). Par exemple, lose a forcément pour conséquence "ne pas avoir", et c'est ce que dit l'énoncé.

b. Pas de conséquence inévitable. L'événement peut être à l'origine de toutes sortes de conséquences qui ne sont pas prévisibles. C'est le cas de (3) et (4). Par exemple (3) est utilisé pour commenter ou expliquer un état de fait (la conséquence : Rodney est en sueur) mentionné dans le contexte ou visible pour les locuteurs.

Nous allons voir que les types de conséquences dépendent d'abord des types d'événements.

6.7.2 Les emplois sans complément de mesure

On a déjà vu qu'il faut distinguer entre les actions et les états pour les emplois des formes *BE* + *-ING* et Ø déjà étudiés. Il faut en outre distinguer trois sortes d'actions : les actions qui ont une conclusion naturelle (que l'on appellera **terme**), celles qui n'en ont pas, et un cas mixte.

Une action qui possède un terme a un déroulement limité naturellement : il y a un moment où l'action ne peut plus continuer, l'ensemble de l'action étant accompli, par exemple "écrire une lettre", "perdre quelque chose", "partir", "nettoyer la baignoire". On ne peut pas continuer à écrire une lettre quand la lettre est écrite.

Par contre, une action qui n'a pas de terme peut se dérouler indéfiniment sans jamais avoir de raison particulière de s'arrêter, mais elle peut bien sûr s'interrompre pour des raisons extérieures ; c'est le cas, par exemple, de "courir", "cuisiner", "rêver", "pleuvoir".

! Ce n'est pas nécessairement le verbe qui, à lui seul, nous dit si une action a ou non un terme (obligatoire). Il faut généralement considérer aussi le contexte, et notamment les compléments du verbe.

a. Actions qui ont obligatoirement un terme

Puisqu'au present perfect le point de vue est placé après le terme de l'action, l'action est vue dans son ensemble, d'où l'emploi du present perfect simple ; le terme est bien sûr considéré comme atteint. Le terme étant atteint, l'état qui est la conséquence obligatoire de l'action est valable au moment du point de vue :

I've lost the keys. (état : *I have no keys now*)
Marilyn has bought a mink coat. (état : *Marilyn has a mink coat*)
Our guests have arrived. (état : *our guests are here*)
I've written two letters. (état : *the two letters exist*)

Le present perfect avec *BE* + *-ING* est normalement impossible (sauf contexte particulier, qui implique une reconversion de l'action).

Ainsi, un énoncé comme *I've been writing two difficult letters* est possible pour expliquer un retard, une allure fatiguée, etc. On conçoit alors une action <*write two difficult letters*> qui, pas plus que <*write with difficulty*>, ne possède de terme. L'existence ou non des lettres n'est pas le problème.

b. Actions qui n'ont pas de terme

Par définition, ces actions ne sont pas suivies d'un résultat sous forme d'un état. On ne peut employer que le present perfect en *BE* + *-ING*. La forme *BE* + *-ING* envisage une action dans le cours de son déroulement, avant sa fin, et elle ne prend donc pas en considération la présence ou non d'un terme :

Rodney has been running.
Grace has been playing the guitar.
It's been raining.
I've been writing letters.

Dans chaque cas, on peut imaginer quantité de conséquences, mais aucune n'est une conséquence directe inévitable. Le present perfect simple (= avec Ø) est impossible (sauf contexte très particulier).

c. Comparaison entre les cas (a) et (b) :

(a) *I've written two letters.* (conséquence inévitable : l'état *the two letters exist*)
(b) *I've been writing letters.* (conséquences : *I feel tired* / *I haven't had time for the shopping* / *my fingers are stained with ink* / etc.)

Il faut bien remarquer que la différence n'est pas dans le verbe lui-même mais dans ce qui suit :

(a) Un nombre précis de lettres. Quand ce nombre est atteint, le terme est atteint.
(b) Une quantité indéfinie de lettres. Il n'y a pas de raison directe que l'action s'arrête, et donc pas de terme possible.

d. Actions mixtes

Les actions mixtes possèdent un terme, mais il peut ne pas être pris en considération (il n'est pas obligatoire). On a le choix entre les deux formes de present perfect, mais le sens est très différent.

• Forme de present perfect simple. La forme Ø indique que le terme est atteint et qu'il y a un résultat obligatoire lié à l'action, comme pour (a) :

*Bill **has washed** the car. (*conséquence : l'état *the car is clean*)

• Forme de present perfect avec *BE* + *-ING* : la forme *BE* + *-ING* indique qu'on se place avant le terme et donc que le terme n'est pas pris en compte. Les conséquences sont diverses, comme pour (b) :

*Bill **has been washing** the car.* (conséquences : divers états, comme *Bill's hands are dirty* / *The garage is open* / etc.)

Comparez aussi *What have you done?* (= Quel est le résultat de ton action ?) et *What have you been doing?* (= Quelle a été ton activité ?, éventuellement pour expliquer une situation actuelle).

La forme simple est toujours possible quand le terme est, tout simplement, le fait que l'action s'accomplisse. ➤ 6.7.4.

e. Et les états ?

La notion de terme n'a pas de sens pour eux. Ils sont au present perfect simple, la forme Ø ayant la valeur neutre qu'elle a toujours avec les états :

The boss has been away. (conséquences : *We haven't done the work* / *We haven't been able to make a decision* / etc.)

I've had the measles. J'ai eu la rougeole. (conséquences : *I can't catch it again* / *I know it's painful* / etc.)

Les **actions caractéristiques,** qui sont aussi à la forme simple, sont sur le même plan que les états. Il s'agit d'actions qui ne sont pas situées à un moment précis du temps et qui servent à caractériser une personne ou un objet : *You can see he has taught English* (conséquences : *He knows a lot about grammar* / *He's always correcting people* / etc.). Dans l'exemple, *teach English = be a teacher of English*.

6.7.3 Les compléments de mesure et le present perfect
avec ou sans *BE* + *-ING*

Comme on l'a vu en 6.4, l'association d'un complément de mesure et du present perfect a pour sens : l'événement se poursuit jusqu'au moment présent. Pour que ce sens soit possible, il ne faut pas (c'est évident) que l'événement s'interrompe avant le moment présent. Il faut donc que l'événement soit :

• ou bien une action clairement décrite comme n'atteignant pas la fin de son déroulement (éventuellement son terme si elle en possède un) → forme *BE* + *-ING* :

I've been scraping the paint on this door since this morning, and there's still some left. (action possédant un terme, mais ce terme est marqué comme n'étant pas atteint)

I've been running for half an hour. (action ne possédant pas en soi de terme)

• ou bien un état → present perfect simple (Ø) :

I've known that for a long time.

Le present perfect simple (Ø), dont le sens serait de marquer qu'une action est considérée dans son ensemble, c'est-à-dire soit interrompue, soit atteignant son terme, est improbable dans les exemples suivants :

★I've lost my keys for two days. (action à terme obligatoire, qui ne peut pas se prolonger pendant deux jours jusqu'au présent)

?*★We've run for two hours.* (action sans terme, que Ø marquerait comme interrompue avant le point de repère présent. Pourtant une interprétation est possible si on réintroduit un terme, à savoir le fait de courir pendant deux heures = atteindre une durée de deux heures de course.)

! Une action niée est un équivalent d'état. Qu'y a-t-il de plus statique que de ne rien faire ? Donc, forme simple (= Ø). Comparez :

The committee has been meeting for two months.
The committee hasn't met for two months.

Dans la phrase *The committee hasn't been meeting for long*, ce n'est pas le fait de se rencontrer qui est nié mais la durée (ça ne fait pas longtemps que la commission se réunit).

Pourtant, on rencontre des cas comme *I haven't been feeling well for the past few weeks* (je ne me sens pas très bien depuis quelques semaines). Cela est synonyme de *I have been feeling poorly for the past few weeks* (je me sens mal fichu depuis quelques semaines), c'est-à-dire que l'on part de l'idée de <*not-feel-well*> vue en bloc comme si c'était <*feel poorly*>.

Il y a une méthode simple pour savoir si le present perfect accompagné d'un complément de mesure doit être simple ou avec BE + -ING. Puisque le present perfect accompagné d'un complément de mesure signifie qu'un événement se prolonge jusqu'au moment présent, il est évident que l'événement se produit au moment présent. Il suffit donc de se demander quelle forme (simple ou BE + -ING) on emploierait pour le présent : cette forme est automatiquement valable pour le present perfect aussi. Par exemple, on veut dire que la pluie a commencé il y a deux heures et se poursuit maintenant. Puisqu'il pleut maintenant, la forme de présent est : *It's raining* (mais pas **It rains*). Donc, avec un complément de mesure, on aura au present perfect :

It's been raining for two hours.

Autre exemple : *Marilyn has a mink coat* (mais pas **Marilyn is having a mink coat*). Donc : *Marilyn **has had** a mink coat since she became a star* (Marilyn a un manteau de vison depuis qu'elle est devenue vedette).

Le complément introduit par *since* n'est pas toujours un complément de mesure (= qui mesure la durée de l'événement), par exemple :
I've lost my keys twice since last Sunday / since I last met you.
I've only seen the boss once since last Sunday.

Since indique ici une période-repère à partir d'un point de départ, période à l'intérieur de laquelle se place l'événement (sans que l'on précise exactement où). Le complément en *since* est alors compatible avec le present perfect simple (forme Ø), qui marque l'interruption de l'action. Dans ce cas, on indique généralement le nombre de fois que se produit l'action.

Cet emploi est parallèle à celui des compléments-repères en *in* et *during* :
I've lost my keys twice in / during the last few days / in two days.
Le complément de mesure en *for* est complètement impossible ici.
À condition d'indiquer un nombre de fois, la même chose est possible pour les états :
I've had the flu twice since last year / in the last few months.

Tableau 6-C : Le present perfect simple (Ø) ou avec *BE + -ING*

Pas de terme ou terme non pris en compte	Terme pris en compte
present perfect en *BE + -ING* Action dans son déroulement : • action dotée d'un terme, mais terme non considéré *Bill has been washing the car.* *Bill has been washing the car for two hours.* • action sans terme *It's been raining.* *It's been raining for two hours.*	
present perfect simple (Ø) Pas de terme : • état *I've had the measles.* *I've had this car for two weeks.* • caractéristique *He's taught English.*	**present perfect simple (Ø)** Action dans sa totalité : action dotée d'un terme et terme atteint *Bill has washed the car.* *Our guests have arrived.*

6.7.4 Des exceptions apparentes

On trouve des cas de formes Ø qui semblent être des exceptions aux règles qui viennent d'être posées :

> *It has rained (at last).*
> *He has run for two hours.*

En fait, si ces formes Ø sont possibles, c'est qu'il a été possible de constituer un terme. On emploiera *It has rained (at last)* quand la pluie est un événement fortement attendu, et donc que le terme est, tout simplement, le fait que l'action soit atteinte. Autre exemple : *He's walked*, à propos d'un bébé ou d'un miraculé, pour qui le fait de marcher est remarquable en soi. De même, si l'objectif est de courir pendant deux heures, le terme est atteint quand la durée de deux heures s'est écoulée. Il n'y a pas ici de mesure de l'action *run* par le complément *for two hours*, c'est l'action elle-même qui est *run for two hours* (comme *run two miles*, ou *bake two cakes*).

6.7.5 Le cas *HAVE GOT*

Pourquoi est-il impossible de dire **Jimmy has got a new car since last week* ? Tout simplement à cause de l'équivalence *have got = have*. On sait que pour indiquer qu'un état commence avant le moment présent et se poursuit jusque-là, il faut employer le present perfect + complément de mesure :

The boss is abroad. → *The boss has been abroad since last week.*
Jimmy has a new car. → *Jimmy has had a new car since last week.*

(Il est bien sûr impossible de dire **Jimmy has a new car since last week.*)

Si, de la même manière, on part de *Jimmy has got a new car* (équivalent de *Jimmy has a new car*), le système est bloqué, parce que l'on ne peut pas former un present perfect sur ce qui est déjà une forme *HAVE* + participe passé – ce serait un monstre (➤ 3.6.1.b) : **Jimmy has had got a new car since last week.*

> Le complément de mesure avec *for* est possible mais trompeur : *Jimmy has got a new car for three days.* Cette phrase signifie : Jimmy a une voiture neuve pour trois jours. C'est aussi (bien sûr) le sens de *Jimmy has a new car for three days.* L'état présent est mesuré vers le futur. Pour pouvoir le mesurer vers le passé, la solution est la même que précédemment :
> *Jimmy **has had** a new car for three days* (Jimmy a une nouvelle voiture depuis trois jours).

6.8 Mesurer ou repérer : *for, during, since* et quelques autres

6.8.1 Complément de mesure ou repère temporel ?

Le complément de mesure par excellence est introduit par *for* (qui peut parfois être omis). Il exprime directement la durée de l'événement. Il existe aussi d'autres moyens, plus indirects : *since, from, (up) to, until*, indications de début et de fin qui permettent de calculer la durée.

He lived in New York (for) three years / from 1983 to 1986. (= Il a habité...)
He intends to stay in New York (for) three years / until the end of his contract.
He has been living in New York (for) three years / since 1987 / since he met Liz.
(Le verbe qui est contenu dans la subordonnée introduite par *since* est au prétérit, ➤ 6.3.3.)

Il ne faut pas confondre complément de mesure et repère temporel. Ils n'ont pas le même rôle. Quand on dit *He lived in New York **for three years***, on indique combien de temps (mesure), mais on ne dit pas quand (repère temporel).

À l'inverse, dans *He worked in New York **during the summer months** / **in 1987** / **a few years ago***, on indique quand (à quel moment ou à l'intérieur de quelle période), mais on ne dit pas combien de temps exactement.

Il arrive pourtant que la mesure et le repérage se rejoignent : dans *He has lived in New York **since he arrived in the USA***, on indique le début de l'événement, et on dit qu'il se poursuit jusqu'à maintenant ; on peut donc déduire la durée.

Phénomène inverse pour *Jones has been working with us **for five years***. On indique la durée (directement mesurée) et, puisque l'on dit jusqu'où s'étend cette durée (maintenant), on peut déduire facilement le moment où se place l'événement.

> Les compléments de mesure peuvent aussi fonctionner vers le futur (➤ 6.7.5), mais attention quand il y a une négation :
> *He won't be here for another twenty minutes / until five.* Il n'arrivera pas avant vingt minutes / avant cinq heures.

6.8.2 Les équivalents anglais de "depuis" et "pendant"

Ici, c'est le français qui pose problème parce que les deux termes "depuis" et "pendant" ne distinguent pas aussi clairement que leurs équivalents anglais *for*, *during* et *since* les fonctions de mesure ou de repère.

"Depuis" introduit soit un point (départ d'une durée) : depuis lundi (***since** Monday*), soit une durée qui mesure directement : depuis deux jours (***for** two days*).

"Pendant" introduit soit une durée qui sert à mesurer : pendant deux jours (***for** two days*), soit une durée qui sert à repérer : pendant les vacances (***during** the holidays*).

Tableau 6-D : Les équivalents anglais de "depuis" et "pendant"

Point de départ (jusqu'à un point implicite, ici le moment présent)	(1) *We've been working **since** twelve.*	Nous travaillons **depuis** midi.
Durée-mesure jusqu'à un point implicite	(2) *We've been working **for** half an hour.*	Nous travaillons **depuis** une demi-heure.
Simple mesure d'une durée	(3) *We worked **for** half an hour.*	Nous avons travaillé **pendant** une demi-heure.
Durée (période) repère	(4) *We worked **during** the holidays.*	Nous avons travaillé **pendant** les vacances.

La mesure d'un événement négatif se fait également à l'aide d'un complément en *in* :

They haven't worked in years. Ils ne font rien depuis des années.

Le Tableau 6-D mentionne "depuis", mais on sait bien que la langue courante préfère les formules "il y a... que" et "ça fait... que" pour exprimer une durée qui mesure jusqu'à un point implicite : Nous travaillons depuis une demi-heure → Il y a / Ça fait une demi-heure que nous travaillons.

Les questions du français "Depuis quand... ?" et "Depuis combien de temps... ?" donnent toutes les deux *How long... ?* :

Depuis quand / Depuis combien de temps est-ce que nous travaillons ?
How long have we been working ?

Il est bon de se méfier de la formule *Since when... ?*, qui a généralement une valeur de mise en doute et non de vraie question sur la durée. Elle est d'ailleurs souvent suivie du prétérit ou du présent :
Church? Since when did you start going to church?
Since when were you on first-name terms with the boss?
Since when can you order me around?

6.8.3 "Il y a", "ça fait" *et it is… since*

Bien que l'anglais possède la formule *it is… since*, il y a intérêt à l'éviter tant que l'on n'a pas atteint une maîtrise suffisante. En effet, la formule *it is… since* n'est pas d'un emploi facile : elle n'est pas aussi courante et elle n'a pas les mêmes emplois que les formules françaises "il y a… que" et "ça fait… que". On peut de toute façon généralement s'en passer (➤ 6.8.4).

a. La construction *it is… since…* est employée de la façon la plus courante pour exprimer qu'une action ou un état **ne s'est pas produit** pendant une certaine durée. Le verbe introduit par *since* n'est jamais à une forme négative parce qu'il représente la dernière fois où s'est produit l'événement. Le verbe est soit au prétérit (souvent accompagné de *last*) soit au present perfect (jamais au présent) :

> *It is two months since it last rained / it has rained.* Ça fait / Il y a deux mois qu'il ne pleut pas / n'a pas plu.
> *It is two years since I last had the flu / I've had the flu.* Ça fait / Il y a deux ans que je n'ai pas eu la grippe.
> La construction peut aussi être de la forme *It's been… since* : *How long **has it been** since Ray has got home early?* Ça fait combien de temps que Ray n'est pas rentré tôt à la maison ?

b. Par ailleurs, la construction *it is… since* peut indiquer une forte mise en relief de la durée mentionnée (qui peut être jugée soit excessive, soit trop courte). Dans ce cas, on ne trouve que le prétérit.

> *It is forty years since I was called up, but the memories of that part of my life are still vivid.* Cela fait quarante ans que j'ai fait mon service militaire, mais mes souvenirs de cette période restent vifs.
> *It is only three years since she took up painting dogs as a profession, but in that short time she has been kept constantly in work.* Cela fait seulement trois ans qu'elle s'est lancée professionnellement dans la peinture des chiens, mais pendant cette brève période, elle n'a jamais manqué de travail.

L'action qui est ainsi séparée du présent est forcément envisagée comme un point, et complètement séparée du présent.

En français, les formules "il y a… que" et "ça fait… que", qui ne comportent pas la même insistance, peuvent introduire une action qui dure encore au moment présent ou un état. En anglais, pour les actions qui durent, il faut employer le verbe start (qui désigne le point de départ), et les états sont absolument impossibles.

> Ça fait trois ans qu'il travaille à ce projet. ("travaille" est une action qui dure jusqu'à maintenant) → *It is (already / only) three years since he started working on this project.*
> Ça fait un temps fou que je le connais. ("connaître" est un état) → *I've known him for ages.* (*It is… since* est impossible avec l'état *know* et, bien sûr, l'emploi de *started to* avec *know* serait aberrant.)

Qu'est-ce qui détermine le choix entre les deux sens (**a** et **b**) de la construction *it is... since...* ? C'est la nature de l'événement mentionné après *since*. On a le sens "négatif" (cas **a**) lorsque l'événement est reproductible, mais ne s'est justement pas reproduit. Si par contre l'événement est absolument unique et non reproductible (cas **b**), on a le sens de mise en relief. Comparez :

> *It is years since smallpox has killed anyone.* Ça fait des années que la variole n'a pas fait de victimes. (L'événement *smallpox kill someone* est reproductible, mais ne s'est pas reproduit.)

> *It is over two hundred years since Mozart died, but his music lives on.* Ça fait plus de deux cents ans que Mozart est mort, mais sa musique continue à vivre. (L'événement *Mozart die* n'est évidemment pas reproductible.)

6.8.4 Substituts de la construction *it is... since*

Pour les états ou actions qui durent jusqu'au moment présent, il suffit d'employer le complément de mesure en *for* (éventuellement omis) avec le present perfect :

> Il y a / Ça fait deux heures que je suis ici. (état) = Je suis ici depuis deux heures. → *I've been here for two hours.*

> Il y a / Ça fait deux heures que je t'attends. (action qui a une durée) = Je t'attends depuis deux heures. → *I've been waiting for you for two hours.*

On peut accentuer spécialement *two hours* (double accent : *'two 'hours*) pour rendre l'effet de mise en relief de "Il y a / Ça fait deux heures" en français.

Pour les actions ou états négatifs, c'est aussi le complément de mesure en *for*, mais sans forme *BE + -ING* (➤ 6.7.2.e).

> Il y a / Ça fait deux mois qu'il ne pleut pas / n'a pas plu. → *It hasn't rained for two months.* (ici, *for* ne peut pas être omis)

Pour les actions entièrement situées dans le passé, employez la construction en *ago* avec le prétérit :

> Il y a / Ça fait deux ans qu'elle l'a quitté. = Elle l'a quitté il y a deux ans. → *She left him two years ago.*

Vous aurez quand même besoin de *it is... since* dans les questions portant sur un événement négatif, où en français le verbe est négatif :

> Ça fait combien de temps qu'il ne pleut pas ? → *How long is it since it (last) rained? / has rained?*

En anglais, bien sûr, il n'y a pas de négation visible.

6.8.5 Équivalents anglais de "il y a"

a. Emplois temporels (➤ 6.8.3 et 6.6.2 pour les pièges à éviter)

"Il y avait" et **"Il y avait... que"** : ➤ 6.8. Distinguez bien, d'une part, "Il y avait deux heures qu'il travaillait" = *He **had been working for two hours*** (action ou état qui dure jusqu'à un moment du passé), et d'autre part, "Il y avait deux heures qu'il avait commencé ce travail" = He **had begun** *that work* **two hours before** (on situe une action dans le passé par rapport à un autre moment du passé : c'est un passé au second degré).

b. Emplois non temporels

Il y a une fourmi dans mon verre. → *There is an ant in my glass.*

Cet emploi est le seul qui permette de traduire "il y a" par *there is*. Il n'a bien sûr rien à voir avec l'expression du temps.

Il y a 6 000 km de Londres à New York. (expression d'une distance) → *It is 4000 miles from London to New York.*

Règle élémentaire : pour traduire "il y a / ça fait" dans leur sens de mesure ou de repère temporel, il ne faut **jamais** employer *there is*, ou *it is* (et encore moins *it makes*).

6.9 Le past perfect

6.9.1 Caractéristiques

La différence de sens par rapport au present perfect se déduit tout naturellement de la différence de forme : l'auxiliaire *HAVE* n'est plus au présent mais au prétérit. En conséquence, le point de vue n'est plus situé au moment présent mais à un moment du passé, qui doit lui-même faire l'objet d'un repérage (le cas de *HAVE* + *-EN* avec prétérit à valeur hypothétique sera considéré en 6.9.3). Il y a trois catégories d'emploi du past perfect ; les deux premiers résultent d'un simple décalage des emplois du present perfect vers le passé.

a. Conséquences sur un moment du passé

Rodney couldn't tell me the time yesterday. He had lost his watch.
Rodney ne pouvait pas me dire l'heure hier, il avait perdu sa montre.

Au moment du passé qui est repéré par *yesterday*, l'événement <*He - lose his watch*> a la conséquence : Rodney n'a pas de montre.

b. Événement qui se prolonge jusqu'à un moment du passé

Associé à un complément de mesure, et seulement dans ce cas, le past perfect indique qu'un événement passé se poursuit jusqu'à un certain moment du passé :

*When I met Rodney, he **had been** a racing driver for ten years / since 1990.*
Quand j'ai rencontré Rodney, il était pilote de course depuis dix ans / depuis 1990.

Comparez avec : *When I met Rodney, I knew that he had been a racing driver.* Cette phrase ne contient pas de complément de mesure, et, contrairement à la précédente, elle implique que Rodney n'est plus pilote de course au moment de la rencontre.

c. Passé au second degré

*I met him in 1990. He **had arrived** in England ten years before / in 1980.*
Je l'ai rencontré en 1990. Il était arrivé en Angleterre dix ans auparavant / en 1980.

Le verbe au past perfect représente un événement qui est repéré par *ten years before* / *in 1980* : c'est un passé au second degré (passé par rapport à 1990).

6.9.2 Quelques différences par rapport au plus-que-parfait français

Principe de base : le past perfect ne peut s'employer que pour un passé par rapport à un autre passé.

Le **plus-que-parfait** français peut s'employer pour exprimer un passé nettement coupé du présent, s'opposant au passé composé qui indique toujours un certain lien au présent. On emploie ainsi le **plus-que-parfait** dans les rubriques nécrologiques (ex. 1) ou pour les réminiscences (ex. 2), mais souvent aussi dans la vie quotidienne (ex. 3) :

(1) Notre collègue avait consacré de nombreuses années à mettre au point ce nouveau système d'analyse.

(2) Tu te souviens ? On s'était bien amusé en Cornouailles, on avait fait du bateau et de l'équitation.

(3) Je te l'avais bien dit. / Tu me l'avais promis.

Dans tous ces cas, on n'emploie pas le past perfect, mais le prétérit :

(1) *Our colleague **devoted** many years to the development of that new system of analysis.*

(2) *Remember? We **had** fun in Cornwall, we went sailing and riding.*

(3) *I **told** you so. / You **promised** me.*

Le past perfect est ici impossible parce qu'il n'y a pas d'expression claire d'un premier degré d'antériorité.

Il arrive, à l'inverse, dans le cas des états, que l'anglais utilise le past perfect alors que le français utilise l'imparfait. Le past perfect est imposé par un double décalage (passé par rapport au passé) :

*My brother Greville best **remembered** our parents' vigorous years.* (Le prétérit *remembered* indique le premier décalage). *Our father **had been** twenty years older than our mother* (Notre père avait vingt ans de plus que notre mère – et non *avait eu). (Dick Francis, *Straight*)

6.9.3 Le past perfect à valeur non temporelle

Lorsque le prétérit qui est contenu dans le past perfect a une valeur non temporelle (valeur hypothétique ➤ 4.5), l'association de la forme *HAVE* + *-EN* (antériorité) et du prétérit (imaginaire) donne un irréel du passé, c'est-à-dire un événement antérieur imaginé, et qui ne s'est donc pas réalisé :

I wish you had asked me for that money. (mais tu ne l'as pas fait)
If you had asked me for the money, I would have lent it to you.

6.10 Autres formes de parfait

Les autres parfaits, c'est-à-dire à l'infinitif (avec ou sans *TO*) et à la forme en -*ING*, ont trois emplois :

a. Conséquences

*They seem to **have left**.* Ils ne semblent pas être là.
*They are proud of **having discovered** a new treatment.*

b. Événement avec complément de mesure

*For them to **have endured** those conditions for such a long time is quite remarkable.*
*The family may **have been living** here for quite a while.*
*Their **having endured** those conditions for such a long time is quite remarkable.*

c. Antériorité

*He's said to **have swum** the Channel without any support in 1980.* On dit qu'il a traversé la Manche à la nage…
*They must **have left** yesterday.* Ils ont dû partir hier.
*We must admire him for **having discovered** the treatment before anybody even had an idea of the danger.*

Il faut particulièrement remarquer la possibilité de repères du passé : en effet, c'est seulement quand un parfait est directement rattaché au présent (present perfect) que les repères du passé sont interdits.

Ce qui a été dit en 6.7 à propos de l'opposition Ø / *BE* + -*ING* pour le present perfect s'applique au past perfect et aux autres parfaits également :

*Our guests must **have arrived**. ↔ Our guests **had arrived**.* (parfait simple, action à terme obligatoire)

*It must **have been snowing**. ↔ It **had been snowing*** (for quite a while). (parfait *BE* + -*ING*, action sans terme)

*Bill must **have washed** / **have been washing** the car. ↔ Bill **had washed** / **had been washing** the car.* (Choix entre les deux formes, avec bien sûr deux sens différents, pour une action à terme facultatif ; mais en français on a toujours, correspondant aux deux formes de l'anglais : Il a dû laver la voiture / Il avait lavé la voiture.)

Encadré 6-A : Mesurer et repérer dans le temps

Repérer, c'est placer un événement dans le temps. **Mesurer,** c'est attribuer une durée à un événement.

Il existe deux sortes de repères : **repères ponctuels** et **repères cadres**.

> *Bob arrived in Chicago in 1999.*   repère ponctuel
> *Bob arrived in Chicago during the year 1999.*   repère cadre

Un repère est considéré comme ponctuel indépendamment de sa durée "réelle". Il peut s'agir d'une date, d'une année, d'un siècle, etc. Un repère cadre a une durée et l'événement se place quelque part à l'intérieur de cette durée.

Il existe également deux façons de mesurer : directement et indirectement. En **mesurant directement**, on affecte à l'intervalle qu'occupe l'événement une durée plus ou moins précise.

> *Ray typed for three hours / for hours / for a while.*

La **mesure indirecte** contraint l'interlocuteur à une déduction et à un calcul. Elle consiste à donner des repères qui coïncident avec le début et / ou la fin de l'événement.

> *Ray typed from breakfast to lunch / until lunchtime.*
> *Ray has been typing since breakfast.*

Par ailleurs, la mesure ou le repérage peuvent s'effectuer (ou non) **par rapport à un moment point de vue** (et plus particulièrement le moment de l'énonciation) :

> *Ray typed his novel last month / three weeks ago.* (repérage par rapport au moment de l'énonciation)
> *Ray has been typing since breakfast.* (mesure – indirecte – par rapport au moment de l'énonciation)

Les systèmes de l'anglais et du français diffèrent fortement dans l'expression du repérage et de la mesure. ➤ Tableau 6-D et 6-E

À côté des compléments prépositionnels, les deux langues disposent de constructions d'une tout autre nature : les constructions en "il y a... que / ça fait... que" du français et en *it is... since / it is... before* de l'anglais. Elles fonctionnent de façon radicalement différente dans les deux langues. ➤ 6.8.3.

Le cas de *for*

Un cas spectaculaire de différence est celui de *for*. Comparez la variété des termes français en face de l'usage uniforme de *for* :

*It rained **for** a few minutes.*	Il a plu **pendant** quelques minutes.
*It has been raining **for** a few minutes.*	Il pleut **depuis** quelques minutes.
*She has gone out **for** an hour*	Elle est sortie **pour** une heure
*It won't rain **for** a while.*	Il ne pleuvra pas **avant** quelque temps.

Tableau 6-E : La mesure vers l'avenir : les systèmes "pour / avant" et _for / until_

	anglais		français	
Affirmation Mesure indirecte jusqu'à un point d'arrivée	_(NOT) UNTIL_	_The boss will wait until five._	Le patron attendra jusqu'à cinq heures.	JUSQUE
Négation Mesure indirecte jusqu'à un point d'arrivée		_The boss won't leave until five._	Le patron ne partira pas avant cinq heures.	
Négation Mesure directe	_(NOT) FOR_	_The boss won't leave for another twenty minutes._	Le patron ne partira pas avant vingt minutes.	PAS AVANT
Affirmation Mesure directe		_The secretary has gone out for a few minutes._	La secrétaire est sortie pour quelques minutes.	POUR

7 Modalité et auxiliaires modaux : introduction

7.1 La modalité : définitions

a. La modalité est un concept qui appartient au domaine du **sens** – alors que les auxiliaires modaux (*CAN, MAY, MUST, WILL*, etc.) sont des **formes** de la langue. (Rappel : les mots écrits en majuscules sont des mots du dictionnaire ; et il est entendu que *can = CAN* + présent, *could = CAN* + prétérit, etc.) Les auxiliaires modaux (ou, plus simplement, les **modaux**) constituent le moyen essentiel d'exprimer la modalité ; toutefois, cette dernière est parfois exprimée par des expressions de modalité (*HAVE TO, BE ABLE TO*, etc.), qui ne sont pas des synonymes des modaux.

b. Le terme **modalité** sera utilisé ici dans son sens étroit : celui qui correspond au **domaine du possible et du nécessaire** (➤ 7.3.2), domaine dans lequel, nous le verrons, le système sémantique des modaux s'inscrit exactement.

> La modalité au sens large inclut notamment, en plus du domaine du possible et du nécessaire : (a) le système affirmation / négation / interrogation, etc., ➤ chap. 20 ; (b) l'opposition réel / irréel (l'irréel pouvant être illustré, par exemple, par *If I knew the answer...*). Nous verrons que ce type de "mode", lorsqu'il intervient dans la signification de *CAN, WILL*, etc., vient toujours se superposer au sens proprement modal de possibilité ou de nécessité.

7.2 Les différents types de modalité

Comparons :

(1) *He must go at once.* Il doit partir / Il faut qu'il parte immédiatement.

(2) *He must be at home.* Il doit être chez lui / Il est sans doute chez lui.

On a affaire à deux valeurs nettement différentes du modal : une valeur dite **radicale** dans (1), une valeur dite **épistémique** dans (2). Examinons de façon plus précise la distinction entre ces deux types de modalité.

a. Modalité radicale (ou modalité **de l'action**). Elle correspond aux domaines de l'**obligation** (*He must / should stay here*), de la **possibilité physique** ou **morale** (*He can go out*) et de la **volonté** (*The car wouldn't start* = La voiture n'a pas voulu démarrer).

> Certains distinguent, dans la modalité radicale, deux sous-catégories :
>
> • La modalité **déontique**, qui fait intervenir une volonté, laquelle peut prendre des formes diverses (règlement, principe moral, etc.) : *You must listen to me / You can smoke.*
>
> • La modalité **dynamique**, qui correspond à une contrainte ou une possibilité physiques : *There was too much snow – we had to stop / we couldn't go on.*

Dans la pratique, il n'est pas toujours possible de faire cette distinction, car de nombreux énoncés se situent dans une zone floue entre les deux catégories. (Ex. : *You can't trust him.*)

b. Modalité épistémique (ou modalité **de la connaissance**, ou modalité **logique**). La question qui se pose ici est celle du caractère "vrai" ou "faux" (ou "probable", "possible", etc.) d'un fait dont on n'a pas une connaissance directe : quand on dit *John must be at home*, on ne sait pas de façon absolue (ou on fait semblant de ne pas savoir) si John est ou non chez lui. Cette modalité se subdivise ainsi :

- **Modalité du degré de probabilité** (forte probabilité, possibilité logique, etc.) : *He must be / should be / may be back home by now* (Il doit être / devrait être / peut être rentré chez lui maintenant).

- **Modalité implicative.** Ex. : *You have to be mad to do that* (Il faut être fou pour faire ça). La forme *have to* n'a évidemment ici ni une valeur radicale de contrainte ni une valeur de probabilité ; elle exprime une variété de nécessité fondée sur une implication (c'est-à-dire sur une condition) : l'énoncé équivaut à "Si on fait ça, c'est qu'on est fou."

Malgré le caractère commode de ces distinctions, il faut se rappeler que dans certains cas il y a **chevauchement** entre valeur radicale et valeur épistémique. Les deux types de modalité, en fait, ne sont pas fondamentalement différents. Comparons les deux valeurs que peut prendre *must* dans *He must be very patient* (Il faut qu'il soit très patient /Il est probablement très patient). Dans les deux cas, la modalité exprimée par *must* (une nécessité) porte sur l'événement <*He–be very patient*>. Dans le premier cas, quelque chose ou quelqu'un impose au sujet de l'énoncé la réalisation de l'événement, et dans le second cas quelque chose impose à l'énonciateur de penser que l'événement se réalise.

7.3 Caractéristiques communes aux différents types de modalité

7.3.1 Modalité, événement et négation

Dans un énoncé modal comme *He must be at home*, il y a deux éléments importants, qu'il convient de bien distinguer :

- La **modalité**, exprimée ici par le modal *must*. D'une façon générale, elle consiste en un **jugement** (qui, selon le type de modalité, est de nature logique, morale, etc.)

- L'**événement** sur lequel porte la modalité (➤ 2.3 définition grammaticale du terme "événement"). Dans l'exemple, il correspond à <*He–be at home*>.

Cette distinction est particulièrement importante dans les cas où intervient une négation. La négation peut en effet porter soit sur la modalité, soit sur l'événement. Comparons, en français, "Il **ne peut pas** être chez lui (à cette heure-ci)" et "Il **peut ne pas** être chez lui". Dans le premier cas, la négation porte sur le verbe "pouvoir" (donc sur la modalité), tandis que dans le second elle porte sur l'événement (sur <il–être chez lui>). L'anglais et le français résolvent de façons très différentes ces problèmes de portée de la négation. Dans "Il ne peut pas être..." ≠ "Il peut ne pas être...", on voit que le français a la possibilité de faire varier la position du mot négatif "ne", pour indiquer l'élément de sens sur lequel il porte. En anglais, il est impossible d'utiliser un procédé syntaxique de ce type, puisque la négation *NOT* se place nécessairement après le modal ; on a obligatoirement recours, dans ce cas-là, à deux modaux différents : *He can't be at home* ≠ *He may not be at home.*

Le problème de la négation des modaux doit être mis en relation avec le fait suivant : le **possible** et le **nécessaire** sont liés l'un à l'autre par le jeu de deux négations de portées différentes ; ce jeu de négations apparaît, par exemple, dans la parenté de sens entre "Vous ne pouvez pas ne pas venir" et "Vous devez venir", ou encore dans le fait que *You must not stay here* et *You may not stay here* sont sémantiquement très proches.

7.3.2 "Devoir", "pouvoir" et "vouloir"

On maîtrisera mieux les emplois de modaux comme *MAY*, *MUST* ou *SHALL* si l'on comprend la façon dont le sens de "vouloir" s'intègre au système du possible et du nécessaire. Observons simplement pour l'instant qu'une nécessité subie par *X* peut consister, de façon totale ou partielle, en une volonté à laquelle *X* est soumis ; ainsi, "Vous devez vous abstenir de fumer" peut correspondre (au moins partiellement) à "Je veux que vous vous absteniez de fumer" ; plus généralement, la nécessité exprimée en français par le verbe "devoir" (en anglais par *MUST*, *SHALL*...) émanera d'une volonté qui sera celle du législateur, d'un supérieur hiérarchique, d'une divinité, etc. ; ou encore, elle procédera de ce que "veut" un principe moral. De façon similaire, l'obligation, l'interdiction et la permission sont liées à une forme ou une autre de volonté. Ces relations peuvent être représentées ainsi :

Tu dois V ↔ Je veux (la loi / la morale /... veut) que tu V

Tu ne dois pas / Tu ne peux pas V ↔ Je ne veux pas que tu V

Tu peux V ↔ Je veux bien / J'accepte que tu V.

7.4 Les modaux : propriétés générales

Ils sont au nombre de huit : il s'agit de *CAN*, *DARE*, *MAY*, *MUST*, *NEED*, *OUGHT*, *SHALL* et *WILL*. Ils se définissent par un ensemble de propriétés syntaxiques que ne possède aucun des autres auxiliaires ou verbes de la langue anglaise (même si l'on trouve certaines de ces propriétés dans la syntaxe de tel ou tel autre auxiliaire / verbe). Et, bien évidemment, ce n'est pas un effet du hasard si ces huit modaux constituent dans la syntaxe de l'anglais une classe particulière : ils correspondent à un domaine sémantique particulier, qui possède sa propre unité, et qui est le domaine du possible et du nécessaire.

7.4.1 Caractéristiques formelles des modaux

Ce sont, du point de vue syntaxique, des **auxiliaires** (➤ chap. 2). En outre, ils possèdent les propriétés formelles suivantes :

• Un modal est nécessairement au **présent** ou au **prétérit**. (Il ne possède donc aucune des formes impersonnelles du verbe – infinitif, forme en -*ING*, participe passé – et ne possède pas non plus la forme semi-personnelle qu'est l'impératif.)

- Si un groupe verbal contient un modal, ce modal est nécessairement placé en tête du groupe verbal.
- Un modal est nécessairement construit avec une base verbale ou avec *BE / HAVE* (exprimés ou effacés) ; il ne peut donc pas être suivi d'un complément de nature nominale (*He can it*), ni d'un autre modal (*He must can swim*), ni de *DO* auxiliaire (*He must do swim*).
- À l'exception de *OUGHT*, les modaux ne sont jamais suivis de *TO*.
- Les modaux n'ont pas de terminaison *-s* à la 3e personne du singulier du présent.

Lorsque la négation *NOT* intervient, elle se place obligatoirement **aussitôt après le modal**. (Rappelons que, dans un GV, *NOT* se place obligatoirement **après le premier auxiliaire** : *He may not have done it*.)

7.4.2 Les modaux et le prétérit

Le prétérit joue un rôle particulier dans la grammaire des modaux. Nous avons vu (chap. 4) qu'il y a deux catégories essentielles d'emplois du prétérit, lesquelles se divisent elles-mêmes en deux sous-catégories : (a) prétérit temporel (passé de narration ou passé de discours indirect), et (b) prétérit hypothétique (valeur d'irréel ou valeur de doute). Dans la grammaire des modaux, le prétérit présente les caractéristiques suivantes :

a. Il a souvent une valeur non pas temporelle mais **hypothétique** :

- Présupposition irréelle : *You **might** have been killed in the accident.* (On présuppose : *you weren't killed.*)
- Présupposition de doute : *You **could** take a taxi.* (On présuppose : *... but perhaps you are not going to take one.*) Cette valeur, en fait, explique tous les emplois dits de politesse ou d'atténuation du prétérit des modaux.

b. Dans la plupart des cas (nous verrons les cas particuliers aux chap. 8 et 9), le prétérit porté par un modal ne peut pas être utilisé pour exprimer un **passé de narration**. Partons, à titre d'exemple, de la phrase *He may be ill* (Il peut être malade / Il se peut qu'il soit malade), phrase qui sera normalement utilisée à propos d'une situation présente, et essayons de la transposer dans un récit d'événements passés (situés "hier") ; on ne pourra pas faire cette transposition en mettant le modal au prétérit : il faudra dire non pas *He might be ill yesterday* mais *He may have been ill yesterday* (➤ 8.2.2.c).

c. Le prétérit des modaux peut toujours, par contre, être employé pour marquer un **passé de discours indirect**. Comparons, ci-après, les phrases (1) et (2), qui contiennent toutes deux un discours rapporté – direct dans (1), indirect dans (2) :

(1) *Peter said, 'John may be ill.'*
(2) *Peter said that John might be ill.*

On voit que dans (2) l'emploi du prétérit dans la subordonnée est déterminé par la règle dite de concordance des temps (concordance avec le prétérit *said*).

Dans certains cas, le discours indirect neutralise (= fait disparaître) l'opposition entre le présent et le prétérit. Ainsi, la forme *Peter said that John* **might** *be ill* peut correspondre à *Peter said, 'John* **may** *be ill.'*, mais elle peut également correspondre à un discours direct dans lequel l'énoncé rapporté serait déjà au prétérit : *Peter said, 'John* **might** *be ill'*. La différence, dans ce cas particulier, n'est pas très grande ("Il se peut que John soit malade" / "Il se pourrait que John soit malade"), mais dans d'autres cas elle l'est davantage, et il faut choisir l'interprétation qui s'accorde le mieux avec le contexte.

Le discours indirect peut être du **discours indirect libre** (➤ Encadré 4-A), dans lequel on rapporte la pensée d'un personnage du récit : *Robert decided to leave at once; tomorrow, it would be too late* (Robert décida de partir immédiatement ; demain, il serait trop tard). La seconde partie de cette phrase est au discours indirect libre ; elle n'est pas marquée par des guillemets, mais en fait elle exprime la pensée (le monologue intérieur) de Robert. Si on la transposait au discours direct, on aurait : *He thought, 'Tomorrow, it will be too late.'*

Les modaux *MUST* et *NEED*, qui n'ont pas de prétérit, utilisent leur forme de présent pour un passé de discours indirect : *He said he must / needn't go* (Il a dit qu'il devait partir / qu'il n'avait pas besoin de partir). Il en va généralement de même pour le modal *DARE* (*He said he daren't go*), même si, dans certaines variétés d'anglais, ce modal a une forme prétérit qui est *dared* (➤ 10.3).

7.5 Deux particularités importantes des modaux anglais

a. Les modaux anglais (contrairement à "pouvoir" / "devoir" / "vouloir" / "falloir" en français) ont toujours ce qu'on appelle un caractère **virtuel** : ils sont propres à exprimer un **jugement** sur un fait (➤ **b** ci-après), mais ils ne peuvent pas exprimer la réalisation de ce fait. Ainsi, on ne peut pas utiliser le modal *could* pour traduire "Il avait la clé, et il a pu ouvrir la porte" : il faut obligatoirement recourir à une expression de modalité (*He had the key, and he* **was able to** *open the door*). Contrairement à la construction française "a pu ouvrir", qui exprime la réalisation de l'action (et qui a par conséquent ce qu'on appelle un caractère **factuel**), la construction anglaise *could open* a un caractère virtuel : elle ne dit pas si l'action d'ouvrir la porte a été accomplie ou non (elle correspond en fait à "pouvait ouvrir").

b. Il y a, dans le système anglais des modalités, un principe d'opposition "neutre" / "subjectif". La modalité est toujours l'expression d'un jugement (d'une opinion, d'un sentiment, etc.) à propos d'un événement. Ce jugement, toutefois, peut revêtir deux aspects différents. Il peut être (ou se présenter comme) neutre, c'est-à-dire comme pouvant être le jugement de n'importe quel observateur ; c'est le cas dans *Mary can swim*, où le jugement modal exprimé par *can* est normalement le résultat d'une simple constatation. Ou, au contraire, le jugement modal peut se présenter comme l'expression de l'opinion personnelle de l'énonciateur (ou de sa volonté, ou de son souhait), et par conséquent il peut avoir un caractère subjectif ; ainsi, *You may smoke* exprime, dans de nombreux contextes, le bon vouloir de l'énonciateur.

Cette opposition apparaît de façon nette dans le système des modaux anglais mais, comme nous le verrons, elle n'a pas dans tous les cas un caractère absolu. C'est pourquoi nous parlerons simplement d'"orientation neutre" et d'"orientation subjective" dans le classement des modaux en deux catégories.

1. Du point de vue fonctionnel, une forme "neutre" peut toujours remplacer une forme "subjective" ayant la même valeur modale – mais l'inverse n'est pas vrai. Quand on a à sa disposition les deux types de formes pour exprimer une obligation ou une autorisation, on peut, dans certains cas, avoir tendance à choisir la forme "neutre" simplement pour donner à son énoncé une apparence plus objective, ou moins personnelle. Cela explique en partie la quasi-disparition du *must* d'obligation au profit de *have / has to* dans certaines variétés d'anglais, et, dans toutes les variétés, le recul du *may* de permission devant *can*.

2. Les modaux à orientation subjective (essentiellement *shall*, *must* et *may*) sont également ceux qui, dans certains contextes, sont perçus comme les plus "formels". Cela est dû en partie au fait qu'ils sont depuis longtemps utilisés lorsqu'il s'agit d'exprimer la volonté ou le bon vouloir d'un souverain, d'un corps législatif, ou plus généralement de quelqu'un qui est en position d'autorité (cf. par exemple le *Thou shalt not covet thy neighbour's wife* de la Bible). Ils continuent d'être employés dans certains textes de loi, dans des règlements officiels, ou même dans certains textes scientifiques, où la relation d'autorité peut se manifester ouvertement. Par contre, dans la vie courante, on préfère généralement utiliser des formes perçues comme plus neutres – c'est-à-dire *will*, *have / has to* et *can* – car il n'est pas bien vu dans notre société de manifester une supériorité hiérarchique dans les relations personnelles.

3. La subjectivité comporte des degrés et, pour cette raison, il est parfois difficile de dire de façon certaine si elle est présente ou absente. Un énoncé comme *He must be sincere*, dans lequel l'énonciateur exprime la conclusion personnelle qu'il tire d'un ensemble de faits, est manifestement "subjectif". En revanche, la subjectivité est beaucoup moins apparente dans *Her father and his mother are brother and sister, so they must be first cousins*, qui est fondé sur un raisonnement logique rigoureux.

4. La modalité est l'un des domaines dans lesquels il importe de bien faire la distinction entre le locuteur / scripteur / etc., et l'énonciateur, en particulier dans les contextes ou situations assimilables à du discours rapporté. Par exemple, lorsqu'un pharmacien appose une affichette sur laquelle on lit *This product may not be sold without a prescription*, il ne fait que "rapporter" une interdiction dont il n'est pas l'énonciateur.

Le principe d'opposition entre une orientation neutre et une orientation subjective caractérise l'ensemble du système des modalités de l'anglais (➤ Tableau 7-A). Dans certains cas, l'opposition est entre deux modaux (entre CAN et MAY, ou entre WILL et SHALL), et dans d'autres cas elle est entre une expression de modalité et un modal (par exemple entre HAVE TO et MUST).

! À la forme interrogative, il y a une inversion des rôles : la subjectivité est celle de **la personne à qui l'on s'adresse** (le **co-énonciateur**). Ainsi, dans *May I / Must I / Shall I / Need I close the window?*, je pose une question sur la volonté ou le souhait de la personne à qui je m'adresse (≈ *Do **you** allow me to / want me to / allow me not to close the window?* – contrastez avec *Can I / Do I have to / Will I / Do I need to close the window?*). Le jugement modal sera donc, ici, celui de la personne à qui l'on s'adresse. Ou, en d'autres termes, c'est le destinataire qui, à la forme interrogative, est l'énonciateur de la modalité exprimée par *MAY*, *MUST*, *SHALL* ou *NEED* (les quatre modaux à orientation subjective).

Tableau 7-A : L'orientation neutre / subjective dans le système des modalités

Orientation neutre	*CAN*	*WILL*	*HAVE TO*	*NEED*$_{\text{VERBE}}$	*OUGHT TO*
Orientation subjective	*MAY*	*SHALL*	*MUST*	*NEED*$_{\text{MODAL}}$	*should*

Les modaux figurent dans les rectangles grisés.

Toutes les **expressions de modalité** (*HAVE TO*, *BE ABLE TO*, etc.) expriment une modalité à orientation neutre.

8 CAN, MAY, MUST

8.1 *CAN*

Formes

Présent : *can* /kæn/, /k(ə)n/

Présent + négation : *cannot* /'kænɒt/, *can't* GB : /kɑːnt/, US : /kænt/

Prétérit : *could* /kʊd/, /k(ə)d/

Prétérit + négation : *could not, couldn't* /'kʊdnt/

Sens fondamental : possibilité présentée comme indépendante de l'énonciateur (orientation neutre, ➤ 8.2, opposition avec *MAY*).

Les catégories d'emplois décrites ci-après découlent toutes de ce sens fondamental. Il n'y a pas entre elles de frontières étanches, et les superpositions de deux ou plusieurs valeurs ne sont pas rares. (Cette remarque est également valable pour les autres modaux.)

8.1.1 *CAN* : aptitude / possibilité physique

She does all she can to help us. Elle fait tout ce qu'elle peut pour nous aider.

He can lift 200 pounds. Il peut lever / est capable de lever 100 kilos.

She can swim. Elle sait nager.

Can you hear me? Vous m'entendez ?

Les valeurs d'aptitude et de possibilité physique sont, dans de nombreux cas, difficiles à distinguer l'une de l'autre (ex. 1). Dans le cas d'une aptitude "pure", l'équivalent français est souvent "savoir", et non "pouvoir" (ex. 3). L'emploi de *CAN* avec des verbes de perception (ex. 4) sera examiné un peu plus loin (➤ 8.1.1.b).

Syntaxe et sens

a. Forme *could* : prétérit à valeur hypothétique

If only I could telephone him! Si seulement je pouvais lui téléphoner ! (L'élément prétérit a ici une valeur d'**irréel** : le sous-entendu est *I can't telephone him*.)

Could you prove what you've just said? Pourriez-vous prouver ce que vous venez de dire ? (L'élément prétérit a ici une valeur de **doute**, liée à une hypothèse implicite : ... *if it was necessary*, ... *if I asked you to prove it*.)

On a également un prétérit à valeur hypothétique dans les expressions illustrées par les exemples ci-après. Ces expressions se situent à la frontière entre la possibilité physique (les conditions sont réunies pour que l'action puisse matériellement se produire) et la possibilité morale (l'action, si elle était accomplie, n'aurait rien d'anormal) :

I could have wept! / I could slap his face! J'en aurais pleuré ! / Je le giflerais ! (Le prétérit a ici une valeur d'irréel : … mais je ne l'ai pas fait / mais je ne le ferai pas.)

I could do with a drink. Je boirais bien quelque chose.

This room could do with a good clean. Un bon nettoyage, ça lui ferait pas de mal, à cette pièce. (Par un glissement sémantique, on passe du sens littéral de "se contenter de", qui est celui de l'expression *do with*, à un sens proche de "avoir besoin de".)

b. Forme *could* : prétérit à valeur temporelle

He said he could come. Il a dit qu'il pouvait venir. (**passé de discours indirect**)

At the age of four, she could speak English fluently. (**passé de narration**)

Comme nous l'avons vu en 7.4.2.b, l'emploi du prétérit avec une valeur de passé de narration est rare avec les modaux. Il est possible ici, mais soumis à des restrictions importantes. Dans une première approximation, on peut dire que l'emploi de *could* est impossible si le verbe se rapporte à un fait particulier, effectivement réalisé. Ainsi, il serait impossible dans les deux exemples ci-après. (Notez qu'on emploie *managed to* de préférence à *was / were able to* si l'on veut exprimer l'idée de "réussir / parvenir à… ")

*He changed the battery, and eventually he **was able to** start the car.*

*I wonder how she **managed to** persuade him.* Je me demande comment elle a pu / comment elle a réussi à le persuader.

Si l'on veut formuler la règle d'une manière plus exacte, une comparaison avec les modaux français n'est pas inutile. Elle fait apparaître le caractère virtuel des modaux anglais – qui, nous l'avons vu en 7.5.a, est une de leurs propriétés fondamentales. Comparons d'abord, en français, "Max pouvait faire démarrer sa voiture" et "Max a pu faire démarrer sa voiture". La première phrase donne à l'événement un caractère virtuel (c'est-à-dire théorique, hypothétique, imaginaire, etc.) : elle ne nous dit pas si Max a effectivement fait démarrer sa voiture. La seconde phrase, par contre, place l'événement dans le domaine du factuel : elle exprime la réalisation du fait "Max a fait démarrer sa voiture".

Contrairement aux modaux français, qui sont aptes à exprimer aussi bien du virtuel ("il pouvait…") que du factuel ("il a pu…"), les modaux anglais ne peuvent exprimer que du virtuel. Ceci explique les restrictions à l'emploi de *could* dans un contexte passé – ainsi que les cas particuliers examinés ci-après.

1. Il n'y a pas de restriction à l'emploi de *could* pour exprimer une aptitude dans le passé ; dans un énoncé comme *At the age of four Sylvia could speak English fluently*, la modalité a en effet un caractère virtuel : l'énoncé ne désigne aucun événement spécifique, aucune occasion particulière au cours de laquelle Sylvia a parlé anglais.

2. Il n'y a pas de restriction à l'emploi de *could* dans un contexte négatif : *He changed the battery, but it was no use – he couldn't start the car* (= … il n'a pas pu faire démarrer la voiture). Cela s'explique : les énoncés négatifs ont par nature un caractère virtuel, puisqu'ils se réfèrent à un événement qui ne se produit pas. Notez aussi l'absence de restriction dans les contextes "semi-négatifs" : *Before I could say a word, he ordered the man to go out* (Avant que j'aie pu dire un mot, il ordonna à l'homme de sortir).

3. Comme nous l'avons vu, *could* ne peut pas, de lui-même, indiquer la réalisation de l'action. Toutefois, cette réalisation peut être indiquée par le contexte. C'est le cas dans des énoncés comme *I'm glad you could come* (Je suis heureux que vous ayez pu venir), ou encore avec les verbes de perception ou d'activité mentale du type *see / hear / remember / imagine* (*I could see the top of the hill* = J'apercevais / J'aperçus le sommet de la colline). À propos de ces verbes, on notera qu'ils n'entraînent pas automatiquement l'emploi de *can / could*. Ainsi, quelqu'un qui est réveillé par un bruit au milieu de la nuit dira spontanément *I hear something*, plutôt que *I can hear something*. En fait, *CAN* suggère toujours plus ou moins l'idée d'un obstacle ou d'une difficulté. Si l'on dit *X can see / hear / smell / ... Y*, cela signifie que le fait de voir / d'entendre / de sentir l'objet Y ne va pas forcément de soi : *From the top floor he could see the mountains* (Du dernier étage, il voyait / apercevait les montagnes).

c. Passé + irréel. Comme nous venons de le voir, l'élément prétérit contenu dans *could* peut avoir une valeur hypothétique et il peut également exprimer un passé de narration. Cependant, il ne peut pas avoir les deux valeurs à la fois. Pour exprimer une possibilité physique relative à un événement passé non réalisé, on utilise *could have* + participe passé :

He **could have opened** the door, since he had the key. Il aurait pu ouvrir la porte, puisqu'il avait la clé.

d. Formes de remplacement. Leur utilisation s'impose quand on a besoin d'une forme autre que le présent ou le prétérit. La forme de remplacement la plus courante est, pour la valeur d'aptitude / possibilité physique, *BE ABLE TO*. (Sur l'emploi de *MANAGE (TO)*, ➤ 8.1.1.b) :

We **haven't been able to** go out for two days, the weather's so bad. Ça fait deux jours qu'on ne peut pas sortir, tellement il fait mauvais.

I think **I'll be able to** *give you an answer tomorrow.* Je pense que je pourrai vous donner une réponse demain.

Il ne faut pas avoir recours à *BE ABLE TO* de façon trop systématique. Pour un événement situé dans le futur, on emploiera *can* (et non *will be able to*) dans les subordonnées qui interdisent l'emploi de *WILL / SHALL* (➤ 9.3) : *I'll tell you as soon as I can* (Je vous le dirai dès que je pourrai), ou si la possibilité existe déjà dans le présent : *The doctor can see you tomorrow at 9.30, if that's OK with you* (cf. en français l'emploi du présent dans ce cas).

Par ailleurs, l'emploi de *BE ABLE TO* peut souvent être évité au profit d'une construction moins lourde : "J'aimerais pouvoir le lui dire." → *I wish I could tell him*.

8.1.2 *CAN* : possibilité morale

Il peut s'agir du sens de **permission** (*Can I borrow your car?* ➤ 8.2.1, différence avec *MAY* dans ce domaine), ou d'un sens beaucoup plus large, qu'on peut appeler la **légitimité morale** (action conforme à des principes moraux ou sociaux, au bon sens, etc. : *I don't think we can blame him for that*).

CAN a cette seconde valeur dans les expressions suivantes :

How could you! Comment avez-vous pu faire une chose pareille ! (Il s'agit évidemment d'une question rhétorique, qui sert à contester la légitimité morale d'une action accomplie par l'interlocuteur.)

You can say that again! Tu peux le dire, oui !

La forme au présent (*can*) sert parfois à exprimer un ordre qui prend les apparences d'une permission : *You can go!* (utilisé pour congédier quelqu'un).

Syntaxe et sens

La grammaire de cet emploi est assez semblable à celle du CAN d'aptitude / possibilité matérielle. Notons cependant les points suivants.

a. Forme négative. Dans *You can't park here* (Vous ne pouvez pas vous garer ici), on exprime une "non-permission" ; la négation porte donc sur la modalité (ce qui est la règle générale avec le modal CAN). On peut toutefois faire porter la négation sur l'événement, en séparant *not* de *can / could* et en l'accentuant : *You can NOT go at once if you like* (Vous pouvez ne pas partir tout de suite si vous voulez).

b. Forme *can* (présent). Cette forme exprime souvent une permission relative à un événement futur : *You can borrow my car tomorrow if you like.* Le temps syntaxique du modal correspond alors au caractère "présent" de la permission elle-même. Comparez avec *Next time, you'll be allowed to borrow the company car* (La prochaine fois, vous pourrez utiliser la voiture de fonction de la société), qui exprime une permission future portant sur un événement futur.

c. Forme *could* : prétérit à valeur hypothétique. L'emploi de *could* avec cette valeur est courant dans les demandes de permission : *Could I use your phone?* (Est-ce que je pourrais me servir de votre téléphone ?). La demande paraît plus polie ou plus hésitante que lorsqu'on utilise le présent (*Can I use your phone?*). Cet effet s'explique par la valeur de doute que le prétérit prend dans ce contexte : ce doute implicite paraît laisser l'interlocuteur plus libre de sa décision.

d. Forme *could* : prétérit à valeur temporelle. Il n'y a, bien sûr, aucune restriction à l'emploi du prétérit pour un passé de discours indirect (cet emploi est toujours possible avec tous les modaux) : *He said we could smoke* (Il a dit que nous pouvions fumer). En ce qui concerne le passé de narration, les conditions d'emploi sont exactement les mêmes que pour le CAN d'aptitude /possibilité matérielle. L'emploi de *could* est possible, en particulier, pour l'expression d'une possibilité générale sans référence à un événement particulier : *When he was a child he could sit up until very late at night* (Quand il était enfant il pouvait veiller très tard le soir). Dans les cas où l'emploi de *could* est impossible, on peut utiliser *was / were allowed / permitted to* : *That night, the child was allowed to stay up until midnight* (Ce soir-là, l'enfant put veiller jusqu'à minuit).

8.1.3 *CAN* : valeurs directives

Définition : on appelle **énoncé directif** un énoncé dont le but est l'accomplissement d'une action par la personne à qui l'on s'adresse ; il peut s'agir d'un ordre, d'une suggestion, d'un conseil, etc. Par extension, on appelle **valeurs directives** les valeurs que des verbes / auxiliaires peuvent prendre dans ces énoncés. Avec CAN, ces valeurs sont assez diverses.

a. Suggestion

*'I wonder what time the meeting is.' 'I don't know, but you **can** / you **could** ask Tom.* He *should know.'* Je me demande à quelle heure est la réunion. – Je ne sais pas, mais tu peux / tu pourrais demander à Tom. Il devrait le savoir, lui.

Dans une suggestion, on préfère généralement l'emploi de *could* à celui de *can* (*You could ask Tom*). Si le prétérit paraît plus poli, c'est, ici encore, parce que la présupposition de doute qu'il exprime paraît laisser l'interlocuteur plus libre de sa décision (le doute implicite portant sur l'accomplissement de l'action <*you–ask Peter*>). On le voit, le mécanisme est le même que dans le cas de la demande de permission, ➤ 8.1.2.c. Il s'agit d'un mécanisme commun à tous les emplois dits de politesse du prétérit dans les énoncés directifs, et nous nous contenterons désormais de le mentionner.

b. "Requête"

Can *you* / ***Could*** *you open the window?*

La "requête" s'oppose à la "question vraie" (*Can you swim?*) : il est évident que la réponse attendue n'est pas *Yes, I can* / *Yes, I could*. Le prétérit a ici la même valeur que dans le cas précédent.

c. Reproche

*You **could say** thank you!* Tu pourrais dire merci !
*You **could have told me** he was listening!* Tu aurais pu me dire qu'il écoutait !

À strictement parler, le reproche n'est pas "directif", surtout lorsqu'il se rapporte à un fait passé. Cependant, du point de vue du sens, il est apparenté soit au conseil (emploi de *should*, ➤ 9.2.3), soit à la suggestion (exemples ci-dessus).

8.1.4 *CAN* : caractéristique occasionnelle

*Ted **can** be very kind.* Ted est parfois très aimable / peut être très aimable.
*Rhinos **can** be dangerous.* Les rhinocéros sont parfois / peuvent être dangereux.

Cette valeur de CAN (également appelée valeur "sporadique") est parfois assez proche de la valeur d'aptitude (cf. "Ted est capable d'une grande amabilité"). Il faut éviter de la confondre avec la possibilité logique, exprimée le plus souvent par MAY (➤ 8.2.2) ; on opposera, par exemple, *Rhinos can be dangerous* à *Rhinos may be dangerous* (Il se peut que les rhinocéros soient dangereux).

Cette valeur de CAN (caractéristique occasionnelle) peut être mise en relation avec la valeur de caractéristique de WILL (➤ 9.1.5). La différence est la suivante : avec WILL, on exprime un comportement habituel (qui se produit dans tous les cas), tandis qu'avec CAN on exprime un comportement occasionnel (qui se produit uniquement dans certains cas).

En ce qui concerne la grammaire de cet emploi de CAN, on notera que le prétérit peut être utilisé pour exprimer un passé de narration :

*Ted **could** be very kind.* Ted pouvait être / était quelquefois très aimable.

À nouveau, cela est à mettre en relation avec le caractère virtuel du modal : si cet emploi du prétérit est possible, c'est parce que l'énoncé ne fait référence à aucun événement particulier.

8.1.5 *CAN* : possibilité logique

La possibilité logique (ou possibilité épistémique) consiste à attribuer à un événement un degré de probabilité moyen (intermédiaire entre le "vrai" et le "faux"). En français, elle peut être exprimée par la construction "Il se peut / Il se pourrait que..." (qui est non ambiguë, car elle ne peut pas exprimer autre chose), ou simplement par le verbe "pouvoir" (qui est susceptible d'exprimer pratiquement toutes les formes du possible) : comparez "Il se peut qu'il arrive à l'heure" (non ambigu) et "Il peut arriver à l'heure" (ambigu). En anglais, le problème est différent. Pour l'essentiel, c'est *MAY* qui exprime la possibilité logique ; l'emploi de *CAN*, cependant, n'est pas toujours exclu – et dans certains cas il est obligatoire. Il importe donc de savoir comment se délimite le domaine de chacun des deux modaux.

La restriction la plus importante à l'emploi de *CAN* avec une valeur de possibilité logique est la suivante : cet emploi est exclu au présent dans les constructions assertives (c'est-à-dire au présent non interrogatif non négatif) : ainsi, l'équivalent anglais de "Il se peut qu'il soit chez lui" n'est pas *★He can be at home* mais *He may be at home* (➤ 8.2.2). En revanche, on peut employer *CAN* au prétérit et / ou dans un contexte interrogatif ou négatif :

He could be at home. Il se pourrait qu'il soit chez lui.
Can he / Could he be at home? Peut-il / Pourrait-il être chez lui ?
He can't / He couldn't be at home. Il ne peut pas / ne pourrait pas être chez lui.

1. Notez que, pour qu'un contexte soit négatif, la présence d'une semi-négation du type *hardly* est suffisante : *You can scarcely have been wearing a condom if you got her pregnant.* (A. Craig, *A Vicious Circle*)

2. La valeur de possibilité logique de *CAN* n'est jamais une valeur pure : elle est toujours dérivée de la valeur de possibilité physique. Le passage de la possibilité physique à la possibilité logique, toutefois, est exclu dans certains contextes. Si, par exemple, on compare *The problem can be solved* (≈ Il existe une possibilité matérielle de résoudre le problème) et *The problem may be solved* (= Il se peut que le problème soit résolu), on voit que les deux valeurs sont nettement distinctes. Mais d'autres contextes tendent à estomper la différence entre les deux types de possibilité. Ainsi, *Anything can happen* et *Anything may happen* sont sémantiquement très proches, même si le premier exprime de façon nette une possibilité physique et le second une possibilité logique. (On retrouve une partie de la nuance en traduisant le premier par "Tout peut arriver" et le second par "N'importe quoi peut arriver".)

Un phénomène semblable se produit avec l'interrogation, la négation et le prétérit ; ces formes éloignent l'événement du réel, et donnent à la possibilité physique un caractère en quelque sorte théorique, si bien qu'elle n'est plus très éloignée de la possibilité logique. Ainsi, la question *Can John be at home at the moment?* ne porte qu'indirectement sur le degré de probabilité de l'événement <*John–be at home at the moment*> : elle consiste en fait à demander si les conditions sont remplies pour que cet événement soit réalisé.

3. Il existe avec *cannot / can't* un sens d'impossibilité logique de type implicatif. Par exemple, le dicton *You can't have your cake and eat it* (ou *You can't eat your cake and have it*) équivaut à la double implication *you eat your cake* ⇒ *you don't have it* et *you have (= you keep) your cake* ⇒ *you don't eat it*.

Syntaxe et sens

a. Comme avec les autres valeurs de CAN, la **négation** porte sur la **modalité** : *He can't be at home* exprime une "non-possibilité" ; CAN s'oppose sur ce point, de façon nette, au *MAY* de possibilité logique (➤ 8.2.2).

> En anglais britannique, on utilise fréquemment *cannot / can't* (et non *must not*, ➔ 8.3.2) pour exprimer le caractère fortement probable d'un fait négatif : l'équivalent de "Il ne doit pas être chez lui à cette heure-ci" sera *He can't be at home at this time of day*. Cet emploi de *cannot / can't*, toutefois, est soumis à certaines restrictions : il ne faut pas traduire systématiquement "il ne doit pas…" (sens de forte probabilité) par *he can't…* On peut donner la règle pratique suivante : il est impossible d'utiliser *he can't…* comme équivalent de "il ne doit pas…" dans les cas où (en français) le remplacement de "il ne doit pas…" par "il ne peut pas…" est impossible. Ainsi, "Regarde, il s'en va, il ne doit pas aimer le film" se traduira par *Look, he's leaving, he probably doesn't like the film*, et non par *★... he can't like the film*.

b. Le **prétérit** (*could*) ne peut avoir une valeur temporelle que pour exprimer un passé de discours indirect : *She said it could not be a joke* = *She said, 'It couldn't be a joke.'* Pour un passé de narration, c'est obligatoirement *HAVE + -EN*, porté par le verbe principal (et non le prétérit *could*), qui sert à situer l'événement dans le passé :

> *He **can't have been** at home at that time.* Il ne pouvait pas / Il ne devait pas être chez lui à cette heure-là.

La valeur hypothétique est très souvent une valeur de doute :

> *I don't know what became of her. She could be dead.* Je ne sais pas ce qu'elle est devenue. Il se pourrait qu'elle soit morte. (Sens voisin de celui de *might* dans ce contexte, ➤ Encadré 8-B.)
>
> *He could have been older than that.* Il était peut-être plus âgé que ça.

Le prétérit peut également avoir une valeur d'irréel, notamment avec des emplois qui sont très proches de la possibilité physique. (Sur la différence avec *might*, ➤ Encadré 8-B.)

> *They could be sisters.* On dirait deux sœurs / On croirait qu'elles sont sœurs.

> Certains contextes imposent l'emploi de la forme de l'irréel, et, si l'énoncé est négatif, on aura obligatoirement *couldn't*, et non *can't* :
> *He wasn't at home yesterday. He **couldn't have been**. He's always in London on Tuesdays.* (= Il ne pouvait pas y être / Il n'aurait pas pu y être.)

8.2 *MAY*

Formes

Présent : *may* /meɪ/	Prétérit : *might* / maɪt /
Présent + négation : *may not*	Prétérit + négation : *might not*, *mightn't*

> La forme *mayn't*, très rare, est généralement considérée comme non standard.

Sens fondamental : possibilité ayant pour source, de façon totale ou partielle, l'énonciateur (ou, à la forme interrogative, le co-énonciateur). La différence entre MAY et CAN est donc la suivante : avec CAN (par exemple dans *He can swim*), le jugement modal se présente comme neutre, tandis qu'avec MAY il met plus ou moins en jeu la volonté (permission accordée) ou l'opinion personnelle de l'énonciateur / du co-énonciateur.

8.2.1 *MAY* : possibilité morale

Comme nous l'avons vu à propos de CAN (➤ 8.1.2), la possibilité morale peut prendre plusieurs formes. Tout d'abord, elle peut consister en une **permission** (accordée, refusée ou demandée), et dans ce cas l'orientation subjective de MAY apparaît très nettement. Dans les énoncés déclaratifs (= non interrogatifs), c'est l'énonciateur qui est la source de la permission. L'énonciateur peut être la personne qui parle (ex. 1 ci-après), ou la personne dont on rapporte les paroles (ex. 2), ou encore une autorité qui édicte un règlement (ex. 3, tiré du règlement d'une bibliothèque). Dans les énoncés interrogatifs (ex. 4), c'est la personne à qui l'on s'adresse (le co-énonciateur) qui est la source de la permission.

(1) *You may sit down.* Vous pouvez vous asseoir / Je vous autorise à vous asseoir.

(2) *The doctor says you may return to work.* Le docteur dit que vous pouvez reprendre votre travail.

(3) *Students may only borrow one book at a time.* (règlement d'une bibliothèque)

(4) *May I smoke?* Je peux fumer ? / Est-ce que vous m'autorisez à fumer ?

1. L'explication de l'opposition CAN / MAY par le caractère plus recherché ou plus poli de MAY est insuffisante. Si MAY peut paraître plus recherché ou plus poli, cela tient essentiellement à son orientation subjective. Il est beaucoup moins "recherché" à la forme interrogative qu'à la forme déclarative : si l'on demande une permission sous la forme *May I...?* (et non *Can I...?*), on fait simplement preuve d'une certaine déférence à l'égard de l'interlocuteur (on lui reconnaît implicitement un certain pouvoir) ; en revanche, si l'on utilise MAY pour accorder ou refuser une permission (*You may sit down / You may not smoke*), c'est soi-même qu'on place en position de pouvoir, et l'énoncé pourra paraître condescendant.

2. Le remplacement de MAY par CAN est impossible dans les formules conventionnelles du type *if I may* (*If I may interrupt, it seems to me that...* = Si vous me permettez de vous interrompre, il me semble que...) ou *May I introduce Mr Martin?* (Puis-je vous présenter Monsieur Martin ?). Il s'agit de fausses demandes de permission : en prononçant ces formules, on est déjà en train d'accomplir l'acte pour lequel on sollicite la permission.

La possibilité morale peut également avoir pour source un principe moral, social, etc. (valeur de **légitimité**), que l'énonciateur prend à son compte :

That may / might be called swindling. On peut / pourrait appeler ça de l'escroquerie.

Syntaxe et sens

a. Forme négative. Si elle n'est pas marquée par une accentuation particulière, la négation porte sur la modalité : *You may not smoke* exprime une "non-permission".

(Sur ce point, le *MAY* de possibilité morale diffère du *MAY* de possibilité logique, comme nous allons le voir en 8.2.2.) Toutefois, si *NOT* reçoit une accentuation particulière (*You may NOT stay*), cela pourra exprimer, selon le contexte et l'intonation, soit une insistance sur le refus (= Vous ne pouvez PAS rester) soit une "permission de ne pas…" (= Vous pouvez NE PAS rester).

b. Forme *might*. Le prétérit ne peut pas exprimer un passé de narration (alors que cette possibilité existe avec *CAN*, ➤ 8.1.2) : **When he was a child, he might sit up until midnight as often as he liked.* (Cela s'explique : on ne peut pas accorder une permission pour un fait passé.) Il peut en principe être utilisé pour un passé de discours indirect, mais cet emploi est rare : dans la pratique, on dira par exemple *He allowed us to smoke* pour rapporter au style indirect '*You may smoke*' (*he said to us*). Le prétérit peut également avoir une valeur hypothétique de doute, pour un effet de politesse, dans les énoncés de demande de permission : *Might I use your car?*

8.2.2 *MAY* : possibilité logique

La valeur de possibilité logique de *MAY* est directement liée à l'orientation subjective qui caractérise ce modal. Prenons l'exemple d'un dialogue comme '*Where's John?*' '*Well… he may be at home.*' L'emploi de *MAY* dans le second énoncé correspond à l'expression d'une opinion personnelle sur le degré de probabilité de l'événement <*John–be at home*> : après s'être livré à une sorte de calcul sur les chances de réalisation de cet événement, l'énonciateur estime qu'il est "logiquement possible".

1. Les emplois d'**habitude occasionnelle** ou de **caractéristique occasionnelle** de *MAY* (emplois relativement peu fréquents) sont dérivés de la valeur de possibilité logique. (Ils sont donc très différents, en ce qui concerne leur mécanisme, des emplois de caractéristique occasionnelle de *CAN*, ➤ 8.1.4 ; ces derniers, nous l'avons vu, ne sont pas apparentés aux emplois épistémiques.) L'exemple ci-après (expression d'une habitude occasionnelle) montre leur relation avec le *WILL* de caractéristique (➤ 9.1.5) :

*After a week or so of this kind of searing torment, we would fetch up at some blue and glinting sweep of lake or sea […]. Dad would become funny and warm and even once or twice **might** take us out to the sort of restaurant […] where the glass of water they served you wasn't autographed with lipstick.* (… et même une fois ou deux il lui arrivait de nous emmener dans cette catégorie de restaurants où…) (Bill Bryson, *The Lost Continent*)

Le *MAY* de caractéristique occasionnelle, utilisé par exemple pour décrire une espèce animale ou végétale, est dérivé de façon similaire de la possibilité logique : *The diameter of the trunk **may** reach 260 cm* (extrait d'un ouvrage de biologie végétale).

2. Après des verbes comme *fear* ou *hope*, ou après *it's possible that*, qui en eux-mêmes contiennent l'idée d'une possibilité logique, il arrive que ce sens soit exprimé une seconde fois, dans la subordonnée, par *may* ou *might* : *I fear it might be too late*. L'équivalent français est tout simplement un subjonctif : "Je crains qu'il ne soit trop tard."

3. Ce *MAY* est généralement accentué (77 % des cas dans un corpus examiné par la linguiste J. Coates), avec souvent une intonation en *'fall-rise'*, mais cela ne permet pas de le distinguer de façon sûre du *MAY* de possibilité morale.

Syntaxe et sens

a. Forme interrogative. Dans les *'yes / no questions'*, la plupart des contextes interdisent l'emploi de *may* ; ainsi, on dira non pas *★May he be at home?* mais (➤ 8.1.5) *Can he be at home?* L'emploi de *might* est par contre possible, bien que parfois d'un style un peu recherché : *'Might he be at home?', I wondered.*

> Dans les *'WH- questions'*, l'emploi de *may* est possible mais rare. La forme *Who may that be?* (Qui peut bien être cette personne ?) n'est utilisée que pour un effet particulier (sarcasme notamment).

b. Forme négative. La négation porte sur **l'événement**, alors qu'avec *CAN* (et également avec le *MAY* de possibilité morale) elle porte sur la modalité. Comparez :

*He **may not** be at home.* Il peut ne pas être chez lui.
*He **can't** be at home.* Il ne peut pas être chez lui.

Le premier énoncé exprime la possibilité logique du fait <*John–not be at home*>, tandis que le second exprime la non-possibilité du fait <*John–be at home*>.

c. Forme *might*. Le prétérit peut, bien sûr, avoir une valeur de **passé de discours indirect** (*She said he might be at home* = *She said, 'He may / might be at home'*).

> Pour un passé de narration, on utilise *HAVE + -EN* : *He **may have been** at home yesterday* (Il pouvait être chez lui hier). Cette utilisation de *HAVE + -EN* pour situer un événement dans le passé est générale avec les modaux épistémiques (*He must have been at home*, etc.). Dans *may have + V-EN* (par ex. dans *may have been*), le rôle de chacun des éléments est clair : *may* (dont le temps syntaxique est le présent) exprime un jugement modal situé dans le présent, et *HAVE + -EN* a pour fonction de rattacher à ce jugement présent un événement situé dans le passé. En d'autres termes, *may have + V-EN* exprime une modalisation présente relative à un événement passé.

Le prétérit peut également avoir une **valeur hypothétique**. Dans l'exemple ci-après (extrait du compte rendu d'un fait divers tragique), il s'agit d'une valeur d'**irréel** : l'énoncé présuppose *they are not alive*.

*If they had not tried to reach the front door they **might** still be alive.* S'ils n'avaient pas cherché à atteindre la porte d'entrée ils seraient peut-être encore vivants.

> **1.** *Might* est parfois utilisé avec une valeur d'irréel pour introduire dans un récit une hypothèse imaginaire (= "on aurait dit que...", "on aurait cru que...", "c'était comme si...") :
> *Nicholas Loder shouted urgently, "No, no. Rollo. No, don't do it!"*

It might have been the droning of a gnat for all the notice Rollo paid him. (D. Francis, *Straight*)
... Ça aurait pu être le bourdonnement d'un moucheron : Rollo n'y prêtait pas la moindre attention.

2. On trouve parfois un emploi (considéré comme incorrect, et donc **à ne pas imiter**) de *may have* + V-*EN* avec une valeur d'irréel (donc à la place de *might have* + V-*EN*) : *He may have been killed if he hadn't been wearing a seatbelt.*

La valeur hypothétique du prétérit peut aussi être une valeur de **doute** :

*It **might** rain tomorrow.* Il se pourrait qu'il pleuve demain.

1. Qu'est-ce qui, du point de vue du sens, différencie *It might rain* de *It may rain* (Il se pourrait / Il se peut qu'il pleuve) ? Dans de nombreux contextes, le prétérit a pour effet d'ajouter au doute déjà exprimé par *may* un autre doute implicite (quelque chose comme *... but perhaps it's not going to rain after all*), si bien que la probabilité exprimée est encore plus faible qu'avec *may*. Il arrive cependant que la marque du prétérit ait l'effet inverse, notamment si l'accent principal est sur le modal. La contradiction implicite exprimée par le prétérit porte alors sur **l'opinion qu'on attribue au co-énonciateur** : elle équivaut à "... contrairement à ce que vous semblez penser, la possibilité existe" (*I think you'd better take your umbrella. It might rain, you know*).

2. Concernant le choix entre *may* et *might*, on notera que l'emploi de *might* est obligatoire si l'événement présenté comme possible est placé implicitement dans une situation comportant une part d'irréel ou de doute : *I shouldn't invite Fred if I were you; he might not get on well with the other guests.* (L'événement est ici lié à une condition implicite vue comme peu probable : *if you invited him.*)

8.2.3 *MAY* : concession

*He **may** be young, but he's perfectly competent.* Il est peut-être jeune, mais il est tout à fait compétent / Il a beau être jeune, il est tout à fait compétent.

La valeur de concession est essentiellement dérivée de la valeur de possibilité logique (cf. en français l'emploi de "peut-être"). Le *MAY* concessif implique un doute. Ce qui fait l'objet de ce doute, toutefois, ce n'est pas la vérité de l'événement lui-même (dans l'exemple ci-dessus, le fait *he is young* est présenté comme un fait acquis). Le doute porte sur le caractère pertinent de cette vérité en tant qu'argument (≈ "C'est peut-être un argument pour vous, mais pas pour moi.") L'emploi de *can / could* serait ici impossible. Notez aussi la parenté avec le sens de permission (= Je vous accorde que...).

Du point de vue syntaxique, deux caractéristiques rapprochent ce *MAY* du *MAY* de possibilité logique, et le différencient du *MAY* de permission : (a) la négation porte sur l'événement (*He may not be very young, but he's in good health*) et (b) l'expression du passé de narration se fait avec *HAVE* + -*EN* (*He may have been old, but he was in good health*).

8.2.4 *Might* : valeurs directives

Il s'agit de l'expression d'une suggestion ou d'un reproche (➤ 8.1.3). Ces deux valeurs sont manifestement liées :

*You **might** take a taxi.* (suggestion)

Encadré 8-A : Deux types d'utilisation de la modalité épistémique (= modalité logique)

1. Épistémique du non-connu. On ne sait pas si l'événement est vrai ou faux, et on évalue son degré de probabilité : *He may have broken his leg* (Il se peut qu'il se soit cassé la jambe).

2. Épistémique de l'irréel (ou du **contrefactuel**). On part d'un fait connu, ou présenté comme connu, et on évalue le degré de probabilité de son **contraire**. Par exemple, si on part du fait connu "Il ne s'est pas cassé la jambe lors de cet accident", l'énoncé contrefactuel sera : *He might have have broken his leg* (Il aurait pu se casser la jambe). On le voit, la modalisation consiste ici à dire que l'événement imaginaire "il s'est cassé la jambe" était logiquement possible.

L'**épistémique de l'irréel** fonctionne donc sur deux niveaux :

• À un premier niveau (niveau explicite), on évalue le **degré de probabilité** d'un fait qui est contraire à la réalité (et par conséquent imaginaire). Le moyen d'expression de ce degré de probabilité est le **modal**.

• Le second niveau est celui de l'implicite ; son contenu est l'information présupposée "... mais c'est le contraire qui s'est produit / se produit / se produira". (On peut également parler, ici, d'un préconstruit.) Le moyen d'expression de cette présupposition "contraire" est la **marque du prétérit**.

Revenons maintenant à l'**épistémique du non-connu**. Deux cas doivent être distingués. Ils sont nettement différenciés du point de vue de la forme (présent / prétérit), mais assez proches du point de vue du sens : *It may rain tomorrow* (Il se peut qu'il pleuve demain) / *It might rain tomorrow* (Il se pourrait qu'il pleuve demain). Le prétérit n'a plus, ici, une valeur d'irréalité : il a simplement une valeur de **doute** (➤ 8.2.2.c sur cette valeur).

Le tableau ci-après résume la distinction entre ces deux utilisations de l'épistémique.

Épistémique du non-connu	Épistémique de l'irréel
*He **may** have broken his leg.* (Il se peut qu'il se soit cassé la jambe.) *He **might** have broken his leg.* (Il se pourrait qu'il se soit cassé la jambe.)	*He **might** have broken his leg.* (Il aurait pu se casser la jambe.)

L'ambiguïté d'une forme comme *He might have broken his leg* est pratiquement toujours levée par le contexte.

*You **might** at least say thank you.* (reproche + suggestion ironique)
*You **might have told** me.* (reproche concernant un fait passé)

Dans tous ces emplois, *could* pourrait également être utilisé. (Pour l'expression d'une suggestion, *could* est d'ailleurs beaucoup plus courant que *might*.) Cependant, les deux formes ne sont pas synonymes. Dans *You might take a taxi*, par exemple, *might* exprime une suggestion beaucoup plus hésitante que ne le ferait *could*. Cela est dû au fait qu'il y a dans le *might* de suggestion quelque chose du sens de "peut-être" : l'action suggérée est présentée comme étant peut-être une solution, alors qu'avec *could* la suggestion se présente comme fondée sur une possibilité matérielle.

Le lien avec la valeur de permission semble moins net, puisqu'avec MAY les formes utilisées pour la suggestion et pour la permission ne coïncident absolument pas : *might*, qui peut exprimer la suggestion, n'est jamais utilisé pour accorder une permission, et *may* (par exemple dans *You may take a taxi*) peut être employé pour exprimer une permission, mais non une suggestion. (Cependant, l'utilisation de *as well* peut transformer la possibilité morale en suggestion : *Since you've brought chocolates we may / might as well eat them.*)

Notons enfin que la négation porte sur l'événement (*You might not stay* = Vous pourriez ne pas rester), ce qui semble confirmer le lien de cet emploi avec la valeur épistémique, et le différencie des emplois de permission.

8.2.5 *MAY* : possibilité physique

Cet emploi est assez marginal et appartient à un niveau de langue un peu recherché, voire affecté. Il est, pour l'essentiel, limité à deux cas :

a. Expression d'une possibilité physique plus ou moins associée à une idée de permission ou de possibilité morale, notamment dans des avis officiels : *You may telephone from here* (avis signalant l'existence d'un poste téléphonique payant).

b. Subordonnées de but contenant de façon plus ou moins nette une idée de possibilité. (Dans ces contextes, l'emploi de *CAN* est également possible, avec seulement une différence de niveau de langue ; voir également la différence avec *WILL / SHALL*, 27.7.)

He spoke louder so that everybody might hear. Il parla plus fort pour que tout le monde entende / puisse entendre.

MAY est également utilisé dans des énoncés optatifs (= exprimant un vœu ou une sorte de prière pour qu'un événement se réalise), avec une valeur apparentée à l'expression du but :
May you be happy. Puissiez-vous être heureux.
Long may our sovereign reign. Que notre souverain(e) règne longtemps.

Il s'agit de formules relativement figées, dans lesquelles le sujet grammatical est obligatoirement placé après *may*. L'emploi de *can* serait ici impossible.

Encadré 8-B : *Can / could* et *may / might* : possibilité physique ou possibilité logique ?

1. Avec *may / might*, il ne peut pas y avoir d'ambiguïté entre ces deux valeurs : MAY ne peut exprimer la possibilité physique que dans certains contextes particuliers (➤ 8.2.5). De même, *can* ne présente pas ce type d'ambiguïté à la forme déclarative-positive, puisque cette forme exclut pratiquement la valeur de possibilité logique. On a donc, le plus souvent, des différences de sens très nettes :

*The engine **can** be repaired.* Le moteur peut être réparé / est réparable.
*The engine **may** be repaired.* Il se peut que l'on répare le moteur.
*This dog **can** be dangerous.* Ce chien peut être (= est parfois) dangereux.
*This dog **may** be dangerous.* Il se peut que ce chien soit dangereux.

2. Cependant (➤ 8.1.5), le sens de possibilité physique exprimé par *can* peut se rapprocher du sens de possibilité logique, et cela même dans un contexte déclaratif-positif. C'est notamment le cas lorsque *can* est utilisé pour exprimer l'idée d'un **risque lié à l'existence de certaines circonstances :**

[...] *if they dare join a union they can be sacked.* (A. Craig, *A Vicious Circle*)
S'ils osent adhérer à un syndicat, ils peuvent se faire virer.

3. *Could* peut, bien sûr, avoir la même valeur de possibilité physique que *can*. Mais il peut aussi (encore mieux que *can*, ➤ 8.1.5) réduire la distance entre la possibilité physique et la possibilité logique. Donc, dans certains contextes, il n'y a pas beaucoup de différence entre *might* et *could* :

I don't know what became of her. She might be dead / She could be dead.
Je ne sais pas ce qu'elle est devenue. Il se pourrait qu'elle soit morte.

Dans de nombreux cas, cependant, *could* se différencie assez nettement de *might* : s'il exprime une possibilité logique, celle-ci est fondée sur l'existence d'une possibilité matérielle concrète. Ainsi, *He could be her father* signifiera, dans de nombreux contextes, "Il pourrait être son père [parce qu'il est beaucoup plus âgé qu'elle]", et *He might be her father* signifiera sans ambiguïté "Il se pourrait qu'il soit son père".

> Même si la différence de sens entre *could* et *might* est assez faible dans certains contextes, cela ne signifie pas nécessairement que les deux formes sont interchangeables :
>
> [dit par quelqu'un qui vient d'échapper à un attentat] *I could be dead.* (A. Wilson, *Truth or Dare*) L'emploi de *might* ne serait guère possible dans ce contexte (?*I might be dead*).
>
> [dit par un pilote de la RAF à Londres en 1944] *I could be dead in twenty four hours.* (J. Higgins, *Flight of Eagles*) Ici (référence au futur, valeur de doute et non plus d'irréel), *might* pourrait remplacer *could*.

8.3 *MUST*

Formes

Présent : *must* /mʌst/, /məs(t)/

Présent + négation : *must not*, *mustn't* /'mʌsn(t)/

Sens fondamental : nécessité quasi absolue, orientation subjective.

8.3.1 *MUST* : obligation

You **must** *read that book.* Il faut que vous lisiez ce livre.

En utilisant *MUST* (qui s'oppose sur ce point à *HAVE TO*, ➤ 8.3.3), on exprime une obligation à laquelle l'énonciateur est plus ou moins associé. Dans le cas d'une interrogation (*Must I leave the door open?*), c'est l'interlocuteur qui est la source du jugement modal : c'est à lui que l'on demande d'exprimer sa volonté, ou du moins son avis.

> Selon le contexte, la volonté de l'énonciateur ou du co-énonciateur occupe une place plus ou moins grande dans l'obligation exprimée par *MUST*. Elle peut apparaître comme la source principale de l'obligation (*You must listen to me!*) ; elle peut également consister en un simple souhait, voire un simple avis (*You must hurry up if you want to catch your train*). Il peut aussi s'agir d'une obligation qu'on s'impose à soi-même : *I must stop worrying*.
>
> Notez également l'emploi ironique de *must* fortement accentué dans des énoncés comme *Must you leave your cigarette butts everywhere?* ou *And the fool must telephone me when I was in my bath!* (= Et il a fallu que cet imbécile me téléphone quand j'étais dans mon bain !)

Syntaxe et sens

a. *MUST* n'a pas de prétérit ; pour l'expression d'un passé de discours indirect, on utilise le présent : *He said they must go at once.* N'oubliez pas qu'un discours indirect peut être une pensée rapportée : *It was a difficult decision to make, but he must make it* (sous-entendu : *he thought*).

b. En revanche, *MUST* ne peut pas être utilisé pour un passé de narration : la volonté de l'énonciateur ne peut pas influer sur des événements passés. Donc, dans un contexte au passé, *MUST* ne peut correspondre qu'à un passé de discours indirect. (Pour l'expression d'un passé de narration, ➤ 8.3.3.)

c. *BE* + *-ING* est assez rare. Toutefois, il est employé dans les énoncés du type *Sorry, I must be going* (≈ *I must be off*). La forme *BE* + *-ING* a ici pour effet de rendre moins abrupte l'affirmation d'une nécessité : l'action de partir est considérée avant que son terme ne soit atteint (alors qu'avec *I must go* elle est vue dans son entier).

d. *HAVE* + *-EN* est rare avec cette valeur de *must*. On peut toutefois imaginer un énoncé comme *You must have finished your work by 10* (Il faut que vous ayez fini votre travail avant 10 heures).

8.3.2 *MUST* : forte probabilité

Comme le *MAY* de possibilité logique (➤ 8.2.2), avec lequel, bien sûr, il ne faut pas le confondre, ce *MUST* exprime une sorte de calcul fait par l'énonciateur sur le degré de probabilité d'un événement. Il est généralement accentué mais, comme pour *MAY*, cela ne constitue pas un critère permettant de reconnaître à coup sûr la modalité épistémique.

a. La **forme négative** (*He must not be at home*) est utilisée dans de nombreuses variétés d'anglais, et notamment en anglais américain : *This was amazing. Hammer must not like her husband very much* (P. Cornwell, *Hornet's Nest*).

On présente souvent la négation de *CAN* (*He can't be at home*) comme la forme qui, en anglais britannique, sert de négation au *must* de probabilité. Or, les deux formes ne sont pas sémantiquement équivalentes, et dans de nombreux contextes cet emploi de *cannot / can't* n'est pas possible (➤ 8.1.5.a).

b. Pour l'**interrogation** dans les '*Yes / No questions*', on utilise non pas *MUST* mais une expression de modalité comme *BE LIKELY TO* (➤ 10.8) : *Is he likely to be at home?* Dans les questions en *WH-*, par contre, l'emploi de ce *MUST* est possible dans un style un peu recherché : *What must he have thought? / How old must she be now?*

c. *MUST* peut être utilisé pour exprimer la forte probabilité d'un événement présent : *He must be at home* (Il doit être chez lui) / *He must like sci-fi films* (Il doit aimer les films de science-fiction) / *He must be watching TV* (Il doit être en train de regarder la télévision). Pour exprimer la forte probabilité d'un événement futur, on ne peut généralement pas utiliser *MUST* : *He must be at home tomorrow* exprimerait une obligation, et non une probabilité. On emploiera donc une expression comme *BE BOUND TO* (➤ 10.8) : *He's bound to be at home tomorrow*.

Dans certains cas, *must* (obligatoirement accentué) exprime une certitude logique absolue, relative au présent ou à l'avenir : *... he found himself driving towards Brixton, and as he drove he thought how some day he must die and the shops he was passing would carry on trading.* (D. Moggach, *Close Relations*)

d. *HAVE + -EN* est ajouté à *MUST* pour situer l'événement dans le passé :

He must have been at home yesterday. Il devait être chez lui hier.
The road is wet. It must have been raining. La route est mouillée. Il a dû pleuvoir.

Dans ces exemples, on constate ceci : l'événement est situé dans le passé (ce qui correspond à l'emploi de *HAVE + -EN*), mais la quasi-certitude exprimée par *must* est, elle, située dans le présent.

8.3.3 *MUST* et *HAVE TO*

HAVE TO ne sera examiné de façon détaillée qu'en 10.4, mais à propos de *MUST* il est utile d'examiner l'opposition *MUST / HAVE TO*, en raison de la concurrence entre les deux formes. Le sens de *HAVE TO* est plus large que celui de *MUST* : contrairement à *MUST*, qui présente la nécessité comme procédant plus ou moins de l'énonciateur, *HAVE TO* ne spécifie pas la source de la nécessité. Donc, assez souvent, *HAVE TO* peut remplacer

MUST, mais l'inverse n'est pas vrai. Ceci explique en grande partie que, dans certaines variétés d'anglais (et notamment en anglais américain), *HAVE TO* tende à remplacer *MUST* pour certains de ces emplois. Attention cependant : *MUST* est loin d'avoir disparu de ces variétés d'anglais. Dans certains cas, il ne peut pas être remplacé par *HAVE TO* (notamment pour l'obligation négative, ou pour certains types de probabilité).

L'une des différences essentielles entre *MUST* et *HAVE TO* est la portée de la négation (➤ 10.4) : opposez *He **mustn't stay*** (Il ne faut pas qu'il reste) et *He **doesn't have to** stay* (Il n'est pas obligé de rester). Plus généralement, *MUST NOT* exprime une "nécessité de ne pas...", et *NOT HAVE TO* exprime une "non-nécessité de...". Notez également les différences pour trois catégories d'emplois :

a. Expression d'une obligation positive

- La différence essentielle tient à l'orientation subjective du modal. En utilisant *MUST*, l'énonciateur exprime sa volonté, son souhait ou son opinion. Avec *HAVE TO*, il exprime simplement l'existence d'une obligation ; il peut s'agir d'une obligation que l'on ne fait que constater – et qui par conséquent ne peut être vue que de façon objective. Comparons par exemple :

(1) *John's shortsighted. He **must** wear glasses.*
(2) *John's shortsighted. He **has to** wear glasses.*

Dans (1), l'énonciateur (par exemple un médecin) exprime son opinion. Quant à (2), il pourra être tout simplement le résultat d'une constatation ; par exemple, John porte des lunettes, et l'énonciateur le sait. Dans ce cas, l'obligation est vue par une sorte de retour en arrière, effectué à partir de l'événement sur lequel elle porte. En revanche, dans le premier cas (avec *MUST*), l'obligation est vue avant l'événement.

> Cependant, *HAVE TO* (qui ne donne pas d'indications sur la source de la nécessité) peut également servir à exprimer une obligation vue avant l'événement ; ainsi, il n'est nullement impossible qu'un médecin dise *You have to wear glasses* pour recommander à quelqu'un le port de lunettes ; dans ce cas, tout simplement, il paraîtra exprimer plutôt une constatation objective qu'un avis.

- Dans les **contextes au passé**, la différence entre *MUST* et *HAVE TO* apparaît généralement de façon très nette :

*He realized that the situation was deteriorating. He **must** leave.* Il comprit que la situation s'aggravait. Il fallait qu'il parte.
*The situation worsened. Eventually, he **had to** leave.* La situation empira. Finalement, il fallut qu'il parte.

Dans le premier énoncé, l'emploi de *must* correspond nécessairement à du discours indirect (qui est ici une pensée rapportée : *he thought* est sous-entendu).

On se place avant l'événement <*he–leave*>, à un moment où l'on ne sait pas encore si cet événement va être réalisé. L'emploi de *had to* serait également possible (il correspondrait à *He thought : 'I have to leave'*).

Tableau 8-A : CAN, MAY et MUST

Sens fondamental	Emplois	Événement présent ou futur	Événement passé
CAN (can / could) Possibilité (orientation neutre)	Possibilité physique, aptitude	*He can open the door, he's got the key.* Il peut ouvrir la porte, il a la clé. *He can swim.* Il sait nager. Futur : *He'll be able to open the door.*	Événement particulier réalisé : *He was able to open the door.* Il a pu ouvrir la porte. Autres cas : *He could open the door.* Il pouvait ouvrir la porte. *He could have opened the door.* Il aurait pu ouvrir la porte.
	Possibilité morale, permission	*You can smoke.* *Can I / Could I borrow your pen?* Je peux / pourrais emprunter votre stylo ?	Événement particulier réalisé : *That night, the child was allowed to watch TV.* Autres cas : *He couldn't watch TV.*
	Valeurs directives	Suggestion : *You can / could ask him.* "Requête" : *Can / Could you close the door?*	Reproche : *You could have asked him!* Tu aurais pu lui demander !
	Caractéristique occasionnelle	*He can be sarcastic.* Il peut être / Il est quelquefois sarcastique.	*Oscar could be sarcastic.* Oscar pouvait être / était quelquefois sarcastique.
	Possibilité logique (= "peut-être")	*He could be at home.* Il se pourrait qu'il soit chez lui. *He can't be at home.* Il ne peut pas [logiquement] être chez lui. *Can he be at home?* (*Can* impossible ici à la forme affirmative.)	*He can't have been at home.* Il ne pouvait pas [logiquement] être chez lui. *He could have been at home.* Il aurait pu être chez lui. / Il se pourrait qu'il ait été chez lui.

MAY (may / might) **Possibilité** (orientation subjective)	Possibilité morale, permission	*You may / You may not smoke.* Je vous autorise à / interdis de fumer. *May I smoke?* M'autorisez-vous à fumer ?	Emploi de *MAY* impossible pour passé de narration : on ne peut pas donner une permission relative à un fait passé. *Might* pour discours indirect.
	Possibilité logique (= "peut-être")	*He may / might be at home.* Il se peut / Il se pourrait qu'il soit chez lui. *He may not be at home.* Il peut ne pas être chez lui.	*He may have been at home.* Il se peut qu'il ait été chez lui. *He might have been at home.* Il aurait pu être / Il se pourrait qu'il ait été chez lui.
	Possibilité physique	(Emploi limité à quelques contextes, style recherché, ≠ *CAN*) *I'll speak louder so that everyone may hear me.*	*He spoke louder so that everyone might hear him.* (prétérit de discours indirect)
	Autres emplois	Concession : *He may be young but he knows his job.* Suggestion hésitante : *You might ask him.*	Concession : *He may have been young but knew his job.* Reproche : *You might have asked him.*
MUST Nécessité quasi absolue (orientation subjective)	Obligation	*You must / You mustn't stay here.* Vous devez / Vous ne devez pas rester ici.	*Must* impossible pour passé de narration, possible pour passé de discours indirect.
	Forte probabilité	*He must be at home.* Il doit être chez lui. Forme négative (*He must not be at home*) possible uniquement dans certaines variétés d'anglais.	*He must have been at home.* Il devait [logiquement] être chez lui.

Dans le second énoncé, en revanche, seul *had to* est possible : le jugement modal s'appuie sur une constatation (on sait que l'événement a été accompli), et l'emploi de *must* serait impossible.

- Pour un **événement situé dans le futur**, comparez :

  *You **must** change the tyres in about six months from now.*
  *You**'ll have to** change the tyres in about six months from now.*

Le premier énoncé exprime une obligation présente, portant sur un événement situé dans le futur. (L'énonciateur exprime sa volonté ou simplement son avis concernant cet événement.) Le second énoncé exprime une obligation future (qui n'existe pas encore, et qui est simplement prévue) portant sur un événement situé lui aussi dans le futur.

b. Expression d'une forte probabilité

On peut toujours employer *MUST* (avec une restriction à la forme négative dans certaines variétés d'anglais, ➤ 8.3.2.a), mais *HAVE TO* est également employé (notamment en anglais américain) pour exprimer une très forte probabilité : *You've got to be joking!* (≈ Tu plaisantes, c'est sûr !) / *There HAS to be a mistake somewhere!* (C'est obligé, il y a une erreur quelque part !).

> Concernant le passé (emploi de *must have* + participe passé), ➤ 8.3.2d. Notez par ailleurs le cas suivant, où *had to* est obligatoire :
> *It had to happen one day.* Il fallait que ça arrive un jour.
>
> On sait déjà que l'événement s'est produit, et on se contente de dire qu'il était logique qu'il se produise (≈ *It was bound to happen*). Ce cas est assez proche de celui de l'obligation relative à un fait passé constaté.

c. Condition nécessaire

Comparez :

(1) *You **have to** be mad to do that.* Il faut être fou pour faire ça.
(2) *You **must** be mad, to do that.* Tu es sans doute fou, pour faire ça.

La différence est la suivante : (1) exprime une condition nécessaire ("être fou" est une condition nécessaire de "faire ça"), tandis que (2) exprime une forte probabilité. Notez par ailleurs que *you* n'a pas la même valeur dans les deux cas.

Dans certains cas (par exemple dans *You have to be eighteen to vote*), la forme modale exprime à la fois une condition nécessaire et une obligation (qui peut être légale, morale, sociale, etc.). Il y a donc chevauchement entre deux types de modalité : la modalité implicative et la modalité radicale. Et, comme le sens est ici en partie un sens d'obligation, l'emploi de *must* est relativement fréquent : *How old must you be to get married without your parents' consent?*

WILL et *SHALL*

9.1 *WILL*

Formes

Présent : *will* /wɪl/, /w(ə)l/, *'ll*

Présent + négation : *will not, won't* /wəʊnt/, rarement *'ll not*

Prétérit : *would* /wʊd/, /wəd/, *'d*

Prétérit + négation : *would not, wouldn't* /'wʊdnt/

Sens fondamental : conséquence nécessaire, présentée comme indépendante de l'énonciateur (orientation neutre).

Il s'agit évidemment de la conséquence de quelque chose. Ce "quelque chose" reste sous-entendu, mais est présent dans le contexte ; dans le schéma ci-après, qui illustre le sens de *WILL*, il est représenté par *(A)* ; la flèche double représente une relation d'implication (= conséquence nécessaire), et *B* représente l'événement qui est le "conséquent" de l'implication :

$(A) \Rightarrow B$

Selon le contexte, *(A)* peut prendre plusieurs valeurs, qui déterminent les diverses catégories d'emploi de *WILL*. Par exemple, *(A)* peut consister en une **volonté** (la volonté du sujet, positive ou négative) :

Fred won't answer my questions. Fred refuse de répondre à mes questions.

Ou encore, *(A)* peut être un **ensemble de faits connus** à partir desquels on effectue une déduction :

He'll be at home at this time of day. À cette heure-ci, il est certainement chez lui.

9.1.1 *WILL* : volonté pure (sans idée de futur)

Ce *WILL* n'est employé que dans des contextes **virtuels**, c'est-à-dire des contextes qui n'indiquent pas la réalisation effective d'une action particulière. Dans la pratique, il s'agit essentiellement de deux types de contexte :

a. Contextes négatifs (action non réalisée, en conséquence d'un **refus**)

'Why don't you take your car?' 'Because it won't start.' Pourquoi vous ne prenez pas votre voiture ? – Parce qu'elle ne veut pas démarrer.

On voit que, dans ce contexte, l'événement est situé dans le **présent**. La volonté exprimée est celle du sujet syntaxique (*the car* dans l'exemple).

Le prétérit peut être utilisé pour un passé de narration :

*I remember one morning like that when the burner had quit, the pipes were frozen and the car **wouldn't** start.* (K. Vonnegut, *Cat's Cradle*)

L'emploi dans un contexte positif (fait réalisé) est ici impossible : l'équivalent de "La voiture a bien voulu démarrer" sera par exemple *The car was willing to / agreed to start*, mais non *The car would start.* (Ce cas est donc à rapprocher de celui de *could*, ➤ 8.1.1.b.)

Cette restriction ne concerne pas les autres emplois de WILL. En particulier, elle ne concerne pas, malgré la proximité de sens, le WILL d'énoncés comme *That car WOULD break down on me just when I needed it most!* (➤ 9.1.6). Ce dernier a trois caractéristiques différentes : il est toujours fortement accentué, il contient une idée de malveillance ou d'obstination, et on le trouve dans des contextes positifs.

b. Subordonnées de condition (introduites par *if, unless...*)

If you'll listen to me I'll explain everything. Si vous voulez bien m'écouter je vais tout vous expliquer.

*I'd like you to sit here, if you **would**, please, and try to relax.* (E. Leonard, *Riding the Rap*) (Notez ici le prétérit à valeur hypothétique.)

Les marqueurs grammaticaux qui caractérisent les contextes virtuels, et qui par conséquent permettent l'emploi de ce WILL, incluent notamment certaines relatives et certaines subordonnées introduites par *before*, dont le sens est en partie conditionnel :
He tells his story to anyone who will listen. (= *If someone will listen, he'll tell them his story.*) Il raconte son histoire à qui veut bien l'écouter.
You have to talk to him for half an hour before he will open the door.

9.1.2 *WILL* : expression d'un futur (prédiction / volonté)

WILL exprime une variété de futur qui est le résultat soit d'une **prédiction** (pouvant consister en une déduction à partir de faits connus, observés, etc.), soit d'une **volonté** (acceptation, décision, etc.) :

I think it'll rain tomorrow. Je pense que demain il pleuvra. (prédiction)

Give me that box, I'll open it for you. Donne-moi cette boîte, je vais te l'ouvrir. (volonté)

*I **won't** stay one minute longer!* Je ne resterai pas une minute de plus ! (volonté encore, mais négative)

He'll stay here, I think. Il va rester ici, je pense. (les deux valeurs sont possibles)

1. Dans le cas d'un événement qui peut dépendre de la volonté du sujet, l'emploi ou le non-emploi de BE + -ING permet de faire la distinction entre la valeur de prédiction et la valeur de volonté (plus précisément de décision / acceptation) :
I'll be meeting him at the station. Je vais le rencontrer à la gare. (sous-entendu : c'est déjà prévu)
OK, I'll meet him at the station. D'accord, je vais / j'irai le rencontrer à la gare. (acceptation)
Will you call him tonight? Tu lui téléphones / Tu veux bien lui téléphoner ce soir ?
Will you be calling him tonight? Est-ce que tu lui téléphones (= Est-ce que tu as prévu de lui téléphoner) ce soir ?

D'une façon plus générale, on emploie souvent *will be* + *-ING* lorsque, avec un verbe exprimant une action "volontaire" de la part du sujet, on veut exprimer simplement un futur du type "prédiction" :

That's the type of question your guests will be asking you. C'est le type de questions que vos invités vous poseront.

Next thing you know, someone will be saying he's a genius! Bientôt quelqu'un dira / va dire que c'est un génie !

2. Le futur français n'est pas toujours la meilleure traduction du *WILL* à sens futur. Dans certains cas, il est préférable de traduire *WILL* par "aller" + infinitif (➤ Encadré 10-A). Dans d'autres cas, c'est un verbe du type "vouloir" qui constitue le meilleur équivalent : *Will you close the door please?* (Voulez-vous fermer la porte, s'il vous plaît ?) / *Will customers please pay at the cash desk* (Les clients sont priés de bien vouloir payer à la caisse). Dans d'autres cas enfin, c'est le présent simple : *They're both very nice, but I'll take the green one* (Ils sont très beaux tous les deux, mais je prends le vert) / *I'll be back in a minute* (Je reviens dans une minute). Attention également à ces diverses équivalences pour la traduction dans le sens français-anglais.

3. *WILL* ne doit pas être utilisé comme équivalent du "futur historique" du français ("En 1981, il gagnera les élections"), forme verbale assez courante dans les récits historiques ou journalistiques faits au présent. En anglais, on utilise en général, dans ce type de récits, non pas le présent mais le prétérit, et c'est tout simplement le prétérit qui permet de traduire le "futur historique" : *In 1981 he won the election*. Dans certains cas, on peut cependant utiliser *would* avec une valeur de "futur dans le passé" : *Three months later, he would win the election*.

4. Une accentuation forte de *WILL* (*I think they WILL win the match*) exprime en premier lieu une emphase sur la réalisation de l'événement. (À la forme négative, l'accentuation de *not* exprime une emphase sur sa non-réalisation : *They will NOT win the match*.) Si l'événement est de nature volontaire, l'emphase sera sur la volonté du sujet dans le cas d'un sujet à la 1re personne (*I WILL stay here, I will NOT go*). Dans les autres cas (*You WILL stay here, you will NOT go*), elle pourra être sur la volonté de l'énonciateur – mais ceci sera simplement une conséquence de l'emphase sur la réalisation de l'événement, et ne sera nullement lié à la valeur de volonté de *WILL*. (Notez qu'en français, le présent simple peut, de la même façon, servir à exprimer la volonté de l'énonciateur, bien qu'il ne contienne pas en lui-même un sens de volonté : "Tu restes ici !")

5. La conséquence nécessaire qu'exprime *WILL* peut avoir comme point de départ une condition mentionnée dans le contexte de façon plus ou moins explicite, par exemple dans une subordonnée (*If you pass your driving test / When you have passed your driving test / When you are 18 I'll lend you my car*), ou à l'aide d'un impératif (*Don't touch that dog, it will bite you* – sous-entendu : ... *if you touch it*). Sur ce point, ➤ également Encadré 10-A, pour la différence avec *BE GOING TO*.

Forme ***would*** : le prétérit peut avoir une valeur de passé de discours indirect (*He told us he'd stay* = Il nous a dit qu'il resterait).

On le voit, l'équivalent français est alors ce que certains ouvrages de grammaire française appellent le "conditionnel temps", ou encore le "futur du passé" (= forme en "-rais" ayant une valeur temporelle).

9.1.3 *WILL* : certitude (portant sur un fait présent ou passé)

There's a knock at the door. That'll be Tom. On frappe à la porte. C'est certainement Tom.

1. Dans la même situation, il est également possible de dire : *That's Tom*. L'événement est alors présenté comme **vrai** : on parle comme si l'on constatait directement la présence de Tom. Mais si l'on dit *That'll be Tom*, on présente l'événement comme **certain** : on laisse entendre que c'est au terme d'une **déduction** qu'on affirme la vérité de cet événement. La valeur de déduction apparaît nettement dans l'exemple suivant : *The doorbell rang and Eric flinched with unsimulated terror. "Vole – get the door, will you?" "It'll be Kimberley. Fiona asked her around."* (J. Connolly, *This Is It*)

2. Cette valeur n'est pas très différente de la prédiction. Comparons, par exemple, *John will be in London now* avec *John will be in London tomorrow* (utilisé avec une valeur de prédiction) : dans les deux cas, on déduit de certains faits la présence de John à Londres. Ces deux formes s'opposent à *John's in London now / tomorrow*, qui présente le fait <*John–be in London*> comme constaté (ou comme constatable sur un agenda, etc.).

3. Même si *MUST* peut souvent être employé dans les mêmes contextes (*That must be Tom*, ➤ 8.3.2), les deux formes ne sont pas synonymes. Alors que *MUST* exprime une simple conclusion, fondée sur un certain nombre d'indices, *WILL* présente l'événement à la fois comme certain et comme vérifiable dans un avenir plus ou moins proche (la valeur de futurité n'étant pas tout à fait absente dans cet emploi). Dans *Look at that man crossing the road in the middle of the traffic! He must be mad!*, on ne pourrait pas remplacer *must* par *will*. Il y a également une différence qui concerne la forme dans ces emplois de *must* et de *will* : alors que *must* est généralement utilisé sous sa forme orale pleine (c'est-à-dire /mʌst/), *will* est, au contraire, souvent employé sous sa forme réduite (transcrite *'ll*).

Pour exprimer une certitude portant sur un fait passé, on ajoute *HAVE* + *-EN* à *WILL* :

*Look, Fred's coming back. He**'ll have left** his keys at home once again.* Regarde, Fred revient. Il aura encore oublié ses clés chez lui.

Le **prétérit** (*would*) peut être utilisé avec une valeur de passé de discours indirect : *'That'll be John', I thought.* → *I thought that **would** be John.* Il peut également être utilisé avec une valeur hypothétique pour exprimer un affaiblissement de la certitude :

*'Hey, look. Isn't that your brother, over there?' 'Yes, that **would** be him.'* … "Oui, c'est certainement lui."
*'How old were you at the time?' 'I don't know exactly… Perhaps I was thirteen. Lucy **would** have been twenty-two.'* (Dick Francis, *Hot Money*)

9.1.4 *Would* : valeur de conditionnel (conséquence d'une hypothèse non réelle)

*If it was fine, we**'d** go on a picnic.* S'il faisait beau, nous irions pique-niquer.

Cet emploi est à mettre en relation avec l'emploi de futur de *will* :

*If it's fine, we**'ll** go on a picnic.* S'il fait beau, nous irons pique-niquer.

La différence de forme entre les deux phrases porte seulement sur le temps syntaxique des groupes verbaux. Dans la seconde phrase, les deux GV (*is* et *will go*) sont au présent ; dans la première phrase, les deux GV (*was* et *would go*) sont au prétérit (rappel : *would* = WILL + prétérit). À cette différence de forme correspond une différence de sens qui est la suivante. Dans la phrase au présent (*If it's fine...*), on se contente de faire une hypothèse ("Supposons qu'il fasse beau..."), sans prendre position sur son caractère vrai ou faux dans la réalité. Dans la phrase au prétérit, on ajoute à l'hypothèse une prise de position sur son caractère vrai ou faux : on implique qu'elle n'est pas conforme à la réalité. Selon le contexte, il s'agira d'une hypothèse **irréelle** (*If it was fine this morning – but it is not fine – we would...*), ou d'une hypothèse **peu probable** (*If it was fine tomorrow – but it's not very probable that it will be fine – we would...*). On voit que le *would* à valeur de conditionnel est, tout simplement, un WILL de futur ou de certitude auquel est ajouté un prétérit à valeur hypothétique (irréel ou doute).

Pour situer l'événement dans le passé, on ajoute HAVE + -EN : *If it had been fine we'd have gone on a picnic* (S'il avait fait beau nous, serions allés faire un pique-nique). On a généralement, avec cette forme, une valeur d'**irréel du passé** : *If it had been fine* présuppose *it was not fine*.

9.1.5 WILL : caractérisation (description d'une caractéristique)
a. Forme *will* / *'ll*

He'll listen to that music for hours. Il écoute / écoutera / va écouter cette musique pendant des heures. (comportement caractéristique)

Water will boil at 100 degrees. L'eau bout à 100 degrés.

This cottage will accommodate six adults easily. Cette petite maison peut loger facilement six adultes. (Notez, dans ce contexte, la proximité avec le sens de "pouvoir".)

Tous ces exemples se réfèrent à des événements qui sont situés non pas dans le futur mais dans un présent "général". Il ne faut cependant pas décrire cet emploi comme l'expression d'une habitude, comme on le fait parfois dans un but de simplification. En effet, *will* ne peut pas exprimer n'importe quel type d'habitude. Ainsi, l'équivalent anglais de "Il prend l'autobus tous les matins à huit heures" n'est pas *He'll take the bus every morning at 8 o'clock* (forme qui sera normalement réservée à l'expression d'un futur), mais *He takes the bus every morning at 8 o'clock*.

De même, WILL ne peut pas dans tous les cas exprimer une vérité générale relative à un fait habituel : on peut dire *Water will boil at 100 degrees* (L'eau bout à 100 degrés), mais l'équivalent anglais de "Le soleil se lève à l'est" ne sera pas ?*The sun will rise in the east* (qui exprimerait une prédiction ou une déduction), ce sera *The sun rises in the east*.

1. Pour éviter des erreurs, il faut se rappeler que tous ces emplois sont dérivés de la valeur de conséquence nécessaire de WILL. Dans *Water will boil at 100 degrees*, l'accomplissement de l'événement est lié de façon implicite à une condition (*If you heat water, it will boil at 100 degrees*), ce qui correspond au sens de WILL. Dans ?*The sun will rise in the east*, en revanche, l'événement n'est soumis à aucune condition, et cela rend impossible l'emploi de WILL. Une forme comme *He'll listen to that music for hours* peut toutefois, à première vue, apparaître simplement comme l'expression d'une habitude.

En fait, il faut noter qu'on la trouvera toujours dans un contexte dans lequel elle sert à illustrer un trait de caractère (qui peut être, par exemple, la bizarrerie de la personne dont on parle). Et c'est précisément ce trait de caractère qui est le point de départ de la conséquence nécessaire exprimée par *WILL* (l'élément *(A)* dans le schéma *(A)* ⇒ *B*). On n'est pas très éloigné, ici, de l'expression de la prédiction : on peut parler de l'expression d'un **comportement prévisible**.

2. Comme le montrent les exemples, les emplois de caractérisation du futur français sont beaucoup plus restreints que ceux de *will*. En particulier, *will*, contrairement au futur français, est fréquemment employé pour décrire une caractéristique de toute une catégorie d'objets, de plantes, d'animaux, etc. ; c'est par exemple le cas dans *Lichens will grow almost anywhere, from the arctic to the desert*, qui peut se traduire en français à l'aide d'un présent (Les lichens poussent...), mais non d'un futur (?Les lichens pousseront...).

b. Forme *would* / *'d*

She'd visit her grandmother in hospital every day. Elle allait voir sa grand-mère à l'hôpital tous les jours.

*In the afternoon I **would** go for walks out of town, taking footpaths I hadn't been on since I was at school.* (John Lanchester, *Fragrant Harbour*)

Il s'agit là d'un emploi très courant (souvent appelé "expression d'une habitude dans le passé"). Il comporte moins de restrictions que celui de *will* (➤ a ci-dessus) pour exprimer une simple habitude : la phrase *He'd take the bus every morning at 8* est parfaitement normale. Cependant, on utilise rarement ce *would* au tout début d'un récit, pour la raison suivante : il fait apparaître l'événement non seulement comme caractéristique de la personne / chose / etc., désignée par le sujet, mais aussi comme **caractéristique d'une période ou d'une situation passées**, qui doivent d'abord faire l'objet d'une sorte de présentation :
When he lived in London, Sam Jones had a very peaceful life. He'd take the bus every morning...

Cet emploi fait partie des cas, relativement rares, dans lesquels le prétérit d'un modal a une valeur de passé de narration ; comme pour *could* (➤ 8.1.1), il s'agit d'emplois dans lesquels on ne désigne pas un événement particulier (on "parcourt" une classe d'événements).

9.1.6 Emplois particuliers de *will* / *would* accentués

Il s'agit simplement de **certains** emplois de *will* / *would* accentués. (Le modal peut être accentué pour d'autres raisons, ➤ 9.1.2, 4 par exemple.) Ce sont des emplois qui se situent dans une zone de superposition entre les valeurs de volonté, de caractéristique et de certitude, et dans lesquels le modal porte un accent intonatif.

Dans les exemples ci-après, l'accentuation intonative est indiquée par des majuscules. Elle peut, dans les textes écrits, être signalée par divers procédés, par exemple par des italiques. Cela est rare, cependant, car le contexte est presque toujours suffisant pour indiquer cette valeur – et par conséquent pour indiquer l'accentuation particulière du modal.

That car WILL break down on me when I need it most! Il faut toujours que cette voiture tombe en panne quand j'en ai le plus besoin !

If you WILL insist on making a noise, we won't hear what he's saying! Si tu ne peux pas t'empêcher de faire du bruit, on ne va pas entendre ce qu'il dit !

'He said the whole idea was unrealistic.' 'He WOULD!' Il a dit que l'idée était totalement irréaliste. – J'en étais sûr ! / Tu m'étonnes ! / C'était à prévoir ! / C'est bien lui ! / Il a fallu qu'il dise ça !

'Of course, that's the first question you would ask,' says Carrie. (David Lodge, *Thinks...*)

1. On parle parfois, à propos de ces emplois, d'une valeur de "forte volonté". En fait, la volonté exprimée ici a un caractère particulier (volonté malveillante ou du moins critiquable, obstination), et elle ne constitue que l'une des valeurs qui se superposent dans ces emplois (cf. les traductions possibles pour le troisième exemple : chacune de ces traductions ne correspond qu'à une seule des valeurs superposées.)

2. Le troisième exemple illustre un emploi particulier de ce type de *WILL* : emploi de *would* seul (ellipse de ce qui suit le modal). Le prétérit a ici une valeur temporelle, même quand le groupe verbal désigne un fait présent : *'He thinks the project is unrealistic.' 'He WOULD!'*. Le prétérit s'explique ici par le fait que le jugement modal se place avant l'événement (cf. en français "J'en **étais** sûr / C'**était** à prévoir"), et que *would* sert simplement à exprimer ce jugement. C'est d'ailleurs la raison pour laquelle *will* / *would* est accentué dans tous ces emplois : assez souvent, la réalisation de l'action est déjà connue, ou, en tout cas, elle n'est pas présentée comme l'information principale.

9.2 *SHALL*

Formes

Présent : *shall* /ʃæl/, /ʃ(ə)l/, /ʃ(ə)/

Présent + négation : *shall not*, *shan't* (rare) GB : /ʃɑːnt/, US : /ʃænt/

Prétérit : *should* /ʃʊd/, /ʃ(ə)d/

Prétérit + négation : *should not*, *shouldn't* /'ʃʊdnt/

Sens fondamental : conséquence nécessaire, orientation subjective (la nécessité procède plus ou moins de la volonté / du souhait / de l'opinion personnelle de l'énonciateur ou, à la forme interrogative, du co-énonciateur). C'est cette orientation subjective qui oppose *SHALL* à *WILL* : ce dernier présente la nécessité comme existant indépendamment de l'opinion personnelle de l'énonciateur.

9.2.1 *SHALL* : expression d'un futur (prédiction ou volonté imposée)

Cet emploi est le seul dans lequel on trouve *SHALL* au présent (donc sous la forme *shall*). Il est relativement peu fréquent, et (sauf dans le cas **b**) il appartient à une langue recherchée.

a. Prédiction pure (sans idée de volonté), avec un sujet à la 1re personne (*I* ou *we*), et généralement emploi d'une forme réduite dans la langue parlée :

*I **shall** /ʃ(ə)l/ be delighted to meet them.* Je serai ravi de les rencontrer.

Cet emploi de *shall* est généralement perçu comme recherché. Par ailleurs, pour une question à la 1re personne qui est simplement une interrogation sur l'avenir, on emploiera nécessairement *will* : *Will I know the answer before I leave?* (Est-ce que je connaîtrai la réponse avant de partir ?). La forme *shall I...? / shall we...?* est, en anglais contemporain, pratiquement réservée à l'expression d'une offre (➤ **b** ci-après).

b. **Offre** ou **interrogation sur ce qu'il est souhaitable de faire** :

    ***Shall I** close the door?* Dois-je fermer / Voulez-vous que je ferme la porte ?

    ***Shall we** go to the pictures?* Voulez-vous qu'on aille au cinéma ?

    *What **shall we** do?* Que faire ? / Qu'est-ce qu'il faut que nous fassions ?

    *Let's have a party, **shall we**?* On fait la fête, d'accord ?

Il s'agit obligatoirement d'une question (on demande au co-énonciateur d'exprimer sa volonté ou son avis), pratiquement toujours avec un sujet à la 1re personne. Cet emploi n'est courant que dans certaines variétés d'anglais (notamment l'anglais britannique). Dans les autres variétés, on dira plutôt (par exemple) *Do you want me to / Should I close the door?*

c. **Formes diverses d'engagement de l'énonciateur.** (Généralement emploi de la forme pleine, /ʃæl/ ; style très recherché ou archaïsant.) Promesse solennelle : *You **shall** have your money tomorrow* (Je vous promets que vous aurez votre argent demain). Détermination, engagement solennel : *They **shall** not pass* (Ils ne passeront pas). Menace : *You **shall** regret this.* Loi ou règlement : *No one **shall** borrow more than two books at a time from the library.* Prophétie solennelle : *After this ordeal, the nation **shall** know a period of prosperity.*

Ces emplois de SHALL sont les seuls avec lesquels le prétérit (*should*) puisse avoir une valeur temporelle ; encore s'agit-il d'un emploi très rare, et seule est possible la valeur de passé de discours indirect : *I said I should know the answer by May 1st.* Pour **tous les autres emplois**, le prétérit contenu dans *should* est obligatoirement un **prétérit hypothétique**.

9.2.2 *Should* : valeur de conditionnel (conséquence d'une hypothèse non réelle)

a. Si l'on excepte le cas particulier de l'emploi avec des verbes d'opinion (➤ **b** ci-après), l'emploi de *should* pour exprimer un conditionnel est aujourd'hui rare, archaïsant, et pratiquement limité à l'anglais britannique. Il n'est possible qu'avec un **sujet à la 1re personne.** Pour le reste, il ne se différencie pas syntaxiquement du *would* exprimant un conditionnel (➤ 9.1.4) : *I should deplore it enormously if you left* (Je regretterais énormément que vous partiez).

b. De façon un peu marginale dans cette catégorie (car le sens d'obligation intervient partiellement), il existe un emploi de *should* avec des verbes d'opinion comme THINK, IMAGINE ou HOPE : *I should think...* (≈ Je pense / penserais que...), *I should hope...* (≈ J'espère bien que...), *I shouldn't wonder...* (≈ Je ne serais pas surpris que...), etc. ; la forme orale habituelle est la forme réduite, /ʃ(ə)d/.

La valeur est essentiellement celle d'un conditionnel d'atténuation, mais le sens de nécessité morale ou logique n'est pas absent : en dépit de l'inaccentuation de *should*, un énoncé comme *I should think he's there* exprime un peu une "obligation de penser que…".

Il existe également un emploi ironique de *should*, voisin du conditionnel, dans des expressions comme *I should be so lucky* (≈ Je n'ai pas / Je n'aurai pas cette veine).

9.2.3 *Should* : obligation atténuée

*What are you doing here? You **should** be in your office.* Qu'est-ce que vous faites ici ? Vous devriez être dans votre bureau.
*I **should** give up smoking.* Il faudrait que j'arrête de fumer.

1. Dans ces emplois, le rôle de chacun des deux éléments constitutifs de *should* (SHALL et le prétérit) est le suivant : (a) SHALL exprime une obligation vue généralement à travers l'opinion ou le souhait de l'énonciateur ; (b) le prétérit affaiblit l'obligation : on présuppose soit que l'événement n'est pas accompli (présupposition irréelle, ex. 1), soit qu'il ne le sera peut-être pas (présupposition de doute, ex. 2).

2. Pour donner un conseil, on utilise parfois la première personne au lieu de la seconde : *I shouldn't worry* (≈ *You shouldn't worry* / *If I were you I wouldn't worry*).

3. Dans les avis officiels, *should* est souvent utilisé pour exprimer une obligation qui est en fait absolue : *Applications should be sent in before May 3* (Les demandes doivent être envoyées avant le 3 mai). L'emploi de OUGHT serait ici impossible (➤ 10.1).

4. Autre emploi particulier de *should* : énoncés du type *You should have seen the car after the accident!* (Tu aurais vu la voiture / J'aurais voulu que tu voies la voiture après l'accident !).

5. Malgré le caractère hypothétique de son prétérit, *should* est, sous certaines conditions, compatible avec un contexte qui indique la réalisation de l'événement : *He apologized, as he should have* (Il a présenté ses excuses, comme il se devait de le faire). Dans ces emplois, l'obligation est exprimée sous une forme atténuée (ceci pour un effet de litote), et la réalisation de l'événement est occultée : on fait comme si elle n'était pas connue.

! Pour la traduction du français vers l'anglais, attention au conditionnel des verbes "devoir" / "falloir". Il peut s'agir non pas d'une obligation atténuée mais d'une obligation soumise à une condition, et dans ce cas l'emploi de *should* est impossible : "Si je ratais le train, il faudrait que je prenne un taxi" → *If I missed the train I'd have to take a taxi.*

Pour situer l'événement dans le passé, on emploie HAVE + -EN : *You should have told him* (Tu aurais dû le lui dire). On a alors, en général, une présupposition d'irréalité.

9.2.4 *Should* : nécessité logique atténuée

*Fred **should** be home by now.* Fred devrait être arrivé chez lui maintenant.

Ce cas est très semblable au précédent ; simplement, le modal exprime ici une nécessité atténuée qui est de nature logique, et non morale. Selon le contexte, on aura affaire à une valeur d'irréel (on sait que Fred n'est pas arrivé), ou de doute (on ne sait pas si Fred est arrivé). On notera par ailleurs le parallélisme avec les emplois d'obligation et de probabilité de MUST.

Dans cet emploi, *should* exprime le caractère "probable" ou "vraisemblable" d'un événement. Cependant, il n'est pas toujours possible d'employer *should* pour exprimer ce sens ; ainsi, on ne dira pas *★There's nobody around – they should have left*, mais *There's nobody around – they must have left* (de même qu'on ne dira pas, en français, "*★Je ne vois personne, ils devraient être partis*"). En effet, *should* ne permet pas d'opérer une déduction à partir d'un événement (*there's nobody around*) en direction de sa cause (*they should have left*). Rien n'empêche, par contre, d'employer *should* pour opérer une déduction à partir d'un événement (*they have left*) en direction de ses conséquences (*there should be nobody around*) : *They have left – there should be nobody around.*

Comme dans le cas de l'obligation atténuée (➤ 9.2.3, 5), *should* est, sous certaines conditions, compatible avec un contexte qui indique la réalisation de l'événement : '*He's in good shape.*' '*So he should be, after three weeks' holiday!*' Ici encore, on a un effet de litote, et l'énonciateur parle comme s'il ne savait pas si l'événement a été réalisé.

9.2.5 *Should* : valeurs dépendantes (contextes directifs ou appréciatifs)

La plupart de ces emplois de *should* appartiennent à une langue plutôt recherchée. Dans la langue familière, on préfère généralement utiliser une autre construction, si cela est possible (➤ 26.3). Il ne s'agit cependant pas d'emplois rares.

On trouve ces valeurs uniquement dans des propositions subordonnées, ou assimilables à des subordonnées. Ce sont des valeurs qui n'appartiennent pas en propre à la proposition dans laquelle figure *should* ; c'est la proposition principale qui contient le sens de nécessité auquel correspond *should*, et ce sens est transféré (exprimé une seconde fois, par un procédé semblable à celui de la concordance des temps) dans la subordonnée.

a. Contextes directifs. Il s'agit de contextes qui contiennent l'idée d'une volonté dirigée vers l'accomplissement d'une action : expression d'une suggestion, d'un ordre, d'un conseil, d'une requête, etc. (Dans ces contextes, l'emploi du subjonctif ou celui de l'indicatif non modal sont également possibles, ➤ 11.1.2.a, et ils sont en fait beaucoup plus fréquents.) Cet emploi de *should* peut être perçu comme recherché.

*Justice requires that all **should** be accorded an equal status of citizenship.* La justice exige qu'un statut égal de citoyenneté soit accordé à tous.
*He ordered that the prisoner **should** be set free.* Il ordonna qu'on libère le prisonnier.
*It's important that the message **should** be understood properly.* Il est important que le message soit compris comme il convient.

1. L'idée directive peut être contenue dans le sens d'un verbe (*He ordered / required / asked / suggested / decided /… that we should…*), d'un adjectif (*It's important / essential / urgent that… / He was anxious that the message should…*), d'un nom (*He informed them* *of his decision that the prisoners should be set free*). Elle peut aussi être contenue dans une conjonction de but (➤ 27.7.1).

2. Ces constructions constituent une forme de discours rapporté : la subordonnée correspond à un énoncé (dit ou pensé) contenant une injonction plus ou moins forte, que l'on rapporte : '*You should go,' she suggested.* → *She suggested that he should go.* / '*The prisoner shall be set free', ordered the king.* → *The king ordered that the prisoner should be set free.*

b. Contextes appréciatifs. Il s'agit de contextes dans lesquels un fait présupposé (connu ou présenté comme connu) est l'objet d'une appréciation ; cette appréciation peut être de type **logique** (on juge du caractère "logique" ou "illogique" d'un fait présupposé : *It's not surprising / It's surprising that he should be at home*) ou de type **moral** (*It's a pity / a shame that he should have sold the painting*). Dans ces contextes, on pourrait généralement employer aussi une forme non modale (*It's surprising that he is at home*), qui peut paraître moins recherchée. Par contre, l'emploi du subjonctif est ici impossible.

Dans ces contextes, *should* exprime toujours (notamment au moyen du prétérit qu'il contient) une contradiction implicite. Il peut s'agir d'une contradiction entre une nécessité logique et les faits (*It's surprising that...*), ou entre les faits et ce que certaines personnes attendaient (*It's not surprising that...*), ou encore entre les faits et ce qui était souhaitable (*It's a pity that...*).

c. Contextes divers

*I'm sure he isn't at home at this time of day. Why **should** he be?* Je suis sûr qu'il n'est pas chez lui à cette heure-ci. Pourquoi voudrais-tu qu'il y soit ?

Dans cet exemple comme dans ceux qui suivent, *should* a une valeur proche de celle des contextes appréciatifs. L'équivalent français donné ici pour *why should...?* ("pourquoi voudrais-tu que... ?") éclaire le fonctionnement de la construction : l'énoncé attribue au co-énonciateur (source de la modalité dans un énoncé interrogatif formé avec *SHALL*) un "vouloir" de type logique (valeur de nécessité logique de *SHALL*) ; cette logique se trouve contredite par la réalité présupposée (rôle du prétérit, cf. en français la marque du conditionnel).

*Who **should** I run into but Fred!* Et il a fallu que je tombe sur Fred ! / Et voilà que je suis tombé sur Fred ! / Et devinez sur qui je tombe ? Sur Fred !
*That he **should** / To think that he **should** have worked all his life to come to this!* Dire qu'il a travaillé toute sa vie pour en arriver à ça !

Dans ces énoncés, il y a également une contradiction implicite : le sens introduit par *should* est en gros "contrairement à ce qui était (ou sera) logique / souhaitable". L'événement (déjà réalisé, ou réalisable dans le futur) est vu dans certains cas comme la volonté plus ou moins malveillante du destin – cf. en français l'emploi de "falloir".

***Should** this item not be / If this item **should** not be to your complete satisfaction we shall replace it immediately.* Si (par hasard) cet article ne vous donnait pas entière satisfaction, nous le remplacerions immédiatement.

Cet exemple illustre l'emploi de *should* dans des subordonnées conditionnelles. Cet emploi a ceci de particulier qu'il ne commande pas de façon nécessaire la concordance des temps entre la subordonnée et la principale : dans cette dernière, on peut avoir (et on a le plus fréquemment) un présent (*will*, *shall*, etc.), et pas obligatoirement un prétérit (*would*). Sur cet emploi, ➤ aussi 27.4.

9.3 Expression du futur dans certaines subordonnées

Dans certaines propositions subordonnées, il n'est pas possible d'employer WILL / SHALL ayant une valeur de futur (ou, sous la forme *would / should*, une valeur de "conditionnel"). Dans ces subordonnées, le sens "futur" ou "conditionnel" est donc exprimé simplement par le présent ou le prétérit. (Notons cependant que cette règle n'empêche pas l'emploi de WILL / SHALL avec des valeurs autres que celle de futur / conditionnel : ➤ par exemple 9.1.1.b). Pour les francophones, le risque d'erreur est évidemment plus grand dans les cas où le français utilise le futur ou le conditionnel. Les subordonnées concernées sont notamment les subordonnées de temps, les subordonnées de condition, les subordonnées comparatives et certaines relatives (pour une liste plus complète, ➤ chap. 27) :

*If it **rains**, I'll stay at home.* (**If it will rain…*) S'il pleut, je resterai chez moi.

*He said he'd stay at home if it **rained**.* Il a dit qu'il resterait chez lui s'il pleuvait.

*Give me a call when you **get** there / as soon as you **have finished**.* Téléphonez-moi quand vous serez arrivé / dès que vous aurez fini.

*He said he'd call me the moment he **got** there.* Il a dit qu'il me téléphonerait dès qu'il arriverait là-bas.

*The more you **drink** the thirstier you'll be.* Plus vous boirez, plus vous aurez soif.

*I'll do what I **like**.* Je ferai ce qui me plaira.

*Anyone who **said** that would be dishonest.* Quiconque dirait cela serait malhonnête.

On peut observer qu'il y a dans toutes ces phrases, du point de vue du sens, une **relation d'implication** entre l'événement de la subordonnée et celui de sa principale ; par exemple, la phrase *He'll give me a call when he is there* contient l'implication *He is there ⇒ He gives me a call.* (Dans les autres cas, la relation d'implication est encore plus claire : on peut généralement donner une paraphrase avec *if*.) Ceci est à mettre en relation avec le fait que WILL et SHALL expriment fondamentalement une relation d'implication, et marquent le conséquent de cette relation – c'est-à-dire *B* dans *(A) ⇒ B*. La règle concernant les subordonnées est la suivante : quand il y a, sur le plan du sens, une relation d'implication entre une subordonnée *A* et sa principale *B* (soit *A ⇒ B*), les modaux WILL / SHALL utilisés avec un sens futur peuvent marquer *B* (le conséquent), mais non *A*. En plus de la relation d'implication, on peut observer que, dans les subordonnées concernées, l'événement ne fait pas véritablement l'objet d'une prédiction : il est posé comme le point de repère à partir duquel, éventuellement, on peut établir une prédiction. Ces divers facteurs permettent d'expliquer les exceptions apparentes. En particulier :

• Une phrase comme *I'll lend you my car if it will help* (Je vais vous prêter ma voiture si ça peut / si ça doit aider à quelque chose) contient deux hypothèses emboîtées l'une dans l'autre : ***If*** *[I lend you my car ⇒ It helps] is true, **then** I will lend you my car.* On voit que la proposition *it helps* est le **conséquent** de l'une des deux hypothèses. Il est donc normal qu'elle soit marquée par WILL.

- Dans *The time will come when you will regret it*, il n'y a pas entre la subordonnée et la relative une relation d'implication (le sens n'est absolument pas *you regret it* ⇒ *the time comes*), et il n'y a donc aucune raison pour que la règle s'applique.

Encadré 9-A : Équivalents anglais du futur français (forme en "-rai")

1. Dans de nombreux cas, le futur français a pour équivalent anglais *WILL* au présent :

Nous **connaîtrons** la réponse demain. → *We'll know the answer tomorrow.* (prédiction)

Je ne me **laisserai** pas faire ! → *I won't be imposed upon!* (intention)

Par exemple, il **restera** plusieurs jours sans rien manger. → *For instance he'll go several days without eating anything.* (comportement caractéristique)

Est-ce que tu porteras ce costume pour la cérémonie ? → *Will you be wearing that suit to the ceremony?* (intention / prédiction)

On ne peut pas toujours employer *WILL* seul : il faut parfois lui ajouter *BE + -ING*. Ainsi, "Combien de temps resterez-vous à Londres ?" peut, selon le cas, avoir pour équivalent *How long will you stay in London?* ou *How long will you be staying in London?* La seconde forme sera plus polie, dans certaines circonstances, parce qu'elle paraîtra plus neutre (≈ "Combien de temps est-il prévu que vous restiez ?"). La première pourra signifier, entre autres choses, "Combien de temps voulez-vous rester ?" (➤ 9.1.2, remarque 1, pour divers types d'emploi de *WILL BE + -ING*).

2. Dans les deux cas suivants, toutefois, l'emploi de *WILL* est impossible.

a. Certaines subordonnées (subordonnées de temps, etc., ➤ 9.3) exigent en anglais l'emploi du présent simple pour référer au futur :

Ceux qui **participeront** à la séance de travail recevront des tickets-repas. → *Those who attend the working session will be issued with luncheon vouchers.*

b. Le "futur historique" du français (➤ 9.1.2, remarque 3) a pour équivalent habituel un prétérit :

James Norton entre dans la société en 1990 comme directeur des ventes. Deux ans plus tard, il **sera** nommé DRH. → *James Norton joined the company in 1990 as Sales Manager. Two years later, he was promoted to Personnel Manager.*

Dans certains cas – et bien sûr dans le cadre d'un récit fait au prétérit –, on peut utiliser aussi bien *would* que *was / were to* pour exprimer un "futur" relatif à un moment-repère situé dans le passé : *He was driven to a hospital, where he would die two days later, July 7th, 1922 / Wesley, who was to die only days later, commissioned Wilberforce to lead the radical campaign against slavery.*

Encadré 9-B : Équivalents anglais

1. Dans la plupart des cas, l'équivalent anglais du conditionnel français est *would*, aussi bien pour le "conditionnel temps" (premier exemple ci-après) que pour le "conditionnel mode", ou "futur dans le passé" (second exemple) :

> Je leur **téléphonerais** si j'avais un mobile.
> → *I'd phone them if I had a mobile.*

> J'ai dit que je leur **téléphonerais** plus tard.
> → *I said I'd phone them later on.*

2. Dans les cas suivants, le conditionnel ne peut pas se traduire par *would*.

a. Dans certaines subordonnées (subordonnées de temps, etc., ➤ 9.3), l'équivalent du "conditionnel temps" du français (qui, en fait, est un "futur relatif à un repère passé") est en anglais le **prétérit simple** :

> J'ai dit que je leur téléphonerais dès que j'**arriverais**.
> → *I said I'd phone them as soon as I **got** there.*

b. En français courant, on peut, dans une subordonnée de condition, utiliser le conditionnel à la place de "si" et d'un verbe à l'imparfait : "Tu lui **demanderais** de te prêter sa voiture, ..." équivaut à "Si tu lui demandais de te prêter sa voiture, ...". En anglais, il n'est pas possible d'utiliser *would* de cette façon : "Tu lui demanderais de te prêter sa voiture, il te la prêterait aussitôt" se traduira par *If you **asked** him to lend you his car he'd lend it to you immediately.*

c. Il n'y a pas en anglais de forme verbale qui corresponde au "conditionnel de prudence" du français, courant dans les médias : "Le gouvernement **envisagerait** d'augmenter les impôts". Ce conditionnel est utilisé pour donner une information tout en laissant entendre que l'on n'est pas absolument sûr de sa véracité. En l'absence d'une forme verbale ayant cette fonction, l'équivalent anglais le plus proche consiste à utiliser une formule du type *it is said / believed / rumoured that...* ou *X is said / believed / rumoured to...* (➤ 24.6), ou encore un adverbe comme *alledgedly / reportedly* :

> *The government **is said / reported to envisage** a rise in taxes.*
> *The government **allegedly / reportedly envisages** a rise in taxes.*

En français, le conditionnel de prudence est parfois accompagné d'une indication plus ou moins précise sur la source de l'information : "**Selon certains**

du conditionnel français (forme en "-rais")

milieux bien informés, le gouvernement **envisagerait** d'augmenter les impôts". Dans ce cas, il faut faire attention, en anglais, à ne pas calquer cette construction d'une façon qui constituerait un pléonasme : la traduction sera non pas *According to well-informed sources, the government is said to envisage a rise in taxes*, mais (par exemple) *According to well-informed sources, the government envisages a rise in taxes*.

d. En français, on utilise parfois un "conditionnel de conjecture", dans des énoncés interro-négatifs comme "Vous **n'auriez pas vu** un petit caniche noir ?", qui contiennent à la fois une hypothèse et une interrogation sur cette hypothèse. Il existe en anglais des équivalents divers de ce conditionnel. (Dans les traductions proposées ci-après, les mots ou groupes de mots qui expriment le sens hypothétique sont en gras. On remarquera que l'interrogation est le plus souvent positive, alors qu'en français elle est négative.)

Vous n'auriez pas vu un petit caniche noir ?
→ *Did you **by any chance** see a small black poodle?*

Vous ne seriez pas en train de vous moquer de moi ?
→ ***I bet** you're making fun of me!*

Tu ne l'aurais pas perdu quand tu as acheté tes billets de train ?
→ ***Couldn't you** have lost it when you bought your train tickets?*

Dans certains cas, le plus proche équivalent du conditionnel de conjecture est *would*, utilisé dans une construction interrogative qui est généralement positive (et non négative, comme en français) :

"Vous ne seriez par Leila (par hasard) ?"
→ *Would you be Leila (by any chance)?*

Ce *would* exprime une certitude affaiblie (➤ 9.1.3).

e. Le conditionnel des verbes modaux français (essentiellement "pouvoir", "devoir" et "falloir") a généralement pour équivalent, en anglais, un modal au prétérit :

Pourriez-vous ouvrir la fenêtre ?
→ *Could you open the window?*

Il faudrait que tu te dépêches.
→ *You should hurry up.*

Tableau 9-A : *WILL* ET *SHALL*

Sens fondamental	Emplois	Événement présent ou futur	Événement passé
WILL (*will / would*)	Volonté (sans idée de futur, contextes virtuels)	(Avec négation) *He won't listen.* Il ne veut pas écouter. (Après *if*) *If you'll listen to me…* Si vous voulez bien m'écouter…	*He wouldn't listen.* Il ne voulait pas / n'a pas voulu écouter.
	Futur (prédiction / volonté)	*I'll know the answer tomorrow.* Je connaîtrai la réponse demain. *OK, I'll ask him.* D'accord, je vais lui demander.	Le passé n'est pas concevable en dehors du discours indirect : *He'd know the answer the next day, he thought.*
	Certitude (sur événement présent / passé)	*He'll be home by now.* Il est certainement rentré à cette heure-ci.	*He's late – he'll have lost his way.* Il est en retard, il se sera trompé de chemin.
Conséquence nécessaire (orientation neutre)	Conditionnel (conséquence d'un fait non réel, forme ***would***)	*If it was fine we'd go on a picnic.* S'il faisait beau, on irait faire un pique-nique. (irréel ou doute, selon contexte)	*If it had been fine we'd have gone on a picnic.* S'il avait fait beau on serait allés faire un pique-nique. (irréel)
	Comportement caractéristique	*Water will boil at 100 degrees.* L'eau bout à 100 degrés. *He'll sit there for hours.* Il reste / restera assis là pendant des heures.	*He'd go for a walk every morning.* Il allait faire une promenade tous les matins.
	Will / would accentués : emplois particuliers	*He WILL leave the door open!* Il faut toujours qu'il laisse la porte ouverte.	'He said the project was unrealistic.' '*He WOULD!*'… – C'était à prévoir ! / C'est bien lui ! /…

SHALL (shall / should)	Futur (éventuellement + volonté / engagement)	I **shall** /ʃ(ə)l/ know the answer tomorrow. Je connaîtrai la réponse demain. (1re personne) **Shall** I close the door? Voulez-vous que je ferme la porte ?	Seul emploi possible (et très rare) : discours indirect avec should.
	Conditionnel (forme **should**)	I **should** /ʃ(ə)d/ like to ask you a question. J'aimerais vous poser une question. (emploi rare, uniquement 1re personne) Yes, I **should** /ʃ(ə)d/ think so. Oui, certainement / J'imagine que oui.	I **should have liked** to ask him a question. (emploi rare, uniquement 1re personne.)
Conséquence nécessaire (orientation subjective)	Obligation atténuée (forme **should**)	You **should** be grateful to him. You **should** give up smoking. (prétérit à valeur d'irréel ou de doute)	You **should have given up** smoking. (valeur d'irréel)
	Probabilité atténuée (forme **should**)	He **should** be home by now. Il devrait être arrivé chez lui maintenant. (irréel ou doute)	He **should have been** home by then. Il aurait dû être arrivé chez lui à cette heure-là. (irréel)
	Valeurs dépendantes (forme **should**)	Contextes directifs : I suggest he **should** go. Je suggère qu'il parte. (subjonctif également possible) Contextes appréciatifs : It's a pity he **should** be ill. C'est dommage qu'il soit malade. (subjonctif impossible)	La suggestion, l'ordre etc., ne peuvent pas porter sur un évènement passé. Seul le discours indirect est possible : I suggested he **should go**. It's a pity he **should have been** ill.

10 OUGHT, NEED, DARE
et expressions de modalité

10.1 OUGHT

Forme. Ce modal n'a qu'une forme, ***ought***, qui est un **prétérit**. (Ce prétérit a toujours une valeur hypothétique.) La forme orale est toujours /ɔ:t/. (Il n'y a pas de forme réduite ; sur ce point, *ought* se différencie de *should*.) Négation : **ought not**, **oughtn't** /'ɔ:tnt/. Contrairement aux autres modaux, OUGHT est suivi de TO : *You ought to tell him.* (Mais, cela mis à part, il a toutes les caractéristiques des modaux : première place dans le groupe verbal, négation / interrogation formées directement, etc.)

> Dans la langue familière, OUGHT est assez fréquemment construit sans TO à la forme négative et interrogative (*He oughtn't go. / Ought he go?*). Cet usage est généralement jugé incorrect.

> Beaucoup plus rarement, il arrive que la négation ou l'interrogation soient formées avec *did* (*He didn't ought to stay / Did he ought to stay?*). Cette construction est elle aussi jugée incorrecte.

Sens fondamental : nécessité non absolue, vue comme neutre (indépendante de l'opinion de l'énonciateur). Le caractère non absolu de la nécessité est exprimé par l'élément prétérit de la forme *ought* (cf. la valeur du prétérit dans la forme *should*).

> OUGHT a une gamme d'emplois beaucoup plus réduite que celle de *should* : il ne peut exprimer qu'une obligation atténuée ou une nécessité logique atténuée. Il s'agit de deux valeurs que *should* peut également avoir mais, malgré cela, les deux modaux ne peuvent pas toujours être substitués l'un à l'autre, comme nous allons le voir. Et, bien sûr, les autres emplois de *should* ne permettent pas le remplacement par OUGHT ; c'est notamment le cas dans les contextes directifs ou appréciatifs (➤ 9.2.5).

10.1.1 OUGHT : obligation atténuée

*You **ought to** be ashamed.* Vous devriez avoir honte.
*You **ought to** give up smoking.* Vous devriez arrêter de fumer.
*You **ought to** have told him.* Vous auriez dû le lui dire.

> La différence de sens avec le *should* d'obligation atténuée (➤ 9.2.3) réside essentiellement dans l'opposition entre l'orientation subjective de *should* et l'orientation neutre de OUGHT. Cette différence de sens est souvent peu perceptible (nettement moins perceptible que dans le cas de l'opposition parallèle entre MUST et HAVE TO). *Should* remplace parfois OUGHT dans les 'tags' : *We ought to go, shouldn't we?* Les deux formes, cependant, ne sont pas toujours interchangeables. En particulier, on ne peut pas utiliser *ought* à la place de *should* dans les avis officiels du type *Applications should be sent in before May 3rd* (➤ 9.2.3, 3). Le prétérit contenu dans OUGHT aurait, dans le contexte

de ces avis, une orientation trop contrefactuelle (il impliquerait : "… mais ce ne sera probablement pas le cas"). Il n'en va pas de même pour *should* : modal à orientation subjective, *should* est simplement perçu, dans un tel contexte, comme une variante polie de *MUST*.

10.1.2 *OUGHT* : nécessité logique atténuée

*He **ought** to be home by now.* Il devrait être arrivé chez lui maintenant.

*I don't understand. The total **ought to have been** 2450.* Je ne comprends pas. Le total aurait dû être 2450.

Ici, la différence de sens avec *should* est peu apparente.

10.2 *NEED*

Formes. Il ne faut pas confondre l'**auxiliaire modal** *NEED* et le **verbe** *NEED*. La différence syntaxique est en général très nette : *You **needn't** go* (modal) ≠ *You **don't need to** go* (verbe) ; *Need I go?* (modal) ≠ *Do I need to go?* (verbe). À cette différence de forme correspond une différence de sens, du moins lorsque *NEED* exprime une obligation (➤ 10.2.1) ; notons toutefois que, dans la langue familière, l'emploi du modal est relativement peu fréquent, surtout en anglais américain.

Le **modal** *NEED* a une forme unique, *need* /niːd/, qui est un présent. (Il n'a pas de forme réduite, ni de prétérit.) Négation : *need not, needn't* /'niːdnt/.

Sens fondamental du modal. Le modal *NEED* exprime (comme *MUST*) une nécessité, avec une **orientation subjective** : la nécessité est plus ou moins prise en charge par l'énonciateur (ou, dans les questions, par le co-énonciateur). Il diffère de *MUST* sur deux points : (a) à la forme négative, la portée de la négation n'est pas la même (➤ Tableau 10-A), et (b) il exprime une nécessité qui a un caractère virtuel : l'existence de cette nécessité est soit niée, soit mise en doute.

La conséquence de la seconde caractéristique est que l'utilisation du modal *NEED* est limitée aux contextes qui, du point de vue du sens, sont **non assertifs** : (a) contextes négatifs : *You needn't go* ; (b) contextes contenant une semi-négation telle que *hardly* (à peine), *only*, etc. : *All that you need do is call this number* (Tout ce que vous avez besoin de faire c'est d'appeler ce numéro) ; (c) contextes interrogatifs : *Need I go?* (Faut-il vraiment que je parte ?) ; (d) contextes hypothétiques : *If something need be said, please say it* (S'il est besoin de dire quelque chose, je vous prie de le dire). Il est impossible de l'employer dans des contextes de sens assertif : l'équivalent anglais de "Je pense qu'il a besoin de dormir" est non pas **I think he need sleep* mais *I think he needs to sleep* (utilisation du **verbe** *NEED*, ➤ 26.4.5 sur les constructions de ce verbe).

10.2.1 Modal *NEED* : obligation (niée ou mise en doute)

*You **needn't** stay.* Vous n'avez pas besoin de rester.

Need I go with you? Est-il nécessaire que je vous accompagne ?

a. Du point de vue du sens, le modal *NEED* s'oppose au verbe *NEED* par son orientation subjective (expression d'une opinion ou d'un souhait personnels). On peut par exemple avoir une opposition entre *You needn't stay* (≈ Je vous donne la permission de ne pas rester) et *You don't need to stay* (≈ Il n'y a pour vous aucune obligation / raison de rester). Le modal à la forme négative peut cependant avoir un sens plus abstrait que celui d'une "permission de ne pas...", et exprimer simplement un sentiment ou une opinion personnelle : *You needn't worry* (Vous n'avez pas besoin de vous faire du souci) / *Nobody need know that this scarf isn't yours* (Personne n'a besoin de savoir que cette écharpe n'est pas à vous).

Toutefois, le **verbe** *NEED* est en anglais d'aujourd'hui fréquemment utilisé non pas avec le sens d'"avoir besoin de", mais pour exprimer une obligation subjective, autrement dit avec une valeur proche de celle du *MUST* d'obligation – mais sans la connotation "formelle" que ce dernier peut avoir : *"Sophie, you need to respect other people's privacy."* (D. Brown, *The Da Vinci Code*)

b. Dans les énoncés interrogatifs, la source de l'obligation éventuelle est la personne à qui l'on s'adresse (le co-énonciateur) : *Need I stay?* (≈ Me donnez-vous la permission de ne pas rester ?), ➤ 7.5, modaux à orientation subjective.

c. Il importe de bien distinguer *need not* de *must not* : *You needn't stay* exprime une "non-obligation de rester", et *You mustn't stay* exprime une "obligation de ne pas rester" (autrement dit une interdiction de rester), ➤ Tableau 10-A.

d. Comme *MUST* (qui n'a pas lui non plus de prétérit), *NEED* est utilisé au présent pour exprimer un passé de discours indirect : *She said they needn't wait any longer* (Elle a dit qu'ils n'avaient pas besoin d'attendre davantage).

e. Pour situer l'événement dans le passé, on utilise *HAVE* + *-EN* ; à la valeur temporelle de *HAVE* + *-EN* s'ajoute alors une présupposition "contraire" :

*He **needn't have run** – the meeting won't begin until 3 o'clock.*

Il n'avait pas besoin de courir, la réunion ne va pas commencer avant 15 heures. (Présupposition : "Il a cependant couru.")

La forme non modale (*He didn't need to run*) équivaudra dans la plupart des cas à "Il n'a pas eu besoin de courir (et il n'a pas couru)". Toutefois, elle n'exclut pas le sens de "Il n'avait pas besoin de courir", notamment si *need* porte l'accent principal.

Tableau 10-A : L'expression de l'obligation

	Obligation avec orientation subjective (volonté / opinion de l'énonciateur)	Obligation avec orientation neutre (indépendante de l'énonciateur)
Obligation de...	*You **must** stay here.*	*You **have to** stay here.*
Obligation de ne pas... / Interdiction de...	*You **mustn't** stay here.* *You **may not** stay here.*	*You **can't** stay here.*
Non-obligation de...	*You **needn't** stay here.*	*You **don't have to** stay here.* *You **don't need to** stay here.*

10.2.2 Modal *NEED* : nécessité logique (niée ou mise en doute)

*There **needn't be** a mistake*. Il n'y a pas forcément une erreur.

*It **needn't have been** his fault*. Ce n'était pas nécessairement sa faute.

On notera la relation avec le *MUST* de nécessité logique (➤ 8.3.2) : *There must be a mistake* (Il doit y avoir une erreur) / *It must have been his fault* (Ça devait être sa faute). On observera aussi (ex. 2) que *HAVE* + *-EN* situe l'événement dans le passé sans qu'il y ait ici de présupposition "contraire", comme c'est le cas avec la valeur d'obligation de *NEED*.

10.3 *DARE*

Formes. Comme *NEED*, *DARE* peut être soit **auxiliaire modal** (assez rarement en anglais américain), soit **verbe**. Dans la plupart des variétés d'anglais, le modal *DARE* a seulement une forme de présent (*dare* /deə/, négation *dare not, daren't* /deənt/). Certains anglophones, cependant, utilisent le prétérit *dared* avec une syntaxe de modal : *She dared not sit up* (P. McGrath, *Asylum*). La forme du présent peut être utilisée pour un passé de discours indirect : *He said he daren't ask them*.

Comme *NEED*, *DARE* ne peut être employé comme modal que dans des contextes non assertifs (c'est-à-dire négatifs, semi-négatifs, interrogatifs ou hypothétiques). Donc, on peut dire *He daren't ask them* (Il n'ose pas le leur demander) ou *Dare he ask them?*, mais non *★He dare ask them*. La forme non modale (verbe *DARE*) est, elle, possible dans tous les cas (*He doesn't dare (to) ask them* / *Does he dare (to) ask them?*), et dans la pratique, son emploi est beaucoup plus fréquent que celui du modal, surtout dans la langue familière. Dans les énoncés assertifs au présent, toutefois, l'emploi du verbe *DARE* est relativement rare : plutôt que *He dares (to) ask them*, on préférera dire, par exemple, *He isn't afraid to ask them*.

Sens. Le modal et le verbe équivalent tous les deux au français "oser". Ce sens se rattache au domaine de la modalité par sa parenté avec le sens de *CAN* : d'une certaine façon, "oser" c'est "être capable de" ; on notera d'ailleurs la proximité sémantique d'énoncés interrogatifs / exclamatifs comme *How dare you say that?* (Comment osez-vous dire une chose pareille ?) avec *How could you say that?* (Comment avez-vous pu dire une chose pareille ?).

> Dans l'expression *I daresay* (ou *I dare say*), *DARE* a perdu son sens originel ; cette expression équivaut à peu près à *I think* / *I suppose* (*I daresay you are pleased* ≈ Vous êtes sans doute content) ou à *I agree with you that…* (*I daresay it's hot, but…* ≈ C'est vrai, il fait chaud, mais…). On notera aussi que le verbe *DARE* peut avoir le sens de "défier".

10.4 *HAVE TO*

Forme. Dans *HAVE TO*, l'élément *HAVE* garde ses propriétés syntaxiques habituelles (➤ 3.2). En particulier :

- *HAVE* peut toujours fonctionner comme **verbe,** et par conséquent se construire avec l'auxiliaire *DO* : *You don't have to stay.* La prononciation de la suite *HAVE TO* – s'il s'agit de l'expression de modalité – est /'hæftə/ (/'hæftʊ/ devant voyelle).

- *HAVE* peut être suivi de *GOT*, et dans ce cas il fonctionne obligatoirement comme un **auxiliaire** : *You haven't got to stay.*

Dans la langue familière, *HAVE GOT TO* prend souvent la forme *got to*, qui peut être écrit *gotta* (formes orales diverses) : *You gotta be careful.*

Sens fondamental : nécessité vue comme neutre (indépendante de l'énonciateur).

10.4.1 *HAVE TO* : obligation

*Business was so bad that eventually he **had to** sell the shop.* Les affaires furent si mauvaises que finalement il lui fallut vendre le magasin.

*I'm sorry, Fred, but you **have to** tell me / you**'ve got to** tell me the truth.* Je suis désolé, Fred, mais il faut que tu me dises la vérité.

Dans le premier exemple, la forme *HAVE TO* + verbe exprime une obligation dite "factuelle" : la phrase implique la réalisation de l'action *sell the shop* ; l'emploi de *MUST* serait ici impossible (➤ 8.3.1 et 8.3.3).

Le second exemple exprime lui aussi une obligation qui se présente comme neutre (comme indépendante de l'opinion ou du souhait personnels de l'énonciateur). Toutefois, comme l'action <*you–tell me the truth*> est vue à un moment où elle n'est pas encore réalisée, l'emploi de *MUST* serait également possible ; simplement, l'obligation exprimée serait alors vue de façon plus subjective (opinion / souhait / volonté de l'énonciateur).

À la forme négative, *HAVE TO* se distingue encore plus nettement de *MUST* : la portée de la négation est différente. On peut par exemple opposer :

*You **mustn't** stay here.* Vous ne devez pas rester ici. (obligation de ne pas...)

*You **don't have to** stay here.* Vous n'êtes pas obligé de rester ici. (non-obligation de...)

La construction avec *GOT* (*He's got to go*) appartient à la langue non recherchée. Elle est très souvent utilisée dans des énoncés assertifs (non négatifs / non interrogatifs) pour exprimer une obligation portant sur une action qui n'est pas encore réalisée :

*We**'ve got to** get up at six o'clock tomorrow morning.*

En revanche, pour un fait constaté (réalisé en totalité ou en partie – ce dernier cas incluant l'expression d'un fait habituel), on emploiera souvent *have / has to* :

*He **has to** get up at six o'clock every morning.*

On peut observer que le premier cas correspond à des contextes dans lesquels on peut également utiliser *must* (➤ 8.3.1). Cela explique que, dans certaines variétés d'anglais, *'ve* / *'s got to* (ou *gotta*) puisse avoir tendance à remplacer *must*, du moins à la forme déclarative positive.

10.4.2 *HAVE TO* : nécessité logique

Il s'agit d'une nécessité logique forte : *HAVE TO* exprime une certitude absolue ou, pour le moins, une forte probabilité.

*You **have to** be mad to do that.* Il faut être fou pour faire ça.

*Of course she found the book; it **had to** be somewhere in the house.* Bien sûr, elle a trouvé le livre ; il fallait bien qu'il soit quelque part dans la maison.

*"That statue**'s got to** weigh three or four hundred pounds!"* Dan Needham said. (J. Irving, *A Prayer for Owen Meany*)

We spent I don't know how long on the safe. [...] *We got through it **had to** be four in the morning.* (E. McBain, *Lullaby*) ... il devait être quatre heures du matin.

Dans le premier exemple, *HAVE TO* exprime une condition nécessaire, et non une obligation ou une probabilité (➤ 8.3.3, opposition avec *MUST*). Dans le second exemple, la nécessité logique exprimée est d'autant plus forte qu'elle s'appuie sur une constatation. Dans les deux derniers exemples, on a simplement l'expression d'une forte probabilité, et l'utilisation de *MUST* serait également possible (*That statue must weigh...*, *... it must have been four in the morning*), avec une différence de sens beaucoup plus réduite.

10.5 *BE + TO*

Forme. L'expression *BE + TO*, par exemple dans *He **is to** meet them on Thursday* (Il doit les rencontrer jeudi), est défective, exactement de la même manière que les modaux : elle n'existe qu'au présent simple et au prétérit simple. (En particulier, elle n'existe pas à l'infinitif : on ne la trouve jamais sous la forme *⋆to be to*.)

Sens fondamental. Hors contexte, la forme *BE + TO* + verbe (style plutôt recherché) n'a pas d'autre signification que celle-ci : l'accomplissement de l'événement désigné par le verbe est prévu, au terme du "mouvement" exprimé par *TO*. (À la forme négative, c'est le non-accomplissement qui est prévu.) En contexte, ce caractère prévisible de l'événement peut prendre des valeurs assez diverses.

10.5.1 *BE + TO* : action projetée ou programmée (verbe "devoir" en français)

*The Prime Minister **is to** visit India next year.* Le Premier Ministre doit se rendre en Inde l'an prochain.

*They **are to** go to Greece for their summer holiday.* Ils doivent aller en Grèce pour leurs vacances d'été.

Dans ces exemples, la traduction de "devoir" par *MUST* ou par *HAVE TO* serait impossible : il n'y a pas vraiment une idée d'obligation.

Dans les titres de journaux, il est fréquent qu'on omette *BE* : *PM to visit India*.

Le **prétérit** peut être utilisé pour une action projetée / programmée à un moment du passé :

*They told me they **were to** go to Greece for their summer holiday.* Ils m'ont dit qu'ils devaient aller en Grèce pour leurs vacances d'été.

Si on ajoute *HAVE* + *-EN* à ce prétérit, on exprime une présupposition d'irréalité : *They **were to have gone** to Greece.* Ils devaient aller en Grèce (mais ils n'y sont pas allés).

10.5.2 *BE + TO* : obligation (avis impératif, ou ordre qu'on transmet)

*The books **are not to** be taken out of the library.* Les livres ne doivent pas être sortis de la bibliothèque.

*He says you **are to** wait for him downstairs.* Il dit que vous devez l'attendre au rez-de-chaussée.

10.5.3 *BE + TO* : possibilité

Cet emploi est, pour l'essentiel, limité à des constructions passives.

*These churches **are to be seen** in Tuscany.* On peut voir ces églises en Toscane.

*The cat **was** nowhere **to be found**.* On ne trouvait / trouva le chat nulle part. (Il y a ici, comme dans le cas suivant, une relation avec l'idée de destin.)

10.5.4 *BE + TO* : prophétie rétrospective ("après coup")

*He fell ill on his sixtieth birthday. He **was to** die two days later.* Il tomba malade le jour de son soixantième anniversaire. Il devait mourir deux jours plus tard.

Il va de soi qu'il ne s'agit pas d'une réelle prophétie : l'énonciateur se place mentalement à un moment du passé pour "prévoir" un événement qui en fait a déjà eu lieu.

10.5.5 *BE + TO* : emploi dans des subordonnées de condition

*If we **are to** succeed, we must stick together.* Si nous voulons réussir, nous devons nous serrer les coudes.

*If he **were to** / **Were** he **to** change jobs, he would probably become a mechanic.* S'il devait changer de métier, il deviendrait probablement mécanicien.

10.5.6 Emploi dans quelques expressions de sens passif

*He **is to be pitied**.* Il est à plaindre.

*Nobody's **to blame** for the accident.* Personne ne peut être rendu responsable de cet accident.

*House **to let**.* Maison à louer.

On notera, dans les deux derniers cas, l'emploi d'une forme active de sens passif. Cet emploi n'est possible qu'avec le verbe *BLAME* et avec le verbe *LET* (utilisé dans le sens de "donner en location") ; donc, on traduira "Son exemple est à imiter" par *His example is to be imitated* (et non par *★... to imitate*).

10.6 *BE GOING TO*

Forme. La seule partie variable est *BE*, qui peut être au présent, au prétérit, construit avec *HAVE* + *-EN*, etc. (*He is* / *was going to give up smoking.* / *He's been going to give up smoking for years.*)

> La partie invariable *GOING TO* est souvent prononcée, dans la langue courante, sous une forme abrégée (transcrite *gonna* dans la langue écrite), qui diffère selon la variété d'anglais et qui peut être plus ou moins réduite : /ˈgɒnə/, /ˈgɑːnə/, /g(ə)nə/.

Sens. La forme indique clairement le sens : *BE GOING TO* exprime (de façon imagée, bien sûr) un mouvement (*GO*), qui est déjà en cours (*BE* + *-ING*), vers la réalisation d'un événement (*TO* + base verbale). L'origine du mouvement peut être (a) un **ensemble de circonstances** déjà existantes (*Look at those black clouds: it's going to rain*) ou (b) une **intention**, déjà existante elle aussi (*My little brother is going to be a football player when he grows up*, "Mon petit frère va être /sera footballeur quand il sera grand").

> *BE GOING TO* peut être utilisé dans les subordonnées conditionnelles en *if*, avec une valeur qu'on exprime généralement en français à l'aide du verbe "devoir" : *If you're going to return to the same tube station you start from buy a return ticket* (Len Deighton's *London Diary*) (Si vous devez revenir à la station de métro d'où vous êtes parti(e), prenez un ticket aller-retour).

! Deux erreurs à ne pas commettre concernant l'expression *BE GOING TO*. D'abord, croire qu'elle exprime toujours un futur "immédiat" (le dernier exemple ci-dessus prouve le contraire). Ensuite, croire que l'équivalent du français "aller" + infinitif est toujours *BE GOING TO* (sur ce point, ➤ Encadré 10-A).

10.7 *WOULD RATHER* / *WOULD SOONER*, *HAD BETTER*

10.7.1 *WOULD RATHER* ET *WOULD SOONER* (expression d'une préférence)

La forme (archaïque) *HAD RATHER* existe également.

Deux constructions sont possibles.

a. *WOULD RATHER* / *WOULD SOONER* (+ *NOT*) + base verbale

Would you rather come with us? Préféreriez-vous venir avec nous ?
I'd rather not travel on a Sunday. Je préférerais ne pas voyager un dimanche.
He'd sooner lose it rather than give it to them. Il préférerait le perdre plutôt que le leur donner.

WOULD RATHER / *WOULD SOONER* (ou *WOULD JUST AS SOON*, également possible), formés avec un modal, ne peuvent pas être suivis d'un groupe nominal seul ; ainsi, "Je préférerais le sandwich au jambon" pourra être traduit par *I'd rather have the ham sandwich*, ou, bien sûr, par *I'd prefer the ham sandwich*, mais non par *★I'd rather the ham sandwich*.

Encadré 10-A : Équivalents anglais

Il s'agira ici des emplois grammaticaux du verbe "aller". Seront exclus les emplois de ce verbe avec un sens concret de mouvement : "Pouvez-vous aller me chercher de quoi boire ?" (en anglais : *Could you go (and) fetch me something to drink?*, ➤ 26.2.1.a)

1. Expression d'un futur immédiat. Selon le contexte, "Ne lui parlez pas maintenant, il va quitter la salle" pourra se traduire par *Don't speak to him now – he'll leave the room* (qui sous-entend : *... if you speak to him*), ou par *Don't speak to him now – he's going to leave the room* (qui équivaut à "... il est sur le point de quitter la salle").

Dans d'autres cas, la différence de sens est beaucoup moins nette, mais les deux formes ne sont jamais totalement interchangeables. Ainsi, *You'll miss your train* peut exprimer une prédiction concernant un avenir proche (et son sens sera alors voisin de celui de *You're going to miss your train*), mais peut également exprimer un avertissement assorti d'une condition implicite (*... if you don't hurry up*).

2. Expression d'une intention / décision. Comparez ces deux dialogues :

'Look, your umbrella's broken.' 'I know. I'm going to buy another one.'
Regarde, ton parapluie est cassé. – Je sais. Je vais en acheter un autre.
'Look, your umbrella's broken.' 'So it is! Well, I'll buy another one.' ... – Mais oui ! Eh bien je vais en acheter un autre.

Dans les deux cas, l'équivalent français de la dernière phrase est "... je vais en acheter un autre." En anglais, cependant, *BE GOING TO* et *WILL* ne sont absolument pas interchangeables : *BE GOING TO* exprime une **intention déjà**

---

b. *WOULD RATHER* / *WOULD SOONER* + GN sujet + groupe verbal au prétérit

*I'd rather **she stayed** here.* Je préférerais qu'elle reste ici.
*Wouldn't you rather **the guests were taken** directly to your place?* Vous ne préféreriez pas qu'on emmène les invités directement chez vous ?

Dans cette construction (utilisée quand le sujet du verbe n'est pas le même que celui de *WOULD RATHER / SOONER*), il faut noter l'emploi d'un **prétérit hypothétique** (➤ 4.5). On rencontre aussi (mais assez rarement) l'emploi du subjonctif (➤ 11.1.1.a).

10.7.2 *HAD BETTER* (expression d'un conseil)

HAD BETTER n'admet à sa suite qu'une **base verbale** (qui peut être précédée de *NOT*) :

*Hadn't **we better ask** them?* Il ne vaudrait pas mieux le leur demander ?
*He'd **better not try**!* Je ne lui conseille pas d'essayer !

---

de la construction "aller" + infinitif

existante (c'est-à-dire une décision déjà prise), tandis que *WILL* exprime une **décision déclenchée par la situation d'énonciation**, et prise au moment où l'on parle.

Dans d'autres contextes, *WILL* peut cependant exprimer lui aussi une décision déjà prise. Ainsi, on pourra dire aussi bien *As I told you, I'll call them tomorrow* que *As I told you, I'm going to call them tomorrow* (... je les appellerai / je vais les appeler demain).

3. Expression d'une caractéristique. En français, on utilise parfois la construction "aller" + infinitif pour exprimer un comportement caractéristique : "Tu vois, par exemple, il va dépenser une fortune pour s'acheter du matériel vidéo." (On utilise aussi, à peu près de la même façon, le futur : "Tu vois, par exemple, il dépensera une fortune..."). En anglais, on peut dans ce cas employer *WILL* (**➤** 9.1.5), mais non *BE GOING TO* : *You see, for instance he'll spend a fortune on video equipment.*

4. Valeur "émotive" (énoncés du type "N'allez pas croire ces bêtises !", "Allez savoir", etc.)

On ne peut pas donner de règle générale pour cette catégorie d'emplois. Voici quelques exemples de traductions :

N'allez pas croire ces bêtises ! → *Don't go believing that nonsense!*

Allez savoir ce qu'ils manigancent ! → *There's no knowing what they're up to!*

Pourquoi t'es allé dire ça ! → *Why did you go and say that!*

Pourquoi j'irais m'embêter à remplir tous ces formulaires ? → *Why should I go to the trouble of filling in all those forms?*

Le sens est très voisin de celui de *should*, mais le conseil exprimé par *HAD BETTER* porte généralement sur une action immédiate ; parfois aussi (second exemple), il comporte une nuance de menace.

1. Dans la langue familière, il arrive qu'on omette *had / 'd* (*You better hurry up!*) ou que *better* soit remplacé par *best* (*You'd best hurry up!*).

2. Bien qu'elle soit formée avec le comparatif *better*, l'expression *HAD BETTER* n'est généralement pas employée lorsqu'il s'agit d'exprimer une comparaison entre deux actions ; on utilisera dans ce cas une expression du type *WOULD DO BETTER TO* : "Tu ferais mieux de travailler plutôt que de regarder la télévision" → *You'd do better to work rather than watch TV.* Il existe diverses autres expressions, dont le sens est voisin, et dont on notera la construction, toujours différente de celle de *HAD BETTER* : *it would be better to... / you'd be (far) better... -ing (than... -ing) / you'd be better off... -ing / you should have known better than to...*, etc.

3. Ces diverses expressions sont également utilisées pour exprimer un reproche concernant une action passée : "Tu aurais mieux fait de le leur dire" → *You'd have done better to tell them.* Autre exemple : *Actually he would have been better off to keep mum from the beginning* (E. Lathen, *Brewing Up a Storm*).

10.8 *BE LIKELY TO, BE SURE / CERTAIN TO, BE BOUND TO* (expression d'un degré de probabilité)

Pour comprendre le fonctionnement de ces expressions, il est important non seulement de se rappeler le sens des adjectifs avec lesquels elles sont formées (*likely, sure,* etc.), mais aussi de savoir à quoi ces adjectifs peuvent s'appliquer.

• **LIKELY** (vraisemblable) s'applique d'abord à un événement : *Their victory is likely* (Leur victoire est vraisemblable) / *It is likely that they will win* (Il est vraisemblable qu'ils gagneront). Par extension, l'expression BE LIKELY TO peut avoir pour sujet une personne ou une chose (ce qui est impossible en français avec l'expression "être vraisemblable") : *They are likely to win* (Il est vraisemblable qu'ils gagneront). Notez aussi la construction avec *there* : *There's likely to be a conflict* (Il est vraisemblable qu'il y aura un conflit).

• **SURE** et **CERTAIN** s'appliquent d'abord à la personne qui éprouve le sentiment de certitude : *Fred is sure / certain that Manchester United will win the match.* Par extension, l'expression BE SURE / CERTAIN peut avoir pour sujet non seulement un événement (*Manchester's victory is sure / is certain,* ou *It's sure / It's certain that Manchester will win*), mais aussi une personne ou une chose qui n'est pas, en fait, le véritable "sujet" de la certitude : *Manchester United are sure / are certain to win.*

> **1.** Dans ce dernier exemple, on constate que, malgré les apparences syntaxiques, la certitude exprimée n'est pas celle de Manchester United, mais celle de **l'énonciateur.** Cette construction est plus rare en français, mais elle existe, du moins dans la langue familière : "Avec cette bagnole, t'es sûr d'avoir un accident." On comparera avec les modaux : *He must be at home* ≈ *He's sure to be at home.*
>
> **2.** À l'impératif, BE SURE TO peut exprimer un conseil (= Veillez à…) : *Be sure to handle the food safely to avoid salmonella.*

• **BOUND** est le participe passé du verbe BIND (lier) ; il permet une construction qui ne peut pas être traduite mot à mot en français.

*They **are bound to** succeed.* Il est absolument certain qu'ils réussiront / Ils ne peuvent pas ne pas réussir.

*The town councillors **are bound to** criticize the project.* Il est inévitable que les conseillers municipaux critiquent ce projet.

*They **were bound to** like that music.* Cette musique ne pouvait pas ne pas leur plaire.

BE BOUND TO est utilisé pour affirmer le caractère **absolument certain** d'un événement qui, dans de nombreux cas, est situé dans l'avenir. Et, comme on le voit, le sujet de BE BOUND TO désigne la personne ou la chose sur laquelle porte la certitude de l'énonciateur.

> BOUND (TO) entre également dans diverses expressions, par exemple *to feel bound to…* (se sentir obligé de…), dans lesquelles il exprime un lien non pas logique mais moral.

10.9 *BE LIABLE TO, BE PRONE TO, BE APT TO* + V (expression d'une tendance)

Ces expressions sont en général employées dans le contexte d'un **jugement défavorable**, et cela est particulièrement net dans le cas de *BE PRONE TO*.

He is liable to / prone to get angry when you contradict him. Il a tendance à se mettre en colère quand on le contredit.

These electric engines are apt to overheat. Ces moteurs électriques ont tendance à chauffer. (Comme on le voit, *BE APT TO* est un "faux ami".)

Dans des constructions différentes, les adjectifs *LIABLE, PRONE* et *APT* peuvent prendre des valeurs différentes :

He is liable to / prone to fits of rheumatism. Il est sujet à des crises de rhumatisme.

You are liable to a fine. Vous êtes passible d'une amende.

He is apt at solving this type of problem. Il est doué pour résoudre ce genre de problèmes.

10.10 *USED TO* (+ V), *BE USED TO* (+ V-*ING*)

Il faut prendre soin de bien distinguer ces deux expressions, à la fois du point de vue de la forme et du point de vue du sens. Du point de vue de la forme, elles ont simplement en commun le fait d'utiliser l'élément *USED TO*, qui est prononcé /ˈjuːstə/ (/ˈjuːstʊ/ devant une voyelle) – alors que le verbe *USE* (utiliser) est prononcé /juːz/.

10.10.1 *USED TO* + V

Forme. C'est un **verbe** (et non un auxiliaire) : sa forme interrogative et sa forme négative se construisent généralement avec **did** (*Did he use to live there? /He didn't use to live there* ; la forme *did... used to* existe aussi, mais elle est habituellement jugée incorrecte). C'est un verbe **défectif** : il n'existe qu'au prétérit simple (pas de présent, pas d'infinitif, etc.) La valeur de ce prétérit est toujours **temporelle** (elle ne peut pas être hypothétique).

Sens. Le verbe *USED TO* exprime fondamentalement non pas une habitude, mais le fait qu'un événement ou une série d'événements ont eu lieu dans le passé. Il contient implicitement une référence temporelle qui équivaut en gros à *formerly* (autrefois). Il se différencie sur ce dernier point du prétérit temporel (qui ne peut pas se passer d'un repère dans le temps, explicite ou implicite) mais, comme le prétérit temporel, il contient l'idée d'une rupture par rapport au présent, et il peut, selon le contexte, impliquer ou non une valeur d'habitude :

He used to drink a glass of milk every morning. Il buvait un verre de lait tous les matins.

He used to live in London. Il habitait / Il a habité Londres autrefois.

There used to be a pub there. Autrefois, il y avait un pub à cet endroit-là.

10.10.2 Expression *BE USED TO* + V-*ING*

Forme. Contrairement à *USED TO* + base verbale, l'expression *BE USED TO* + V-*ING* n'est pas limitée à l'emploi au prétérit. L'auxiliaire *BE* avec lequel elle est formée est un élément conjugable : *He **is** used to getting up early* / *He **must be** used to being criticized* (Il doit avoir l'habitude qu'on le critique) / etc.

Sens. L'expression BE USED TO + V-*ING* exprime une variété particulière d'habitude ; son sens correspond à peu près à celui de "être habitué à", cf. *He is used to the cold* (Il est habitué au froid). En fait, elle exprime une habitude qui est plus ou moins subie, même si elle implique l'activité du sujet :

*He **is used to getting up** early.* Il est habitué à se lever tôt.

Pour exprimer une habitude de façon neutre, on peut généralement se contenter d'utiliser des adverbes / compléments de temps tels que *usually* ou *every day* ajoutés au présent / prétérit simples (*He takes the bus every morning*). Si l'on veut vraiment insister sur l'idée d'habitude, on peut employer une expression comme BE IN THE HABIT OF : *He is in the habit of drinking a glass of milk every morning* / *He's made a habit of drinking a glass of milk every morning* / *... and she has a habit of putting things away where they don't belong* (L. Jackson Braun, *The Cat who Brought Down the House*).

On notera également l'expression *GET USED TO* + V-*ING*, qui se réfère elle aussi à une habitude plus ou moins subie : *I think I'll get used to the noise / to working such long hours* (Je pense que je m'habituerai au bruit / à travailler un si grand nombre d'heures par jour).

10.11 Expressions diverses

- *BE SUPPOSED TO* /sə'pəʊstə/ (expression d'une supposition ou d'une obligation / interdiction)

*He's generally **supposed to** be very rich.* Les gens pensent généralement qu'il est très riche.

*Am I **supposed to** come to all the meetings?* Suis-je censé(e) venir / Suis-je obligé(e) de venir à toutes les réunions ?

*You **aren't supposed to** smoke in this room.* Il est interdit de fumer dans cette pièce.

- *BE DUE TO*

*The show **is due to** start at 8.30.* Le spectacle doit commencer à 8 heures 30.

1. Comme avec BE + TO (➤ 10.5.1), HAVE + -*EN* ajouté au prétérit sous-entend que l'événement ne s'est pas produit : *A lack of wind has delayed the fifth leg of the race, which was due to have finished two days ago* (... aurait dû se terminer il y a deux jours).

2. L'adjectif DUE peut entrer dans diverses autres constructions. Dans certaines de ces constructions, il a le sens du participe passé français "dû" : *His success is due to your help* (Son succès est dû à votre aide).

- *HAPPEN TO*

*He **happened to** be in Hull at the time.* Il se trouvait être à Hull à ce moment-là.

Comme on le voit, la construction *he happens to…* n'est pas l'équivalent du français "il lui arrive de…" / "il arrive que…" (La phrase "Il lui arrive de passer trois jours sans manger" se traduira par *He sometimes goes / He can go three days without eating.*)

- **BE *ABOUT TO***

*He **is about to** leave.* Il est sur le point de partir.

À la forme négative, le sens est légèrement différent : *He isn't about to give up his project* (Il n'est pas prêt à / disposé à abandonner son projet).

11 Subjonctif, impératif, modes impersonnels

Définition (rappel, ➤ 2.5) : les **modes personnels** (≠ **modes impersonnels**) sont les modes dans lesquels le groupe verbal a nécessairement un sujet (qui est à la 1re, la 2e ou la 3e personne). Il existe en anglais deux modes personnels (l'**indicatif** et le **subjonctif**), un mode semi-personnel (l'**impératif**) et trois modes impersonnels (l'**infinitif**, la **forme en -***ING*** et le **participe passé**).

Les chapitres précédents ont été consacrés aux différentes formes que peut prendre le groupe verbal au mode indicatif. Le présent chapitre traite du GV aux **modes autres que l'indicatif**. En ce qui concerne les modes impersonnels, cependant, il ne sera question, pour l'essentiel, que de leurs emplois dans des **phrases simples** ; les emplois dans des phrases complexes seront traités aux chap. 26-28.

11.1 Le subjonctif

11.1.1 Formes

Pour l'ensemble du système verbal de l'anglais, il n'existe qu'une forme de subjonctif, le subjonctif présent. (*BE* fait exception, puisqu'il possède également un subjonctif prétérit, ➤ b.) Donc, lorsque nous parlerons du subjonctif sans autre précision, il s'agira du subjonctif **présent**. (De même, lorsque nous parlons du présent et du prétérit sans autre précision, il s'agit du présent et du prétérit de l'indicatif.)

a. Tous les verbes, ainsi que *BE* et *HAVE*, possèdent un **subjonctif présent**. La forme du subjonctif présent est la même à toutes les personnes : il s'agit de la **base verbale**. Donc (si l'on met à part le cas de *BE* et, nous allons le voir, le cas de la forme négative), le subjonctif présent ne se différencie de l'indicatif présent que par l'absence de -*S* à la 3e personne du singulier :

*She suggests that he **abandon** the project.* Elle suggère qu'il abandonne le projet.

*I do not intend that this book **be** a tract on behalf of Bokononism.* (K. Vonnegut, *Cat's Cradle*)

À la forme négative, il n'utilise pas *DO*, et place *NOT* avant le verbe :

*Partridge was glad of Fernandez's insistence that he **not go** inside alone.* (A. Hailey, *The Evening News*)

*"If you'd rather **I not stay**, Mr. Gekko, I can leave…"* (K. Lipper, *Wall Street*)

Avec *BE*, l'ordre be not (au lieu de not be) est parfois utilisé : *I propose that the measure* **be not** *enforced / **not be** enforced until June 1st.*

b. Seul le verbe / auxiliaire *BE* possède un **subjonctif prétérit**. La forme de ce subjonctif est ***were*** pour toutes les personnes. Donc, il ne se différencie du prétérit de l'indicatif qu'à la 1re et à la 3e personne du singulier :

*If **I were** you, I wouldn't tell them.* Si j'étais vous, je ne le leur dirais pas.

La forme négative est ***were not** / **weren't*** : *If it **weren't** for you, I wouldn't stay* (Si ce n'était pas pour / à cause de vous, je ne resterais pas).

11.1.2 Sens et emplois du subjonctif présent

L'emploi du subjonctif peut paraître un peu affecté. Dans la langue familière, on préfère généralement (du moins lorsque cela est possible) utiliser une autre construction ; ainsi, plutôt que *I propose that the discussion be adjourned* (Je propose que la discussion soit ajournée), on dira *I propose adjourning the discussion*. Le subjonctif n'est cependant pas une forme rare.

Du point de vue du sens, le subjonctif présent est apparenté aux modaux ; il est utilisé pour un événement qui est vu comme virtuel (c'est-à-dire comme hypothétique, imaginaire, non encore réalisé, etc.), mais qui malgré cela est envisagé comme réalisable (et non comme un irréel). On l'emploie dans trois types de contextes :

a. Contextes directifs. Comme nous l'avons vu en 9.2.5 à propos de *should*, les contextes directifs sont des contextes qui contiennent l'idée d'une volonté ou d'un souhait dirigé vers l'accomplissement d'une action ; il peut s'agir de l'expression d'une suggestion, d'un ordre, etc. Et, comme avec *should*, l'idée directrice peut être contenue dans un verbe, un nom, un adjectif ou une conjonction de but :

*He ordered that the prisoner **be** set free.* Il ordonna qu'on libère le prisonnier.

*Obviously people donated money with the intention that it **go** to the victims!* (BBC)

*It's important that the letter **arrive** in time.*

1. Dans ces contextes, le subjonctif pourrait être remplacé par *should* + base verbale (➤ 9.2.5.a). Pour cette raison, certains considèrent ces emplois, tout simplement, comme un cas d'ellipse de *should*. Cette hypothèse appelle un certain nombre d'objections. En particulier, elle laisse sans réponse la question suivante : pourquoi *should* pourrait-il être omis dans des contextes directifs mais non dans des contextes appréciatifs ?

2. Une autre hypothèse prend en compte le fait que le subjonctif utilise la même forme que l'impératif (à savoir la base verbale). Elle consiste à considérer la proposition au subjonctif des contextes directifs comme une forme de discours indirect ; ce discours indirect sert à rapporter des énoncés qui, au discours direct, pourraient être formés avec un impératif (➤ 11.2.1.e), puisqu'ils expriment un ordre, un conseil, une suggestion, etc.

3. Le verbe de la proposition contenant l'idée directive peut être au présent ou au prétérit ; cela est sans effet sur le subjonctif. En d'autres termes, il n'y a pas de "concordance des temps" avec le subjonctif : *She **suggests** / **suggested** that he **abandon** the project.*

4. La langue non recherchée utilise fréquemment, dans les contextes directifs, non pas le subjonctif mais l'indicatif (présent ou prétérit) :

*Might I suggest that Marion **sits** down with her husband?* (A. Ayckbourn, *Three Plays*)

*[He] had a heart condition and it was doctor's orders that he **took** it easy.* (D. Moggach, *Seasaw*)

Le choix de l'indicatif peut cependant, dans certains cas, modifier le sens, ➤ 25.1.1.

b. Expression d'un souhait, dans des formules figées (parfois avec ordre "verbe / auxiliaire + sujet") :

God save the King. Que Dieu sauve le Roi.

Long live our sovereign! Longue vie à notre souverain(e) !

Damn! / Damn you! / Damn the bloody computer!

Heaven forbid that I should say such a thing! Le ciel me préserve (= Que le ciel me préserve) de dire une chose pareille !

So be it! Soit ! / Qu'il en soit ainsi !

Suffice it to say that... Nous nous contenterons de dire que... (mot à mot : Qu'il suffise de dire...)

c. Expression d'une hypothèse ou d'une concession (= même si..., bien que...), dans une langue recherchée, et notamment dans des expressions figées :

if it be true that... s'il est vrai que...

be that as it may quoi qu'il en soit

whether it be true or not que ce soit vrai ou non

come what may quoi qu'il arrive

rain or shine qu'il pleuve ou qu'il vente

like it or not que ça me / vous / lui plaise ou non

come to that à ce propos

if need be si nécessaire

lest it be too late de peur qu'il ne soit trop tard (➤ 27.7.1.b)

11.1.3 Sens et emplois du subjonctif prétérit de *BE* (*were*)

Ce subjonctif (dont l'emploi peut paraître un peu recherché) a une valeur non pas temporelle mais **hypothétique,** soit d'irréel (premier exemple ci-après), soit de doute (second exemple) :

He always treats her as if she were a child. Il la traite toujours comme si elle était une enfant.

If he were to fail, it would be a great misfortune. S'il devait échouer, ce serait un grand malheur.

En anglais britannique, le subjonctif *were* n'est guère employé dans la langue courante en dehors de l'expression *if I were you* (si j'étais toi / vous) : on dira plutôt *if I was rich* que *if I were rich*, et *... as if she was a child* plutôt que *... as if she were a child*.

11.2 L'impératif

En tant que forme, l'impératif n'existe en anglais qu'à la 2ᵉ personne. C'est la raison pour laquelle il peut être considéré comme un mode semi-personnel : *Go out!* (Sors ! / Sortez !). À la 1ʳᵉ et à la 3ᵉ personne, il existe une construction de sens impératif, qui est formée avec le mot *LET* (*Let's go out!* = Sortons !). Il faut donc distinguer d'une part l'impératif proprement dit (*Go out!*), et d'autre part la construction impérative en *LET* (*Let's go out!*).

11.2.1 Impératif proprement dit (2ᵉ personne singulier / pluriel)

a. La **forme affirmative** est constituée simplement de la **base verbale** :

Wait until I tell you to begin. Attends / Attendez que je vous dise de commencer.

Be sensible. Sois / Soyez raisonnable.

Les verbes prépositionnels (➤ 22.6.1) ne gardent leur préposition que si cette préposition sert à introduire un complément. Ainsi, on peut opposer :

Look at him! Regarde-le ! / Regardez-le !
Look! Regarde ! / Regardez !

Il ne faut donc pas, avec ces verbes, employer la préposition seule après le verbe, comme on le fait avec la forme interrogative ou avec le passif (*What did you look at?* / *The washing-machine hasn't been paid for*, etc.)

En revanche, les verbes à particule (➤ 22.6.1) gardent nécessairement leur particule : *Look out, there's a car coming!* (Fais / Faites attention, il y a une voiture qui arrive !). On notera également le cas où la suite "préposition + complément" est remplacée par une particule : *Come into the room!* ↔ *Come in!*

b. La **forme négative** utilise *do not* (ou *don't*, forme contractée), qui précède la base verbale. (Comme nous l'avons vu en 3.1, BE a ici un fonctionnement identique à celui des verbes : il utilise l'auxiliaire DO.)

Don't worry. Ne t'inquiète pas / Ne vous inquiétez pas.

Don't be silly. Ne sois pas / Ne soyez pas stupide.

Don't ever ask me that again. Ne me demande(z) plus jamais ça.

Sur ce point, l'impératif ressemble à l'indicatif présent ; par contre, il se distingue du subjonctif, qui, nous l'avons vu, forme sa négation sans DO.

c. L'impératif possède également une **forme emphatique** qui utilise l'auxiliaire DO, et sert en général à exprimer une insistance non contraignante (et non un ordre) :

Do come in! Entrez, je vous en prie !

d. DO peut également être employé dans des **réponses abrégées** :

'Can I borrow your pen?' 'Please do!' Je peux vous emprunter votre stylo ? – Je vous en prie !

Le sujet du verbe à l'impératif est parfois exprimé sous la forme du pronom *you*, qui est alors nécessairement accentué. Ce pronom peut simplement servir à désigner de façon claire la personne à qui l'on s'adresse :
You be ready to start, and you follow me. Toi, sois prêt à partir, et toi, suis-moi.
Il peut également servir à exprimer un ordre ou une demande avec plus de force :
You mind what you are going to say! Fais bien attention à ce que tu vas dire !
You be quiet! Tiens-toi donc tranquille !
Don't you touch me! Ne me touche pas, compris ?
Le pronom *somebody* / *someone* peut également être employé :
Somebody give me a hand! / *Give me a hand somebody!* Aidez-moi, quelqu'un !

She flings herself into the dining-room like a tea-cake from a toaster, shouting, 'Help! Help! Someone call an ambulance!' (Kate Atkinson, *Behind the Scenes at the Museum*)

e. Le **sens fondamental** de l'impératif anglais est en gros le même que celui de l'impératif français (même s'il y a quelques différences dans les emplois, comme nous allons le voir). L'impératif n'exprime pas nécessairement un ordre ; ainsi, le signal *CROSS* destiné aux piétons, près des carrefours, n'est évidemment pas un ordre, comme l'est le signal *STOP* avec lequel il alterne. En fait, l'impératif peut exprimer toute une gamme de valeurs directives allant de l'ordre à la permission, en passant par l'offre (*Have a cigarette!* = Prends / Prenez une cigarette !) ou par le souhait (*Enjoy your holiday!* = Bonnes vacances !). Dans certains cas (notamment pour les instructions, modes d'emploi, etc.), l'équivalent français peut être l'infinitif : *Shake well before use* (Agiter avant d'utiliser le produit) / *Do not open* (Ne pas ouvrir).

1. Cette gamme de valeurs modales est en partie reflétée par les reprises interrogatives (*'question tags'*) qui peuvent suivre l'impératif. Les plus courantes sont formées avec *will* : *Shut the window, will you?* Le sens varie en fonction de l'intonation ; pour l'essentiel, une intonation descendante correspond à un ordre ("Veuillez fermer la fenêtre"), tandis qu'une intonation montante permet d'exprimer une demande beaucoup moins péremptoire ("Voulez-vous fermer la fenêtre ?"). On peut également utiliser (évidemment avec des nuances de sens différentes) *won't you?, can you?, could you?, can't you?* et *why don't you?* Après un impératif négatif, toutefois, seul *will you?* est possible : *Don't close the door, will you?*

2. L'impératif peut aussi servir à exprimer un avertissement ou une menace : *Don't move or I'll shoot!* (Ne bouge pas ou je tire !). On notera, dans la seconde proposition, l'emploi de *will* (alors que le français utilise le présent simple), sauf s'il s'agit d'exprimer non pas une action mais un état : *Don't move or you're a dead man.*

3. L'impératif peut (comme en français) exprimer une hypothèse : *Give him an inch and he'll take a yard* (On lui donne le doigt et il vous prend le bras). Et l'on peut exprimer une menace sous la forme d'une hypothèse : *Move and I'll shoot.*

11.2.2 Construction impérative en *LET* (1re et 3e personnes singulier / pluriel)

a. Forme affirmative : *LET* + GN + base verbale

Let those with a train to catch start first. Que ceux qui ont un train à prendre partent les premiers.

Let me think. How many of us are there? Voyons que je réfléchisse. Combien sommes-nous ?

Let's be careful. Soyons prudents.

Let there be no misunderstanding. Qu'il n'y ait pas de malentendu. (Comme pour la forme interrogative, ➤ 3.5, *there* occupe ici la place du sujet.)

1. Il ne faut pas confondre la particule *LET* utilisée dans cette construction et l'impératif du verbe *LET* ("laisser", "permettre") ; dans certains cas, la forme est exactement la même, et seul le contexte permet de faire la distinction. Ainsi, *Let the children do the* *cooking* peut avoir deux sens : (a) "Que les enfants fassent la cuisine" ; (b) "Laisse / Laissez les enfants faire la cuisine". À la 1re personne du pluriel, cependant, il y a une différence de forme. Dans le cas du verbe *LET* (sens de "laisser"), c'est obligatoirement la forme pleine du pronom *us* qui est utilisée. Donc, l'équivalent anglais de "Laissez-nous faire la cuisine" est *Let us do the cooking* (forme pleine obligatoire). Par contre, pour dire en anglais "Faisons la cuisine" (impératif 1re personne du pluriel), on utilisera habituellement la forme *Let's do the cooking*. (Dans une langue recherchée, toutefois, on dira *Let us...* dans les deux cas.)

2. La reprise interrogative qui peut être employée à la suite de *let's* est *shall we?* : *Let's do the cooking, shall we?* (Faisons la cuisine, non ? / d'accord ?). Et, après une suggestion formée avec *shall we...?*, on peut avoir une réponse abrégée formée avec *let's* : *'Shall we invite them?' 'Yes, let's!'*

b. Forme négative. Il existe deux constructions synonymes pour *let's* :

Let's not forget Tony's birthday.

Don't let's forget Tony's birthday. (un peu plus familier)

c. Il existe une **forme emphatique**, qui utilise *DO* (même valeur d'insistance non contraignante que pour l'impératif proprement dit) :

Do let's go now! Je vous en prie, partons, maintenant !

11.3 L'infinitif

11.3.1 Formes

a. Comme nous l'avons vu au chap. 2, il existe deux formes d'infinitif :

• L'infinitif proprement dit, ou **infinitif sans *TO***, constitué seulement de la base verbale (symbole **V** ou **ØV**) : *Why **ask** them?* (Pourquoi le leur demander ?)

• L'**infinitif précédé de *TO*** (particule infinitive *TO* + base verbale, symbole ***TO* + V**) : *What **to see** in London.* (Quoi voir à Londres – titre d'une brochure)

Il arrive que *TO* soit séparé de la base verbale par un adverbe : *We must try **to really understand** their problems.* Certains grammairiens considèrent cette construction ('*split infinitive*') comme incorrecte. En fait, il n'est pas toujours possible de l'éviter. C'est le cas dans l'exemple qui précède : *★We must try to understand really their problems* serait incorrect (place du complément d'objet, ➤ 22.3.1), et *We must really try to understand their problems* aurait un sens différent.

b. Forme négative. On utilise simplement *NOT* (et jamais *DO*), pour les deux types d'infinitif. Il faut veiller à placer *NOT* convenablement.

• Avec l'infinitif sans *TO*, on place *NOT* devant la base verbale :

*Why **not ask** them?* Pourquoi ne pas le leur demander ?

• Avec l'infinitif précédé de *TO*, on place *NOT* devant *TO* :

*To be or **not to be**, that is the question.* (Shakespeare, *Hamlet*)

*Let's try **not to fall**.* Essayons de ne pas tomber.

Cependant, on place parfois NOT après TO, pour un effet d'emphase sur la négation ou pour montrer de façon claire que la négation porte sur le verbe qui suit : *If the vaccine proves* **to not have** *undesirable side effects, we will use it* (BBC) / *I can't trust you* **to not sabotage** *our field work* (J. Harrison, *Brown Dog*).

c. L'infinitif peut se combiner avec BE + -ING, avec HAVE + -EN et avec le passif : *He doesn't seem* **to be looking** *at us* / *I want* **to have finished** *before 11.30* / *He didn't expect* **to be given** *such an enthusiastic welcome.*

d. **Ellipse du verbe.** Pour éviter une répétition, on peut omettre le verbe (et éventuellement les compléments) d'une construction TO + V. Toutefois, dans certains cas (➤ 26.2.3, remarque 3), il n'est pas possible d'omettre également TO (ou, à la forme négative, NOT TO) :

'*Would you like to stay here?*' '*Yes, I'd prefer to.*' ... – Oui, je préférerais.
'*Don't forget to tell them.*' '*I'll try* **not to**.' ... – Je vais essayer de ne pas oublier.

11.3.2 Emplois de l'infinitif sans TO (= Ø V) dans des phrases simples

Le groupe verbal d'une phrase simple est à l'infinitif sans TO dans les cas suivants :

a. Après **why**, dans des constructions interrogatives :

Why **save** *money?* Pourquoi économiser de l'argent ?
Why **not leave** *at once?* Pourquoi ne pas partir tout de suite ? (suggestion)

1. Nous avons vu (➤ 2.3) que la base verbale employée seule exprime simplement la **notion** à laquelle correspond le verbe. (Elle n'exprime pas la réalisation de l'événement, ni même un mouvement vers cette réalisation.) C'est manifestement le cas ici : la réalisation de l'action n'est pas envisagée. (Avec la forme négative *why not...?*, toutefois, elle est envisagée, mais ceci est dû à l'effet rhétorique de l'interrogation + négation.) On opposera cette construction à celle des interrogatives ou pseudo-interrogatives introduites par *how, where*, etc. (➤ 11.3.3) ; ces dernières, qui envisagent la réalisation de l'événement, utilisent TO.

2. La différence de sens est par contre moins grande (quoique non négligeable) avec les interrogatives en *Why should...?* (➤ 9.2.5) : *Why should I save money?* (Pourquoi économiserais-je / Pourquoi voudriez-vous que j'économise de l'argent ?).

3. Cette construction est parfois (assez rarement) utilisée avec *how* : *I struggle to obtain the facts: How did Maddy learn to shoot? How explain her prowess with guns?* (David Hunt, *Trick Shot*). Alors que les énoncés en *how to...* (➤ 11.3.3.a) envisagent la réalisation de l'action désignée par le verbe, les énoncés en *how* ØV, qui sont en fait des questions rhétoriques, mettent en doute la possibilité de cette réalisation.

b. Dans des interrogatives exprimant la surprise, l'indignation, etc. :

'*It would be better to tell him.*' '**Tell** *him? I don't think we can!*' ... Le lui dire?
'*Perhaps she could play the piano.*' '*Her* **play** *the piano? You must be joking!*' ... Elle, jouer du piano ? Tu plaisantes, je pense !

1. L'action est ici considérée de façon entièrement virtuelle : l'énonciateur, contrairement à son interlocuteur, n'envisage pas la réalisation de cette action.

2. Quand il y a un sujet et que ce sujet est un pronom (second exemple), ce pronom est à la forme "complément" (*me, her, him*, etc.), ce qui est la règle générale dans les propositions à l'infinitif (➤ 26.1). C'est l'un des points sur lesquels l'infinitif se distingue du subjonctif.

11.3.3 Emplois de l'infinitif précédé de *TO* (= *TO* + V) dans des phrases simples

a. Constructions dites pseudo-interrogatives (forme interrogative, sens assertif) :

*Where **to stay** in London.* (titre d'une brochure) Où se loger à Londres.
*How **to save** money.* Comment économiser de l'argent.
*What **to do** on a rainy day.* Que faire un jour de pluie.

Ces phrases constituent une forme de discours indirect introduit par une proposition sous-entendue, dont le sens est approximativement *We are going to tell you… (where to / how to*, etc.), et elles sont donc en fait des affirmations. L'emploi de cette construction n'est pas systématique lorsqu'il s'agit de questions réelles (même de type rhétorique) : l'équivalent anglais de "Comment ne pas le vexer ?" sera, par exemple, *How can we avoid offending him?* Autres exemples : "Où trouver un plombier un dimanche matin ?" ← *Where can we find / are we to find a plumber on a Sunday morning?* "Que comprendre ?" ← *What are we / What am I to understand?* (➤ 10.5).

b. Expression d'un regret ou d'un reproche dans des phrases comme :

*To **think** that I trusted him blindly!* Dire que je lui faisais aveuglément confiance !
*(You fool,) **to miss** such an opportunity!* (Imbécile que tu es, de) manquer une telle occasion !
*The stupid fool, **to go** and get himself killed! I was terribly, unreasonably furious at him.* (H. Forrester, *Lime Street at Two*) Le triple imbécile ! Aller se faire tuer !

Il ne faut pas confondre cet emploi avec celui de l'infinitif sans *TO* dans des phrases interrogatives, ➤ 11.3.2.b. *To* exprime ici un jugement modal.

11.4 La forme en -*ING* (V-*ING*)

Modifications orthographiques que la terminaison -*ING* peut entraîner : ➤ 5.1.1.

Comme l'infinitif, V-*ING* peut se combiner avec *BE* + -*ING*, avec *HAVE* + -*EN* et avec le passif (*being working, having worked, having been working, being chosen*). La négation *NOT* se place toujours avant V-*ING* :

*Did he mind **not winning** the match?* Ça l'a ennuyé, de ne pas gagner le match ?
***Not having** finished his work, he didn't go out.* N'ayant pas fini son travail, …

La forme en -*ING* peut avoir plusieurs fonctions syntaxiques et plusieurs valeurs (➤ Encadré 27-A). Le groupe verbal d'une phrase simple ne peut être à la forme en -*ING* que dans un nombre très réduit de constructions, dont la plus courante est *What about / How about… -ing?* :

What about inviting them? Et si on les invitait ?

11.5 Le participe passé (V-*EN*)

Sur la forme du participe passé (terminaison -*ed* pour la plupart des verbes), ➤ 6.1.1.

La négation *NOT* se place toujours avant V-*EN* :

Not *pleased with what he had heard, he left the room.*

En dehors de son emploi dans la construction *HAVE* + -*EN* et dans la construction passive (➤ chap. 6 et 24), le participe passé est utilisé avec une valeur d'adjectif (*a closed door*), et dans certaines propositions subordonnées (➤ chap. 26-27).

Il ne peut pas, à lui seul, constituer le groupe verbal d'une phrase simple, sauf dans le cas de formules toutes faites comme *English spoken* (On parle anglais), *Jobs wanted* (Demandes d'emploi), ou *Lost property* (Objets trouvés). Ces formules sont manifestement de nature elliptique (autrement dit réalisent des effacements) ; par exemple, *English spoken* signifie *English is spoken here*, etc.

Tableau 11-A : Place de *NOT* avec les modes impersonnels du verbe

Principe général : *NOT* se place **devant** le verbe à un mode impersonnel – y compris devant *TO* dans le cas de *TO* + V.

Mode	Construction avec *NOT*	Exemples
Infinitif sans *TO*	*NOT* + **base verbale**	*Why* **not stay** *here?*
Infinitif précédé de *TO*	*NOT* + *TO* + **base verbale** Exceptions possibles : ➤ 11.3.1.b	*To be or* **not to be.**
Forme en -*ING*	*NOT* + V-*ING*	*Would you mind* **not interrupting?**
Participe passé	*NOT* + V-*EN*	**Not pleased** *with what he had heard, he left.*

12 Types de noms

12.1 Introduction

Le GN (= groupe nominal) est constitué au minimum soit d'un **nom** (*John is Canadian*, *Japan produces cars*), soit d'un **pronom** (*He is Canadian, I saw him*, ➤ chap. 19). Peuvent également entrer dans la composition du GN les constituants suivants : **déterminants** (**articles, quantificateurs, démonstratifs**, ➤ chap. 13 à 15), **adjectifs** (➤ chap. 16), **propositions relatives** (➤ chap. 28). Par ailleurs, chaque GN contient deux éléments qui n'apparaissent pas toujours de façon évidente, mais qui peuvent jouer un rôle grammatical important : le **genre** (masculin, féminin ou neutre) et le **nombre** (singulier ou pluriel).

12.1.1 Le genre (masculin, féminin ou neutre)

Le plus souvent, le genre n'est pas marqué dans la forme du nom lui-même (exceptions : terminaisons du type *-er* / *-ess* dans des mots comme *waiter* / *waitress*), ni dans celle du déterminant. Par contre, il est marqué par les pronoms qui (éventuellement) reprennent le GN :

A : '*Is your friend at home?*' (pas de marque de genre, ni sur *your* ni sur *friend*)

B : '*No, he* / *she is out at the moment.*' (genre indiqué par le pronom)

En général, le genre en anglais (à la différence du français) est naturel, c'est-à-dire que l'alternance grammaticale de genre (masculin, féminin, neutre) correspond à la distinction physique de sexe (mâle, femelle) ou d'absence de sexe.

woman (femelle) = *she* (féminin)
boy (mâle) = *he* (masculin)
knife, fork (asexués) = *it* (neutre)

Pourtant, dans le détail, il y a quelques complications.

a. Animés humains et animaux les plus proches de l'homme (mammifères, surtout)

Pour les petits enfants et les animaux dits supérieurs (grands mammifères), on peut employer le neutre quand on ignore de quel sexe est l'enfant ou l'animal :

I think they've got a child, it can't be more than a few months old.

Mais les gens qui connaissent l'enfant ou l'animal emploieront le genre qui correspond à son sexe :

'*Have you got any children ?*' '*Yes, one. She* / *He is only six months old.*'

On emploie volontiers *she* pour les chats, même si on ne les connaît pas. En revanche, on emploiera le neutre pour d'autres animaux, même en connaissant le sexe, si on n'a aucun rapport affectif : *Look at that cow, it must have escaped from a farm or something.*

Dans certains cas, on peut se trouver ignorer le sexe d'un adulte humain : indéfinis comme le nom *person* (attention : ce nom n'est pas féminin) ou le pronom *someone*, ou noms de métiers (*teacher, doctor, nurse, secretary, employee, Prime Minister, shop assistant*) ou plus généralement d'activités humaines (*beggar, passer-by, student*). L'anglais permet alors plusieurs solutions :

• Considérer que le masculin l'emporte et employer *he*. Cette solution est de plus en plus critiquée.

If anyone calls, tell him I'll be back tonight.

• Laisser le choix ouvert en employant la formule *he or she* (style assez relevé) :

If a student calls, tell him or her I'll be back tonight.

• Échapper au problème :

— en employant *person*, qui n'est ni masculin ni féminin

— en employant *they*, qui ne précise pas le genre et donc pas le sexe. Ce *they* n'indique pas la multiplicité, et peut s'employer même quand on sait très bien qu'il s'agit d'une seule personne.

*If somebody had come with a hard luck story, Mother would have let **that person** in and listened to what **they** had to say.*

Méfiez-vous des noms de professions : ce n'est pas parce qu'une profession est actuellement majoritairement masculine (*surgeon, pilot*) ou féminine (*nurse, midwife*) qu'elle n'inclut pas des représentants de l'autre sexe, et la situation peut changer. Les susceptibilités sont vives dans ce domaine. Parfois on précise le sexe : *male nurse, woman doctor*. Notez les emplois récents comme : *spokeswoman* (porte-parole femme), *chairperson* ou *chair* (président ou présidente).

Dans quelques cas, il existe des noms différents pour le masculin et le féminin :
• noms totalement différents : *king* / *queen, bull* / *cow*
• noms affectés d'un suffixe : *waiter* / *waitress, tiger* / *tigress*
Attention à : *widow* (veuve) / *widower* (veuf), *the bride* (la mariée) / *the bridegroom* (le marié).

b. Animaux dits inférieurs

On ignore en général le sexe des animaux comme les oiseaux, poissons, insectes, etc. On emploie donc le neutre (sauf si on peut préciser le sexe). On peut aussi employer le masculin *he*, quel que soit le sexe, si l'énonciateur dote l'animal d'une personnalité.

c. Inanimés (objets, notions abstraites)

L'emploi du neutre est la règle générale. Pourtant, pour marquer de l'affection à l'égard de certaines machines (automobiles, camions, etc.), on peut employer le féminin *she*.

You can't beat my Mack eighteen-wheeler – she still leaves everybody standing on the road. Mon bon vieux semi-remorque Mack est imbattable. Il les laisse tous derrière sur la route.

Pour les bateaux, on utilise en général *she*. Les noms d'institutions (*government*, etc.) qui sont des collectifs facultatifs (➤ 12.3) sont repris par *it* ou *they*. Les noms de pays (*England*, etc.) sont repris par *it* ou, plus rarement, par *she*.

! Le pronom relatif est normalement ***which*** pour tous les inanimés.

12.1.2 Le nombre (singulier / pluriel)

Le nombre se définit sur le plan des **formes** : le caractère singulier ou pluriel d'un nom se manifeste par des **marques morphologiques et syntaxiques**, qui peuvent appartenir à quatre catégories.

a. Forme du **nom** : *car, foot* (noms au singulier), *cars, feet* (noms au pluriel).

Certains noms ne permettent pas l'opposition singulier / pluriel (autrement dit possèdent une seule forme). Il peut y avoir trois raisons à cela : soit le nom est toujours au singulier (ex. : *progress*, ➤ 12.2.4), soit il est toujours au pluriel (ex. : *people, trousers*, ➤ 13.3 et 12.4), soit il a la même forme au pluriel et au singulier (ex. : *sheep*, ➤ 12.2.2). Dans les trois cas, il faut faire attention aux autres marques (➤ **b, c** et **d**).

Il ne faut pas croire que la présence (ou l'absence) de la terminaison *-s* correspond automatiquement au pluriel (ou au singulier). Ainsi, *news* est toujours au singulier (*The news is good*), et *people* (sauf quand il a le sens de "peuple") est toujours au pluriel (*These people are happy*).

b. Forme du **déterminant** : *a sheep, this sheep* (singulier), *these sheep* (pluriel).

! De nombreux déterminants (par ex. *the*) ne possèdent pas de marque singulier / pluriel.

c. Forme du **pronom** qui (éventuellement) reprend le groupe nominal :

The sheep ran away; we had frightened it / them.

d. Forme de l'**auxiliaire** ou du **verbe** dont le GN est sujet :

My sheep likes / like this grass. (Dans *My sheep ran away*, par contre, le verbe ne permet pas de savoir si le nom est au singulier ou au pluriel.)

En résumé, le véritable critère pour savoir si un nom est singulier ou pluriel est constitué non pas par la forme du nom (des noms comme *news* ou *people* sont trompeurs), mais par les **accords**.

12.1.3 Choix singulier / pluriel : logiques différentes en anglais et en français

Dans certains cas, le choix entre le singulier et le pluriel ne se fait pas selon les mêmes critères en anglais et en français.

a. **Logique du pluriel en anglais.** Comparez :

*They advised the demonstrators to leave **their cars** on the outskirts of the town.*
Ils ont conseillé aux manifestants de laisser **leur voiture** aux abords de la ville.

Le français adopte ici la logique du singulier : chaque manifestant a une seule voiture. L'anglais, par contre, adopte la logique du pluriel : il y a en tout plusieurs voitures. Autres exemples :

*He appealed to **the hearts** of those present.* Il a fait appel **au bon cœur** de ceux qui étaient présents.

Bien sûr, la règle ne s'applique qu'aux noms qui peuvent se mettre au pluriel. Cela élimine les indénombrables singuliers (➤ 12.4) : Il loua le courage de ceux qui s'étaient portés volontaires. → *He praised **the courage** of those who had volunteered.*

Notez aussi :

Il a changé de place / de travail / de train. → *He changed places / jobs / trains.*
Ils se sont serré la main. → *They shook hands.*

b. **Logique de l'accord au singulier en anglais.** Comparez :

*Where did he find **that** 200 dollars?* Où est-ce qu'il a trouvé **ces** 200 dollars ?
*Two litres of water **is sufficient** to avoid dehydration.* Deux litres d'eau **suffisent** pour éviter la déshydratation.
*He'll have to wait for **another ten days**.* Il faudra qu'il attende encore dix jours.

Le problème concerne des ensembles mesurés ou quantifiés pouvant être considérés comme une unité. En français, les accords se font généralement au pluriel ; en anglais, par contre, on considère l'ensemble **comme une seule unité**, et les accords se font au singulier.

12.1.4 Les classes de noms

On peut distinguer cinq classes : **dénombrables** (*car*) ; **collectifs** (*team, police*) ; **indénombrables pluriels** (*clothes, trousers*) ; **indénombrables singuliers** (*information*) ; **noms propres** (*England*).

Ces cinq classes se définissent uniquement par des critères de forme : les seuls facteurs qui sont pris en considération pour déterminer l'appartenance d'un nom à telle ou telle classe sont des facteurs syntaxiques, c'est-à-dire les contextes dans lesquels on peut faire entrer un nom. Il est vrai qu'il existe une tendance à la concordance entre le sens des noms et leur comportement (par exemple, nom de matière = indénombrable, c'est-à-dire incompatibilité avec article indéfini *a / an* et absence de pluriel), mais dans le détail il y a beaucoup de surprises. (Pourquoi *information* ou *dust* sont-ils strictement indénombrables ?) La bonne attitude consiste donc à :

- considérer *a priori* les classes de substantifs comme généralement arbitraires
- vérifier dans le dictionnaire (*Longman Dictionary Of Contemporary English*) à quelle classe appartient tout nom qui n'est pas bien connu de ce point de vue
- bien connaître le comportement syntaxique de chaque classe

> **!** Un grand nombre de noms peuvent appartenir à plusieurs classes, c'est-à-dire fonctionner différemment, avec des variations de sens plus ou moins importantes :
>
> **beer** indénombrable = bière, le liquide (c'est-à-dire matière)
> **a beer** dénombrable = une unité correspondant à la manière dont on consomme le liquide, c'est-à-dire un verre, une bouteille, une boîte
>
> Cette variation existe pour d'autres noms du même type (*coffee, whisky*), mais n'est pourtant pas généralisable (**a milk*).

Autres exemples :
Some **clouds** *will linger throughout the region this morning.* Dénombrable au pluriel = des nuages
Some **cloud** *will develop over the southern Channel Country.* Indénombrable singulier (sens pratiquement identique)
glass indénombrable singulier = verre (la matière)
a glass dénombrable = un verre (un objet fabriqué avec du verre)
glasses indénombrable pluriel = lunettes
nobility indénombrable singulier = noblesse (caractéristique du caractère)
the nobility collectif = la noblesse (classe sociale)
damage indénombrable singulier = dégâts
damages indénombrable pluriel = indemnité

12.2 Les dénombrables et les indénombrables singuliers

12.2.1 Ce qu'il faut absolument savoir

Les compatibilités et incompatibilités de base se définissent très facilement :

a. Les dénombrables possèdent l'alternance singulier / pluriel (*book / books* et l'accord correspondant avec le verbe) alors que les indénombrables n'ont qu'une seule forme (*milk* et le verbe accordé au singulier).

b. Au singulier, les dénombrables sont compatibles avec l'article indéfini *a / an* et avec le numéral cardinal *one* (*a book, one book*). Les indénombrables ne sont pas compatibles avec ces déterminants, qui correspondent à la possibilité de dénombrer une unité. Par contre, les indénombrables singuliers acceptent le déterminant zéro (*Why don't you buy milk?*), ainsi que *much* et *little* (*not much milk, a little milk*).

c. Au pluriel, les dénombrables s'associent avec *many* et *few* (*too many books, a few books*), avec les numéraux cardinaux *two, three*, etc., et aussi avec le déterminant zéro (Ø).

Dénombrables au singulier	Dénombrables au pluriel	Indénombrables singuliers
a book	Ø *books*	Ø *milk*
one book	*two books* *many books* *few books*	*much milk* *little milk*

Beaucoup d'autres déterminants (par ex. *some, the, a lot of, plenty of*) sont compatibles avec les deux classes de noms et ne permettent donc pas de les distinguer.

12.2.2 Dénombrables : forme du pluriel

a. Pluriels réguliers

Forme écrite : terminaison en *-s*.

Cas particuliers (à rapprocher de la 3e personne du singulier des verbes, ➤ 4.1) :

- terminaison *-es* après *s, z, x, sh, ch* (*mistresses, boxes, churches*, et notez *quiz* → *quizzes, gas* → *gases* ou *gasses*)
- la lettre *y* après une consonne donne *-ies* (*party* → *parties*, mais *day* → *days*).

Simple ajout de *-s* pour les noms propres (*the Kennedys*), et pour le suffixe *-by* (*standbys, laybys*).

Forme orale : /z/, /s/ ou /ɪz/ dans les mêmes conditions que la terminaison *-s* de la 3e personne du singulier des verbes (➤ 4.1).

b. Pluriels irréguliers

- Variation de la forme du mot

man / men, woman / women, child / children, foot / feet, tooth / teeth, mouse / mice, goose / geese, louse / lice (pou / poux), ox / oxen, penny / pence (mais *pennies* = pièces d'un penny), et en anglais américain principalement *die / dice* (anglais britannique : dice au singulier et au pluriel)

- Sonorisation

Transformation en /v/ du /f/ final de certains mots : *half / halves, wife / wives, wolf / wolves* (orthographe : *f* ou *fe* → *ves*).

Liste partielle : *calf, half, knife, leaf, life, loaf, self, shelf, thief, wife, wolf*. Les autres noms en *-f(e)* ont ou peuvent avoir un pluriel régulier : *roof* → *roofs*, *scarf* → *scarfs* ou *scarves*.

Autres cas de sonorisation : *house* /ˈhaʊs// → *houses* /ˈhaʊzɪz/ ; quelques mots en *-th* (notamment *bath, mouth, path* et *youth*) peuvent facultativement, au pluriel, se terminer en /ðz/ au lieu de /θs/ (*baths* : /bɑːθs/ ou /bɑːðz/).

- Pluriels étrangers. Exemples de mots courants :

crisis /ɪs/ / *crises* /iːz/, *hypothesis* / *hypotheses*, *analysis* / *analyses*, *basis* / *bases*
criterion / *criteria*, *phenomenon* / *phenomena*
alumnus / *alumni* /aɪ/(ancien élève ou étudiant, US), *stimulus* / *stimuli*
alumna / *alumnae* /iː/ (ancienne élève ou étudiante, US), *antenna* / *antennae*
(antennes d'insectes)

Consultez le dictionnaire quand vous rencontrez d'autres mots de ce type.

- Transformations uniquement orthographiques

Mots en **-o** : quelques-uns (notamment *domino, echo, hero, potato* et *tomato*) ont obligatoirement un pluriel en **-oes** (*dominoes, echoes, heroes, potatoes, tomatoes*). Quelques-uns (notamment *buffalo, mosquito, tornado* et *volcano*) peuvent avoir indifféremment un pluriel en **-os** ou en **-oes**. La plupart (et notamment ceux dans lesquels **-o** suit une voyelle) ont leur pluriel en **-os** : *piano* → *pianos, embryo* → *embryos,* etc.

Autres transformations uniquement orthographiques. Pour les lettres (ou suites de lettres) et les chiffres, la marque du pluriel s'écrit **'s** ou **s** (obligatoirement **'s** pour une lettre seule) : *There are two **r's** in 'occurrence'* / *There were two **MP's** / **MPs*** / *That was in the early **90's** / **90s**.*

- Forme écrite invariable (même forme au pluriel), mais alternance singulier / pluriel dans la forme orale : *corps*, singulier /kɔː/, pluriel /kɔːz/ ; *Sioux*, singulier /suː/, pluriel /suːz/.

c. Noms dénombrables invariables
La forme est toujours la même. Il faut particulièrement se méfier de ceux de ces noms qui se terminent par **-s**, qui n'est pas une marque de pluriel :

a series / several series, a sheep / twenty sheep
*a means, which **is**… / several means, which **are**…*
It put me back twenty quid. Ça m'a coûté vingt livres.

Liste (partielle) de dénombrables invariables

biceps, series, species
means, offspring (progéniture)
sheep
craft (embarcation), *aircraft, spacecraft*
quid (= *pound / pounds*, familier), *stone* (mesure de poids), *head* (tête de bétail)
crossroads (carrefour), *gallows* (gibet), *kennels* (chenil)
barracks (caserne), *headquarters, works* (usine), *waterworks* (distribution ou traitement de l'eau)

Dans cette dernière catégorie, il arrive que, pour désigner une **unité**, on utilise le pluriel (visible dans les accords) : *The steel works are closed* (ou, bien sûr, *The steel works is closed*) = l'aciérie est fermée.

D'une façon générale, les noms d'animaux qu'on chasse comme gibier (*deer, grouse*) ou qu'on pêche (*salmon, trout*), ainsi que le nom *fish*, ne prennent pas la terminaison -*s* au pluriel (sauf pour désigner des espèces : *This lake is the habitat of various fishes*). Avec certains de ces noms (noms de poissons, ainsi que *deer* et *grouse*), le pluriel en -*s* est pratiquement inexistant. Avec d'autres (notamment *elk, quail, partridge* et *pheasant*), le pluriel en -*s* est en revanche relativement fréquent. Certains noms d'animaux sont généralement invariables dans le cadre de la chasse, mais variables dans l'usage courant.

Quelques noms peuvent, de façon optionnelle, rester invariables ou prendre la terminaison -*s* : *an aspirin, two aspirin(s)* ; *a cannon, two cannon(s)*.

Les noms qui sont des nombres (*dozen, hundred*, etc.) sont invariables dans certains de leurs emplois, ➤ 14.6.3.

12.2.3 Du faux dénombrable

Certains noms s'emploient, comme les dénombrables, avec l'article indéfini *a / an* mais n'ont pas pour autant un pluriel (pour certains d'entre eux, il existe un pluriel utilisable seulement dans certains contextes).

a. Noms, dérivés de verbes, qui désignent une occasion où se produit un événement, ou une façon d'être : *There was a funny smell about the place* / *He has taken a firm stand on the question* (une position) / *There was a chill in the evening air* / *a Texas drawl* (accent traînant) / *The car came to a halt* / *She has developed a liking for the violin* (un goût) / *It was a wrench to leave such a lovely place* (un déchirement).

Dans cette catégorie peuvent se ranger les noms qui, souvent associés à *have*, désignent une action :

> *have a go* (essayer) / *have a lie-down* (se prendre un repos) / *have a wash* / *have a laugh* / *have a lick* (juste goûter) / *give a pull* / *a good smoke* (une bonne cigarette) / *it was a good buy* (un bon achat) / *a fabulous read* (une lecture géniale)
>
> Sous la forme *a shame / a pity*, les noms *shame* et *pity* ont un sens différent par rapport à leur emploi indénombrable : *It's a shame / What a shame it rained on their wedding day!* (C'est dommage / Quel dommage qu'il ait plu pour leur mariage !).

b. Noms qui indiquent une quantité (faible ou importante), mais imprécise, avec dans certains cas un jugement appréciatif associé :

> *a touch of flu / a breath of scandal / a wealth of details / a riot of colours / a mess of graffiti*

12.2.4 Les grandes catégories sémantiques d'indénombrables singuliers

a. Il existe une correspondance approximative entre le sens des noms et leur comportement syntaxique. Les noms appartenant aux catégories de sens suivantes sont indénombrables :

- noms qui se réfèrent à des matières : *air, mud, blood*
- noms qui se réfèrent à des états (dérivés d'adjectifs) : *happiness, anger, stupidity*

Ces noms sont parfois appelés "abstraits", mais il est faux que tous les noms qui représentent du "non tangible" soient indénombrables (*They'll have to make up their minds*).

- noms qui se réfèrent à des actions (dérivés de verbes) : *cooking, swimming, singing*

Méfiez-vous : d'autres noms en *-ing* peuvent être dénombrables (*several buildings*) ou toujours au pluriel (*earnings*).

- noms de couleurs : *Green is the symbol of hope.*

Les noms de couleurs peuvent prendre l'article *a / an* quand ils sont modifiés : *They dyed the dress a deep blue / They dyed the dress dark blue* (Ils ont teint la robe en bleu sombre).

- noms de langues : *She speaks excellent French.*

- noms de jeux et sports : *billiards, chess, draughts, darts, football, cricket Billiards was the game of kings.*

Indénombrables courants sources d'erreurs pour les francophones

abuse (insulte(s))	*damage* (dégâts)	*leisure*	*scenery*
accommodation	*debris* (décombres)	*lightning*	*shingle* ▪ (galets)
(logement)	*dust*	*luck*	*smoke*
advertising	*equipment* (matériel)	*luggage*	*soap*
advice	*evidence* (preuve(s))	*money*	*spaghetti*
applause	*expenditure* ▪	*music*	*spinach*
assistance	*fruit* ▪	*news*	*thunder*
baggage	*furniture*	*nonsense* (bêtises)	*toast* ▪
behaviour	*garbage*	*permission*	*traffic*
blackmail	*grass*	*poetry*	*transport*
(chantage)	*gravel*	*praise*	*travel*
blame (reproche(s))	*hair* ▪	(compliments)	*verse* ▪
blasphemy	*help* ▪	*produce*	*waste*
bread	*information*	*progress*	*wear* (vêtements)
business ▪	*knowledge*	*rain*	*weather*
cloth ▪ (tissu)	*labour*	*refuse* (déchets)	*work* ▪
clothing	(main-d'œuvre)	*remorse*	*wreckage* (débris
country ▪	*land* ▪	*resentment*	après accident)
currency ▪ (devise)	*laughter*	*rubbish* (ordures)	*youth* ▪

▪ Il existe également un emploi dénombrable du nom, avec un sens plus ou moins différent : *a business* = une entreprise / *business* = les affaires ; *a verse* = une strophe, un couplet / *verse* = des vers, de la poésie.

b. Noms en -*ics*

Ces noms désignent des domaines de la connaissance (des sciences notamment). Ils sont traités en indénombrables singuliers quand ils réfèrent au domaine en général :

> *Physics studies matter. What does mathematics study?*
> *I know a little physics.*
> *Acoustics is a fairly recent field of research.*

Cependant, quand ces termes sont rattachés à une personne ou un lieu, l'accord du verbe est au pluriel :

> *His physics are rather unorthodox.*
> *The acoustics of the concert hall have been improved.*

Liste partielle : *acoustics, dynamics, economics, ethics, linguistics, mathematics, metaphysics, phonetics, physics, politics, statistics*

! Quelques noms de sciences sont en -*ic*, et sont toujours des indénombrables singuliers : *arithmetic, logic, rhetoric,* etc.

c. Noms de maladies

Certains noms de maladies sont employés avec déterminant zéro et avec accord singulier du verbe, mais peuvent difficilement être considérés comme de vrais indénombrables parce qu'ils n'acceptent pas les quantificateurs du type *a little*.

Liste partielle : *AIDS, cancer, measles* (la rougeole), *mumps* (les oreillons), *pneumonia, shingles* (zona)
Mais : *a cold, (the) flu, a headache, (a) toothache,* et ➤ aussi 12.4.1 *the sniffles, the trots*

12.2.5 Les dénombreurs

Les dénombreurs sont des noms qui peuvent se placer devant les indénombrables et permettent de les dénombrer en créant des unités :

> *a **bottle** / **glass** of milk*
> *a **loaf** of bread / two **loaves** of bread*
> *a **piece** of furniture*

! Il ne faut pas systématiquement employer des dénombreurs chaque fois que le français dénombre. Souvent, en anglais, on en reste à l'indénombrable (avec *the* ou Ø) :
Le conseil que vous m'avez donné s'est révélé très utile → *The advice you gave me proved very useful.*

a **piece** of advice / evidence / furniture / information / land / luck / luggage / nonsense / software (un logiciel)

a **speck** of dust (une poussière), a **blade** of grass (une herbe), a **flash** of lightning (un éclair), a **clap** of thunder, a **sum** of money, a **slice** of toast (un toast), a **bar** of soap, an **article** / an **item** of clothing (un vêtement, style légèrement recherché)

an **attack** of flu (une grippe), a **fit** of coughing (une quinte de toux), a **spot** of anxiety (une crise d'angoisse)

Noms d'unités de mesure et de récipients : a **pound** of bread, a **bottle** of milk

Dans certains cas, il existe un dénombrable en face de l'indénombrable :
travel (les voyages) – a trip (un voyage)
luggage / baggage (des bagages) – a bag (un sac, une valise)
work (du travail) – a job (un travail, un emploi)

12.3 Les collectifs

Le terme **collectif** est réservé à des noms qui font référence à des groupes d'êtres animés (humains ou animaux) : crowd, audience, herd, police. Ces noms se définissent donc à la fois par le sens et par le comportement syntaxique qui en résulte. Il y a deux sortes de collectifs : facultatifs et obligatoires.

12.3.1 Collectifs facultatifs

Les collectifs facultatifs ont le comportement syntaxique suivant (et c'est ce qui les définit). D'un côté, ce sont des dénombrables ordinaires (a team, several teams). Mais par ailleurs, avec une forme de singulier, ils peuvent entraîner un accord du verbe soit singulier, soit pluriel (the team is... / the team are...), et de même pour l'accord des pronoms. De plus, il n'est pas rare qu'on passe de l'un à l'autre :

'**The Press is** friendly, then?' '**They are** what they always are, bless **them**.'
Parliament was having an all-night sitting as **the opposition** fought **their** losing battle against mobilization.
The Conservative Party were strong supporters of these schools.

L'accord de singulier correspond à la forme du nom et indique que le groupe est considéré globalement comme une unité. L'accord de pluriel, par contre, indique qu'on prend en compte le fait que le groupe est composé de ses membres, c'est-à-dire d'une multiplicité d'individus.

Ce comportement syntaxique est courant en anglais britannique mais il l'est moins en anglais américain, qui accorde plus souvent le verbe au singulier, conservant cependant le pluriel pour les pronoms de reprise.

1. Si le nom collectif est précédé d'un déterminant tel que *a* / *an* ou *this*, qui marque syntaxiquement le caractère singulier du GN, cela n'oriente pas nécessairement vers des accords verbaux ou pronominaux au singulier : *A family from Leicestershire have finally won the right to send their severely disabled child to a residential special school.*

2. Certains noms de groupes d'animés n'ont pas, de façon habituelle, un comportement syntaxique de collectifs, contrairement à ce qu'on pourrait attendre. C'est le cas, par exemple, de *nation* et de *church* : *The nation / The Church is divided over the issue* (≠ *The public / The clergy is / are divided over the issue*).

Liste partielle de collectifs facultatifs

aristocracy	company	gang	majority	press
army	congress	firm	the military	proletariat
audience	council	flock	ministry	public
cabinet	couple	government	minority	regiment
cast	crowd	group	nobility	school
class	enemy	herd	opposition	team
committee	faculty	hospital	pair	university
community	family	jury	party	

Notez que certains de ces noms ont leur dénombreur : *a member / two members of the public.*

Les noms de sociétés commerciales et d'institutions peuvent fonctionner comme collectifs : *Selfridges, Rolls-Royce, the BBC.*

Les noms d'équipes sportives (y compris les noms de pays) ont souvent l'emploi collectif : *England have / has won. Arsenal were defeated 3-1 at Newcastle.*

Troop, militia

Ces mots, qui désignent des groupes, ont deux niveaux d'emploi.

(a) Ils peuvent se pluraliser pour représenter plusieurs groupes : *He saw several troops of monkeys / of tourists. There were two rival militias.*

(b) Ils peuvent désigner des individus : *Two rebel troops were killed* (deux rebelles) / *One militia was killed / two militia(s) were killed.*

Il faut remarquer qu'en anglais actuel, les noms **commando** et **guerrilla** réfèrent à des individus : *A commando opened the gates and Lovat entered, followed closely by about a dozen commandos / On one occasion armed guerillas surrounded his jeep.*

12.3.2 Collectifs obligatoires

Ces noms, qui représentent des humains ou des animaux, ont les caractéristiques suivantes :

• Bien qu'ils aient toujours une forme de singulier (jamais de terminaison -*s*), leurs accords se font au pluriel.

• Ils permettent le dénombrement au pluriel, et peuvent par conséquent être précédés d'un numéral ou de déterminants comme *several* :

---

*Two hundred **people** were waiting for the shop to open.* Deux cents personnes...
*The **police** were finally called in.* Finalement, la police a été appelée.
*Dozens more **police** are looking for suspects in the neighbourhood.* Des douzaines d'autres policiers...
***Two** very formidable Shanghai **police**, Mr. Sykes and Mr. Fairbairn, concentrated on teaching us a dozen different ways of killing people without making any noise.*
*Near a local rancher's camp, **two cattle** were killed by the wolves.*
*We have a convention of several thousand Anglican **clergy** coming to Los Angeles from all over the world.* ... plusieurs milliers d'ecclésiastiques anglicans...
*a vast open-plan complex, where **hundreds of newspaper personnel** appeared too preoccupied to notice the visitor* ... des centaines d'employés du journal...

On peut en fait considérer que ces noms sont des dénombrables qui ont la particularité d'être toujours au pluriel sans avoir eux-mêmes la forme d'un pluriel.

Certains permettent une autre forme de dénombrement : *a member of the police / gentry, a head / ten head of cattle.*

Liste (partielle) de collectifs obligatoires		
cattle (bovins)	*gentry*	*police*
clergy	*people* (gens)	*poultry*
folk(s) (gens)	*personnel* (employés)	*vermin* (nuisibles, parasites)

! Les mots *folk(s)*, *people*, et *police*, dans les sens donnés ici, ont toujours des accords de pluriel.

Les mots *cattle*, *clergy*, *gentry*, *personnel* et *vermin* se rencontrent occasionnelle-ment avec un accord de singulier, pour désigner le groupe ou une catégorie opposée à d'autres.

Pour tous les noms, le dénombrement des individus se fait à partir de deux, mais *personnel* permet *one personnel*.

People, en tant que collectif obligatoire, fonctionne comme un pluriel de *person* : *one person, several people*. Par ailleurs, *people* au sens de "peuple" est un collectif facultatif et a un pluriel : *the peoples of Africa* (les peuples d'Afrique).

Certains adjectifs employés comme noms (notamment *dead* et *injured*, ➤ 16.9.1) ont des caractéristiques qui les rapprochent des collectifs obligatoires :

*With an estimated **270 dead** and **1405 injured**, thousands still homeless and thousands of homes without water or power, the San Francisco Bay Area was slowly recovering yesterday after the second worst earthquake in US history.*

Dead et *injured* sont cependant compatibles avec le déterminant *one* : *The accident left one dead and one injured.*

Crew et *staff*

Les noms *crew* et *staff* se situent entre les deux catégories de collectifs. D'une part, ils gardent leur comportement de dénombrable normal, comme *family* :

A Polish crew has been assembled. Un équipage polonais a été formé.

a contest between two crews une compétition entre deux équipages

The palaces had each their own particular governor, who maintained small staffs of their own.

D'autre part, ils permettent le dénombrement des membres du groupe sans que le substantif prenne pour autant la marque du pluriel (comme *police*, etc.) :

The 17 passengers and two crew escaped injury. (*two crew* = deux membres de l'équipage, aussi *two crew members*)

The crew have refused to come ashore. L'équipage a refusé de descendre à terre.

The solitary crew – a Dane – was forward keeping a sharp lookout. Le seul membre d'équipage, un Danois, était à l'avant, et montait bonne garde.

She [a boat] takes 143 crew. (un équipage de 143 personnes)

They are cutting the size of their staffs. (la dimension de leurs équipes)

... spacious kitchens employing nineteen staff (dix-neuf personnes)

Bilan sur le fonctionnement des collectifs

Par la nature de leur sens, les collectifs fonctionnent à deux niveaux : le groupe et les éléments qui constituent le groupe. Selon la catégorie à laquelle ils appartiennent, et aussi avec des variations individuelles, ils permettent ou non d'opérer sur le groupe ou sur les éléments une individualisation ou un dénombrement (article indéfini, quantificateurs ou pluralisation).

a. Au niveau du groupe. Les collectifs facultatifs permettent que le groupe soit individualisé et dénombré (*a family* / *two families*), et se comportent donc comme des dénombrables simples, alors que les collectifs obligatoires les plus stricts (*police*) ne le peuvent pas. Entre les deux, certains permettent l'individualisation (*a non celibate clergy* = un certain type de clergé, marié).

b. Au niveau des éléments. Les collectifs facultatifs ne permettent aucune individualisation ou dénombrement : *a family* ne désigne pas un membre de la famille. Certains des collectifs obligatoires (*poultry*) ne permettent pas le dénombrement, et donc guère d'individualisation des membres. Le degré suivant est le dénombrement (*twenty cattle* / *police*), sans aller jusqu'à l'unité. Enfin, certains permettent le dénombrement jusqu'à l'unité, c'est-à-dire l'individualisation (*personnel*). Ces derniers termes ne se distinguent sur ce plan des vrais dénombrables que par l'absence du *-s* du pluriel.

c. Quelques termes permettent des opérations aussi bien au niveau du groupe qu'à celui des membres (*crew, staff, troop*).

12.4 Les indénombrables pluriels

12.4.1 Indénombrables pluriels stricts

Ces substantifs ont toujours une forme de pluriel et ils entraînent un accord de pluriel, mais **il n'est pas possible de dénombrer des unités.** On peut toutefois – plus ou moins selon les noms – quantifier de façon vague (*many*, *few*, *a lot*), ce qui, rappelons-le, est également possible avec les indénombrables singuliers (*much*, *little*, *a lot*). Il n'existe même pas de dénombreurs, ce qui fait que ces pluriels sont encore plus rebelles au dénombrement que les indénombrables singuliers. En français, il existe des noms du même type : *les environs*, *les vacances*, *des représailles*, *des fiançailles*. Mais attention, les indénombrables pluriels anglais ont souvent pour équivalent, en français, un dénombrable au singulier :

*The house itself is Victorian, but the **grounds** are magnificent.* Le château lui-même est d'époque victorienne, mais le parc est magnifique.

*His **morals** are rather doubtful.* Sa moralité est plutôt douteuse.

*I twisted my ankle when I slipped on the **stairs**.* Je me suis tordu la cheville en glissant dans l'escalier.

*Many **thanks** for your remarkable speech.* (exemple de quantification vague)

Liste d'indénombrables pluriels

alms (aumône)	*damages* ▪ (indemnité)	*leftovers*	*remains*
archives ▪	*digs* ▪ (logement)	*lodgings*	*riches*
arrears (arriéré)	*dregs* ▪	*looks* ▪ (beauté)	*savings*
ashes ▪	*dues* ▪ (cotisation)	*manners* ▪	*spirits* ▪
bagpipes (cornemuse)	*earnings*	*morals* ▪	*stairs*
belongings	*fireworks* ▪	*oats* (avoine)	*surroundings*
bowels	*fumes* (émanations)	*odds* (chances)	*thanks*
brains ▪ (intelligence)	*funds* ▪	*outskirts*	*valuables*
clothes	*goods* ▪ (marchandise)	*perks* ▪ (avantages)	*wages* ▪
the Commons	*grounds* ▪ (parc)	*pickings* ▪	*winnings*
congratulations	*holidays* ▪	*railings* (grille)	*workings*
contents ▪ (contenu)	*hops* ▪ (houblon)	*ratings* ▪ (indice	(fonctionnement)
customs ▪ (douane)	*leavings*	d'audience)	

▪ Il existe également une forme de singulier, qui peut être dénombrable ou indénombrable, et dont le sens peut être plus ou moins différent : *morals* = principes moraux / *moral* = morale d'une histoire ; *customs* = douane / *custom* = coutume.

Certains noms de maladies (ou assimilés), en général familiers, sont des indénombrables pluriels, certains avec *the*, d'autres sans : *the bends* (mal des plongeurs), *the giggles* (le fou-rire), *the horrors* (la terreur), *the shakes* (la tremblote), *the trots* (la courante), *(the) collywobbles* (l'estomac noué), *hysterics* (une crise de nerfs), *(the) hiccups* (le hoquet), *the jitters* (la trouille), *piles* (des hémorroïdes).

12.4.2 Indénombrables pluriels : objets doubles

Un certain nombre de noms désignent des objets doubles : *trousers*, *scissors*, *glasses*. Sans autre précision, ils peuvent référer aussi bien à un qu'à plusieurs objets doubles :

Pass me my glasses, will you? (probablement une seule paire de lunettes)
Tina went shopping and bought some jeans. (un ou plusieurs)

On ne peut pas dénombrer ces noms directement, mais on peut intercaler le dénombreur *pair of* :

> *I always have two pairs of glasses, you never know.*
> *Finally, Tina only bought one pair of jeans.*

Tous les vêtements avec des ouvertures pour les jambes entrent dans cette catégorie. Ici encore, on se méfiera des équivalents français (pour *trousers*, *shorts*, etc.)

Liste (partielle) d'objets doubles

glasses, binoculars (jumelles), *spectacles*
scissors, pliers (pince), *pincers* (tenaille), *tweezers* (pince à épiler), *tongs* (pincettes)
bellows (soufflet), *compasses* (compas), *scales* (balance, aussi anglais américain : *scale*)
trousers, pants, jeans, levis /ˈliːvaɪz/, *tights, shorts, panties, knickers, briefs, trunks,*
pyjamas (anglais américain : *pajamas*)

Occasionnellement, vous trouverez *a scissors*. Cette forme n'est pas à imiter : dites / écrivez *a pair of scissors*.

12.5 Noms propres

a. Un nom propre, dans ses emplois habituels, représente une personne ou un lieu unique. Syntaxiquement, c'est le schéma de groupe nominal le plus simple : pas de déterminant, pas de marque de pluriel, accord singulier. Ceci est valable pour :

- les noms de personnes (*Margaret, George*), éventuellement d'animaux (*Fido*). Cela reste valable même lorsque le nom est précédé d'un nom de titre (*Prince Andrew, Queen Elizabeth, President Kennedy, Professor Higgins, Colonel Triggs,* etc.), d'un nom de parenté (*Uncle Sam*), ou d'un adjectif faisant partie de l'appellation (*Old Johnson*).

  Notez qu'un nom de titre n'est pas, en lui-même, un nom propre (donc : *the Prince, the Prince of Wales, the Colonel*).

  Quelques titres étrangers suivis d'un nom propre peuvent être précédés de *the* : *(the) Emperor Hadrian, (the) Czar Alexander I, (the) Ayatollah Khomeini.*

- les noms de pays (*England, Wales*), de continents (*Asia*) et de villes (*Plymouth, New York (City), New Orleans*). Par "pays", il faut entendre les nations, mais aussi les parties qui constituent un pays : provinces (*Quebec, Bavaria*), comtés britanniques (*Lancashire, Kent*), états américains (*California, New York (State)*), etc. Dans la même catégorie, des pays fictifs : *Paradise, Heaven, Hell.*

- diverses entités géographiques : comme les montagnes (si c'est une montagne qui est vue comme une unité), lacs, caps, îles : *(Mount) Everest, (Mount) Snowdon, Lake Michigan, Cape Canaveral, Staten Island.*

> **!** Accompagnés de *of* + GN, ces noms prennent l'article *the* : *the Lake of Constance, the Cape of Good Hope, the Isle of Wight*.

- certains noms de monuments ou bâtiments publics : *Marble Arch, Westminster Abbey, Kennedy Airport*
- noms de rues : *Regent Street, Fifth Avenue, Chestnut Drive*

b. D'autres noms propres prennent l'article défini *the* :

- pays dont le nom est formé à partir de noms communs : *the Netherlands, the U.S.A.* (accord de verbe très généralement singulier), *the United Kingdom, the E.U.* (accord singulier)
- chaînes de montagne : *the Alps, the Rockies, the Cheviots* (accord pluriel)
- cours d'eau : *the (river) Thames, the Mississippi (river)*
- mers et océans : *the Mediterranean (sea), the Atlantic (ocean)*
- certaines périodes historiques : *the Reformation* (accord singulier), *the Middle Ages, the Sixties / 60's* (accord pluriel)

> **!** En anglais (à la différence du français), les noms propres de personnes prennent la marque du pluriel : *the Kennedys, the Joneses* /'dʒəʊnzɪz/.

Sur les noms de nationalité, ➤ 16.12.

12.6 Résumé sur les grandes classes de noms

Les classes de noms se définissent à l'aide de trois critères syntaxiques :

a. Alternance singulier / pluriel (on ne peut pas se fier à la simple présence d'une finale en -*s*, il faut vérifier la possibilité d'ajouter ou de retrancher la marque du pluriel).

b. Compatibilité ou incompatibilité avec certains déterminants (article *a* / *an*, numéral *two*, etc., démonstratifs *this* / *these* et *that* / *those*, quantificateur *much* ou *many*).

c. Accord du verbe (ainsi que la forme du pronom personnel en cas de reprise). Dans l'encadré ci-après, le déterminant zéro est représenté par Ø. Le pluriel explicitement marqué sur le nom est représenté par -*s*, et le singulier est représenté par Ø à la suite de N qui représente le nom. Le verbe au singulier est symbolisé par *is*, le pluriel par *are*.

Encadré 12-A : Récapitulation sur les classes de noms

1. Dénombrables
(ex. : *student, book, idea*)
    a **NØ** *is*

$$\left.\begin{array}{l} \text{Ø} \\ \textit{three} \\ \textit{many} \end{array}\right\} \textbf{N-s } \textit{are}$$

Attention aux invariables avec ou sans -*s* ; ➤ liste en 12.2.2.

2. Collectifs
a. Collectifs facultatifs (ex. : *family, government*)
    a **NØ** *is*
                                                            the **NØ** *are*

$$\left.\begin{array}{l} \text{Ø} \\ \textit{three} \\ \textit{many} \end{array}\right\} \textbf{N-s } \textit{are}$$

(groupe unique)   (plusieurs groupes)   (membres du groupe)

b. Collectifs obligatoires (ex. : *people, police, clergy*)

$$\left.\begin{array}{l} \text{Ø} \\ \textit{three} \\ \textit{many} \end{array}\right\} \textbf{NØ } \textit{are}$$

    (groupe ou membres du groupe)

3. Indénombrables pluriels
a. Indénombrables pluriels stricts (ex. : *goods, savings, clothes*)

$$\left.\begin{array}{l} \text{Ø} \\ ?\textit{many} \\ \star\textit{three} \end{array}\right\} \textbf{N-s } \textit{are}$$

Selon les mots, variations individuelles dans l'emploi des déterminants.
b. Objets doubles (ex. : *trousers, scissors*)
                Ø **N-s** *are*
            a pair of **N-s** *is*

4. Indénombrables singuliers
(ex. : *luggage, news, milk, courage*)

$$\left.\begin{array}{l} \text{Ø} \\ \textit{much} \end{array}\right\} \textbf{NØ } \textit{is}$$

5. Noms propres (personnes et pays)
(ex. : *Margaret, Belgium*)
                Ø **NØ** *is*

Articles *a / an* et *the*, déterminant zéro

13.1 Introduction : à quoi servent les déterminants

Le nom seul, sans aucun déterminant (on dit aussi "avec déterminant zéro", souvent figuré par le symbole Ø) représente une **notion**, c'est-à-dire une définition d'êtres, objets, matières, idées, actions, etc., sans aucune précision :

*My cat likes **dog food**.*

Les noms *dog* et *food* représentent des notions qui correspondent à des réalités qui sont considérées comme dénombrables (*dog*) ou indénombrables (*food*), mais qui ne font l'objet d'aucune délimitation de quantité, et ne sont rattachées à aucun point du temps ou de l'espace.

À l'aide des déterminants qui apparaissent avant le nom, on peut apporter deux types de renseignements :

a. On peut indiquer la **quantité**, c'est-à-dire opérer une délimitation à l'intérieur de l'ensemble ou de toute la masse des êtres, objets, matières, idées, actions, etc., que représente le nom :

*Have you got **a** dog?*
*We haven't got **much** time.*
*They have **three** cats, and **a few** goldfish as well.*

L'opération de délimitation est réalisée par les déterminants traditionnellement appelés **indéfinis** (*little, few, all, no, most*, etc.), par les **numéraux cardinaux** (réservés aux dénombrables : *three, two hundred*, etc.), et aussi par l'**article indéfini** *a / an*.

b. On peut aussi indiquer comment ces êtres, objets, idées, etc., se situent par rapport à l'énonciateur et à son interlocuteur (c'est-à-dire comment ils se **définissent**) : s'agit-il d'objets, etc., particuliers ou bien parle-t-on en général ? Sont-ils ou non déjà (supposés) connus de l'interlocuteur ?

*There's **a cat** sleeping on my bed.* (animal particulier, mais inconnu jusqu'alors)
***A cat** doesn't like to be disturbed when eating.* (n'importe quel chat, en général)
*Would you please let **the cat** out?* (déjà connu, donc défini)

Il existe aussi des déterminants interrogatifs qui permettent d'interroger sur la quantité ou le caractère défini : ***How many*** *days? /* ***How much*** *money?* (quantité) / ***What*** *name?*

Pour tous les types de déterminants, la nature du nom doit être prise en compte car, selon la classe à laquelle appartient le nom (➤ chap. 12), les déterminants ne sont pas les mêmes.

13.2 Types de noms, articles et quantité

Pour bien choisir les déterminants, il faut pouvoir répondre à trois types de questions :

a. À quelle classe appartient le nom ? Par exemple, nom dénombrable, nom indénombrable, nom toujours au pluriel (*clothes*), etc., ➤ chap. 12. Ceci va fortement influencer le choix des déterminants de quantité entre autres.

b. Générique ou spécifique ? L'emploi générique consiste à se situer à un niveau général et à parler de l'ensemble des objets, personnes, etc. Si, à l'inverse, on ne fait référence qu'à une quantité limitée (même importante) d'objets, etc., à un moment précis, on a un emploi spécifique (➤ 13.4).

Générique : *Do you like beer / dogs?*
Spécifique : *They have adopted a dog. / The dog is barking again. / The soup is too hot.*

c. Défini ou indéfini ? On emploie l'indéfini quand un objet, etc., de type spécifique n'est pas censé être connu de l'interlocuteur, notamment quand on le mentionne pour la première fois :

Give me three five-pound notes.

Un objet déjà connu, par contre, sera présenté sous la forme d'un GN défini. On peut aussi faire en sorte de donner dès la première fois des renseignements qui permettent l'usage du défini : *Give me the three five-pound notes that are on the table* (➤ 13.3.2).

13.3 L'opposition défini / indéfini

13.3.1 Les déterminants définis et indéfinis

a. Les formes

- **déterminants indéfinis**

Pour les dénombrables : article indéfini *a / an* (choix entre *a* et *an*, ➤ 13.8), numéraux (*one, two,* etc.), déterminant Ø + pluriel, déterminants indéfinis (*a few, some,* etc.)

Pour les indénombrables : déterminant Ø + singulier, déterminants indéfinis (*a little, some,* etc.)

- **déterminants définis**

Aussi bien pour les dénombrables que pour les indénombrables : article défini *the* (prononciation, ➤ 13.8), démonstratifs (*this / that*), possessifs (*my, his,* etc.)

b. Les emplois

Quand on utilise un déterminant indéfini, on ne fait que délimiter une quantité prise sur un ensemble d'objets (dénombrables) ou une masse (indénombrable) d'un certain type, qui est introduite sans être censée être connue de l'interlocuteur.

> *Aunt Jane has given Peggy a necklace / some earrings / some strawberry jam.*
> *Give me a red pencil.*

Dans le second exemple, peu importe qu'il y ait un ou plusieurs crayons à proximité, l'interlocuteur sait quoi faire (à condition qu'il y en ait au moins un).

À l'inverse, on emploie un déterminant défini quand la situation ou le contexte indiquent de façon claire ce à quoi il est fait référence (être, objet, matière, action, idée, qu'ils soient dénombrables ou indénombrables, uniques ou multiples) : il n'y a pour l'interlocuteur qu'un objet (ou groupe d'objets, ou quantité de matière) qui corresponde à la désignation.

> *Aunt Jane has given Peggy the necklace / the earrings / the strawberry jam.*

Du point de vue de l'énonciateur, l'interlocuteur est censé savoir de quel collier, de quelles boucles d'oreille, de quelle confiture il s'agit. Si ce n'est pas le cas, l'interlocuteur sera troublé et demandera des précisions.

Un objet acquiert un caractère défini soit par sa relation à l'énonciateur et ce qui l'entoure (*I don't like that colour / I don't like the music (here)*), soit par sa relation à d'autres objets (*I don't like the colour of that dress / I liked John's idea*), soit encore par sa relation au contexte (s'il s'agit d'un terme déjà mentionné).

Ce chapitre sera centré sur l'emploi des articles *a / an* et *the*, ainsi que du déterminant zéro. Pour les formes des articles *a / an* et *the*, ➤ 13.8.

13.3.2 *The* et le défini

On emploie l'article *the* pour indiquer le défini dans cinq cas : présence des objets mentionnés, connaissance partagée, reprise d'une mention précédente, définition simultanée à la mention, définition par association.

a. Présence des objets mentionnés

> *Give me the red pencil.*

En prononçant cette phrase, la personne qui parle suppose qu'il y a un crayon rouge, et un seul, à proximité. S'il y a plusieurs crayons rouges, l'interlocuteur ne comprend pas et risque de répliquer : *Which red pencil do you want?* Pour que la phrase fonctionne bien, il faut que l'énonciateur et son interlocuteur soient d'accord sur le fait qu'il y a un crayon rouge et un seul, c'est-à-dire partagent les mêmes connaissances. Même raisonnement pour *Pass me the butter.*

> Cette exigence existe aussi pour l'utilisation des démonstratifs (par ex. *that*) ou des possessifs (*your, my*) : *Give me that red pencil / your red pencil / your three red pencils.*

b. Connaissance partagée

Il est courant aussi de faire référence à des objets (êtres, etc.) qui ne sont pas présents mais qui sont connus également des deux interlocuteurs parce qu'ils font partie de leur monde ou de leur culture :

I met the headmaster yesterday.

On aura ce fonctionnement de l'article défini pour beaucoup d'objets et de personnes de la vie courante :

the garage, the bank, the shops, the post-office, the station, the postman, the butcher

En élargissant le cercle des connaissances, on passe à :

the border, the coast, the Government, the president, the Internet, the Pope, the senators, the past, the east, the sun, the moon, the universe, the stars
the screen (le cinéma comme art, milieu professionnel ou industrie), *the stage* (le théâtre), *the marketplace* (le marché au sens économique)

Dans un certain nombre de cas, l'énonciateur ne se préoccupe pas vraiment d'identifier l'objet mentionné (ça n'a pas d'intérêt ou d'importance pour lui) et son interlocuteur lui fait confiance :

I talked to the postman yesterday.
The leaves are falling. (ce sont les feuilles de l'endroit concerné)
He was singing in the rain. (la pluie qui tombait à ce moment-là)
He was afraid of the dark. / The ball fell to the ground. / Don't go out in the wet. / We had lunch in the open.

c. Reprise d'une mention précédente

Pour être sûr que l'interlocuteur partage bien les mêmes connaissances que l'énonciateur, on peut introduire une première fois le terme sous une forme indéfinie : *I met a linguist and a sociologist yesterday / I bought some wine and some beer yesterday.* Ensuite on reprendra le terme sous une forme **définie**, indiquant ainsi qu'il s'agit bien du même objet ou individu que celui mentionné précédemment :

The linguist lives in Bradford. / The wine is excellent.

L'indéfini ne peut servir qu'une seule fois pour un objet donné, ce qui fait que, dans un texte, on trouve habituellement plus de formes définies que de formes indéfinies.

Dans les exemples précédents, il faut remarquer que, lors de la première mention, il y a deux termes introduits à la fois. Il est en effet assez difficile de reprendre par l'article défini quand un seul terme est introduit ; on emploie alors un pronom personnel : *I met a linguist yesterday. He comes from Bradford. / I bought some wine yesterday. It is excellent.* On peut aussi employer THIS / THAT + nom : *Jeremy Baker carries on his journeys a book within a backpack and **that book** is a collection of his own writings.*

La reprise avec *the* peut se faire à l'aide d'un nom différent mais de sens équivalent : ***Shakespeare** wrote thirty-seven plays, none of which was published by **the dramatist*** *himself.* Il faut signaler un cas impossible en français, mais très fréquent, qui emploie ce procédé : *I've just met Ken Stockfish.* **The man** *is crazy.* (**Ce** type est fou.) Il est aussi possible de reprendre par un nom ce qui a été exprimé par une phrase : *The queen* **was crowned** *in 1952.* **The ceremony** *took place on a rainy day in June.*

d. Définition simultanée à la mention

Au lieu d'opérer en deux temps comme ci-dessus (présentation puis reprise), on peut bloquer le tout en une seule opération, en faisant suivre le nom d'une relative ou d'un groupe prépositionnel. Ainsi, au lieu de dire (1), on dit (2) :

(1) *I bought a DVD and a book yesterday. The DVD is fantastic.*
(2) *The DVD I bought yesterday is fantastic.*

e. Définition par association

Intermédiaire entre **a-b** d'une part et **c-d** d'autre part :

Our neighbours have bought a new car. The seats are very comfortable.

Ici aussi, il y a un fonctionnement en deux temps, mais le premier temps ne consiste pas à introduire directement l'objet concerné. On introduit un premier objet, puis un deuxième qui est en rapport étroit avec le premier et qui est justement identifiable pour l'interlocuteur grâce au premier objet. Le premier objet joue le même rôle sur le plan de l'information que la relative ou le groupe prépositionnel de **d**. On aurait pu dire :

The seats of our neighbours' car are very comfortable.

Pour que l'opération fonctionne bien, il faut que l'interlocuteur accepte la relation entre les deux objets mentionnés (par exemple, ici, le fait qu'une voiture est pourvue de sièges).

De même nature est l'emploi de *the* pour *the rest, the opposite, the inside, the back, the beginning*, qui sont forcément relatifs à un objet (*the opposite of what he said, the inside of the box*).

13.4 Spécifique et générique

13.4.1 Définitions

Qu'il soit défini ou indéfini, un groupe nominal peut faire référence à une quantité limitée d'objets, de matière, repérée par rapport à une situation particulière ; on dit alors qu'il est **spécifique**. On peut également décider de sortir de ce cadre limité et de généraliser, c'est-à-dire de se référer à tout ce qui est telle matière, tel objet, etc. On emploie alors une forme qui désigne du **générique** :

Motorbikes *are very popular among the young.*
Plastic *has replaced many other materials.*
The bicycle *was invented around 1880.*
A cat *is an excellent companion.*

Comme le montrent les exemples, il n'y a pas de déterminants spécialisés pour le générique. On se sert des articles *a / an, the* et Ø associés soit au singulier, soit au pluriel. Mais toutes les combinaisons ne sont pas possibles et, ici aussi, la distinction dénombrable / indénombrable est essentielle. En effet, dénombrables et indénombrables se distinguent, d'une façon subtile mais très importante, quand on considère le fonctionnement des articles *a / an, the* et Ø pour marquer soit le spécifique, soit le générique. Il y a une opposition entre d'une part **dénombrable au pluriel** et **indénombrable** (qui ont un fonctionnement parallèle), et d'autre part **dénombrable au singulier**.

13.4.2 Formes de générique du dénombrable au singulier

a. *A / an* + nom dénombrable au **singulier** :

A tiger is a carnivorous animal. Un tigre est un animal carnivore.

Comme l'article *a / an* sert simplement à extraire un élément de la catégorie que représente le nom, et comme le contexte n'indique ici aucun repérage par rapport à une situation particulière, il s'agit de **n'importe quel** élément de cette catégorie ("n'importe quel tigre", "tout tigre").

b. *The* + nom dénombrable au **singulier** :

The computer has revolutionized office work. L'ordinateur a révolutionné le travail de bureau.

The tiger is a carnivorous animal. Le tigre est un animal carnivore.

The tiger is an endangered species. Le tigre est une espèce menacée.

Le groupe "*the* + nom" désigne ici un élément qui est en quelque sorte le représentant symbolique de l'ensemble d'une catégorie d'objets, d'animaux, etc., et qui est censé faire partie du domaine des connaissances de tout locuteur de la langue. Il serait dans certains cas impossible d'utiliser *a / an*, qui ne peut pas donner à l'élément désigné cette valeur de symbole : *★A tiger is an endangered species.*

! Pour parler de l'homme ou de la femme en général, on dit *man* ou *woman* (et non *the man / the woman*) : *Man is omnivorous / The measure contributed to woman's liberation.*

! La forme *the* + **nom au singulier** n'est utilisée que pour les **dénombrables** : on dit *The car is a cause of pollution*, mais on ne dit pas *★The traditional jazz is no longer popular* (forme correcte : *Traditional jazz is no longer popular*). Inversement, la forme Ø + **nom au singulier** n'est utilisée que pour les **indénombrables** : on peut dire *Mercury is a metal*, mais non *★Car is a cause of pollution* (formes correctes : *The car is / Cars are a cause of pollution*). ➤ 13.4.3.

L'article *the* dans son emploi spécifique (véritablement défini) n'est pas un critère pour distinguer dénombrable et indénombrable, puisqu'il s'applique aux deux : *They liked the dog I gave them / They liked the milk I gave them.* Pourtant, dans son emploi générique, l'article *the* permet bien de distinguer les deux classes. Il n'est possible qu'avec le **dénombrable au singulier** : *The dog is an excellent companion / ★The milk is excellent for athletes.*

13.4.3 Formes de générique du dénombrable au pluriel et de l'indénombrable

a. Déterminant Ø + nom dénombrable au pluriel ou indénombrable :

Dogs are excellent companions. (Les chiens…)
Milk is excellent for athletes. (Le lait…)

Aucune délimitation n'est ici opérée dans la catégorie des chiens, du lait, etc. L'emploi de Ø devant le nom est donc tout à fait normal.

b. Un cas particulier de *the* + nom dénombrable au pluriel. On l'a vu, il est en général impossible de former un générique avec *the* + dénombrable au pluriel :

★*The dogs are excellent companions.* (impossible avec un sens générique)

Cependant, il existe une forme **the** + **nom pluriel** à valeur générique, notamment pour les noms de nationalités, qui est employée dans la mesure où on opère un contraste (même implicite) avec une autre catégorie :

***The Americans** used to make excellent cartoons.*
***The Germans** are in favour of a strong euro.*
*It was **the Arabs** who discovered the procedure for distilling plants on a large scale.*
*In 2004, it was close, but **the Americans** chose Bush. In a democracy, you get the politicians you deserve.*

Dans cet emploi, les Américains, les Allemands, les Arabes, etc., sont vus en tant que nation (prise dans le réseau des nations), et, dans beaucoup de cas, le GN désigne implicitement le gouvernement, ou l'armée, ou les cinéastes, ou les savants, etc., de cette nation.

Mais, bien sûr, il y a également un emploi de Ø *Americans / Germans / Greeks /* etc., avec une valeur générique :

*The author of this book writes exactly the way foreigners see **Americans**: arrogant, ignorant, self-centered, patriotic and thinking that **Americans** are better than everybody else.*

Dans ce cas, le GN désigne un ensemble d'individus : les individus de nationalité américaine, allemande, etc., dont on parle en général. ➤ aussi 13.7.1.c.

13.5 Nuances sur la distinction spécifique / générique

Puisqu'il n'y a pas de déterminants spéciaux pour indiquer la distinction spécifique / générique, c'est souvent la vraisemblance ou le contexte qui permettent de décider dans quel sens on doit comprendre une phrase. De plus, certains cas ne sont pas clairement tranchés.

13.5.1 Ambiguïté de l'article *a / an* + nom singulier (forcément dénombrable)

On peut distinguer quatre types d'emplois.

a. Emploi spécifique : *John gave Mary **a watch** yesterday.*

L'unité délimitée est repérée grâce à la mention d'un moment précis du temps (personnages cités et repère temporel), et donc spécifique.

b. Emploi générique : ***A watch** is something useful.*

Pas de moment précis du temps pour repérer, donc générique (n'importe quelle montre).

c. Repérage imprécis : *Mary would like to be given **a watch** for her birthday.*

Ici, il ne s'agit pas vraiment de n'importe quelle montre mais, puisqu'on est dans l'imaginaire, le repérage est imprécis.

d. Emploi classifiant : *This funny-looking thing is in fact **a watch**.*

On fait bien référence à un objet particulier, mais *a watch* sert à exprimer l'appartenance de *this thing* à la catégorie des montres. Cet emploi apparaît quand le GN est **attribut** ou **en apposition**, ou encore après **as**. Remarquez le déterminant zéro en français :

> *Their son is **a mechanic**.* Leur fils est mécanicien. (GN attribut)
> *His father, **a man** of great courage, belonged to a Resistance organisation.* Son père, homme d'un grand courage,… (GN en apposition)
> *I'm speaking as **a consumer**.* Je parle en tant que consommateur.

Lorsqu'il ne s'agit pas d'appartenance mais d'identification (référence à un seul élément), on emploie l'article *the* ou le déterminant Ø : *Their son is **(the) secretary of the local Young Conservatives** (Leur fils est le secrétaire de la section locale des Jeunes Conservateurs) / He spotted a leaking battery, **the probable cause of the incident** (Il détecta une pile qui fuyait, cause probable de l'incident) / I'm speaking in my capacity as **president of this committee** (Je parle en tant que président de ce comité). ➤ 13.7.1.*

13.5.2 Ambiguïté du déterminant Ø + nom au singulier et au pluriel

Les quatre emplois décrits en 13.5.1 sont aussi possibles pour **déterminant Ø + nom singulier** (forcément indénombrable) et pour **déterminant Ø + nom pluriel** (forcément dénombrable).

a. Emploi spécifique. Dans ce cas, le déterminant zéro marque le contraste :

> *I'll have **coffee**, please.* (contraste avec toute autre boisson envisageable)
> *He fought with **courage**.* (Le courage est contrasté, par exemple, à la force, au désespoir, etc.)
> *I'll have **cherries**, please.*

En fait, la forme Ø + nom n'indique pas par elle-même une délimitation de la quantité. L'effet de délimitation est dû au contexte (situation particulière).

L'effet de contraste est particulièrement net avec la négation : *I won't have coffee / cherries*. Ces énoncés impliquent : *I'll have something else (or nothing)*.

b. Emploi générique :

*I like **coffee**. / I like **cats**.*

c. Repérage imaginaire donc imprécis :

*John would like to be given **whisky** for his birthday.*
*John would like to eat **cherries** grown in his own garden.*

d. Emploi classifiant :

*That dark fluid is **coffee**, though it doesn't taste like it.*
*All their children have become **lawyers**.*

13.5.3 Ambiguïté de l'article *the* + nom au singulier

***The cat** only eats meat.*

Cette phrase peut être soit spécifique (notre chat), soit générique (l'espèce chat), selon le contexte.

13.6 Que se passe-t-il quand le nom est accompagné d'un adjectif ou d'une relative ?

Ajouter un adjectif ou une relative à un nom a pour conséquence de restreindre la quantité d'objets, matière, etc., à laquelle on fait référence, en créant une sous-catégorie. Par exemple, avec des adjectifs, il n'existe pas autant de *Irish beer* que de *beer*, pas autant de *hardbound books* (= livres reliés) que de *books*. De même avec des relatives : *beer that is made in Ireland* par rapport à *beer*, *books that deal with English grammar* par rapport à *books*. Mais attention, les effets des adjectifs et des relatives ne sont pas les mêmes.

a. L'ajout d'un **adjectif** n'a aucun effet. Il permet de fabriquer un générique qui traite de la sous-catégorie dans son ensemble, sans pour autant particulariser, c'est-à-dire sans faire passer au spécifique :

*(**Irish**) **beer** can be expensive.*
*(**Hardbound**) **books** are expensive.*
*A (**paperbound**) **book** should be handled with some care.*

L'ajout d'un adjectif ne modifie pas non plus la syntaxe des noms propres :

Victorian London / 19th century London / pre-war England / sunny California / Young Peter / Big Joe (Le français emploie ici l'article défini.)

b. L'ajout d'une **relative** ou d'un **groupe prépositionnel** n'a pas d'effet automatique. Parfois il n'y a pas d'effet particularisant (on reste donc dans le générique) :

*At the beginning of the 16th century, **books that were printed in large quantities** became common.*
***Books with colour illustrations** are expensive.*

Dans d'autres cas, la création d'une sous-catégorie fait passer au spécifique défini :

> **The books that were printed in Holland in the 17th century** are much sought after by collectors.
>
> **The philosophy that Socrates taught...** / **The philosophy of ancient Greece...** (Comparez à : Greek philosophy.)

Pour les noms propres, un complément en of ou une relative délimite une sous-catégorie et provoque l'emploi de l'article défini the :

> the London of Queen Victoria / the London they knew

Lorsqu'ils sont précédés d'un adjectif, les indénombrables qui représentent une action ou un état apparaissent parfois avec l'article a / an, sans devenir dénombrables pour autant (pas de pluriel ni de numéraux) : The man attacked his opponent with (an) amazing ferocity.

13.7 Autres emplois de Ø / a / the

13.7.1 Déterminant zéro (Ø)

a. Le déterminant zéro s'emploie avec un **nom dénombrable au singulier** :

• quand on s'intéresse à la **notion** mais pas à l'objet

— noms de lieux, d'institutions considérés dans leur fonction : bed, church, gaol / jail (= prison), market, prison, school, university, home (ainsi que hospital en anglais britannique), reception (d'un hôtel). Comparez :

> John was sent to school when he was four. (= est devenu écolier)
>
> John went back to the school to see the headmaster. (= est allé dans une certaine école)
>
> send someone to prison (= emprisonner ; on ne mentionne pas une prison particulière. Cf. en français : Il est sorti de prison.)

— noms de repas considérés plutôt sous leur aspect d'institution sociale. Comparez :

> Breakfast was served in the kitchen that morning. / The breakfast was very good.

— noms de moyens de transport et de communication après une préposition :

> by plane / by car / by train / by boat
>
> on television / TV, mais par contre on the telly / radio / phone, et bien sûr :
>
> They have bought a new television / TV. (c'est-à-dire un objet)

— d'autres termes précédés d'une préposition :

> on stage (en scène), on tape (enregistré), He is in / out of town (Il est présent en ville / absent)

— constructions parallèles ou doubles (qui sont d'ailleurs souvent du même type en français) :

door to door / time after time / hand in hand / husband and wife

— dans les formules descriptives de la forme nom + groupe prépositionnel / adverbe :

Glass of gin-and-tonic in hand, he was telling everybody about his success.

— après *a kind of, a sort of, a type of* (suivis, donc, d'un singulier, ce qui n'est pas toujours le cas en français) :

The machine looks like a kind of umbrella with various knobs attached. / *a rare species of gasteropod*

• quand il n'y a qu'**un seul élément** qui correspond à la notion

— titre ou adjectif précédant un nom de personne, ce qui revient à un nom propre (➤ 12.5) :

President Roosevelt / Doctor Higginbotham / Inspector Clouseau / Queen Ann / Private Ryan (le soldat Ryan) / *aunt Fanny / cousin Charles*
Young Peter / Big Joe (mais *the Great Gatsby* : l'adjectif ne fait pas vraiment partie du nom)

Ne confondez pas titre avec profession ou activité : *the novelist Alfred Conway / Alfred Conway, the novelist.* (Dans la presse, on trouve pourtant aussi *novelist Alfred Conway.*)

— certains noms de fonction ou de parenté vus dans une situation particulière :

Mummy, Daddy (etc.) / *Nurse / Teacher / Coach* (entraîneur)
Mummy / Teacher / Coach doesn't want us to do that. Maman / La maîtresse / L'entraîneur...

— vocatifs (termes employés pour s'adresser à quelqu'un), particulièrement au pluriel :

Friends, this calls for a celebration. Mes amis, ça s'arrose / ça se fête !
Hi, girls! Salut, les filles !

— objets numérotés à l'aide de nombres cardinaux :

room 203 / page 78 / agent 007 / chapter two / route 66 / World War II

Par contre : *the third floor, Elizabeth II* (prononcé *Elizabeth the second* et de même pour tous les noms de souverains), *the year 2000.*

Rappelons que les noms de rues sont des noms propres (➤ 12.5), et donc : *Fifth Avenue.*

— en position d'attribut ou d'apposition, les noms qui désignent une fonction remplie par une seule personne :

Alf Stiegler was appointed president of General Motors.
Alf Stiegler was president of General Motors.
Alf Stiegler, president of General Motors (L'article *the* est aussi possible dans les deux dernières phrases.)

Comparez à : *Alf Stiegler was a famous industrialist* / *Alf Stiegler, a famous industrialist* (➤ 13.5.1).

— Ø + *next* / *last* + unité de temps (*last week*), pour désigner l'unité de temps entière (*week, month,* etc.) qui précède celle qui inclut le moment présent :

> **Last week,** *we went to the seaside.* (au cours de la période du lundi au samedi précédent la présente semaine)

Comparez à :

> *We have been at the seaside for* **the last week.** (les sept jours qui précèdent aujourd'hui, commençant un jour quelconque)
>
> *They spent* **the last week** *of the holidays at the seaside.*

Le déterminant zéro est donc employé avec du dénombrable aux deux extrémités de l'échelle de détermination : (a) détermination minimale ne faisant pas référence à des objets mais à la notion (pas de lien à l'énonciateur) ; (b) détermination maximale (nom propre, fonction unique, période définie par rapport au moment de l'énonciation).

b. Un des génériques de *man* / *woman* est Ø *man* / *woman* (➤ 13.4.2.) :

> *God created man in his own image.* / *In many countries, woman lives longer than man.* / *I'm about as gifted as stone-age man when it comes to using a computer.*

Les autres génériques sont *men* / *women* et *a man* / *a woman*, mais pas **the man* / *the woman*.

c. Le déterminant zéro avec un **nom dénombrable au pluriel ou indénombrable singulier** est souvent employé dans des cas où le caractère défini du GN est évident :

> *The President asks the support and cooperation of Congress in his efforts through the enactment of legislation to provide* **federal grants** *to* **states** *for* **specified efforts** *in combating this disturbing crime trend.*

Dans cet exemple, il est clair que *federal grants* et *specified efforts* ne peuvent représenter que des quantités limitées (GN indéfini), mais que, par contre, *states* représente tous les états américains, définis par connaissance partagée ➤ 13.3.1.

> *It is by no means clear that all the men in the Alamo died in a heroic fight to the finish.* **Evidence** *from Mexican sources suggests that Davy Crockett and half a dozen others were captured alive.*

Ici, il y a doute : pourrait-on paraphraser par *some evidence* (indéfini, quantité limitée par rapport à toutes les preuves qui existent) ou par *the evidence* (défini, toutes les preuves existantes) ? Tous les anglophones ne réagissent pas de manière identique.

! L'emploi du déterminant zéro devant des indénombrables singuliers est bien sûr tout à fait normal dans les cas suivants :

- avec les noms de jeux ou sports après *play* ou après *like* : *Do you play tennis / chess?* (Jouez-vous au tennis / aux échecs ?)

- dans les exclamatives (➤ 20.4) : *What (disgusting / gorgeous) weather we are having! / Such fine furniture!*

Comparez à : *What / Such an awful afternoon!* (*afternoon*, contrairement à *weather*, est dénombrable)

! ➤ 12.5 sur l'emploi du déterminant zéro avec les noms propres.

13.7.2 Article *a / an*

a. Emploi dit **distributif** (simple juxtaposition) :

*sixty miles **an** hour* (cent kilomètres à l'heure), *fifty pence **a** kilo* (cinquante pence le kilo), *twice **a** week* (deux fois par semaine)

b. Structure qualificative (➤ 18.2) :

*She was wearing **a birthday cake of a hat**.* Elle portait un chapeau qui ressemblait à un gâteau d'anniversaire.

c. Construction *HAVE + a / an* + nom :

*Let me **have a look**.*

have a read / have a try / have a sip / have a swim / have a bite / have a smoke (➤ 12.2.3)

d. Groupe formé de plusieurs unités (quantificateur + nom au pluriel) :

A further six countries** are ready for membership. / **a difficult few minutes

e. Devant un nom propre, quand l'énonciateur indique qu'il ne connaît pas la personne qu'il mentionne :

*There is **a Mr Jones** to see you.* (un certain Mr Jones)

f. Quand un nom propre est ramené au statut de nom commun :

*Do you consider yourself **a Herman Melville**?*

g. Quelques cas spéciaux à contraster avec le français :

make a fire (faire du feu), *make a noise* (faire du bruit), *be in a coma* (dans le coma), *have a sense of humour* (le sens de l'humour)

! N'oubliez pas l'emploi de *a / an* (normal avec des dénombrables) dans les cas suivants :

- après la préposition *without* : *How can they live without a car?* (sans voiture, déterminant zéro en français). Mais bien sûr : *coffee without sugar* (indénombrable).

- après *as* (emploi classifiant semblable à celui comme attribut ou apposition, ➤ 13.5.1) : *As a pianist, he could bear improvement, but as a conductor, he is unequalled* (Comme pianiste, il pourrait encore s'améliorer, mais comme chef d'orchestre il n'a pas son pareil).

- dans les exclamatives (➤ 20.4) : *What a film! / Such a sad ending!*

13.7.3 Article *the*

a. *The* + adjectif employé comme nom pour désigner l'ensemble d'une catégorie de personnes, ➤ 16.9.1 :

> ***The poor** are more numerous than **the rich**.*

Remarquez que l'adjectif reste invariable (pas de *-s*). Le groupe *the* + adjectif a cependant un sens pluriel, visible dans l'accord sujet-verbe. Il s'agit en fait d'un générique, et, lorsqu'on ne fait pas référence à la catégorie tout entière, cet emploi est généralement impossible (➤ 16.9.1). Il faut alors un nom qui sert de support à l'adjectif : *The rich people I know... / A blind man / woman / boy.*

Les adjectifs de nationalité en *-ch* et *-sh* (notamment *English, British, French, Welsh, Irish, Dutch*) entrent dans la même catégorie (➤ 16.12) :

> *the English (= Ø English people) / an Englishman*

b. *The* + adjectif employé comme un nom pour désigner une catégorie abstraite (accord du verbe au singulier) :

> ***The beautiful** is the object of his quest.* Le beau (= la beauté) est l'objet de sa recherche.

c. Un emploi qui n'a rien de surprenant pour *play* + *the* + nom d'instrument, puisque *the* + singulier est une des formes de générique des dénombrables. Cependant, le déterminant zéro notionnel est également possible :

> *On this CD, he plays the harpsichord, but the piano is really his instrument. / a piece written for piano / He played saxophone in the Basie band.*

d. Un effet d'image (métaphore ou métonymie), notamment en langue familière : *get the axe* (se faire virer), *deserve the rope* (mériter la mort), *give somebody the sack* (virer quelqu'un), *hit the sack* (aller au lit).

! ➤ 12.5 sur l'emploi de l'article *the* avec certains noms propres.

13.8 Articles *a / an* et *the* : formes

a. Pour *a / an*, le choix est déterminé par la règle suivante :

- On emploie *a* (prononcé /ə/) devant un **son "consonne"** : *a table.*

Certains mots dont la forme **écrite** commence par un *u* ou par un *o* commencent en fait, **dans leur forme orale**, par la **consonne** /j/ ou /w/ : *university* /' juːnɪ'vəːsɪti/ → *a university* ; *one* /wʌn/ → *a one-eyed man* (un borgne).

- On emploie *an* (prononcé /ən/) devant un **son "voyelle"** : *an animal*.

Bien sûr, **le *h* initial** de l'anglais est une consonne et est prononcé /h/, sauf dans *heir* (héritier), *honest*, *honour* et *hour* (et leurs dérivés : *honestly*, etc.). Donc : *a horoscope*, *a happy man*, etc. (mais *an heir*, *an honest man*,...). Il arrive cependant qu'on utilise *an* devant un *h* initial si la première syllabe est inaccentuée : *an hotel* / *a hotel*, *an historical novel* / *a historical novel*.

Dans le cas (assez rare) d'un accent d'insistance, *a* et *an* sont prononcés respectivement /eɪ/ et /æn/.

b. Pour *the*, la forme écrite ne varie pas, mais la forme orale varie selon les mêmes critères que pour *a* / *an*. Si l'on met à part la forme accentuée, qui est toujours prononcée /ðiː/ (*It's the car* /ɪts'ðiːkɑː/ = C'est *la* voiture), *the* se prononce /ðə/ devant un son consonne (*the cat* /ðə'kæt/), et /ðɪ/ devant un son voyelle (*the animal* /ðɪ'ænɪməl/). Comme pour *a* / *an*, il faut se rappeler que c'est la forme **orale** qui compte, et non l'orthographe, donc, *the hour* : /ðɪ'aʊə/, *the one-eyed man* : /ðə'wʌn'aɪd'mæn/.

14 Les quantificateurs

14.1 Déterminants et types de noms

Les déterminants étudiés dans ce chapitre ont tous pour rôle de délimiter une quantité. Le type de quantification est évidemment différent selon que la délimitation s'opère sur un ensemble d'objets dénombrables ou sur une masse indénombrable. Il faut donc bien distinguer les déterminants qui s'associent avec du dénombrable employé au singulier, avec du dénombrable employé au pluriel ou avec de l'indénombrable singulier.

Dans ce chapitre, le terme "indénombrable" sera utilisé pour désigner la catégorie des **indénombrables singuliers** (➤ 12.2).

Le tableau qui suit indique les déterminants typiques de chacune de ces trois catégories, c'est-à-dire ceux qui ne peuvent pas apparaître avec les autres catégories.

Tableau 14-A : Déterminants typiques du dénombrable au singulier ou au pluriel et de l'indénombrable singulier

Dénombrable au singulier	Dénombrable au pluriel	Indénombrable singulier
a / an	—	—
one	—	—
—	*several*	—
—	*two, three*, etc.	—
—	*(a) few*	*(a) little*
—	*many*	*much*
every	—	—
each	—	—
the whole	*all*	*all*
—	*most*	*most*

D'autres déterminants ne sont pas typiques, puisqu'ils sont utilisés avec tous les types de noms : *some, no, any, a lot of, lots of, plenty of*.

! *Some* et *any* ont plusieurs valeurs, justement selon le type de nom auquel ils sont associés.

14.2 *Some* et *any*

14.2.1 *Some* et *any* de quantification

Some et *any* doivent forcément être traités ensemble.

a. **Some** (prononcé /səm /) est la quantification la plus neutre car la plus imprécise. *Some* indique seulement qu'il existe une quantité non nulle d'objets dénombrables ou de masse indénombrable, sans préciser si cette quantité est grande ou petite.

> *I've got to buy some shirts.* (dénombrable au pluriel)
> *I've got to buy some milk.* (indénombrable)

Comme il exprime une quantité non nulle, *some* est particulièrement compatible avec les phrases déclaratives positives (contextes dits assertifs).

Par contre, comme **any** n'engage pas sur l'existence et indique une **quantité absolument quelconque**, il est particulièrement compatible avec les contextes négatifs, interrogatifs, hypothétiques (contextes dits non assertifs) :

> *I didn't buy any shirts / milk.* (Quelle que soit la quantité, elle est rejetée.)
> *Did you buy any shirts / milk?* (Existe-t-il une quantité qui corresponde à un achat ?)
> *If you want to buy any shirts / milk, go to Campbell's, it's cheaper.*

! *Any* n'est pas en lui-même un mot négatif. C'est l'ensemble *not… any* qui est négatif.

! Les contextes non assertifs favorables à *any* ne sont pas tous aussi évidents que ceux des exemples qui précèdent. L'idée de négation ou de mise en question peut être contenue dans un adverbe, un adjectif ou un verbe du contexte :

> *He **never** buys any shirts.*
> *There was **no** record of her at any hospital in Dorset or Hampshire.*
> *It was **impossible** for him to buy any shirts.*
> *I **doubt** that he will buy any shirts.*
> *They **hardly** read any books.*

Certaines hypothèses sont implicites : *The military potential of space must be the focus of any new arms talks.* Ceci signifie : "S'il y a de nouvelles négociations sur l'armement, elles devront porter essentiellement sur le potentiel militaire de l'espace."

Les comparatifs et superlatifs, ainsi que *before*, font partie des contextes qui entraînent l'emploi de *any* (➤ 20.7) :

> *It's **the most** disastrous decision **any Prime Minister** has ever made.*
> *He loved that town **more than any place** in the world.*
> *The contract must be signed **before any work** can start.*

b. Puisque *some* indique une quantité non nulle, on trouvera parfois *some* dans des questions ou des hypothèses (mais très rarement avec la négation), quand l'énonciateur présuppose l'existence d'une quantité :

Could you lend me some money?
If you want to buy some shirts, go to Campbell's.
Wasn't there some milk left?

I'm about to hang up when he finally answers. "Hello."
"Murphy. This is Paul Madriani."
"You got my messages," he says.
"Do you have some information?"
"Better than that. My source wants a meeting." (S. Martini, *The Attorney*)

Cet emploi est fréquent dans des questions qui sont en fait des offres : *Will you have some more tea?* Il est plus poli de supposer que l'interlocuteur reprendra une quantité non nulle de thé.

Le fonctionnement des pronoms qui incluent *some* et *any* (➤ 19.4.1) est identique :

Did you hear anything? (L'énonciateur ne sait pas s'il y a eu du bruit.)
Did you hear something? (L'énonciateur pense qu'il y avait quelque chose à entendre.)
And so he opened the door with the cloth covering his fingers, closed it, and wiped the outside knob. 'What are you doing?' Penny asked. [Penny is nine years old] 'Shhh,' he said. 'Did you touch anything in here?' 'No, is someone dead?' He looked at her, surprised for a moment, and he remembered the educational facilities of television. 'Yes, someone is dead.' (E. McBain, *Even the wicked*, 1979) (La petite fille a conclu de l'attitude du détective que quelque chose n'allait pas.)
Would you like something to drink? (offre)

c. Dans des contextes identiques à ceux de *some* et *any*, on peut souvent employer le déterminant zéro. La différence est que *some* et *any* indiquent l'idée de quantité ouvertement, alors qu'avec le déterminant zéro l'idée de quantité est seulement déduite du contexte, l'accent étant sur le contraste entre notions :

So you've bought strawberries / caviar for dinner.

Ce contraste est particulièrement fort en présence de la négation :

I didn't buy any strawberries. (Je n'ai pas acheté **de** fraises.)
I didn't buy strawberries. (implique : *I bought something else.* Je n'ai pas acheté **des** fraises.)

14.2.2 Le dénombrable au singulier

Pour le dénombrable au singulier, la quantité est forcément fixée, c'est l'unité, donc le déterminant qui convient est *a* / *an*. Attention à ce point, particulièrement dans les questions et autres contextes non assertifs :

Did you buy a shirt?
He hasn't got a car. Il n'a pas de voiture.

Dans de tels contextes, l'emploi de *any* est pratiquement impossible. Il lui faut des conditions particulières, qui permettent d'introduire une valeur qualitative, ➤ 14.2.3.

Au total, *some* et *any* jouent souvent, pour le dénombrable au pluriel et l'indénombrable, un rôle parallèle à celui de l'article *a / an* pour le dénombrable au singulier :

> *I can lend you **a** hammer / **some** tools / **some** money.*
> *Has he got **a** stereo / **any** CDs / **any** common sense?*
> *He doesn't want to eat **a** hamburger / **any** vegetables / **any** canned food.*

14.2.3 Opérations sur la qualité : *any* et *some, such*

a. *Any*

Le sens fondamental de *any* est l'indifférence, le choix au hasard. Dans une phrase déclarative positive, l'opération ne porte pas sur des quantités comme précédemment (➤ 14.2.1), mais sur des caractéristiques distinctives, des qualités :

> *She could read any book in any European language.* Elle pourrait lire n'importe quel livre dans n'importe quelle langue européenne. (Peu importent les caractéristiques du livre et peu importent les caractéristiques de la langue.)
> *Any clothes will do.* N'importe quels vêtements feront l'affaire.

Cet emploi n'est possible avec les indénombrables qu'à condition qu'on puisse distinguer des qualités différentes (d'une substance, par exemple) :

> *Any wine will do with the meat, provided it's red.* (n'importe quelle sorte de vin)

On trouve plutôt cet emploi de *any* dans des contextes indiquant la possibilité, l'habitude, le futur. Remarquez que *any* de qualité ne s'emploie pas seul dans des phrases qui signifient qu'un événement se réalise à un moment précis du temps, car alors il y a forcément choix de certaines caractéristiques et d'un certain individu (*★She bought any book*). Il faut renforcer *any* par *just* ou *old* (plus familier) :

> *She bought **just any** book / **any old** book.*

L'emploi de *any* de qualité est possible avec la négation à condition d'accentuer *any* et éventuellement de le renforcer grâce à *just* ou *old*. Il faut éviter la confusion avec *any* de quantité quand il s'agit d'un dénombrable au pluriel ou d'un indénombrable :

> *The President won't answer any questions.* Le président ne répondra à aucune question.

The President won't answer just any questions. Le président ne répondra pas à n'importe quelle(s) question(s).

He doesn't drink just any wine. Il ne boit pas n'importe quel vin. (= n'importe quelle sorte)

1. L'emploi de *any* + **dénombrable au singulier** est possible avec la question dans la mesure où on dépasse la simple question sur l'existence d'un objet (➤ 14.2.1) : *Who is Ogilvie? Does he go to the Lutheran church? Does he go to any church?* Ceci signifie : existe-t-il une église, quelles que soient ses caractéristiques, telle qu'il la fréquente ?

La même remarque s'applique à la négation, et cet emploi apparaît donc souvent dans des contextes où l'on rejette fortement ce qui vient d'être dit : [policeman speaking] '*Mr Coombs, we found your name on a list...*' [man's wife answering] '*His name is not on any list.*' Ceci signifie : il n'existe aucune espèce de liste (quelles que soient ses caractéristiques) sur laquelle son nom puisse figurer.

2. Avec l'indénombrable, on peut se servir de *kind of* pour distinguer des qualités : *He would drink any kind of wine, if it's strong enough.*

3. On peut obtenir un effet d'indifférence quant aux quantités, même dans les phrases déclaratives positives, en interposant *amount, quantity, number* :

Any amount of money will be welcome. (= de l'argent, quelle que soit la quantité)

He could eat any number of sausages. (= des saucisses, quel que soit leur nombre)

Selon les circonstances, cet emploi peut produire un effet minorant ou majorant. Ici, par exemple : de l'argent, si peu que ce soit ; et par contre, toute quantité de saucisses, si importante soit-elle.

b. *Some* prononcé /sʌm/

• Avec un **dénombrable au pluriel**, ou aussi avec l'indénombrable, la quantité qui est délimitée tend à être vue comme possédant des caractéristiques qui la distinguent du reste.

Some /sʌm/ *people don't like dogs.* Certaines personnes n'aiment pas les chiens. (c'est-à-dire : ce n'est pas tout le monde qui aime les chiens)

Some /sʌm/ *Mexican beer is very strong.* Certaines bières mexicaines sont très fortes. (Il existe de la bière mexicaine qui est très forte.)

• Avec un **dénombrable au singulier**, *some* /sʌm/ (rappelez-vous que *some* /səm/ est alors impossible), de façon très différente, indique l'existence d'un élément dont on ne précise pas par ailleurs les caractéristiques, qui sont indifférentes. On peut alors souvent ajouter *or other* :

I am sure some /sʌm/ *genius will invent a machine for peeling bananas.* Il y aura bien quelque génie pour inventer...

There must be some /sʌm/ *reason (or other).* Il doit y avoir une raison. (même si je ne sais pas laquelle)

I'll be meeting him some /sʌm/ *time next week.* Je dois le rencontrer à un moment de la semaine prochaine. (mais je ne dis pas ou ne sais pas quand)

- L'idée de **caractéristiques frappantes** (mais non précisées) peut aussi être introduite. Les caractéristiques peuvent être appréciées aussi bien positivement que négativement, par ironie :

> *She is some* /sʌm/ *girl!* C'est une sacrée fille !
>
> *Some friend he is! He didn't even visit me in hospital.* Un fameux ami, parlons-en ! /Lui, alors, comme ami !

Cet emploi de *some* est possible non seulement avec un nom dénombrable au singulier (exemples ci-dessus), mais aussi avec un nom dénombrable au pluriel (*Wow! These are SOME dogs!*), et (même si cela est plus rare) avec un indénombrable (*That was SOME wine they served us!*).

- Par ailleurs, la forme /sʌm/ accentuée est utilisée dans un emploi quantitatif pour insister sur le fait que la quantité délimitée est non nulle, avec l'indénombrable ou le dénombrable au pluriel :

> *He'll stay for some* /sʌm/ *time.* Il restera un certain temps.
>
> *He tolerantly alluded to medical theories that some* /sʌm/ *alcohol could be beneficial with certain disorders.* (E. Lathen, *Brewing Up a Storm*)
>
> *The day will be mostly rain, but there will be some* /sʌm/ *bright spells in the afternoon.* (*BBC*)

! *Some* est aussi prononcé /sʌm/ quand il est employé seul (ellipse du nom, ➤ chap. 19) et dans les composés *something, somebody,* etc. (➤ 19.4.1).

c. Emplois adverbiaux de *some* et *any*

- Modifiant un adjectif

> *Do you feel **any better**? / He didn't feel **any better**.* (mieux à un quelconque degré)
>
> *The only work he was **any good** at was model-making.* (K. Vonnegut, *Cat's Cradle*) Le seul travail pour lequel il avait un quelconque talent était la fabrication de maquettes.

- Modifiant un verbe

> *Seeing her **didn't help** my state of mind **any**.* (R. Stout, *The Doorbell Rang*) (ne m'a rassuré en aucune façon)
>
> *I **don't** think he **suffered any**. He just looked asleep.* (K. Vonnegut, *Cat's Cradle*)
>
> *The dictionary **helped** them **some**.* (à un certain degré)

Ce dernier emploi de *some* et *any* n'est pas considéré comme standard.

- Modifiant un nombre

Some /sʌm/ a un emploi adverbial devant les nombres, pour indiquer l'approximation :

> *There were **some thirty people**.* Il y avait environ / quelque [sans -s] trente personnes.

d. *Such*

Such indique la présence d'une qualité particulière (favorable ou défavorable) qu'on ne précise pas davantage.

> **!** Syntaxe de *such* : il précède une forme d'indéfini (article *a* / *an* ou déterminant Ø).

> *They had never read **such a book**.* Ils n'avaient jamais lu un tel livre. (= un livre de ce genre)
> *They have never read **such books**.*
> *We've never had **such weather**.* Nous n'avons jamais eu un tel temps. (déterminant Ø avec un indénombrable)

Mais *such* a aussi un fonctionnement d'adjectif ; il suit alors les quantificateurs :
There is no such person here. Il n'y a personne de ce genre / de ce nom ici.
All such books will be banned. Tous les livres de ce genre seront interdits.

14.3 *No* et *not... any*

Les deux opérations qu'indiquent respectivement *not* (négation) et *any* (quantité quelconque) peuvent aussi être exprimées en bloc par le déterminant *no*. *No* est donc en gros équivalent de *not any*, mais (sauf cas décrits ci-après) il est d'un emploi moins courant dans la langue habituelle. Il est utilisé particulièrement dans une langue soutenue, ou encore pour donner plus de force à ce qu'on dit :

> *I went to Campbell's, but they didn't have any striped shirts.* (*no striped shirts*, à moins d'accentuer fortement chacun des mots : *they'd got 'no 'striped 'shirts*)
> *Funny, your friend Patrick O'Neil didn't have any Irish beer.* (*no Irish beer*, ou alors *'no 'Irish 'beer*)

En position de sujet, ou quand la phrase ne contient pas de verbe, on ne peut employer que *no* :

> *No bicycles must be parked in front of this doorway.* (Surtout pas : *Not any bicycles must be parked...* / *Any bicycles must not be parked...*)
> *No dogs in my house! I'm allergic.*

Puisque *no* intègre la négation, il appelle l'emploi de *any* dans la suite de la phrase (notez dans l'exemple qui suit que *no part* serait impossible, et que *some parts* aurait le sens de "certaines parties") :

No *weapons were to be found in* **any** *part of the house.* (comme dans : *They didn't find any weapons in any part of the house*) On ne parvint à trouver aucune arme dans aucune partie de la maison.

1. Dans beaucoup de variétés d'anglais qui sont jugées non standard, on trouve une double (ou multiple) négation, *no* apparaissant à la place de *any* : *They didn't give no money to nobody.* Ceci est à éviter.

2. *No* et *not… any* ne sont pas en général compatibles avec le dénombrable au singulier (➤ 14.2.2). Pourtant cette combinaison se trouve :

• en reprise, dans une réplique, pour nier l'existence d'un élément unique : '*Did you see a / the / that horse?*' '*I didn't see any horse / There was no horse.*'

• en position sujet (*no* est seul possible) de phrases génériques : *No animal likes to be rejected.*

• en position d'attribut du sujet, pour indiquer que le sujet ne possède pas les caractéristiques d'une notion (c'est-à-dire ne correspond pas à la définition normale ; il s'agit d'un emploi qualitatif) : *She is no fool / saint / teacher.* On peut, par exemple, dire *She is no teacher* d'une personne qui possède les caractéristiques objectives de *teacher* (profession), mais dont les qualités et le comportement ne correspondent pas à l'image de ce que devrait être une *teacher* : ce n'est pas une bonne enseignante. Autre sens possible : "Ce n'est pas du tout une enseignante." Ceci est à rapprocher de l'emploi qualitatif de *some* : *She's some teacher!* C'est une sacrée prof ! (➤ 14.2.3). Il existe un emploi parallèle (mais rare) de *not any* : "*I hear he's wanted by the police.*" "*That was an accident, a freak. Frank wasn't any criminal.*" (K. Vonnegut) Frank n'avait rien d'un criminel.

14.4 *Many, much, most*

a. *Many, much* et quelques équivalents

Avec le **dénombrable au pluriel**, on utilise *many* pour indiquer une quantité jugée importante (mais qui n'est pas précisée) :

> *Many people wrongly assume that all they have automatically goes to their loved ones.*
> *Many accidents happen through impatience.*
> *There are already many alternatives to the research carried out on animals which has been going on for a long time.*

Avec l'**indénombrable** (forcément au singulier), c'est *much* qui indique une quantité jugée importante :

> *A new system of fines has been introduced, and it's been viewed by the government with much interest.* (style soutenu)
> *Much determination and hard work have gone into that attempt, but it is now seen to have failed.* (style soutenu)

Mais attention : *much* s'emploie difficilement (sauf style très soutenu) dans les phrases assertives positives (➤ 20.7). Dans la langue courante, on préfère *a lot of* / *lots of* / etc. Il est par contre tout à fait normal en dehors de l'assertion positive ou bien en association avec *so, as, how* et *too* :

They have got much money. / *They have got lots of money.*
They haven't got much money. / *They have got too much money.*
There's a lot of burglaries round I admit yeah, but there's not much violence and drugs and things like that. (oral)

Cette remarque s'applique aussi à *many*, mais à un bien moindre degré :

He has many friends. (phrase de style soutenu) / *He's got a lot of* / *lots of friends.*
He hasn't got many / *lots of friends.* / *He has got too many friends.*
I haven't watched many videos recently. (oral)
Did you have many other brothers and sisters? (interview)

Dans les phrases déclaratives positives, on peut, par ailleurs, employer **divers déterminants composés** ; ils ont tous en gros le sens de "beaucoup", mais il y a des différences :

• Certains s'appliquent sans distinction à l'indénombrable et au dénombrable : *a lot of, lots of, heaps of, loads of, a load of, tons of* (familier), *oodles of* (familier), etc. *Plenty of* indique une quantité largement suffisante : *There's plenty of time* (Il y a largement le temps).

• Pour le dénombrable seulement : *a good many, a great many* ; *a great* / *large number of* ; *numbers of* (= beaucoup), à distinguer de *a number of* (= un certain nombre de) :

Numbers of people seemed to like her. Beaucoup de gens semblaient l'apprécier.
A number of people were shocked. Un certain nombre de gens furent choqués.

Dans un style soutenu : *a myriad difficulties* / *myriads of difficulties*. Dans un style encore plus soutenu : *many a* (*Many a traveller has disappeared in this wood* = Maint voyageur a disparu… / *many a time* = souventes fois).

• Pour l'indénombrable seulement : *a great* / *good deal of*, *a great amount of*. (Donc, *a great deal of money*, mais pas **a great deal of books*.)

! *Many* et *much* sont nécessaires pour employer *how, as, so* et *too* avec un nom (*many* + pluriel, *much* + indénombrable singulier) :

How many books / *people?* / *How much money?* Combien de livres / de gens / d'argent ?

too many books / *people* / *too much money* trop de livres / de gens / d'argent

so many books / *people* / *so much money* tant de livres / de gens / d'argent

Many peut s'employer comme adjectif après les déterminants définis (*the*, possessifs, etc.) : *His many friends all came to the party.* (Ses nombreux amis…)

b. *Most*

Most s'associe au dénombrable au pluriel et à l'indénombrable. Il indique une quantité importante, au-dessus de la moyenne (*most dogs* = *almost all dogs*, mais ne confondez pas *most* et *almost*) :

Most stars *can't be seen from the earth.* La plupart des étoiles…
Most literature *is about love.* Dans la plupart des cas, la littérature traite de l'amour. (Remarquez que le français ne peut pas employer *la plupart* dans ce cas.)

➤ 14.9 pour la différence entre *most* et *most of…*, et ➤ chap. 17 pour d'autres emplois de *most*.

14.5 *Few, a few, little, a little*

Ces déterminants indiquent des quantités faibles, toujours du point de vue de l'énonciateur :

> *(a) few avec* le dénombrable au pluriel
> *(a) little* avec l'indénombrable singulier

*A **few** / a **little*** indiquent une petite quantité envisagée de façon positive, comme supérieure à zéro :

> *There is still a little money left, we'll manage.* Il reste encore un peu d'argent…

Few** / **little, au contraire, indiquent une petite quantité envisagée de façon négative – c'est-à-dire la négation d'une grande quantité. *Few / little* sont donc équivalents de *not many / not much*.

> *There is little money left, we won't be able to manage.* Il reste peu d'argent…

Few / little sont en fait peu employés dans la langue courante. On préfère habituellement *not many / not much* : *There isn't much money left, we won't be able to manage.*

> *A bit of* + indénombrable (usage familier) a le même sens que *a little* : *a little money / a bit of money*. Il existe aussi de nombreux autres termes proches, avec la même construction : *touch, scrap, mite, tad, hint, trace*, etc.

Little et *few* se combinent avec *as*, *so* et *too* (il faut évidemment respecter leurs contraintes syntaxiques : *little* + indénombrable, *few* + dénombrable) :

> *so little time / so few people* (si peu / tellement peu de…)
> *too little money / too few customers* (trop peu de…)

14.6 Unique, multiple et dénombrement : *one, a / an, several, dozen*, etc.

Les déterminants qui indiquent l'unique, le multiple et le dénombrement sont bien sûr réservés exclusivement aux noms dénombrables.

14.6.1 *One*

Le numéral *one* marque l'unique par opposition au multiple (marqué par l'indéfini *several*) ou à d'autres nombres précis, indiqués par les autres numéraux (*two, thirty, four hundred*, etc.).

One indique nettement le contraste par rapport au multiple, à la différence de l'article *a / an*, qui indique bien, lui aussi, l'unique, mais sans contraste particulier :

> *We spent a day in Brighton.*
> *We spent one day in Brighton.* (implique : pas plusieurs)

Comparez aussi, en présence de l'adverbe *only* :

> *He only bought a shirt.* (implique par exemple : il aurait pu acheter un costume)
> *He only bought one shirt.* (implique : il aurait pu acheter plusieurs chemises)

1. *One* s'emploie devant un nom propre quand l'énonciateur indique qu'il ne connaît pas la personne qu'il mentionne : *The only accommodation in the village would be found at the house of one Mrs Lizzy Newberry.* (T. Hardy) ... une certaine Mrs Lizzy Newberry. Cet emploi de one est souvent interchangeable avec celui de *a / an*, ➤ 13.7.2.e.

2. *One* peut s'utiliser par ailleurs pour souligner le caractère exceptionnel (unique) de quelqu'un ou quelque chose : *He is one big fool.* C'est vraiment un imbécile. / *Dr Graveline is one brilliant surgeon.* Le docteur Graveline est vraiment un chirurgien remarquable.

14.6.2 *Several*

Several marque le multiple en contraste avec l'unique :

> *They have several children.* Ils ont plusieurs enfants.

Il est vrai que *several* ne s'applique généralement pas à de grandes quantités, mais son rôle n'est pourtant pas directement d'indiquer une petite quantité et il ne faut pas le confondre avec *a few.*

14.6.3 Déterminants numéraux

On forme des déterminants numéraux composés avec, d'un côté, des déterminants – numéraux simples (*two, thirty*) ou indéfinis (*a few, several*) – et de l'autre côté *dozen, hundred, thousand, million, billion, myriad*, ainsi que des nombres fantaisistes "astronomiques" *gazillion, squillion, zillion*. Ces déterminants numéraux ont un comportement d'adjectif en ce sens que les mots *dozen, hundred*, etc., sont invariables (sans -*s*) et qu'ils précèdent immédiatement (c'est-à-dire sans préposition) le nom :

> **déterminant** + *dozen*Ø + *N*-*s*
> *two dozen eggs / three million inhabitants / several hundred victims*

Par contre, ces mêmes mots *dozen*, etc., ont un comportement de nom (marque du pluriel et construction avec *of*) quand ils sont associés au déterminant zéro, ou à *many* (grande quantité vague) :

Ø + *dozen-s* + *of* + *N-s*

dozens of eggs (des douzaines d'œufs) / *millions of inhabitants / an important Hindu city where many thousands of people gather for pilgrimage*

Tout cela reste valable quand *dozen*, etc., sont employés avec effacement du nom :
[titre de journal] *Two hundred die in plane crash.* (présence de *two* devant *hundred*)
Dozens were injured in a football riot yesterday. (rien devant *dozens*)

Distinguez les deux expressions suivantes :
The Chronicle *was losing circulation by the thousand every week.* (A. Craig)
The refugees came back in their thousands. (par milliers)

Encore un nombre fantaisiste courant : *umpteen* (je ne sais combien) : *There are umpteen recipes for cooking potatoes.*

14.6.4 Numéraux ordinaux et cardinaux

a. Les numéraux **ordinaux** se forment en ajoutant **-th** au nombre cardinal correspondant : *four* → *fourth, forty* → *fortieth, hundred* → *hundredth.* Ne font exception que les trois premiers : *one* → *first, two* → *second, three* → *third.* Même les nombres fantaisistes se plient à la règle : *zillion* → *zillionth, umpteen* → *umpteenth.*

b. Les numéraux **ordinaux** (*first, second*, etc.) précèdent les numéraux **cardinaux** (*two, thirty*, etc.) :

*The **first ten days** of the year.* Les dix premiers jours de l'année.

➤ aussi 17.3 : il s'agit d'une règle qui s'applique à *last / next / following / only / other.*

c. Les numéraux **cardinaux** (*one, two*, etc.) peuvent être précédés d'expressions comme *a good, an estimated, some* :

*There were **a good twenty people**.* (une bonne vingtaine de personnes)
***An estimated 200 people** were killed.* On estime à 200 le nombre de tués.
*There were **some twenty people**.* (environ vingt personnes)

d. Combinaisons des numéraux cardinaux avec *other* :
another ten people / the other ten people / ten other people

e. Notez : *No two people are exactly alike.* Il n'existe pas deux personnes exactement semblables.

14.7 Totalisation et individualisation

14.7.1 Les combinaisons syntaxiques

Il faut bien connaître les combinaisons syntaxiques dans lesquelles entrent les déterminants *every, each, all,* ainsi que *half* et *whole.* (➤ Tableau 14-B)

Tableau 14-B : Combinaisons syntaxiques de *every, each, all, half, whole*

	Constructions	Exemples
every *each* *the + whole*	+ nom dénombrable au singulier	*every book* *each book* *the whole book*
all + Ø	+ nom dénombrable au pluriel ou indénombrable singulier	*all books* *all milk*
all ⎰ *the* ⎱ *half* ⎰ *my* ⎱ *that / those*	+ nom dénombrable au pluriel ou indénombrable singulier + nom dénombrable au singulier	*all the / my / those books* *all the / my / that milk* *(all the / my / that book)* ▪ *half the / my / those books* *half the / my / that milk* *half the / my / that book*
half + a / an	+ nom dénombrable au singulier	*half a book*

▪ Construction peu courante

Pour les combinaisons de ces déterminants avec *of*, ➤ 14.9.

14.7.2 *Every* (+ dénombrable au singulier)

Par son sens, *every* est lié à *each* d'un côté, à *all* de l'autre. Alors que *any* (de qualité) passe en revue les éléments d'une classe d'éléments sans s'arrêter sur aucun, *every* passe en revue les éléments en les totalisant, de sorte qu'on a finalement toute la classe. On a vu que *any* (de qualité) ne pouvait pas être associé à une action vraiment réalisée à un moment précis ; c'est par contre possible avec *every*, puisqu'au lieu de refuser de choisir, on prend la totalité.

> *Any ten-year-old child could read this book.* Tout enfant / N'importe quel enfant de dix ans pourrait lire ce livre.
> *Every ten-year-old child has read this book.* Tous les enfants de dix ans ont lu ce livre.

Notez l'accord du verbe au **singulier**. Cependant, quand *every* + nom est repris par un **pronom**, ce pronom est au pluriel : *Every candidate is interviewed, aren't they?*

! *Every* ne peut pas être utilisé lorsque l'ensemble n'est constitué que de deux éléments ; il faut alors utiliser *either*, ➤ 14.8.2.

Notez aussi les emplois suivants de *every* pour l'expression de la fréquence : *every ten years* (tous les dix ans), *every other day* (tous les deux jours). On parcourt alors les groupes formés de dix ans, etc.

Every peut être précédé d'un génitif (nom ou pronom) : *He was listening to Jane's / to her every word.*

À partir du déterminant *every* sont formés les pronoms composés **everyone** / **everybody** / **everything** (➤ 19.4.1), qui suivent les mêmes règles que *every*, ainsi que les adverbes **everywhere** / **everyplace** (➤ 21.10.2). Notez également l'adjectif *everyday* écrit en un seul mot, à ne pas confondre avec l'expression *every day* (*his everyday problems* ≠ *He goes there every day*).

14.7.3 *Each* (+ dénombrable au singulier)

Each fait lui aussi référence à tous les éléments d'une classe, mais il met au premier plan le fait que ce sont des éléments séparés : *each* individualise.

Every day, they went walking in the mountain. **Each** *day was a more fascinating experience than the day before.*

I've read **every** *book on the subject, and* **each** *book has a different point of view.*

On peut qualifier la totalité indiquée par *every* : *almost every book / every single book*. En revanche, *each* n'accepte pas ces qualifications, puisqu'il place la totalité au second plan.

Les reprises par pronom se font généralement au pluriel, comme avec *every* : *Each member of the club* **has** *been contacted personally,* **haven't they?**

Contrairement à *every*, *each* peut être utilisé si l'ensemble ne comprend que deux éléments : *The two candidates are very good – each one has his own style.*

Également à l'inverse de *every*, *each* peut être employé comme pronom : *I looked at the photos.* **Each** *was different* (J'ai regardé les photos. Chacune était différente) / *Each of us was given a present* (Chacun de nous a reçu un cadeau).

Each peut suivre un nom ou pronom au pluriel, pour un effet d'emphase sur l'idée d'individualisation ; dans ce cas, on conserve l'accord au pluriel : **We each** *were given a present* (Chacun de nous a reçu un cadeau).

14.7.4 *All*

All indique la totalité, mais sans faire du tout référence aux éléments. De ce fait, *all* s'emploie aussi bien avec les indénombrables qu'avec les dénombrables au pluriel.

I have spent **all the money**. / *I have read* **all the books**.

! La différence entre la présence et l'absence de l'article *the* est la même que d'habitude. *The* indique qu'il existe une quantité (d'argent ou de livres) déjà délimitée au préalable (déjà connue) : *The baby has drunk* **all the milk** / *Have you eaten* **all the cookies?** L'absence d'article indique le générique : **All power** *is dangerous.* / **All books** *have some good in them.*

All s'emploie peu avec les dénombrables au singulier pour désigner la totalité d'un objet unique (➤ *whole*, 14.7.5) : *I have read all the book* (préférez *the whole book*) / *all your book* (préférez *all of your book*). Cependant il s'emploie avec les collectifs facultatifs au singulier (***all the*** *adult population* / ***all the*** *team*) puisqu'ils représentent un ensemble de personnes.

Combiné avec un pronom personnel, *all* permet deux constructions :

- ***all*** + ***of*** + pronom (*it, us, you, them*)

  *You won't be able to understand **all of it**. / Her book is about compulsive eating, and the pressure on **all of us** to keep slim.*

- pronom (*it, we, us, you, they, them*) + ***all***

  *I've written **it all** down. / It is an immediate issue for **us all**. / **We all** know what happened that time, don't we?*

Deux cas spéciaux

- Les noms désignant des périodes de temps comme *morning, day, night, week, month, year, winter, summer* (mais pas *hour* ou *century*), bien que dénombrables, s'emploient dans un schéma *all* + nom au singulier : *They have been playing football all day* (pas *★all the day*).

- On n'emploie pas *the* entre *all* et un numéral : *He has read all three books.*

14.7.5 *Whole* (forme orale : /həʊl/)

Whole indique la totalité pour un objet (dénombrable donc) singulier :

I have read the whole book. (➤ *all* + dénombrable au singulier, 14.7.4, et remarquez la différence de construction : *the whole book* / *all the milk*)

Whole, qui est en fait un adjectif, est précédé du déterminant qui s'applique au nom (déterminant défini ou indéfini, éventuellement Ø) :

a / the whole bottle / your whole house

Whole books have been written on the subject. (Des livres entiers…)

14.7.6 *Half* (forme orale : /hɑːf/) et *part*

Half a les constructions de *all*, sauf la construction générique (*★half Ø books* / *work*).

De plus, il peut précéder l'article *a* / *an* :

*They have read **half the book**.* … la moitié du livre
*They have read **half the books**.* … la moitié des livres
*They have done **half the work**.* … la moitié du travail
*She has drunk **half a glass**.* … la moitié d'un verre

Dans certains cas, il existe un nom composé de la forme *half* + N : *a half-hour, a half-pint, a half-pound*. La différence entre *a half-hour* et *half an hour* est négligeable, mais celle entre *half a bottle* (la moitié d'une bouteille entière) et *a half-bottle* (une bouteille demi-format) ne l'est pas. Les composés peuvent se mettre au pluriel : *two half-pints*. Vous ne pouvez pas créer de tels composés.

Part, qui désigne aussi une fraction de quelque chose, exige la préposition *of*, mais est précédé du déterminant Ø :

They have read part of the book. ... une partie du livre (pas tout)
They have read part of the books. ... une partie des livres (pas tous)
They have done part of the work. ... une partie du travail (pas tout)

Par contre, *part* a son statut de nom à part entière (avec article *a / an*) quand il représente non pas une fraction mais une partie déjà constituée de quelque chose :
A part of the book is devoted to a historical survey. (Le livre est subdivisé en parties.)

14.7.7 *Every, all* et la négation

Pour que la négation porte sur *every* ou *all*, il faut qu'elle les précède dans la phrase :

Not all books are worth reading. Tous les livres ne valent pas la peine d'être lus. (Évitez : *All books are not worth reading*, sauf accentuation spéciale.)

14.8 Le système du duel : *both, either* et *neither*

L'anglais possède un système assez développé pour faire référence à des groupes de deux objets ; c'est le système du **duel** (distinct du pluriel, qui fait référence à une multiplicité d'objets), ➤ aussi en 17.4 l'emploi du comparatif. Pour un certain nombre de quantificateurs, l'emploi du duel est obligatoire quand il s'agit d'un ensemble qui est constitué de deux éléments. On a la correspondance suivante avec le pluriel :

pluriel	*all*	*any*	*not... any*	*no*	*every*
duel	*both*	*either*	*not... either*	*neither*	*either*

14.8.1 *Both* (forme orale : /bəʊθ/)

Both a une syntaxe et un sens proches de ceux de *all*. Comme *all*, *both* **précède** les autres déterminants. Il désigne la totalité d'un ensemble à deux éléments.

- *both* + Ø / *the* / *my* / *those* + nom dénombrable au pluriel :

They liked **both (the) houses,** *and they finally bought the one with the small garden.* Ils ont aimé les deux maisons...
Both his parents *are very keen on tennis.* Ses parents sont tous les deux très amateurs de tennis.

- *both* + *of* + pronom (*us, you, them*) :

  Both of us / you / them *are very keen on tennis.* Nous sommes / Vous êtes / Elles sont tou(te)s les deux très amateurs de tennis.

- pronom (*us, you, them*) + *both* :

  Ben and I privately rejoice – though I admit such an attitude reflects badly on **us both.** (W. Boyd, *Any Human Heart*)

  La forme *both the houses* est assez rare, préférez *both houses.* On rencontre parfois, de façon marginale, la forme *the both of you / them / etc.* (*the both of* + pronom).

  ! *Both* est exclu quand il y a un rapport de réciprocité : Les deux frères se sont rencontrés à Londres → *The two brothers met in London* (★*Both brothers met...*). Le sens de *both* (= pas seulement un, les deux) serait en effet absurde ici. De même : Connaissez-vous la différence entre les deux méthodes ? → *Do you know the difference between the two methods?* (★*... both methods*).

All et *both*, quand ils s'appliquent au GN sujet, peuvent se placer juste avant le verbe :

  They both / all went to the cinema.
  His friends have both / all gone to the cinema.
  We can both ask him.

14.8.2 *Either* (forme orale : /ˈaɪðə/ ou /ˈiːðə/)

Either est suivi d'un dénombrable au singulier ; il indique l'absence de choix entre deux éléments possédant des caractéristiques différentes (comme le *any* de qualité). Dans un contexte positif, *either* marque l'indifférence aux deux possibilités offertes :

  Either house would suit them. L'une ou l'autre des (deux) maisons leur conviendrait.

Either peut également avoir le sens de "l'un **et** l'autre" : *There were trees on either side of the road* (Il y avait des arbres de chaque côté de la route, ★*on every side*). Notez le singulier de *every side* (comparez avec *on both sides*).

Dans un contexte négatif, *either* signifie que l'on rejette les deux possibilités :

  They don't like either house. Ils n'aiment aucune des (deux) maisons.

Neither est équivalent de *not... either* (avec les mêmes réserves que pour *no = not... any*) : *They like neither house.*

Surtout pas *neither* s'il y a déjà une négation : *They don't intend to buy* **either** *house.* (Ils n'ont l'intention d'acheter ni l'une ni l'autre des deux maisons.)

Ne confondez pas les déterminants *both* et *either* avec les termes de corrélation *both* et *either*, ➤ 29.2.

14.9 Une quantité dans une quantité : la construction en *of*

La plupart des déterminants peuvent porter soit (a) sur tous les éléments / toute la masse que représente le nom, soit (b) sur une quantité pré-délimitée d'éléments / de masse déjà connus / connue. La syntaxe est différente. Comparez :

(1) ***Many people*** *don't like tea.*

On n'a pas délimité d'avance dans l'ensemble *people*. Il s'agit d'une grande quantité de gens quelconques.

(2) ***Many of the people*** *don't like tea.* (sous-entendu : *here*, par exemple)

On a un groupe pré-délimité (les gens que nous connaissons / dont nous parlons), et la grande quantité *many* se situe à l'intérieur de ce groupe.

Le raisonnement est le même pour les déterminants suivants : *some, any, (a) few, (a) little, many, much, a lot of* (etc.), *most, one, two* (etc.), *several, each.*

Most dogs *like being taken for a walk.* (sur tous les chiens possibles)
Most of the dogs / ***your dogs*** *are not very hungry today.* (jamais **most of dogs*)
A few of the dogs / ***our dogs*** *started barking.*
*Why don't you (ever) eat **any meat**? Are you a vegetarian?*
*Why didn't you eat **any of the** / **this** / **our meat**?*
A lot of the / ***that*** / ***our work*** *had to be done by hand.*

Quand les déterminants s'appliquent à une quantité prédéterminée, ils fonctionnent en fait comme des pronoms (➤ chap. 19). Le déterminant *no* est donc le seul à avoir un équivalent pronom de forme différente, ***none*** /nʌn/. Comparez :

No striped shirts *were to be found at Campbell's.*
None of his shirts *come from Campbell's.*

Every ne peut pas être pronom, il faut l'associer au pronom *one* :

Every one *of his shirts comes from Campbell's.* Chacune de ses chemises…

Ne confondez pas ***every one*** et ***everyone***, ➤ chap. 19.

1. Cas où la construction en *of* ne produit pas de différence notable de sens :

- ***all*** : *All (of) his money has been stolen.*
- ***both, either, neither*** : *Both (of the) children were sick during the trip.* (jamais **both of children*) / *Neither house* / *of the houses was really attractive.*
- ***half*** : *half (of) the book* / *the books* / *the work*

2. Avec les pronoms, l'emploi de *of* est obligatoire quand le pronom vient après : *all of it* / *them, both of them* / *us, half of it* / *them.*

3. Une formule à connaître : *There were three of us* / *them* (Nous étions / Ils étaient trois) / *How many of them were there?* (Combien étaient-ils ?)

14.10 Note sur les autres classes de noms

Dans leur emploi typiquement collectif (c'est-à-dire forme de singulier, accord du verbe pluriel), les collectifs comme *family* ou *audience* n'admettent aucun déterminant de quantification sauf ceux de totalité (*all*, *whole*) et *half* :

> *All the / the whole / half the audience were shouting enthusiastically.*

Par contre les collectifs obligatoires comme *people* et *police*, ainsi que *staff* et *crew* acceptent les quantifications des dénombrables au pluriel :

> *three hundred police / two people / a few clergy* trois cents policiers / deux personnes / quelques ecclésiastiques

Les indénombrables pluriels n'acceptent évidemment pas les déterminants numéraux (*three*) ni ceux qui impliquent le dénombrement (*several*, *every*) mais, en tant que pluriels, ils admettent en général les autres types de quantification :

> *too many clothes* (*✶ten clothes*) / *lots of thanks* / *her few belongings*

Pourtant, certains ne sont pratiquement pas quantifiables : *outskirts*, *morals*, *manners*.

Encadré 14-A : Comment les noms changent de catégorie

1. Indénombrable singulier → dénombrable

a. unité de X : *a coffee, two beers*

Du même type : *light / a light, time / a time*
Cette possibilité n'est pas libre, à la différence du français : **a milk.*

b. individu ↔ matière : *an apple / apple, a chicken / chicken*

c. sorte de X : *an Australian wine*

[about a Russian scientist] *Spoke a beautiful English, better than half of us.* (J. Le Carré, *The Russia House*)

Évitez d'utiliser cette possibilité (risquée) et préférez : *He spoke perfect English.*

d. manifestation / sorte de X : *a faint nostalgia* (➤ 12.2.3)

Le nom est accompagné d'un adjectif ou d'une proposition relative, il représente soit une sorte de X, soit une manifestation de X à un moment donné, sans que cela implique que le N est vraiment dénombrable.

She felt a desperate hatred. (G. Greene, *Gun for Sale*)
No one could accuse the preacher of lacking a proper Christian charity. (E. Crispin, *A Long Divorce*)

On trouve aussi bien le déterminant Ø.

2. Dénombrable → indénombrable singulier

Moins courant, un objet habituellement dénombrable peut être conçu comme une masse de matière, avec un quantificateur :

I've never known a house with so much roof. (A. Ellis, *The Clothes in the Wardrobe*)
The shorts showed quite a lot of leg, and were undeniably sexy. (Q. Wilder, *One Shining Summer*)

3. Déterminant Ø + dénombrable (➤ détails 13.7.1)

a. notion : *go to school, by plane*

b. unicité (plusieurs cas) : *President Roosevelt / room 203 / last week / Alf Stiegler was president of General Motors.*

15 Les démonstratifs : *THIS* et *THAT*

Les démonstratifs *THIS* et *THAT* peuvent être soit **déterminants** soit **pronoms**. Ce sont les seuls déterminants qui s'accordent en nombre avec le nom qui les suit (*this / these* et *that / those*).
Les démonstratifs n'ont pas de forme orale réduite. En particulier, *that* démonstratif est toujours /ðæt/, à la différence du relatif et de la conjonction *that*, pratiquement toujours prononcés /ðət/.

15.1 Syntaxe et compatibilités

15.1.1 *This / these* et *that / those* comme déterminants

a. *This / these* et *that / those* occupent dans le groupe nominal la même position que l'article défini *the* et les possessifs (*my, her*, etc.). Comme eux, ils sont utilisables avec les dénombrables et avec les indénombrables (*this, that* seulement bien sûr pour les indénombrables singuliers). En tant que déterminants, *this / these* et *that / those* s'appliquent aussi bien aux personnes qu'aux choses, mais ce n'est pas le cas lorsqu'ils sont pronoms, ➤ 15.1.2.

> *that man / book / tea, those men / books*

b. *This* et *that* sont possibles devant le pronom *one* employé seul (représentant du dénombrable, personne ou chose) :

> *I like this one / that one.* (différent de *I like this / that*, ➤ 15.1.2.a)

Par contre, *these ones / those ones* présentent des restrictions d'emploi (➤ 15.1.2.a).

c. Toutes les formes *this / these* et *that / those* sont possibles devant adjectif + *one(s)* (personne ou chose) :

> *this / that blue one, these / those blue ones* (Notez bien que l'adjectif est impossible s'il est seul : *★those blue.*)

d. *That / those* déterminants (mais non *this / these*) peuvent introduire un GN antécédent d'une relative restrictive (➤ 28.3.1) :

> *They hoped to have access to **that part** of the country which was controlled by rebel forces. (BBC)*

That / those pourrait dans ce cas être remplacé par l'article *the*, avec une différence de sens qui est relativement faible. Simplement, *that / those* met en valeur l'opposition exprimée implicitement par la relative restrictive. (Dans l'exemple, le sens est ... *precisely that part, not the other parts.*)

15.1.2 *This / these* et *that / those* comme pronoms

a. On peut poser en règle générale que, lorsque *this / these* et *that / those* sont employés seuls comme **pronoms**, ils représentent des inanimés et jamais des personnes (➤ cependant le cas des formules de présentation à la fin de ce paragraphe) :

*Look at **this** / **that**.* Regarde ça. (= un objet, pas une personne)
There's a gas ring but there are no matches around – so I'm not going to be able to use that. (*BBC*) Il y a un réchaud à gaz, mais pas d'allumettes. Alors, je ne vais pas pouvoir m'en servir.

Parmi les inanimés, on place bien sûr les événements, ou la façon dont ils sont décrits par la parole :

*'All teachers are going to get a ten percent rise.' 'Now, **that's** interesting.'*
*'Alice has had an accident, and she has lost her job too.' 'When did all **this** happen?'* (pas ★*these*)

These et *those* (mais pas *this / that*) peuvent éventuellement représenter des personnes quand on contraste deux groupes de personnes : *These will come with me, and those will stay here* (mais ➤ **d** ci-après).

Les formes de singulier *this / that* sont en fait des pronoms "vagues", comme le pronom "ça" en français. Ils ne font qu'attirer l'attention. Quand on veut individualiser, on emploie *this one / that one*. Comparez :

Look at that. Regarde ça. (= un objet, une matière, toute une scène)
Look at that one. Regarde celui-là. (= quelque chose ou quelqu'un qui est individualisé, parmi des objets ou personnes déjà mentionnés)

Au pluriel, par contre, on utilise le **pronom** (*these / those* seul, non suivi de *ones*) pour individualiser un groupe, autrement dit dans le sens de "ceux-ci" / "celles-ci" ou "ceux-là" / "celles-là" :

*I want a pound of apples. How much are **these** / **those** over there?*

On notera donc la différence avec le singulier, qui, nous venons de le voir, impose l'emploi de *one* dans un cas semblable avec les dénombrables (*I'm looking for a sweater. How much is this one?*).

L'emploi de *these ones / those ones* est considéré par certains comme incorrect. Cependant, il est parfois utilisé dans la langue familière, notamment pour établir une distinction nette par rapport à un ou plusieurs autres groupes : *They're all very nice, but I think I prefer these ones.*

Dans les questions qui cherchent à établir l'identité (à nommer) des choses ou des gens, on peut trouver *this* et *that* (mais pas, sauf nuance insultante, *these, those*) :

Who is this / that?
What is this / that?

Dans les phrases affirmatives qui établissent l'identité, en revanche, on trouve non seulement *this / these*, mais aussi *that / those* appliqués indifféremment à des personnes et à des objets :

> *'Who's that?' 'That's Mr Robinson, I think.'*
> *Those are rubies, as you may know.*
> *These / those are my cousins.* (en commentant une photo)

Dans les formules de présentation, on emploie exclusivement *this* (et non *these*, même pour plusieurs personnes) :

> *This is my father. This is Jackie and Susie.*

b. *Those* **pronom** peut être accompagné de compléments de noms ou de relatives (mais pas d'un adjectif seul). *Those* peut alors représenter soit des personnes, soit des choses :

> *Not everybody liked the show, but **those who did** were quite enthusiastic.*
> ***Those of you who liked the show** should try and tell me why.*
> *The people who sat in the front had a good view, but **those at the back** could hardly see anything.* (= *those who were at the back*)
> *I don't much like flowers, but **those (that) you bought** were really beautiful.*

On trouve aussi *those* + participe, ce qui correspond à une relative réduite :

> *All children, including **those born this year**, must be registered.* Tous les enfants, y compris ceux qui sont nés cette année... (= *those that were born*)

L'expression *there are those who...* (il y a des gens qui... ➤ 28.6.4) appartient à la langue littéraire.

c. *That* **pronom**, contrairement à *those* pronom, est rarement suivi d'une relative. Il arrive cependant que *that* soit suivi d'une relative introduite par *which*. On a alors la suite *that which*, qui peut correspondre à deux structures différentes. La première est une tournure archaïque, dans laquelle *that which* est tout simplement l'équivalent de *what* : *They renounced **that which** they liked best.* Dans le second cas, *that which* n'est pas l'équivalent de *what*. Le pronom *that* reprend un nom du contexte qui le précède. Dans l'exemple ci-après, *that which* est l'équivalent de *the noise which* : *There was [...] no noise superior to **that which** the Sergeant was making with his nose* (F. O'Brien, *The Third Policeman*). Cette seconde tournure appartient à un style sinon archaïque du moins recherché.

L'emploi de *that* pronom avec un complément de nom a une allure un peu compassée :

> *There was considerable contrast between this Mulligan performance and **that of** Art Blakey.* ... celle d'Art Blakey (préférez *Art Blakey's*, ➤ 15.1.2.d)
> *The importance of the conflict has been overrated, but **that of** the subsequent reconciliation may have been overlooked.* ...celle de la réconciliation qui a suivi...

De toute façon, *that* + complément représente de préférence des noms qui font référence à des états ou des actions (qui peuvent être des indénombrables comme dans le second exemple), plus rarement à des objets matériels, mais jamais à des personnes.

> **!** This / these, à la différence de *that / those*, n'apparaît jamais avec un complément ou une relative.

d. À cause des restrictions qui viennent d'être décrites, il reste un certain nombre de cas où il est impossible d'employer les démonstratifs comme **pronoms**. Que faire dans ces cas ?

- Employer un nom ou le pronom *one*. Le démonstratif est alors un déterminant et ne subit plus les mêmes restrictions :

  *Who are **those people?*** (*those* seul serait insultant, en traitant les personnes comme des choses)

  *'Which girl did you dance with?' 'I danced with **that tall one**.'* (*One* est le pronom auquel s'attachent l'adjectif et le démonstratif.)

  *I think I'll take **these / those blue ones**.* (même chose)

- Employer *the one* + relative / complément de nom :

  *I liked **the one** you bought.* J'ai aimé celui / celle que tu as acheté.

  *I know **the one** you danced with.* Je connais celui / celle avec qui tu as dansé.

  *I like **the one** at the back.* J'aime celui / celle qui est au fond. (*the one* = personne ou chose, comme précédemment)

Dans tous ces exemples, *the one* ne pourrait pas être remplacé par *that*, ➤ **c** ci-dessus. On trouve aussi *the ones*, en concurrence avec *those* :

  *I liked **the ones** / **those** you bought.*

  *I know **the ones** / **those** you danced with.*

  *I like **the ones** / **those** at the back.*

- Employer le génitif (N's), quand c'est possible (➤ 18.3.4) :

  *The lawn-mower has broken down. I'll have to borrow **Brian's**.* (= celle de Brian. On évite ainsi *that*, peu usité devant un complément de nom.)

  *You've already met my mother, but I don't think you've met **my wife's**.* (= celle de ma femme. On évite ainsi *that*, impossible pour représenter les personnes.)

- Répéter le nom :

  The importance of the conflict has been overrated, but the importance of the subsequent reconciliation may have been overlooked.

  'I like the colour of your dress.' 'I like the colour of yours.'

> **!** *The one* ne peut représenter qu'un nom dénombrable ; par conséquent, pour les indénombrables, il faut répéter le nom :
>
> *I don't much like the beer at the Crown and Sceptre, but the beer at the Blue Angel is quite decent.* (ou bien : *but at the Blue Angel, it is…* / plus soutenu : *but that served at the Blue Angel…*)

15.2 Sens et emplois de *this / these* et *that / those*

a. ***This / these*** est utilisé, comme *here* et *now*, quand ce qui est désigné est proche de l'énonciateur soit dans l'espace, soit dans le temps, soit par l'esprit, ou du moins considéré comme tel par l'énonciateur. À l'inverse, ***that / those*** est utilisé, comme *there* et *then*, quand ce qui est désigné est à distance (dans l'espace, le temps ou l'esprit) de l'énonciateur.

- Distance dans l'espace :

  This town needs a new mayor. (= la ville où nous sommes)
  In this country, we / they have no political police. (= le pays où nous sommes)
  This is France, don't forget! Nous sommes en France, ne l'oubliez pas.
  In those countries, they have no idea of democracy.
  This car can do 180 km an hour. (= la voiture dans laquelle nous sommes)
  Look at that car, it must be doing more than 180 km an hour.

- Au téléphone :

  This is Brenda, is that you, John?

  Cependant, notamment en anglais américain, on utilise aussi *this* pour l'interlocuteur dans les questions commençant par *who* : *Who is this?*

- Distance dans le temps :

  these days (= de nos jours, ces temps-ci)
  in those days (= en ce temps-là)
  This year will show the biggest profits this company has ever known. (= l'année où nous sommes)
  That year saw the greatest losses the company ever knew. (= une année différente de celle où nous sommes)

- Distance pour l'esprit :

  [en entrant dans une pièce] *Look at that mess!* (L'énonciateur se dissocie de ce qu'il voit, malgré la proximité.)

This est employé pour présenter, c'est-à-dire quand l'énonciateur veut faire partager par quelqu'un d'autre ce qui lui est proche :

  This is Brenda.

C'est pour cette raison qu'on trouve souvent *this* pour introduire les personnages dans une histoire qu'on raconte (dans un style familier) :

  There was this chap coming down the street with a big dog.

b. Dans la conversation ou dans un texte, ***that / those*** ne peut faire référence qu'à quelque chose qui a déjà été mentionné ou qui est considéré comme connu et qui, par conséquent, n'a plus à être présenté, si on met à part le cas de *those* + complément ou relative (➤ 15.1.2.b). Par contre, ***this / these*** est employé pour présenter ce qui suit, mais aussi pour reprendre ce qui vient d'être dit, parce que l'énonciateur le garde dans son domaine et continue à s'y intéresser.

The author thinks it is a case of protobiosynthesis. **This** / **that term** *was coined to describe such states.*

The whole family slept in the same room. **This** / **that** *was considered normal at the time.*

Let me give you an example. Listen now. **This** *really happened, I swear it. Your grandma had* **this friend** *called Emmaline that she hadn't seen in years...* (A. Tyler) (Présentation de ce qui va être dit : *that really happened* est impossible.)

"So tell me something, Savannah." "What's **that***, Kenneth?" "What happened last night?"* (T. McMillan) (référence au domaine du co-énonciateur, d'où l'emploi de *that*)

"I saw him just a few weeks ago, here in Tupelo, with Judge Atlee." "When was **this***?" he asked.* (J. Grisham, *The Summons*) (L'énonciateur intègre l'événement mentionné dans son domaine, marquant son intérêt.)

What's **that noise***? Oh, it's* **that dog** *again.* (Le chien est déjà connu, et en même temps on s'en dissocie, *this* impossible.)

That's the end *of the weather forecast.* C'était notre bulletin météorologique. (On clôt, *this* impossible.)

I'm going to tell them, and **that's that***!...* point final / la question est réglée.

! À la différence du français, les démonstratifs ne sont pas utilisés sous une forme pronominale (c'est-à-dire seuls ou associés à *one* / *ones*) pour reprendre un nom qui vient d'être mentionné (français : "celui-ci" / "celle-ci"). Soit on emploie un pronom personnel, soit, s'il y a risque de confusion, on reprend le nom lui-même :

Kenneth met Priscilla at a party. She was the richest girl in town. ... Celle-ci était la fille la plus riche...

Kenneth met Gordon at a party. Gordon was the richest boy in town. (*He* ne serait pas clair : Kenneth ou Gordon ?)

Dans un style plus soutenu (notamment à l'écrit), on peut employer *the latter* (attention, avec deux *t*) :

Kenneth met Gordon at a party. The latter was the richest boy in town. Ce dernier...

1. Comme les autres déterminants du singulier (*a* / *an*, etc., ➤ 13.7.2), *this* et *that* peuvent introduire un pluriel désignant un groupe (donc, en fait, un GN au singulier) : **That last ten miles** *was the most difficult.*

2. *This* / *these* et *that* / *those* suivis de **kind** / **sort** / **type of** permettent plusieurs constructions (notez les accords ou désaccords singulier-pluriel) :

This **kind** *of question* **is** *often asked.* (niveau neutre ou soutenu)
These **kinds** *of question(s)* **are** *often asked.* (niveau neutre ou soutenu)
These **kind** *of questions* **are** *often asked.* (niveau familier)
These **kinds** *of question(s)* **are** *often asked.* (niveau familier)

3. Pour désigner le samedi de la semaine en cours, on emploie généralement la forme non ambiguë *this Saturday*. Pour de nombreux locuteurs, *next Saturday* désigne le samedi de la semaine suivante.

4. Expressions et constructions diverses

That's it for this question. C'est tout, sur cette question.

That's a good boy / girl! C'est bien, mon garçon / ma fille !

It's a good dictionary – and cheap, at that. (en plus, par-dessus le marché)

Now let's talk about this / that car of yours. (➤ 18.3.5)

15.3 Emplois adverbiaux de *this / that*

That et *this* sont souvent employés, dans une langue plutôt familière, avec un sens voisin de celui de *so*, devant un adjectif, un adverbe, ou *much / many* (➤ aussi 16.4.5) :

Come on, you can do it, it's not (all) that difficult! Allons, tu peux le faire. Ce n'est pas si difficile que ça !

I haven't often seen a film that bad. (La position de l'adjectif après le nom n'est possible qu'avec that, elle serait impossible avec so.)

I didn't expect you to arrive this late. Je ne m'attendais pas à ce que tu arrives si tard. (*this* parce que référence au moment présent)

Tableau 15-A : Résumé des compatibilités de *this / these* et *that / those*

Possible	Impossible (ou à éviter)	Solution de remplacement
Déterminant (+ animé / inanimé) *this / that girl / book* *these / those girls / books* *this / that one* (= *girl / book*) *this / that nice one* *these / those nice ones*	?*these ones* ?*those ones*	→ *these / those* (pronom)
Pronom *this / that* (= vague) *these / those* (= inanimé)	(animé impossible) (animé à éviter)	→ *this / that girl* → *those people*
Pronom + relative	?*that* + relative	→ *the one* + relative (pour dénombrables) → *what*
those + relative		*the ones* + relative
	★this / these + relative	
Pronom + prép. + GN	?*that* + prép. + GN	→ *the one* + prép. + GN (pour dénombrable, indénombrable impossible) → génitif → répétition
those + prép. + GN (animé / inanimé)		*the ones* + prép. + GN
	★this / these + prép. + GN	

16 Les adjectifs

16.1 Introduction

Un adjectif dépend toujours, d'une façon ou d'une autre, d'un nom :

a. En position pré-nominale, adjectif **épithète** placé avant le nom : *a big dog*. Cette position est la position normale de l'épithète en anglais, mais il existe quelques cas où l'épithète est post-nominale (➤ 16.4).

b. En position post-verbale, adjectif **attribut** placé après BE et certains verbes (*seem, stay, look, become* par exemple) : *Their dog is / looks big*. Certains adjectifs n'ont qu'une seule de ces deux possibilités.

c. En **apposition** : position plus variable, ➤ 16.6.

En anglais, "adjectif épithète" se dit '*attributive adjective*', et "adjectif attribut" se dit '*predicative adjective*'.

La fonction d'attribut peut aussi être remplie par un groupe nominal : *She is a **student***. Ce groupe nominal peut à son tour contenir un adjectif épithète : *She is an **excellent** student*.

Les adjectifs anglais ne varient jamais ni en genre ni en nombre : *two **big** dogs / those girls are **French***. C'est seulement quand il devient vraiment un nom qu'un adjectif peut varier en nombre : *Have you read **the classifieds**?* (Tu as lu les petites annonces ?).

Les adjectifs peuvent prendre une terminaison spéciale de comparatif et de superlatif, quand leur forme et leur sens le permet (➤ chap. 17) : *the **longest** river in the country / this street looks **narrower***.

16.2 Position pré-nominale

16.2.1 Règle générale

La position pré-nominale est la position normale pour les épithètes. Placer un adjectif dans cette position a pour effet de former avec la notion que représente le nom une nouvelle notion, qui est une sous-catégorie de la première : *beer → Irish beer → expensive Irish beer* (➤ 28.3.1, sur les relatives restrictives).

Il peut y avoir une séquence d'adjectifs dans cette position (➤ 16.8) : *a huge American car*, et même un adverbe portant sur l'un d'entre eux : *that incredibly silly new book*.

À l'oral, tout adjectif est porteur d'un accent, qui n'est pas l'accent principal (sauf accentuation contrastive). C'est le nom qui est porteur de l'accent principal.

16.2.2 Remarques sur la position pré-nominale

a. Certains adjectifs sont suivis d'un complément (par ex. *hard to follow*). Le groupe adjectif + complément ne peut pas occuper la position pré-nominale. On ne peut pas dire **It is a hard to follow lecture* (= conférence). On peut alors insérer l'adjectif dans une proposition relative si l'on veut obtenir l'effet limitatif typique des épithètes : *It is a lecture that is hard to follow.*

Cependant, avec certains adjectifs, la position pré-nominale est possible en rejetant le complément **après le nom** :

a hard lecture to follow (= une conférence difficile à suivre)

Ces adjectifs sont essentiellement :

- les adjectifs avec complément introduit par *for* :
  an unsuitable job for a woman / a nice place for a picnic

- les adjectifs de comparaison, ainsi que les comparatifs (➤ 17.5.1) :
  a different car from the one I saw / a different lifestyle from mine / a similar problem to mine / a bigger house than ours / other clothes than ours (Dans tous ces cas, on trouve aussi la position post-nominale de l'adjectif.)

- les adjectifs ordinaux *first, second*, etc., *next, last, only* (en fait des sortes de superlatifs) et les superlatifs (➤ 17.5.1) :
  the first man on the list / the last person to know the truth / the last day of the sales / the only books she reads / the most important game of the season

- parmi les adjectifs suivis d'un infinitif, ceux qui s'interprètent comme suit :
  a pleasant person to talk to = it is pleasant to talk to that person

Le nom *person* est en fait l'objet du verbe *talk to* (➤ Tableau 25-A).

b. En dehors des adjectifs à proprement parler, pratiquement n'importe quel nom peut occuper la position avant le nom et jouer un rôle adjectival. En particulier, on trouve des noms indiquant une matière, un lieu, un moment :

a silver chain / a typical London pub / the evening news

On peut aussi trouver des noms propres de personnes : *a Mozart quartet.*

Ces groupes N + N portent généralement l'accent principal sur le deuxième N (➤ 18.4.3) :
a silver 'chain (comme *a fast 'car*)

Ce cas doit être distingué de celui des noms composés lexicalisés, ➤ 18.4.3.

Les noms de matières peuvent être utilisés comme attributs lorsque le sens est "fabriqué en..." : *This chain is silver / The wall is brick and plaster.*

c. Par ailleurs, il existe de nombreux composés adjectivaux qui n'obéissent pas à des règles de fabrication strictes, et apparaissent dans la position pré-nominale :

a live-in companion (personne avec qui l'on vit) / *a no-win situation* (situation sans issue) / *the would-be president* (celui qui voudrait être président) / *a do-it-yourself kit* (un ensemble à monter soi-même) / *the then president* (le président de l'époque)

d. Note sur les mesures

Comparez (1) et (2) :

(1) *It is **a five-foot (-high)** wall.* (Position pré-nominale : remarquez l'unité de mesure au **singulier** et le trait d'union.)

(2) *The wall is **five feet high.*** (Position post-verbale : remarquez que l'unité de mesure est au pluriel.)

Autre exemple : *a six-year-old child* / *She is six years old.*

Cependant, pour indiquer la taille d'une personne avec le nom *foot*, on a le choix entre deux formes du groupe adjectival attribut : *John is **six feet tall** / **six foot tall*** (plutôt familier). On trouve aussi : *a six-four rugby player* (un rugbyman de 1m 93).

16.2.3 Adjectifs limités à la position pré-nominale

Certains adjectifs ne peuvent être qu'épithètes pré-nominales, et jamais attributs.

It is sheer folly. C'est de la folie pure / C'est pure folie. (**The folly is sheer.*)

Ils sont de deux sortes, totalement opposés quant à leur rôle :

a. Adjectifs exprimant un jugement de l'énonciateur (soit intensification, soit restriction) sur un nom qui, souvent, est lui-même déjà une appréciation : *sheer folly* (de la pure folie), *an utter fool* (un parfait imbécile), *the main problem* (le problème essentiel). Autres exemples :

This is sheer genius (C'est du pur génie) / *That's utter nonsense* (C'est une parfaite idiotie) / *It's an outright lie* (C'est franchement un mensonge) / *a definite loss* (= *definitely a loss*, à coup sûr une perte) / *a mere ten pounds* (à peine dix livres) / *a heavy smoker* (= *someone who smokes heavily*, un gros fumeur) / *a big landowner* (un gros propriétaire) / *a hard worker* (un grand travailleur) / *the only difficulty* (la seule difficulté) / *the very thing* (exactement ce qu'il faut / fallait)

b. Adjectifs exprimant une caractéristique telle que l'ensemble adjectif + nom constitue en fait une notion préfabriquée : *a nuclear physicist* / **That physicist is nuclear.* On est très proche du nom composé. Autres exemples :

his former house (= *the house that was formerly his*, son ancienne maison) / *her late husband* (son ancien mari / feu son mari) / *a criminal lawyer* (un avocat d'assises)

Dans les deux cas, les adjectifs ne sont pas susceptibles d'être modifiés par des adverbes : **the very main problem* / **a very nuclear physicist.*

16.3 Position post-verbale (attribut)

16.3.1 L'attribut : définitions

Sens

*All the students in this class are **Canadian**.*

Dans la position post-verbale, l'adjectif attribue une caractéristique à l'ensemble de la catégorie que représente le groupe nominal sujet : l'attribut *Canadian* s'applique à tout le groupe *all the students in this class*. Comparez avec : *All the **Canadian** students in this class...* L'épithète pré-nominale *Canadian* permet de former la notion *Canadian students*, qui correspond à un groupe plus restreint que *students*.

Syntaxe

L'attribut peut être constitué d'un groupe adjectival (*John is **ready** [to go]*, *John is **very tall***), mais il peut également être constitué d'un groupe nominal (*John is **a student***). Il y a deux sortes d'attributs :

a. L'**attribut du sujet**, qui exprime une propriété du sujet, auquel il est relié par *BE* ou un autre verbe de liaison (par exemple *seem, become* ➤ liste en 22.1.3).

b. L'**attribut du complément**, qui exprime une propriété du complément de verbes comme *find* ou *make* (➤ détails et liste en 22.5) :

*They found the film **interesting**.* (cf. *They found that the film was interesting.*)
*The idea made him **angry**.* (cf. *He became angry.*)

Il peut y avoir plusieurs attributs, mais les deux derniers doivent être coordonnés :

*This beer is **Irish and expensive**.* (Comparez aux épithètes, ➤ 16.8 : *expensive Irish beer.*)
*The system is **fully automatic, computer-controlled and supposedly fool-proof**.* Le système est entièrement automatique, dirigé par ordinateur et théoriquement à l'abri des erreurs.

16.3.2 Adjectifs toujours post-verbaux

a. Certains adjectifs en *a-*

Dans cette liste, on trouve des mots dont le statut, soit comme adjectifs, soit comme adverbes, n'est pas toujours clair : *afraid, alike, alive, alone, asleep, ashamed, awake, aware,* et quelques autres.

Puisque ces termes ne peuvent pas être épithètes en position pré-nominale, on a le choix, si on veut obtenir un effet limitatif, entre deux solutions : employer une relative ou trouver un autre adjectif de sens équivalent.

The children were afraid. / **The afraid children*

→ *The children who were afraid stayed outside the cave.* (relative)

→ *Scared children were screaming in the dark.* (on change d'adjectif)

Autres exemples d'équivalence :

alike → *similar* / *alone* → *on one's own* / *alive* → *living* / *asleep* → *sleeping*

Ne confondez pas avec les adjectifs qui se forment avec préfixe séparable *a*-prononcé /eɪ/ ou /æ/ (*amoral, amorphous*, etc. : *an amorphous heap of rocks* = un amas informe de rochers). Notez aussi *alert* et *aloof* (distant) : *an alert mind, an aloof character.*

b. Certains adjectifs dénotant un état de santé ou une humeur : *ill* (GB), *well, unwell, poorly, fine, better, cross* (en colère), *glad.*

Several clerks were unwell last week.

★Several unwell clerks phoned in before 9 o'clock.

→ *Several clerks who were unwell phoned in before 9 o'clock.*

Remarque sur *ill* et *sick* dans le sens de "malade"

L'utilisation de *ill* est rare en anglais américain. On utilise habituellement *sick* : *his sick mother* / *his mother is sick.* En anglais britannique, *ill* est utilisé en position d'attribut (*his mother is ill*) et *sick* en position d'épithète (*his sick mother*). Dans toutes les variétés d'anglais, *be sick* est souvent utilisé comme euphémisme dans le sens de "vomir" : *The dog was sick on the carpet.*

c. Adjectifs suivis d'un complément

Comme on l'a déjà vu, un adjectif qui est accompagné d'un complément est exclu de la position d'épithète pré-nominale, à moins qu'il puisse être dissocié de son complément (➤ 16.2.2) :

*They sent him a booklet **full of information**.*

*It was a **hard** lecture **to follow**.*

16.4 La position post-nominale

16.4.1 Épithètes post-nominales

Quelques adjectifs peuvent apparaître en position d'épithète soit pré-nominale, soit post-nominale. La position post-nominale peut s'interpréter comme une relative dont le relatif et l'auxiliaire *BE* sont effacés. Il n'en reste pas moins que seuls certains adjectifs peuvent s'employer ainsi. Pour certains, le sens peut varier selon la position (➤ 16.5), pour d'autres, la position ne change pas le sens de l'adjectif :

He'll use every available opportunity / all the means available.

Liste partielle : *present, responsible, concerned, involved, possible, available, conceivable, suitable, feasible*

Il faut mettre à part le cas de quelques expressions toutes faites et anciennes : *Secretary General, court martial, Attorney General, God Almighty, the president elect.*

16.4.2 Participes + complément

Quand ils sont suivis d'un complément, les participes, ainsi que les adjectifs qui ont une forme de participe, sont en position post-nominale. Ceci peut aussi s'analyser comme une relative dont le relatif et l'auxiliaire *BE* sont effacés.

* Participes : *fruit ripened in the sun of the Tropics* (des fruits mûris au soleil des Tropiques) / *the subjects discussed at the meeting* / *viewers shocked by that unusual program* / *He was cured by treatment involving massage.*

* Adjectifs ayant une forme de participe : *people interested in more information* / *children bored with their toys*

16.4.3 Adjectifs associés à un pronom indéfini

Avec les pronoms indéfinis de la série *something* (parfois *somebody* / *someone*), les adjectifs épithètes ont la position post-nominale :

Nothing interesting / *Anything new?* Rien d'intéressant / Quelque chose de nouveau ? (Notez qu'on n'emploie pas *of*.)

Dans un style archaïque ou très recherché, des noms comme *things*, *matters* ou *affairs* peuvent être suivis d'un adjectif : *He is a collector of things Indian.*

16.4.4 Adjectifs servant à numéroter

Les adjectifs numéraux **cardinaux** servant pour la numérotation se placent après le nom de l'objet numéroté :

page 20 / *chapter three* / *act five* / *part two* / *room 205*

Par contre, les ordinaux sont en position pré-nominale : *the twentieth page* / *the third chapter* / *the fifth act* / *the second part*. Les noms de souverains font exception : *Elizabeth II* (lu *Elizabeth the second*).

16.4.5 Adjectifs modifiés par *this* / *that* (➤ 15.3)

*A **wall this high** should be good protection.* Un mur de cette hauteur devrait être une bonne protection.

*I've never read **a book that long**.* Je n'ai jamais lu un livre aussi long que celui-ci.

> **!** Cette construction ne s'emploie qu'avec *this* / *that* ; ne l'étendez pas, par exemple, à l'emploi de *so*. (Construction correcte : *I've never read so long a book*, et non *★... a book so long*).

16.4.6 Adjectifs + complément

En dehors des cas mentionnés en 16.2.2 (*a hard lecture to follow*), les adjectifs suivis d'un complément (groupe prépositionnel ou subordonnée) apparaissent normalement en position post-nominale :

*Troops **loyal to the president** are still fighting.*
*He is a man **ready to pay the price**.*
*A student **good at maths** is sure to be accepted.*

Noms en position post-nominale

Les noms *age, size, colour,* etc., sont placés en position post-nominale pour faire référence à un âge, une taille, une couleur déjà mentionnés :

They drive their ten-year old son to school every day. ***A boy that age*** *should walk to school.'* (Pas *★... of that age.*)

Autres exemples : *a man his age / a dog that size / a dress that colour*

16.5 Changement de sens selon la position

Certains adjectifs changent de sens selon la position qu'ils occupent :

*the **late** president* feu le président / l'ancien président (pré-nominal)
*The president is **late**.* Le président est en retard. (post-verbal)

D'autres ont obligatoirement une seule position dans un de leurs sens (*He is a perfect fool*), mais avec un autre sens ils peuvent avoir deux positions (*It is perfect food* ↔ *The food is perfect*).

Autres exemples :

a heavy smoker (pré-nominal, = un gros fumeur)
a heavy book ↔ *that book is heavy* (deux positions, = lourd)
the people concerned (post-nominal, = les gens que cela concerne)
concerned members of the public ↔ *some people feel concerned* (deux positions, = inquiets)
The trouble involved is enormous. (post-nominal, = les difficultés que cela implique)
an involved plot ↔ *the plot is too involved* (deux positions = complexe)
The book proper only starts on page 24. (post-nominal, = le livre à proprement parler)
That's the proper way of doing it. (la bonne façon / la façon qui convient)

16.6 Appositions

Un adjectif en apposition, à la différence de l'adjectif épithète, ne constitue pas une sous-catégorie à l'intérieur de la catégorie que représente le nom :

The trees, white with snow, looked like forgotten sentries.

Il n'y a pas ici de sous-catégorie des arbres blancs : tous les arbres sont blancs.

Syntaxiquement, les adjectifs en apposition ont une plus grande liberté que les épithètes. Leur syntaxe se comprend mieux si on les envisage comme des propositions dont certains éléments ont été effacés. Les participes V-*ING* et V-*EN* suivis de compléments peuvent occuper les positions d'apposition.

- Position pré-groupe nominal :

Rather tired, *the children sat on the grass.*
Tired and thirsty, *the children sat on the grass.*

- Position post-nominale :

The children, ***rather tired*** / ***tired of waiting***, *sat on the grass.*
The decision, ***unfair to the bus drivers***, *will certainly be attacked.*
The children, ***thinking*** (participe V-*ING*) ***that it was late***, *were hurrying.*

- Position finale :

*The children sat down, **rather tired.***
*The children sat down, **tired of waiting.***

Dans tous les cas, on ne trouve pas normalement un adjectif seul : il faut qu'il soit accompagné au moins d'un adverbe. Si un adjectif est seul, employez une relative appositive :

The children, who were tired, sat on the grass. (Comparez avec le français : Les enfants, fatigués, se sont assis sur l'herbe.)

16.7 Compléments d'adjectifs

Comme on l'a déjà vu, les adjectifs peuvent être accompagnés de compléments. Ces compléments sont soit des groupes nominaux introduits par une préposition, soit des subordonnées.

Il faut connaître les prépositions qui suivent chaque adjectif, parce qu'elles ne sont pas toujours parallèles à celles qu'emploie le français. Voici quelques exemples :

angry at sth (fâché de qqch)
angry at / with sb (en colère contre qqn)
good at sth (bon en qqch)
good for sth (bon pour qqch)
interested in sth (intéressé par qqch)

keen on sth (passionné de qqch)
sorry about sth (désolé pour qqch)
sorry for sb (désolé de qqn)
surprised at / by (surpris de qqch)

Les **subordonnées** complément d'un adjectif peuvent prendre des formes diverses (*Her parents are quite willing **for her to start work now*** / *We are sorry **(that) you have to leave so soon***). ➤ chap. 25 et 26 pour plus de détails.

Certains adjectifs sont obligatoirement suivis d'un complément (proposition ou groupe prépositionnel) dont ils ne peuvent pas être dissociés. Attention au type de complément : préposition + GN, préposition + V-*ING*, particule *to* + infinitif.

aware (that / of)
bound (to + infinitif / for)
content (to + infinitif / that)
devoid (of)
inclined (to + infinitif)

indebted (to)
liable (to + GN / to + infinitif)
opposed (to + GN / V-ING)
prone (to + GN / to + infinitif)
subject (to + GN)

16.8 Ordre des épithètes en position pré-nominale

Il est pratique de distinguer trois grandes catégories d'adjectifs, d'après le sens, c'est-à-dire en fait selon le degré d'intervention de l'énonciateur :

a. Intervention nulle de l'énonciateur : l'adjectif forme avec le nom une notion préfabriquée (cf. les noms employés dans cette position : *a London pub / copper wire*).

medical school / nuclear physicist

b. L'énonciateur choisit une caractéristique parmi toutes celles que possède le référent du nom, par exemple forme, couleur, nationalité, âge, trait de caractère, ou aussi comportement.

a talkative man / a powerful engine / an old house / an angry driver / a sad story

c. L'énonciateur émet une appréciation qui est d'abord valable pour lui (*possible, useful, beautiful, good, comfortable*). Cela inclut les jugements de dimension non chiffrée (*small, heavy, thin, etc.*).

a comfortable seat / a beautiful snake / good porridge / long hair

Les adjectifs se rangent dans l'ordre **a**, **b**, **c** à partir du nom (c'est-à-dire en remontant vers la gauche à partir du nom), ➤ Tableau 16-A.

Tableau 16-A : L'ordre des adjectifs

	c	**b**	**a**	**nom**
a	fine	white	cotton	shirt
a	large	striped		quadruped
an	important	French	wine	merchant
a	cheerful	old	London	pub
	long	straight		hair
a	brief	hostile		glance
a	small	round		table
a	thick	black	dividing	line
a	tall	angry		man
a		Scottish	medical	school

À l'intérieur de chaque grande catégorie, il y a un ordre du même type : l'adjectif indiquant la caractéristique la plus stable par nature est placé le plus près du nom.

beautiful long hair (catégorie **c**)
a carved French armchair (catégorie **b**)
an old blue dress (catégorie **b**)
an Oxford molecular chemist (catégorie **a**)

La difficulté est souvent de juger à quelle catégorie appartient un adjectif !

Quand deux adjectifs sont tout à fait sur le même plan, ou que l'énonciateur choisit de les mettre sur le même plan, on les coordonne à l'aide de *and* : *a blue and green tie* (catégorie **b**) / *a steel and glass building* (catégorie **a**).

On utilise aussi une virgule (une pause à l'oral) pour des adjectifs qui se complètent sans former une sous-catégorie : *a long, exhausting journey* / *a tall, short-haired woman*.

16.9 Les adjectifs peuvent-ils devenir des noms ?

Les adjectifs anglais ne peuvent s'employer comme noms que dans des conditions très précises. Ils ne peuvent pas se transformer en noms à volonté. Quand la transformation est impossible, l'adjectif doit être rattaché directement à un nom :

Tu as vu le gros ? → *Did you see the fat **man**?*

La pauvre, elle a raté son examen. → *The poor **girl** has failed her exam.*

Il est également impossible de les employer avec pronom zéro (➤ 19.2.1), et là encore il faut les rattacher à un pronom :

La chemise verte n'est pas mal, mais je préfère la jaune. → *The green shirt is not bad, but I prefer the yellow **one**.*

16.9.1 *The* + adjectif = groupe de personnes

The + adjectif (invariable) peut désigner un groupe de personnes. **Attention** : l'adjectif a donc une forme de **singulier**, tandis que le verbe est accordé au **pluriel** :

***The poor** often envy **the rich**, but the rich sometimes envy the poor.*
*In this town, **the unemployed** can now get free meals every day.*

Cet emploi est plus facile pour la **totalité** d'une catégorie (dont on parle en général), et avec des catégories de personnes déjà constituées (donc on ne dira pas normalement *★the tall*). Toutefois, si le contexte s'y prête, on peut créer une catégorie, particulièrement en établissant un contraste :

*On the boat, **the homeward-bound** looked at **the outward-bound** with envy.* Sur le bateau, ceux qui rentraient regardaient avec envie ceux qui partaient.

Adjectifs employés classiquement de cette manière : *rich, poor, handicapped, disabled, sick, injured, wounded, dead, old, aged, young, blind, deaf,* etc.

Les adjectifs de nationalité en *-ch* / *-sh* relèvent de ce cas (➤ 16.12) : *English, Welsh, Irish, French, Dutch.*

Il est impossible de dénombrer ou de mettre au singulier tous ces adjectifs sans leur fournir le support d'un nom :

★an English → *an Englishman*
★several English → *several Englishmen* / *several English people*
★two deaf → *two deaf people*

Dans le doute, utilisez un nom d'appui ou une relative : *the leisured people / those who were late.*

Dans certains cas, pourtant, d'autres déterminants que *the* peuvent apparaître : *He is supported by Moscow's rich / The number of wounded is certainly high / The country had two million unemployed / The gap between rich and poor is widening.* N'utilisez pas ces constructions sans vérifier.

16.9.2 *The* + adjectif = notion abstraite

The + adjectif peut aussi désigner une notion abstraite (accompagné éventuellement d'un verbe qui est alors au singulier, à la différence du cas précédent). Cette forme appartient plutôt au style soutenu :

*Is **the occult** a refuge from harsh reality?* L'occulte est-il un refuge contre la dure réalité ?
*You are stating **the obvious**.* Vous affirmez une évidence.

16.9.3 Cas limites

a. Certains adjectifs se rapprochent un peu plus des noms, car la forme *the* + adjectif peut désigner une personne unique : *the deceased / the accused.* Ces mots peuvent aussi être des pluriels, en gardant la même forme : *the accused is / are...*

b. D'autres adjectifs sont franchement passés à un emploi nominal ; ils acceptent tous les déterminants, et le pluriel en -*s* :

Not all blacks like African music – why should they? (emploi dénombrable)
She doesn't like to wear too much black, she likes a touch of colour. (emploi indénombrable)
Newborns are blind. / The newlyweds left in their new car.

Les adjectifs qui indiquent l'âge peuvent être employés de cette manière : *She was holding a four-year-old in her arms / All the four-year-olds were given a present.*

Pour pouvoir être utilisées, ces conversions doivent être entrées dans l'usage. N'en inventez pas !

c. Quelques adjectifs à forme de comparatif, ainsi que les superlatifs, fonctionnent avec un pronom zéro (= ellipse du nom) :

the elder (l'aîné de deux), *the former* (le premier de deux)
He'll have nothing but the best. Il ne veut que ce qu'il y a de mieux.
Only the most gifted were chosen. Seuls les plus doués ont été choisis.

! Certains adjectifs et le nom qui leur correspond sont de forme différente : *foolish / a fool* ; *optimistic / an optimist* ; *synonymous / a synonym* ; *hypocritical / a hypocrite,* etc. : *That man is a **hypocrite** / That was a **hypocritical** speech.*

Dans certains cas, un adjectif en -*ic* et sa contrepartie en -*ical* n'ont pas le même sens. Exemples : *economic* = qui a trait aux phénomènes économiques, *economical* = qui permet de faire des économies ; *historic* = pour un événement important, *historical* = qui a trait à l'étude de l'histoire.

16.10 Adjectifs et participes passés

Ce sont deux catégories grammaticales voisines. De nombreux participes passés peuvent être utilisés avec une valeur purement adjectivale (*He's very tired*). Dans certains cas, il est cependant important de bien faire la distinction entre le participe passé proprement dit, qui reste de nature verbale, et l'adjectif. La différence peut apparaître dans les propriétés syntaxiques (➤ notamment le cas du passif, 24.2.4). Elle peut également apparaître dans la forme même du mot. Les trois cas suivants méritent une attention particulière.

a. Pour quelques verbes, il existe, à côté du participe passé proprement dit, une forme en -*en* qui en général n'est employée qu'avec une valeur adjectivale, et souvent dans un style soutenu : *They had sunk the ship* ≠ *There was a sunken ship*. Autres adjectifs de ce type : *laden* (*snow-laden branches*, des branches chargées de neige), *molten* (*lava / glass / metal*), *proven* (prouvé), *shaven* (*a close-shaven man*, un homme rasé de près), *shrunken* (rétréci, rabougri), *stricken* (*a drought-stricken country*, un pays frappé par la sécheresse).

b. Certains adjectifs en -*ed* sont formés à partir d'un nom, et ce ne sont évidemment pas des participes passés : *the moneyed classes, the landed gentry, barbed wire* (fil de fer barbelé). Ce procédé de formation est utilisé dans de nombreux adjectifs composés (➤ 16.11) : *a two-storied house*.

c. Quelques adjectifs ont une terminaison en -*ed* qui est prononcée /ɪd/ (ou /əd/) dans des cas où la prononciation serait /t/ ou /d/ s'il s'agissait d'un participe passé. Certains d'entre eux, comme *naked* ou *wicked*, ne correspondent à aucun verbe ou nom. D'autres, comme *learned*, sont formés à partir de verbes, et leur forme orale les distingue donc nettement du participe passé par leur terminaison en /ɪd/ : *She's very learned* /'lɜːnɪd/ (Elle est très instruite) ≠ *She has learned* / 'lɜːnd/ *several languages*.

aged	(d'un âge avancé – mais /eɪdʒd/ dans *aged ten*, etc.)		
beloved	(bien aimé, cher)	*legged*	/'legɪd/ dans *three-legged*, etc.
blessed	(béni)	*naked*	(nu)
crooked	(tordu, déformé)	*ragged*	(en loques / lambeaux)
cussed	[familier] (entêté)	*rugged*	(rugueux / costaud)
dogged	(tenace, obstiné)	*sacred*	(sacré)
jagged	(déchiqueté)	*wicked*	(malfaisant, méchant)
kindred	(apparenté)	*wretched*	(très malheureux)
learned	(savant)		

16.11 Adjectifs composés

Mentionnons brièvement quelques procédés de formation d'adjectifs composés :

- nom / adverbe + V-*ING* : *a **record-breaking** race* / *a **sweet-smelling** flower* / *a **labour-saving** device*

- nom / adverbe + participe passé : ***home-made*** *cookies* / *a **suntanned** face* / *a **far-fetched*** *explanation*

- adjectif + nom + -*ed* (faux participe, ➤ 16.10.b) : *an **open-minded** attitude* / *a **low-necked dress***

- nom + adjectif : ***seasick*** / ***duty-free***

Évitez de fabriquer vous-même des adjectifs composés, ne les employez que si vous les connaissez déjà. Les adjectifs composés, comme les noms composés, s'orthographient avec ou sans trait d'union (➤ 18.4.2).

Observez l'utilisation habituelle de traits d'union dans les adjectifs composés qui ne sont pas écrits en un seul mot. (Opposez aux composés purement nominaux, ➤ 18.4.2.)

16.12 Adjectifs et noms de nationalité

On peut distinguer quatre cas :

a. Adjectifs *Dutch, English, French, Irish* et *Welsh* : il n'existe pas de nom correspondant. L'adjectif peut s'employer comme nom, mais uniquement dans les mêmes conditions que les autres adjectifs (➤ 16.9.1) :

The English drink a lot of tea.

I met an Englishman / two Englishmen (prononciation /ˈɪŋglɪʃmən/ dans les deux cas) / *I met an Englishwoman / two Englishwomen.* / *He married an English girl.*

b. Le nom a la même forme que l'adjectif, mais est **invariable** : adjectifs / noms en -*ese* (*Japanese, Portuguese,* etc.) et *Swiss.*

several Portuguese / three Chinese / two Swiss

Dans la pratique, on utilise souvent, au lieu du nom seul, l'adjectif suivi d'un nom comme *man, woman, people, citizen,* etc. : *several Portuguese people / a Chinese man / three Swiss nationals.*

c. Le nom a la même forme que l'adjectif, et **prend -*s* au pluriel** : adjectifs / noms en -*an* et -*i* (*German, Pakistani,* etc.), ainsi que *Greek* et *Czech* /tʃek/.

a German / Greek / Pakistani ship ; two Germans / Greeks / Pakistanis

d. L'adjectif et le nom ont une forme différente : *Danish / the Danes / a Dane* ; *Polish / the Poles / a Pole* ; *Swedish / the Swedes / a Swede* ; etc.

1. British et *Spanish* fonctionnent comme *Dutch* (type **a**), mais il existe un nom correspondant : *Briton* (du registre soutenu, sinon on trouvera aussi *a British citizen / subject / man / woman*) et *Spaniard.*

2. L'adjectif *Scotch* (écossais), ainsi que le nom correspondant, sont pratiquement réservés au whisky. Dans les autres cas, il vaut mieux employer les adjectifs *Scots* (pour les personnes) ou *Scottish* : *a Scots / Scottish journalist*. Pour les noms : *a Scot, the Scots, a Scotsman / Scotswoman*.

3. *Arab* est du type **c** (*the Arab world / the Arabs / an Arab*), mais on emploie *Arabic /* 'ærəbɪk/ pour la langue (*He speaks Arabic / Arabic numbers*) et l'adjectif *Arabian* pour ce qui a trait à l'Arabie (*the Arabian desert*).

4. En anglais, les adjectifs de nationalité, ainsi que les noms et adjectifs de langues, s'écrivent avec une majuscule à l'initiale (*an Italian car / She speaks French*). Quelques exceptions (noms communs comme *french window* = porte-fenêtre) peuvent aussi s'écrire avec une majuscule.

17 Comparatifs et superlatifs

Le comparatif et le superlatif indiquent des degrés relatifs d'une qualité ou d'une quantité. Ils peuvent s'appliquer à des adjectifs, des adverbes, des verbes ou des noms. Le comparatif et le superlatif sont formés à l'aide d'adverbes (*more, most, less, least, as*), mais un certain nombre d'adjectifs et d'adverbes ont une forme spéciale pour le comparatif et le superlatif de supériorité (terminaison en *-er* et *-est* : *bigger, biggest*). Quelques-uns (par ex. *good* → *better, best*) sont irréguliers.

17.1 Formes des comparatifs et superlatifs de supériorité

17.1.1 Comparatifs et superlatifs réguliers

On distingue entre adjectifs / adverbes **longs** et adjectifs / adverbes **courts** (voir définitions après le tableau).

Tableau 17-A : Comparatifs et superlatifs réguliers

Type	Adjectif	Comparatif	Superlatif
long	*interesting*	***more*** *interesting*	*(the)* ***most*** *interesting*
court	*big*	*big**ger***	*(the) big**gest***
	narrow	*narrow**er***	*(the) narrow**est***
	silly	*silli**er***	*(the) silli**est***

Sont considérés comme **courts** (= prennent la terminaison *-er* / *est*) :

• Les adjectifs d'une seule syllabe (*big, nice*). Certains adjectifs comme *real, right, wrong, cross* s'emploient plutôt (mais pas exclusivement) avec *more* / *most*. Les adjectifs d'une syllabe dérivés d'un verbe (*pleased, shocked, hurt*) s'emploient avec *more* / *most*.

• Les adjectifs de deux syllabes se terminant en *-y* (*happy, pretty*), et ceux qui se terminent en *-er* (*clever*), à l'exception de *eager, proper* et quelques autres. Il arrive cependant que ces adjectifs soient construits avec *more* / *most* : *There seemed to be no doubt that it was more healthy there.* (H.E. Bates, *Love for Lydia*)

• Les adjectifs de deux syllabes se terminant en *-le* (*gentle, simple*), certains adjectifs en *-ow* (*narrow*) et quelques autres ont les deux possibilités : *narrower / more narrow, gentler / more gentle.*

Les particularités des adverbes au comparatif et superlatif seront mentionnées en 21.10.3.

17.1.2 Précisions

a. Prononciation des adjectifs ou adverbes courts en *-ng* /ŋ/ (*long, strong, young,* etc.). La terminaison *-er / est* ajoute à ces mots le phonème /g/ : *long* /lɒŋ/ → *longer* /ˈlɒŋgə/. Contrastez ceci avec les terminaisons *-ing, -er,* etc. qui ne modifient pas le radical : *to long* → *longing* /ˈlɒŋɪŋ /, *to sing* /sɪŋ/ → *singer* /ˈsɪŋə/.

b. La terminaison *-er / -est* entraîne certaines **modifications orthographiques** :

Il faut redoubler toute consonne finale (sauf *w*) qui suit une voyelle orthographique simple, dans une syllabe accentuée : *big* → *bigger / biggest* (mais *neat* → *neater / neatest, stupid* → *stupider / stupidest*).

Un *y* final qui suit une consonne devient *i* : *happy* → *happier / happiest* (mais *grey* → *greyer / greyest*).

c. Quand le comparatif consiste à comparer entre eux deux adjectifs, il est incompatible avec *-er* : *It is more sad than funny* (C'est plus triste qu'amusant).

17.1.3 Comparatifs et superlatifs irréguliers

Tableau 17-B : Comparatifs et superlatifs irréguliers

Adjectif / Adverbe	Comparatif	Superlatif
good, well	*better*	*(the) best*
bad(ly), ill	*worse* /wɜːs/	*(the) worst* /wɜːst/
far	*farther / further*	*(the) farthest / furthest*

Cas particuliers :

a. *Far* : *farther* et *further*. Quand il ne s'agit pas de distance à proprement parler, utilisez plutôt *further* : *further information* (des renseignements supplémentaires).

b. *Old* : *older / oldest* et *elder / eldest*. Les formes *elder / eldest* équivalent à peu près au français "aîné(e)" : *her elder son* = son fils aîné (de deux) ; *her eldest son* = son fils aîné (de plus de deux). Notez qu'on peut dire également (surtout en anglais américain) *her older / oldest son.*

Elder et *eldest* ne peuvent pas être attributs. On dira : *My sister is older than me.*

c. *Late* : *latest* et *last*. Le vrai superlatif est *latest*. Ne pas confondre *his latest novel* (son dernier roman = le plus récent), et *his last novel* (son dernier roman = soit celui qui précède son roman actuel, soit le dernier de sa vie).

> *Less*, qui est étymologiquement le comparatif de *little*, a à son tour formé un comparatif, *lesser* : *a lesser sum* (une somme moins élevée), *the lesser of two evils* (le moindre mal).

> Il existe un suffixe *-most* qui se trouve dans des termes de sens superlatif : *uppermost* (le plus élevé / le plus important), *foremost* (le plus avancé), *northernmost* (le plus au nord).

17.2 Constructions avec comparatifs

Ne confondez pas *than* et *that* : la conjonction *than* est réservée aux comparatifs de supériorité et infériorité.

Tableau 17-C : Constructions avec comparatifs

	Terme comparé	Terme repère
Supériorité : **more / -er... than**	*Anna is taller* (degré de la qualité *tall*)	*than Brian (is).*
	Anna works more (degré de la quantité de l'action *work*)	*than Brian (does).*
Infériorité : **less... than**	*Money is less important* (degré de la qualité *important*)	*than love (is).*
	People work less (degré de la quantité de l'action *work*)	*than they used to (do).*
Égalité : **as... as** /əz/	*Is money as important* *Anna works as much*	*as love (is)?* *as Brian (does).*
Inégalité : **not as / so... as**	*Money is not as / so important* *People don't work as much*	*as love (is).* *as they used to (do).*

La subordonnée qui contient le terme qui sert de repère peut être absente si ce repère a été mentionné avant, ou s'il est implicite :

> *Look at Brian and Anna. I think Anna is taller. / Bleachix washes whiter.*

Le comparatif d'infériorité appartient à une langue assez soutenue. Dans la langue courante, employez de préférence la forme d'inégalité :

> *'Peter is better-looking than Fred.' 'Yes, but he isn't so rich.'* (plutôt que *he is less rich*)

Les formes **not so... as...** et **not as... as...** sont généralement interchangeables. Cependant, comme *so* exprime ici le haut degré, *Peter is not so old as John* implique que John est vieux, alors que *Peter is not as old as John* n'a pas cette implication.

La construction **the same... as...** est en fait un comparatif d'égalité : *Bill has got the same shirt as Keith.* (Attention : pas *★than*, et ne confondez pas avec *the same... that...* qui implique une relative, ➤ 28.4.c).

Dans les **expressions toutes faites**, le premier *as* est omis : *She is quiet as a mouse.*

17.3 Constructions avec superlatifs

Le superlatif de supériorité est tout à fait courant : *Anna was (the) fastest.* Par contre, le superlatif d'infériorité est plutôt rare. On préfère souvent aboutir à un sens équivalent en employant un adjectif de sens opposé combiné avec un super-latif de supériorité : *Anna was the least fast.* → *Anna was the slowest.*

Avec les adverbes ou les verbes (mais non avec les adjectifs et les noms, ➤ 17.5.3), il est fréquent de supprimer *the* devant la forme de superlatif : *Who works (the) most here?* / *Anna runs (the) fastest.*

Pour les superlatifs associés à un nombre, il existe en anglais une construction typique (mais pas exclusive) qui place le nombre à la suite du superlatif : *his best two novels* (comparez à "ses deux meilleurs romans"), mais *his two best novels* est possible. Cette construction s'applique de façon stricte à un certain nombre de termes qui sont proches du superlatif par leur sens ou leur étymologie : *first, last, next, only, following, other* et quelques autres : *the first / last two people in the queue* (les deux premières / dernières personnes de la file d'attente), *the following ten days, the other four days of the week.*

Contrairement au comportement habituel des adjectifs, le superlatif peut être utilisé sans nécessiter l'emploi de *one(s)* : *When he buys clothes, he always buys the cheapest.*

Tableau 17-D : Constructions avec superlatifs

	Terme comparé	Terme repère
Supériorité	*the most / the -est*	*in* + GN / *of* + GN / relative en *that*
Infériorité	*the least*	
Exemples	*the most interesting* *the cheapest place* *the least expensive bottle*	*of his novels* *in town / (that) I know* *in the shop / they could buy*

On pourrait dire qu'il n'existe en fait que deux sortes de comparatifs ou de superlatifs : égalité et supériorité. En effet, le comparatif et le superlatif "d'infériorité" sont formés à l'aide des adverbes *less* et *least*, qui sont des formes (anciennes) de comparatif et superlatif de supériorité. Ces adverbes indiquent le degré supérieur d'une petite intensité / dimension, par exemple : *a book of little interest* → *a less interesting book* → *the least interesting book*. Ce n'est pas un hasard s'il n'existe de forme à suffixe (-*er* ou -*est*) que pour exprimer la notion de supériorité.

17.4 Différences de sens entre comparatif et superlatif de supériorité (ou d'infériorité)

Ils sont parents, mais différents. Le comparatif établit une relation entre **deux** termes vus comme séparés, alors que le superlatif met en relation un terme avec

tous les autres termes d'un même groupe ; autrement dit le superlatif distingue un terme à l'intérieur d'un groupe :

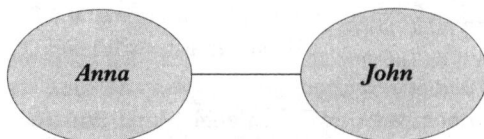

Anna — John

Anna is taller than John.
Anna est plus grande que John.

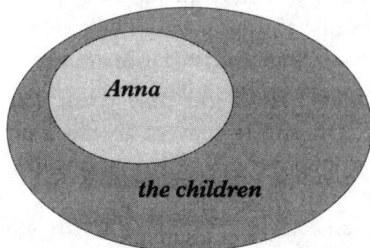

Anna

the children

Anna is the tallest (of the children) in the neighboorhood / I know.
Anna est la plus grande (des enfants) du quartier / que je connais.

Anna is taller than the children in the neighbourhood (Anna est plus grande que les enfants du quartier) fait d'Anna une enfant qui n'appartient justement pas au quartier. Mais si Anna appartient au quartier, on pourra employer le comparatif à condition d'ajouter *other*, qui distingue deux termes (Anna et les autres enfants) : *Anna is taller than the other children in the neighbourhood* (Anna est plus grande que les autres enfants du quartier).

La syntaxe des phrases reflète la différence lorsque le terme repère est mentionné explicitement :

- **comparatif :** deux propositions distinctes contenant chacune un des termes à comparer (même si le verbe de la seconde proposition reste sous-entendu).

    Anna is taller than John [is].

- **superlatif :** le terme repère peut être indiqué de plusieurs façons.

— Groupe prépositionnel introduit par *in*, si le terme repère consiste en un lieu :

   *This restaurant is the cheapest **in town**.*
   *It's the fastest car **in the world**.* (surtout pas ★*of*)

— Groupe prépositionnel introduit par *of*, si le terme repère est un ensemble d'éléments :

   *This restaurant is the cheapest **of all the restaurants** in town.*
   *The Spanish tortilla is the best **of all omelettes**.*

On dira donc généralement *He is the tallest of the group* (le groupe étant vu simplement comme un ensemble), mais on peut également dire *He is the tallest in the group* (le groupe étant vu de façon spatiale). On dira *These are the most spoken languages of the world*, de la même façon qu'on peut dire *the languages of the world*. On dira en revanche, de façon tout à fait prévisible, *Spanish is the third most spoken language in the world*.

Si le terme repère est une période de temps, on utilise selon le cas *in* ou *of*. Comparez :

*Last summer was one of the region's warmest **in years**.* (*in* + déterminant Ø + nom pluriel)

*It was the hottest day **of the year** / **of the 90s**.* / *These were the happiest ten years **of his life**.* (*of* + déterminant défini + nom singulier ou pluriel)

— Proposition relative :

*This restaurant is the cheapest **I know**.* C'est le restaurant le meilleur marché que je connaisse.

*It's the strangest dream **I've ever had**.* C'est le rêve le plus étrange que j'aie jamais fait.

*That's the best **anyone could do**.* C'est le maximum de ce qui est possible.

Notez l'emploi de *ever* et de *any* (➤ 21.1.5 et 14.2.3) : la comparaison s'établit par rapport à tout moment quel qu'il soit (*ever*), ou à toute personne quelle qu'elle soit (*any*). *Ever* peut également être employé seul, avec ellipse du reste de la proposition : *He's considered the greatest tennis champion ever* (Il est considéré comme le plus grand champion de tennis de tous les temps). Notez aussi l'emploi du subjonctif en français.

> **!** Quand le groupe est réduit à deux on emploie un comparatif :
>
> *I'll buy the cheaper book.* ... le livre le moins cher (de deux livres)
>
> Cette possibilité est exploitée aussi dans un certain nombre d'expressions : *the upper storey* (l'étage supérieur s'il n'y en a que deux, sinon on dira : *the top floor*), *the upper classes* (la classe dirigeante), *the lower classes* (le peuple).

17.5 Détails sur les constructions

17.5.1 Adjectifs épithètes

a. En anglais, quand le comparatif concerne un adjectif épithète, celui-ci garde sa position pré-nominale s'il n'y a pas de complément :

*Now they have **a bigger house**.* Maintenant, ils ont **une maison plus grande**.

Quand il y a un complément du comparatif, l'adjectif peut apparaître en position pré-nominale ou post-nominale :

*That was **a more interesting film** than the one they showed last week.*
*They used **a camera smaller** than a matchbox.* Ils ont utilisé un appareil de photo plus petit qu'une boîte d'allumettes.

b. Au superlatif, la position pré-nominale est obligatoire :

The tallest child in the neighbourhood will play the part of the giant. (Comparez avec : L'enfant le plus grand...)

c. Au comparatif d'égalité, il est plus sûr de remplacer l'épithète par une proposition relative, bien que la position post-nominale soit possible :

Books that were as important as the one he wrote have often failed in the past. (plutôt que *Books as important as the one...*)

La position pré-nominale existe, mais *as* ne peut s'employer qu'en présence de l'article *a* / *an*, qui suit l'adjectif : *I have never read as important a book as the one he wrote last year.* Les formules suivantes (avec déterminant Ø) sont impossibles : *as important books* / *as good milk.* Il faut employer une proposition relative (*books that are as important as...*).

17.5.2 La proposition complément du comparatif

a. Suppressions et remplacements. Il est rare que la proposition complément du comparatif apparaisse en entier : les termes qui sont en commun avec la première proposition sont soit effacés, soit remplacés par des substituts. Seul le repère, qui est le terme différent et avec lequel s'établit la comparaison, apparaît en entier. (Dans les exemples ci-après, les mots entre parenthèses peuvent apparaître ou non ; ceux entre crochets ne peuvent pas apparaître.)

<Sue works> more <Brian works> → *Sue works more than Brian (does).*
<Sue is pretty> more <Ann is pretty> → *Sue is prettier than Ann (is)* [*pretty*].

La comparaison peut porter sur n'importe quel élément qui compose une proposition.

Sujet (+ verbe) : *Sue works more than Brian (does).*
Sujet (+ adjectif) : *Sue is prettier than Ann (is)* [*pretty*].
Objet : *Sue likes Herbie better than (she does / she likes) Brian.*
  The box contains more paper than (it does) chocolates.
Verbe : *Sue works more than she* [= *Sue*] *plays.*
Auxiliaires : *Sue works more than she used to (do)* / *than she ever will (work).*
De même pour l'égalité : *Sue is as pretty as Ann (is)* / *she used to be* [*pretty*].

b. Le choix des pronoms. Quand le terme repère est un pronom sujet, il est rare de le laisser subsister seul. Deux solutions :

- On l'accompagne de l'auxiliaire substitut du verbe (style soigné) :
Sarah likes chocolates more than / *as much as **I do**.*
*The Browns are richer than **we are**.*

- On emploie la forme de pronom "objet" (langue courante) :
Sarah runs faster than / *as fast as **me**.*
*Is she taller than **him**?*

c. Omission du sujet ou du complément. Le sujet ou le complément du verbe de certaines subordonnées de comparaison introduites par *as* ou par *than* est obligatoirement omis (➤ 27.8.a) :

*The new territories were not such a fertile land **as was generally believed**.*
(pas *... as it was generally believed*)
*He had bought more bread **than was necessary**.* (pas *than it was necessary*)

Dans un style recherché, et sous certaines conditions (➤ 23.2.2, remarque 5), il peut y avoir une inversion sujet-auxiliaire dans les subordonnées de comparaison introduites par *as* ou par *than* : *Reagan spoke more often about the Founders of America* **than did his nine predecessors combined.**

17.5.3 Noms et verbes

a. Comparatif de supériorité

*Sarah has got **more** books than Brian.*
*Sarah works **more** than Brian (does).*

Notez également l'emploi de *another* / *more* + nom + *than* dans les constructions du type suivant :

*I have **another option than** what you suggest.*
*There are **more ways than** one to tackle this problem.*

b. Comparatif d'égalité

Il faut insérer un mot qui indique la quantité : *much* ou *many*.

• Noms : tenez compte du caractère du nom, en choisissant entre *much* et *many* – dénombrable au pluriel (*books*), indénombrable singulier (*money*), indénombrable pluriel (*clothes*).

*Sarah has got **as many** books as Brian.* (dénombrable au pluriel)
*The Browns have got **as much** money as the Rockefellers.* (indénombrable singulier)
*She wasn't able to buy **as many** clothes this year.* (indénombrable pluriel)

• Verbes : c'est *much* qui indique la quantité.
*Sarah works **as much** as Brian.*

Notez bien que *much* et *many* n'indiquent pas ici une grande quantité, mais seulement une quantité quelconque. Il se peut très bien que Sarah ait seulement deux livres, ou même pas du tout, comme Brian.

c. Comparatif d'infériorité

Pour les noms, dans un style soigné, il faut distinguer entre dénombrable et indénombrable :

*There is **less** money than I thought.* (indénombrable singulier)
*There are **fewer** people than I expected.* (dénombrable au pluriel)

En langue courante, on emploie aussi *less* avec les dénombrables (mais cet emploi est souvent jugé incorrect), ou bien *not so many* (➤ 17.2) :

There are less people than / *There are not so many people as I expected.*

Notez aussi : *It's one problem less for her.* (un problème de moins) / *That's ten percent less.* (Ça fait 10 % de moins.) / *Give me one minute more* / *one more minute please.*

d. Superlatif

Avec les noms, comme avec les adjectifs, il ne faut pas omettre *the* :

*The local library has got **the most books** on the subject.* C'est la bibliothèque locale qui a le plus de livres sur le sujet.

*That film was **the most interesting**.* C'est ce film qui était le plus intéressant.

Avec les verbes et les adverbes, *the* est optionnel :

What did you most enjoy / enjoy (the) most?
Ken can run (the) fastest.

Employé seul (sans *the*) avec noms et adjectifs, *most* prend un sens différent :

The local library has got most books on the subject. (= la plupart des livres ; *most* est un déterminant quantificateur, ➤ 14.4)
That film was most interesting. (= très intéressant ; *most* est un adverbe intensif, ➤ 21.5)

Les superlatifs d'infériorité sont possibles, mais peu courants :

Sarah has got the least books / fewest books → Sarah has got the smallest number of books / Sarah has got fewer books / less books (than the others).

L'équivalent de "le plus / le moins possible" est le comparatif d'égalité : *He works as much / as little as possible.*

17.6 Modification

17.6.1 Modification des comparatifs de supériorité et infériorité

L'adverbe de comparaison (*more / less*) peut lui-même être modifié par des adverbes : *a bit* (un peu, registre familier), *a little*, *much*, *a lot*, *far* (beaucoup), *rather* (plutôt), *even* (encore), *still* (encore), etc.

Sarah works a bit more / far more / even more than Brian. Sarah travaille un peu plus / beaucoup plus / encore plus que Brian.

De même avec les formes en *-er* : *Sarah is a bit taller / much taller / rather taller (than Brian).*

Still peut se placer avant ou après les adjectifs non suivis de *than* : *Sarah is still taller / Sarah is taller still.*

Avec les noms, il faut distinguer pluriel et singulier.

Dénombrable pluriel :

Sarah has read many more / far more / a lot more / a few more / three more books than Brian. Sarah a lu beaucoup plus de livres / quelques livres de plus / trois livres de plus que Brian. (*★much* impossible)

Indénombrable singulier :

The Browns have got much more / far more / a lot more / a little more money than the Rockefellers. Les Brown ont beaucoup plus / un peu plus d'argent que les Rockefeller. (*★many* impossible)

17.6.2 Modification du comparatif d'égalité

a. Adverbes d'approximation

Verbes, adverbes, adjectifs :

| Sarah works | *quite as much* *nearly as much* *about as much* *just as much* | *as Brian.* | bien autant presque autant à peu près autant exactement autant |

Sarah is quite / nearly / about / just as tall (as Brian).

Noms :

| *quite as much money / quite as many books* | bien autant |
| *nearly as much money / nearly as many books* | presque autant |

b. Adverbes arithmétiques

Sarah has got twice / ten times as much money / as many books as Brian.
Sarah a deux fois / dix fois plus d'argent / de livres que Brian.
The TV version is twice as long as the film.
La version télévisée est deux fois plus longue que le film.

! *Sarah has got half as many books / as much money as Brian.*
Sarah a deux fois moins / moitié moins de livres / d'argent que Brian.

On trouve aussi le comparatif de supériorité ou d'infériorité quand le nombre de fois est supérieur à deux : *Jupiter is 318 times more massive than the Earth / They could have spent ten times less money and got the same results.*

17.7 *The more / the less...*, etc.

17.7.1 Variation parallèle

The more he works, the less tired he is. Plus il travaille, moins il est fatigué.
The colder it is, the better the engine works. Plus il fait froid, mieux le moteur fonctionne.

La structure qui exprime la variation parallèle est constituée ainsi :

| *The* | *more / -er* *less* | *..., the* | *more / -er* *less* |

Il faut faire attention à l'ordre des mots, souvent différent de celui du français. On peut distinguer trois cas.

a. La variation porte sur un **adjectif** ou un **adverbe** :

The more you work, **the easier** / **the less tiring** *your work will be.* Plus vous travaillerez, **plus** votre travail sera **facile** / **moins** votre travail sera **fatigant**.

$$
the \left\{ \begin{array}{l} more \quad + \quad \text{adjectif / adverbe} \\ \text{adjectif / adverbe} + \textit{-er} \\ less \quad + \quad \text{adjectif / adverbe} \end{array} \right\} \dots
$$

b. La variation porte sur un **nom** :

The less he works, **the more difficulty** *he will have.* Moins il travaillera, **plus** il aura de **difficulté**.

the more / less + nom...

c. La variation porte sur un **groupe verbal** :

***The more** he **works**, the more he will earn.* **Plus** il **travaillera**, plus il gagnera.

the more / less + GN sujet + groupe verbal...

En résumé, lorsque la comparaison porte sur un **adjectif**, un **adverbe** ou un **nom**, il faut se rappeler que ces mots doivent venir **en tête de la proposition**, sans oublier *the*.

Dans certains cas, l'un des deux termes de la variation parallèle est exprimé autrement que par un comparatif :

*Sanitary conditions are also changing dramatically **the further west we go**. (BBC)* (Cf. *The further west we go, the worse sanitary conditions become.*)

Restrictions à l'emploi de WILL / SHALL

On ne peut pas employer *WILL / SHALL* avec une valeur de futur dans la première des deux propositions de la variation parallèle. La règle est exactement la même que pour les subordonnées de temps, de condition, etc. :

The more you drink, the thirstier you'll be. Plus vous boirez, plus vous aurez soif. (Non pas : *★The more you will drink, the thirstier you'll be.* Ceci peut être comparé à *If you drink more, you will be thirstier.*)

17.7.2 Variation sous condition

À la différence du cas précédent, l'ordre des mots reste l'ordre habituel pour l'expression *(all) the more / less... (as / since / because / for)* :

They felt (all) the more tired as / since they had lost the match. Ils se sentaient d'autant plus fatigués qu'ils avaient perdu le match.

The picture is (all) the less interesting as it is a copy. Le tableau est d'autant moins intéressant que c'est une copie.

They felt (all) the better for that walk. Ils se sont sentis d'autant mieux après cette promenade.

She did a lot of explaining, but I don't think that left him any the wiser. ... mais je ne crois pas qu'il en était plus avancé.

Ici, la variation est provoquée par ce qui est introduit par *as* / *since* ou par *for* + GN, ou encore par le rapport implicite à ce qui précède.

Dans toutes ces expressions, *the* n'est pas l'article défini mais un ancien démonstratif.

17.7.3 Variation progressive

La variation progressive est exprimée au moyen de deux marqueurs de comparatif reliés par *and* :

It's getting more and more difficult. Ça devient de plus en plus difficile.

Attention, si l'adjectif ou adverbe est court, il doit lui-même être répété :

It's getting colder and colder. Il fait de plus en plus froid.

He smokes less and less. Il fume de moins en moins.

He's growing less and less happy with the results. Il est de moins en moins satisfait des résultats.

Constructions à plusieurs noms

18.1 Remarques générales

Ces constructions associent deux ou plusieurs noms dans un même groupe nominal. Elles peuvent appartenir à l'une des trois catégories suivantes :

a. Nom + préposition (+ déterminant) + nom. Exemples : *the election of the president* (l'élection du président), *the road to Dover* (la route de Douvres), *a school for girls* (une école de filles), *a book of stamps* (un carnet de timbres). Nous appellerons cette construction **N + prép. + N**.

b. Nom + 's + nom. Exemples : *the president's election* (l'élection du président), *a girls' school* (une école de filles). La forme nom + 's est appelée **génitif**. Pour l'ensemble de la construction, nous utiliserons l'abréviation **N's + N**.

c. Nom + nom. Exemples : *child benefit* (allocations familiales), *a photograph album* (un album de photos). Nous appellerons cette construction **N + N**.

> La construction **N + N** appartient à la catégorie des **noms composés**. Ces derniers peuvent également être formés selon les schémas **adjectif + nom** (*greenhouse* = serre), **verbe + nom** (*popcorn*), **nom / participe / verbe + particule** (*passer-by, grown-up, takeaway*), etc., mais, quel que soit leur mode de formation, ils ont toujours les mêmes caractéristiques essentielles. La construction N + N sera, dans ce chapitre, traitée sous la rubrique noms composés (➤ 18.4).

Dans chacune des trois constructions **a, b** et **c**, l'un des deux noms est le **nom principal** ('*head noun*' en anglais). Dans la construction N + prép. + N (par exemple, *the **election** of the president*), c'est le premier nom qui est le nom principal (*president* n'est que le complément). Dans les constructions N's + N (*the president's **election***) et N + N (*a photograph **album***), c'est au contraire le second nom qui est le nom principal. (On peut en effet commenter ainsi les deux exemples : '*The president's election is an **election***', '*a photograph album is an **album***'.)

L'un des principes essentiels qui déterminent le choix entre les trois constructions est le suivant : la forme N + prép. + N sert à **construire** une relation entre deux noms, alors que le génitif et le nom composé ne font que **reprendre** une relation qui est déjà construite (ou qu'on présente comme déjà construite).

18.2 Construction N + prép. + N

a. La préposition qui relie les deux noms n'est pas nécessairement *of*. On fera attention, en particulier, aux cas dans lesquels l'anglais utilise *in, for*, etc., dans des constructions dont l'équivalent français est formé avec "de" :

*Jealousy was the motive **for** the murder.* La jalousie a été le mobile du meurtre.

*It's the jewel **in** the crown.* C'est le joyau de la couronne.

Donc, de même qu'il faut connaître la construction des verbes et des adjectifs (*to pay **for** something, interested **in** something*, etc.), il faut connaître la construction des noms, en particulier lorsqu'il n'y a pas parallélisme entre l'anglais et le français : *his interest **in**...* (son intérêt pour...), *the reason **for**...* (la raison de...), etc. Dans certains cas, le nom est apparenté à un verbe ou à un adjectif, et la préposition est la même dans les deux cas : *it protects you **from** viruses* ↔ *protection **from** viruses*, *he's interested **in** biology* ↔ *his interest **in** biology*.

Autres exemples de non-parallélisme entre l'anglais et le français : *a man **from** Liverpool* (un homme de Liverpool), *a novel **by** Faulkner* (un roman de Faulkner), *the man **in** the street* (l'homme de la rue), *the man **in** the brown suit* (l'homme au costume marron), *a knife **with** a steel blade* (un couteau à lame d'acier), *a villa **with** a swimmingpool* (une villa avec piscine), *a knife **without** a handle* (un couteau sans manche). Comme on le voit, le français utilise assez souvent le déterminant zéro dans les constructions N + prép. + N, alors que c'est généralement impossible en anglais (➤ 13.7.2).

b. Emplois particuliers de la construction **N +** *of a* / *an* **+ N** :

*It was exciting, gliding down the hill with Nick in **his sporty red junk-heap of a car**.* (J. Smith, *Follow That Blonde*) (*junk* = chose sans valeur, ici "ferraille")

Cette construction, dont l'emploi est très courant, n'a pas d'équivalent véritable en français. Les constructions françaises les plus ressemblantes sont les expressions du type "ce diable d'homme" ou "son imbécile de frère", dont l'utilisation est beaucoup plus limitée, et la structure différente : notez l'emploi de *a* / *an* en anglais devant le second nom. Autres exemples : *her ancient mausoleum of a handbag* (Kate Atkinson, *Human Croquet*), *a mountain of a man, a fine figure of a woman, a bear of a man, a Rolls-Royce of a tennis player, a ghastly wreck of a young woman, a bespectacled twig of a boy, a huge monster of a wasp, a boulevard of a beach, a wedding-cake of a building, this nightmare of a world*.

1. Dans ces emplois de N_1 + *of a* / *an* + N_2, le premier nom a une valeur de métaphore ; ainsi, dans *a junk-heap of a car*, l'objet auquel il est fait référence est désigné en premier lieu comme étant '*a junk-heap*' (≈ un "tas de ferraille"). Quant au segment *of a* / *an* + N_2, il sert à ajouter une précision à la désignation effectuée par N_1 : l'objet appartient à la catégorie dénotée par N_2 (la catégorie des voitures). La relation d'appartenance est exprimée par *of*. (L'expression de l'appartenance est une des valeurs de *of* : cf. *one of them*, ou *There were ten of us* = Nous étions dix.) Quant à l'article *a* / *an*, il a ici une valeur classifiante (comme dans *This is a car*).

2. Le segment *of a* / *an* + N a également cette valeur dans des formes comme *It was **a bit of a** disappointment* (Ça a été un peu une déception), *He's **more of a** liability than an asset to the team* (Il est plus un handicap qu'un atout) ou *It wasn't **much of a** surprise when he arrived* (Ça n'a pas été une grande surprise quand il est arrivé). On voit qu'ici encore il n'y a pas véritablement d'équivalent en français : les traductions françaises correspondantes ne comportent pas d'équivalent de *of*.

18.3 Le génitif (N's)

Il sera question ici du génitif des **noms**. (Pour le génitif des pronoms, ➤ 19.2.1.) Nous traiterons d'abord de la forme du génitif (18.3.1), puis nous examinerons ses emplois, qui entrent dans trois catégories : génitif **déterminatif** (18.3.2-5), génitif **classifiant** (18.3.6) et génitif **de mesure** (18.3.7).

18.3.1 Construction N's + N : problèmes de forme

a. La forme écrite de la marque du génitif est la terminaison *'s* (*Fred's car*), sauf pour les noms qui comportent déjà la terminaison *-s* d'un pluriel régulier : avec ces noms, le génitif se marque simplement par une apostrophe (*our neighbours' car*), et, dans la langue orale, il n'y a pas de différence par rapport à la forme sans génitif.

On notera que l'exception ne concerne ni les noms au singulier terminés par un *s* (*the waitress's boyfriend*) ni les noms qui ont un pluriel irrégulier (*the children's beds*). Les sigles ne font pas exception, eux non plus : *the MP's car* (la voiture du député).

Pour les **noms propres** qui se terminent par un *s*, l'usage varie. On notera cependant qu'il est toujours acceptable d'appliquer la règle générale relative aux noms au singulier, c'est-à-dire d'ajouter la terminaison *'s* (*Mr Jones's car* / *Keats's poems*). Cependant, avec les noms grecs, latins et bibliques en *-s* comme *Ulysses*, *Orpheus* ou *Moses*, il est beaucoup plus courant de marquer le génitif simplement par une apostrophe (forme écrite) ou sans ajout de /ɪz/ (forme orale) : *Ulysses' wife* /ˈjuːlɪsiːzˈwaɪf/, *Moses' law* /ˈməʊzɪzˈlɔː/.

On choisit également, dans la plupart des cas, de former avec l'apostrophe seule (ou même avec Ø) les génitifs des noms invariables *species* et *series* (*the species(') DNA*), ainsi que ceux des noms comme *convenience* ou *goodness* (se terminant par le son /s/) dans les expressions formées avec *sake* (➤ 18.3.3.b) : *for convenience(') sake* (mais *for God's sake*).

Par ailleurs, il arrive que l'apostrophe soit omise dans des génitifs lexicalisés (➤ 18.3.6) ou des génitifs de mesure (➤ 18.3.7).

b. La forme orale de la terminaison *'s* est exactement la même que celle du pluriel régulier (➤ 12.2.2).

c. Après un génitif, il ne peut y avoir ni article ni déterminant défini. Donc, lorsque le nom au génitif est un nom propre, il n'y a d'article ni avant ni après le génitif (*This is John's car*). Le génitif peut être suivi d'un quantificateur : *John's three children* (les trois enfants de John).

d. Le génitif peut concerner un groupe de mots. La marque du génitif se met alors après le dernier mot du groupe (quel que soit ce mot) : *the girl next door's boyfriend* (l'ami de la fille d'à côté), *a day or more's sailing from Manila* (W. Boyd, *The Blue Afternoon*). On opposera *Ted and Lynn's parents* (les parents de Ted et (de) Lynn) et *John's and Lynn's parents* (les parents de John et (ceux) de Lynn). Un groupe N's + N peut être lui-même au génitif : *Sue's son's flat* (= [*Sue's son*]'s *flat*).

18.3.2 Le génitif déterminatif

I had met the mayor's secretary. J'avais rencontré le / la secrétaire du maire.

Le génitif de cette phrase est appelé **déterminatif** parce que le segment *the mayor's* joue devant le nom *secretary* le rôle d'un déterminant : il pourrait être remplacé par *a*, par *the*, etc. (On l'appelle aussi génitif **spécifique**.) Autre remarque : dans *the mayor's secretary*, l'article *the* se rattache non pas au nom principal *secretary* mais au nom qui porte la marque du génitif (*mayor*). La structure est en effet :

[*the mayor*]*'s secretary* (et non *the* [*mayor's secretary*])

Ceci apparaît si l'on compare *the mayor's secretary* à *Fred's secretary* ; on voit que le segment *the mayor* forme un tout, puisqu'il peut être remplacé par *Fred*.

Comparons également (en faisant provisoirement abstraction de la légère différence de sens) *I had met the mayor's secretary* à *I had met the secretary of the mayor*. On voit que le passage de la construction en *of* à la construction avec génitif entraîne la disparition de l'un des deux articles *the* : celui qui précède le nom principal *secretary*. En fait, si cet article disparaît, c'est parce qu'il est inclus dans le sens du génitif. Cela a pour conséquence que le remplacement d'une construction en *of* par une construction avec génitif est impossible chaque fois que le nom principal n'est pas défini. Ainsi, *He had met supporters of the Prime Minister* (Il avait rencontré des partisans du Premier Ministre) ne peut pas être remplacé par *He had met the Prime Minister's supporters* (qui équivaudrait à "Il avait rencontré **les** partisans du Premier Ministre").

Dans un groupe N'*S* + N où N'*S* est un génitif déterminatif, les deux noms sont accentués, mais c'est le nom principal qui porte l'accent principal : *I had met the mayor's SECretary* (sauf évidemment si une accentuation contrastive déplace cet accent : *I said the MAYOR's secretary, not the MP's secretary!*). Le génitif déterminatif ressemble sur ce point aux adjectifs épithètes (➤ 16.2.2).

18.3.3 Choix entre le génitif et N *of* N : *Mozart's death / the death of Mozart*

Plusieurs facteurs peuvent intervenir.

a. Longueur du groupe qui peut être mis au génitif. Au-delà de deux ou trois mots, la probabilité d'emploi du génitif diminue ; en effet, la longueur du groupe peut nuire à la clarté du message. Si, par exemple, *You know Fred's generosity* ne pose aucun problème, et sera généralement utilisé de préférence à *You know the generosity of Fred*, on dira *You know the generosity of my great-uncle Sir Alfred Thomas-Jones*, plutôt que *You know my great-uncle Sir Alfred Thomas-Jones's generosity*.

b. Caractère humain / non humain (ou animé / non animé) du nom qui peut être mis au génitif. Sauf interdiction due aux autres facteurs, on choisira le génitif plutôt que la construction en *of* pour un nom désignant un être humain ou un groupe d'êtres humains. Et, s'il s'agit d'exprimer une relation de possession ou de parenté dans un GN court, comme dans *This is Ken's house* ou dans

Do you know Lynn's sister?, la construction en *of* sera exclue, et il faudra obligatoirement employer le génitif. (Cependant, on dira *the privileges of the rich, the situation of the poor* : dans la langue standard, les adjectifs employés comme noms ne se mettent pas au génitif.) Le génitif est également employé de façon courante avec les noms d'animaux dits supérieurs (*the horse's legs*), et avec les noms appartenant aux catégories suivantes :

• Noms d'institutions / lieux / concepts, etc., liés à une activité humaine : *the country's economy, Britain's future, the city's highest building.* On notera également les expressions formées avec les mots *sake* (*art for art's sake*) ou *edge* (*the lake's edge*), qui n'excluent cependant pas l'emploi de *of* (*for the sake of convenience* / *for convenience' sake*).

• Noms d'objets animés et / ou liés à une activité humaine : *the ship's route, the car's consumption of petrol, the book's influence, the brain's neurones, the sun's rays.*

• Mots (tels que *today, next week*) qui désignent un repère temporel : *today's newspaper, this year's sales, next month's programme, last year's figures.* Dans certains cas, on peut également utiliser une construction en *for* (*the figures for last year*), mais non en *of*.

> Ce génitif n'appartient pas à la même catégorie que les génitifs de durée du type *an hour's rest* (← 18.3.7) : il ne faut pas confondre repère temporel et durée (► 6.8.1). On notera par ailleurs que ce génitif ne peut être utilisé que pour un repère temporel défini. Il est donc impossible de l'employer, par exemple, dans l'équivalent anglais de "une belle journée d'octobre / d'automne" (qu'on traduira par un nom composé : *a nice October / autumn day*). Avec *summer* et *winter*, cependant, le génitif est possible : *a nice summer's / winter's day.*

c. Nature de la relation entre les deux noms. Lorsque, avec deux noms N_1 et N_2, on peut former un génitif N_1'S N_2, le terme N_1 est généralement le sujet d'une relation qui appartient à l'une des deux catégories suivantes :

• Relation N_1 *HAVE* N_2 (*HAVE* étant pris dans son sens le plus large, ← chap. 3). Ainsi, *Fred's cold* correspond à *Fred has a cold*, et *the car's engine* correspond à *the car has an engine.*

• Le terme N_2 correspond à un état dont N_1 est le siège : *Ken's anger* ↔ *Ken is angry.* (Ce cas est assez proche du précédent.)

• Le terme N_2 correspond à une action effectuée par N_1. Ainsi, à partir de *Germany invaded Poland in 1939,* on peut former le génitif *Germany's invasion (of Poland).* Attention : si l'on veut présenter la relation dans le sens contraire, et parler de "l'invasion de la Pologne (par l'Allemagne)", on utilisera plutôt *of* : *the invasion of Poland (by Germany).* De même, on dira *Fred's sight causes him some worry* (Fred a des soucis à cause de sa vue ; cf. *Fred sees something*), mais *Martha can't bear the sight of Fred* (mot à mot : "Martha ne peut pas supporter la vue de Fred" ; cf. *Martha sees Fred*). ► aussi 26.2.5, emploi du génitif avec les constructions nominales en *-ING* (*I object to Fred's going*).

1. Toutefois, avec certains noms, qu'on peut appeler les noms d'action subie (*imprisonment, destruction, deportation, murder,* etc.), c'est au contraire le "complément" de l'action qui se met au génitif : *Someone destroyed the city* ↔ *the city's destruction*. Explication : le sens de ces noms les oriente plutôt vers la personne ou la chose qui subit l'action. Et, dans la pratique, si un énoncé contient une forme du type N*'s destruction*, cette forme ne pourra être interprétée que comme *someone destroyed* N – surtout si N désigne une ville, un bâtiment, etc. On notera également que *Fred's photograph* peut correspondre à une relation allant dans les deux sens : soit *Fred has / is using / has taken the photograph* (Fred est le possesseur / l'utilisateur / l'auteur de la photo), soit *Someone has photographed Fred* (et Fred est alors "objet"). Dans ce dernier cas, toutefois, on peut dire *the photograph of Fred* (qui n'est pas ambigu).

2. Comme on le voit, le génitif n'exprime pas toujours la possession. Par commodité, on utilise souvent le terme "possesseur" pour désigner le nom qui porte la marque du génitif, mais dans de nombreux cas ce terme est peu approprié. Par ailleurs, dans une forme comme *the car's owner* (le propriétaire de l'auto), il peut même engendrer la confusion.

3. On peut également constater que la liste des relations pouvant être exprimées par N*'s* N est beaucoup plus étroite que celle des relations pouvant être exprimées par N *of* N. Il ne faut donc pas utiliser un génitif dans des cas comme *the city of Rome, the problem of unemployment* ou *the map of Britain* (même si l'on peut rencontrer la forme *Britain's map* : cette forme est généralement considérée comme incorrecte).

d. La forme avec *of* (comme toutes les formes N + prép. + N) sert à **construire** une relation ; le génitif, en revanche, ne fait que reprendre une relation qui est vue comme **déjà construite** (et qui est obligatoirement une relation de possession, d'inhérence, etc., voir **c** ci-dessus). Ainsi, dans *The death of Mozart* (titre d'un article), on se place mentalement avant la mort de Mozart, qui va faire l'objet d'un récit. Dans *The bicentenary of Mozart's death*, en revanche, on se place mentalement après cette mort, qui constitue le point de départ de ce qu'on va dire.

Il n'est donc pas surprenant que, pour une même relation, on ait souvent une première mention sous la forme N *of* N, puis une construction au génitif :

*John Ducane looked into **the eyes of Jessica Bird**. **Jessica's eyes** slowly filled with tears. Ducane looked away, sideways, downward.* (I. Murdoch, *The Nice and the Good*)

18.3.4 Génitif suivi de Ø : *This is Betty's / He is at the grocer's*

a. La forme Ø évite la répétition d'un nom qui vient d'être mentionné ou qui va l'être (exemples 1 et 2 ci-après), ou fait implicitement référence à un ensemble indéfini d'objets (exemple 3) :

(1) *I prefer your car to **Fred's**.* Je préfère ta voiture à celle de Fred.

Rappel (➤ 15.1.2.d). Après un génitif, il ne faut pas ajouter *one* ou *ones* (comme équivalents du français "celui / celle / ceux / celles de…") : on ne dit pas *... Fred's one.

(2) *This summed up **Liana's** and my position.* (A. Burgess, *You've Had Your Time*)

(3) *'Whose house is this?' 'It's **Betty's**.'* À qui est cette maison ? – À Betty.

Dans (3), le vide qui se trouve à la suite du génitif *Betty's* ne correspond pas au mot *house* (*It's Betty's* n'est pas le synonyme de *It's Betty's house*) : le segment *Betty's* + Ø représente en fait "l'ensemble des objets que possède Betty", et l'auxiliaire *is* exprime l'appartenance de *this house* à cet ensemble (➤ 3.3).

b. La forme Ø représente un lieu d'habitation ou de travail, un magasin, etc. (Il ne s'agit pas nécessairement d'un lieu défini de façon précise : bien souvent, il ne serait pas possible de remplacer Ø par un mot spécifique tel que *house* ou *flat*.)

*He wasn't at home – he'd gone to **the doctor's***. Il n'était pas chez lui, il était allé chez le médecin.

*I first met her at **the Browns'***. Je l'ai rencontrée pour la première fois chez les Brown.

À noter aussi : *St Paul's (Cathedral), King's (College), Dillon's (bookshop)*, etc. Dans les noms de magasins ou de sociétés, l'apostrophe finit souvent par être omise (*Harrods*), de même que dans les noms de rues (*Kings Street, Queens Road*).

18.3.5 Construction N of N's : *a friend of Tony's / that wife of Fred's*

On peut distinguer deux types d'emplois, illustrés par les deux exemples ci-après.

*He was helped by **a friend of his father's***. Il a été aidé par un ami de son père.

Le segment *a friend of his father's* n'est évidemment pas synonyme de *his father's friend* (= l'ami de son père). Il n'est pas non plus tout à fait l'équivalent de *one of his father's friends*. La place vide qui se trouve à la suite de *his father's* correspond à l'effacement non pas du mot *friends* mais de quelque chose de beaucoup plus vague : "l'ensemble de ce qui est à son père" (cf. *This house is Betty's*, ➤ 18.3.4.a ; cf. aussi, en français familier, "un ami à son père"). Quant à la préposition *of* qui précède *his father's*, elle exprime simplement l'appartenance de *a friend* à cet ensemble. (Elle joue donc le même rôle que *is* dans *This house is Betty's*. Sur ce rôle de *of*, ➤ aussi 18.2.b.)

*That **wife of Fred's** is a nuisance.* ≈ Fred, sa femme, c'est une plaie.

*This **idea of the boss's** might be a good one after all.* Cette idée du patron est peut-être bonne après tout.

Ce second emploi, parfois appelé "affectif", est caractérisé par la présence de *that / those* ou (plus rarement) de *this / these* ; en fait, c'est au démonstratif et au contexte qu'est liée la connotation de mépris, d'irritation, d'amusement, de bienveillance, etc., qu'on trouve souvent dans les énoncés de ce type.

Si *a friend of Tony's* (cas précédent) peut présupposer que Tony a plusieurs amis, la forme *that wife of Fred's*, en revanche, ne présuppose nullement que Fred a plusieurs épouses. Cependant, le rôle de *of* + génitif + Ø est exactement le même que dans *a friend of Tony's* : le segment *of Fred's* sert à indiquer que *that wife* est un élément de l'ensemble "ce qui appartient à Fred / l'univers de Fred".

On trouve également ce type de construction (N *of* N's + Ø) avec les pronoms au génitif *mine, yours*, etc. (➤ 19.2.1) : *a friend of mine, that wife of his*.

18.3.6 Génitif classifiant : *the driver's seat*

Il importe de ne pas confondre ce génitif (également appelé "générique", ou "descriptif") avec le génitif déterminatif. Les différences concernent la portée des déterminants et des adjectifs, la prononciation, et bien sûr le sens.

a. Différence de **sens** avec le génitif déterminatif. Comparons :

(1) *He was sitting in the driver's seat.* Il était assis au volant / à la place du conducteur. (génitif **classifiant**)

(2) *I've noted down the driver's name.* J'ai noté le nom du conducteur. (génitif **déterminatif**)

Dans (1), contrairement à (2), le nom *driver* ne désigne aucun conducteur particulier. Le génitif *driver's* sert à délimiter, à l'intérieur de la catégorie *'seats'*, une sous-catégorie de sièges : les sièges "de conducteur". Autres exemples : *a girl's school* (une école de filles), *children's books* (des livres pour enfants), *a cook's apron* (un tablier de cuisine), *a journalist's permit* (un permis d'exercer la profession de journaliste), *a teachers' union* (un syndicat d'enseignants), *a diplomat's wife* (une femme de diplomate), *a former ship's captain* (un ancien capitaine de navire).

Les génitifs classifiants appartiennent à une classe relativement fermée. Ils forment avec leur nom principal une unité qui est assez proche du nom composé (cf. leur accentuation, ➤ **d** ci-après), et qui dans certains cas est lexicalisée (c'est-à-dire figure ou pourrait figurer dans le dictionnaire), comme le sont de nombreux noms composés : *goat's milk* (lait de chèvre), *woman's wear / womanswear*, *a butcher's knife* (*butcher knife* en anglais américain). Peuvent également être considérées comme des génitifs classifiants lexicalisés les expressions métaphoriques du type *an Adam's apple*, *an Aladdin's lamp*, *an Aladdin's cave* (une caverne d'Ali-Baba), *a Pandora's box*, *the lion's share*, *child's play* (un jeu d'enfant), *a busman's holiday* (des vacances passées à travailler), *a workers' paradise*.

b. Rôle du déterminant qui précède N*'s*. Comparons sur ce point les exemples (1) et (2) du paragraphe **a** :

• Dans (2), où le génitif est déterminatif, l'article *the* du groupe *the driver's name* se rattache à *driver's* : la structure est [*the driver*]*'s name* (➤ 18.3.2).

• Dans (1), l'article *the* se rattache à *seat* (ou plus précisément à l'ensemble *driver's seat*) : la structure est *the* [*driver's seat*].

1. Les génitifs classifiants sont assez souvent construits avec l'article *a / an* (*He was wearing a cook's apron*), mais ils peuvent également être construits avec l'article *the* (exemple (1)), avec un déterminant possessif (*His journalist's permit was no longer valid*), avec un quantificateur (*She'd bought a few children's books*), etc. Il ne faut donc pas se fier à la nature du déterminant pour savoir à quel type de génitif on a affaire. Ainsi, hors contexte (et au vu de la seule forme écrite), *the woman's bicycle* peut avoir deux sens : "le vélo de femme" ou "le vélo de la femme". La forme *a woman's bicycle* est elle aussi ambiguë (même si le second sens est moins probable) : "un vélo de femme" / "le vélo d'une femme". Par contre, l'emploi de *one* (≠ *a / an*) impose l'interprétation déterminative : *One woman's mission to find out about her father forces the CIA to come clean about the Bay of Pigs* [*failed invasion of Cuba*] (titre dans *Newsweek*).

2. Cependant, étant donné que la portée du déterminant n'est pas la même avec les deux types de génitifs, certaines combinaisons entre le déterminant et la marque du singulier / pluriel peuvent constituer une indication sûre. Ainsi, *several cook's aprons* est nécessairement un génitif classifiant, de même que *a children's story*.

3. Cela n'empêche pas l'existence de quelques cas d'ambiguïté. On peut certes considérer le génitif comme classifiant dans *'Hi, Zillah,' a man's voice said* (Ruth Rendell, *Adam and Eve and Pinch Me*), car le sens est plutôt "une voix d'homme" que "la voix d'un homme". Mais il n'en va pas de même, malgré la similitude des contextes, dans *… he heard [...] a woman's heels on tiles*, où le génitif a une syntaxe de déterminatif (l'article *a* se rapporte nécessairement à *woman*, et non à *heels*). Même remarque pour *Grass as tall as living men, and taller, but dry and white as a dead woman's hair* (Barbara Kingsolver, *The Poisonwood Bible*).

4. Les génitifs classifiants peuvent (comme les génitifs déterminatifs) être suivis de Ø : *Her hands were as delicate as a child's.*

c. Place et rôle des adjectifs. La question est moins simple ici qu'avec le génitif déterminatif. Avec ce dernier, la portée de l'adjectif dépend de sa place : [*the **old** woman*]*'s house* (la maison de la vieille femme) / [*the woman*]*'s **old** house* (la vieille maison de la femme). Avec le génitif classifiant, l'adjectif placé avant le nom au génitif peut porter sur ce nom (*She doesn't want to live in an* [*old people's*] *home*, "Elle ne veut pas vivre dans une maison de retraite"), mais il peut porter également sur l'ensemble N*'s* + N : *All she possessed was an old* [*woman's bicycle*] (Tout ce qu'elle possédait, c'était un vieux vélo de femme) / *He was a former ship's captain* (un ancien capitaine de navire).

d. Schémas accentuels. Dans la plupart des cas, l'accent principal du groupe N*'s* + N est porté par le premier nom (*a HEN's egg*). Cela constitue une différence supplémentaire par rapport aux génitifs déterminatifs (➤ 18.3.2), qui en règle générale font porter l'accent principal sur le dernier nom (*the 'hen's NECK*), et montre la parenté entre les génitifs classifiants et les noms composés (➤ 18.4.3).

Exemples de génitifs classifiants ainsi accentués : *the DRIVer's seat, CHILD's play, COW's / GOAT's / EWE's milk, a GIRLS' school* (autres orthographes : *a girl's school, a girls school*), *a LAdy's man* (un homme à femmes), *a BIRD's nest, a MEN's club.*

Avec certains génitifs classifiants, toutefois, l'accent principal est placé sur le second nom (sauf modification imposée par le contexte) : *a 'gentleman's agREEment* (un accord à l'amiable). Ces génitifs se comportent donc, du point de vue de l'accentuation, comme des adjectifs (➤ 16.2.2) : ils portent seulement un accent secondaire. Dans un certain nombre de cas, comme par exemple dans *a 'children's LIbrary*, il s'agit d'un génitif qui exprime la relation "fait pour / destiné à". (Cependant, on dit *a GIRLS' school*. Les exceptions de ce type correspondent à des cas dans lesquels le génitif exprime un contraste net : une école de filles exclut les garçons.)

Exemples divers : *a 'men's HAIRdresser, a 'woman's BIcycle* (pluriel : *'women's BIcycles*), *'boys('s) TROUsers, a 'lovers' TIFF* (une querelle d'amoureux).

18.3.7 Génitif de mesure : *two hours' rest*

Ce génitif a un fonctionnement qui le distingue à la fois du génitif déterminatif et du génitif classifiant (même si un grand nombre de ses caractéristiques, notamment le schéma accentuel, sont celles du génitif déterminatif). Il est utilisé pour une mesure de temps ou d'argent, ou (plus rarement) de distance :

> *It's **an hour's walk** from here to the village.*
> *She bought **a dollar's worth** of candies.* (un dollar de bonbons)
> *It's **a mile's walk** from here to the village.*

Dans certains cas, le génitif de mesure est en concurrence avec le nom composé (➤ 18.4). Ainsi, on peut avoir, comme équivalents de "C'est à dix minutes à pied d'ici", aussi bien *It's **ten minutes' walk** from here* que *It's **a ten-minute walk** from here*. (La construction hybride ?*a ten minutes' walk* est rarement utilisée en anglais d'aujourd'hui.)

Les différences d'emploi entre le génitif de mesure et le nom composé s'expliquent par le fait suivant : dans un génitif de mesure, le second nom (*walk* dans *ten minutes' walk*) a toujours un **fonctionnement de nom indénombrable** (➤ 12.2.1, 12.2.4), et son déterminant est le déterminant zéro. Donc, la structure de *ten minutes' walk* est Ø [*ten minutes'*] *walk* (= "de la marche, d'une durée de dix minutes"), alors que la structure du nom composé *a ten-minute walk* est *a* [*ten-minute*] *walk* (= "une marche de dix minutes").

Ce type de fonctionnement explique les conditions dans lesquelles on peut ou non utiliser un génitif de mesure ou un nom composé pour exprimer une mesure. Il faut distinguer trois cas, déterminés par la catégorie à laquelle appartient le second nom de la construction :

• Nom toujours indénombrable (par exemple *experience* utilisé dans le sens du français "expérience") : seul le génitif est possible (*He has ten years' experience in banking*, mais pas *... a ten-year experience). Il s'agit généralement d'indénombrables au singulier (*arguing, compensation, damage, permission, work*, etc.), mais avec une mesure d'argent on peut également avoir un indénombrable pluriel (*damages, savings*, etc.).

• Nom toujours dénombrable (par exemple *meeting*, "réunion") : seul le nom composé est possible (*It was a two-hour meeting*, mais pas *... two hours' meeting*). Autres exemples : *job, period, session, interval*.

• Nom pouvant, au moins dans ce cas particulier, fonctionner aussi bien comme dénombrable que comme indénombrable (par exemple *walk*) : les deux constructions sont possibles (➤ ci-dessus). Autres exemples : *delay, discussion, distance, rest, silence*.

La mesure proprement dite peut se faire à l'aide d'un numéral (*He has **six** years' experience in banking*) ou d'un quantificateur vague comme *a few* (***a few** years' experience*) ou de l'article *a / an* (***a** year's experience*). Dans ce dernier cas, *a / an* joue en fait le rôle d'un numéral (il peut être remplacé par *one, two, three*, etc.), et il ne s'applique évidemment pas au nom principal, puisque ce dernier a un fonctionnement d'indénombrable. (Dans l'exemple, *a* s'applique à *year*, et non à *experience*.)

1. Dans la langue écrite, il arrive fréquemment qu'avec les noms au pluriel on omette l'apostrophe qui constitue la marque du génitif de mesure à la suite de la terminaison *-s* : *After a few moments silence Miss Leaming went on...* (P.D. James, *An Unsuitable Job For a Woman*) / *The hurricane caused 19 billion dollars worth of damages* (*International Herald Tribune*).

2. Un adjectif qui modifie le nom principal se place généralement après le génitif, comme dans le cas du génitif déterminatif (*a moment's real anxiety*), mais parfois il est placé avant (*They want a fair day's pay for a fair day's work*).

3. Dans certains cas, la relation exprimée par un génitif de mesure (*after a few moments' hesitation*) peut également être exprimée par une construction en *of* (*after a few moments of hesitation*), qui met davantage l'accent sur le premier terme de la relation.

18.4 Les noms composés

18.4.1 Formation

Comme nous l'avons vu en 18.1, les noms composés ne sont pas tous formés selon le schéma N + N ; mais, quel que soit le mode de formation, on se rappellera quatre principes essentiels, qui sont valables pour tous les noms composés :

a. Dans un nom composé, le **nom principal** est le **dernier nom**. Pour se rappeler ce principe, et pour éviter de confondre (par exemple) *a race horse* et *a horse race* (un cheval de course / une course de chevaux), on se rappellera : '*a race horse is a* **horse**', '*a horse race is a* **race**'.

b. Dans un nom composé, tout nom qui n'est pas le nom principal joue un rôle d'adjectif (sans pour autant être accentué comme un adjectif, ➤ 18.4.3), et par conséquent il ne prend pas la marque du pluriel (sauf dans quelques cas exceptionnels, ➤ ci-dessous). Ainsi, bien qu'on ait normalement besoin de plusieurs chevaux pour organiser une course, le nom *horse* de *horse race* ne prend pas de *-s*. On notera en particulier le cas des noms composés qui contiennent des chiffres : *He gave them* **a ten-dollar bill** / *There was* **a six-year-old girl** (≠ *The girl was six years old*).

Il arrive cependant que le premier terme d'un nom composé porte la marque *-s*. C'est fréquemment le cas avec les indénombrables pluriels : *a customs officer* (un douanier), *a clothes basket*, *a clothesline*, *a savings bank*, etc. (Mais les indénombrables pluriels perdent parfois leur *-s* ; c'est par exemple le cas dans *oatmeal* "farine / flocons d'avoine", *a billiard ball*, *a staircase* et *a trouser pocket*.) Le *s* peut être la marque non pas du pluriel mais d'un ancien génitif classifiant : *a statesman, lambswool*. D'autres facteurs peuvent motiver l'utilisation de *-s*, par exemple le fait que la forme sans *-s* pourrait induire un sens différent : *a goods train* (GB), *a singles bar*. Le conseil pratique qui peut être donné à l'apprenant est de retenir les cas particuliers d'utilisation de -s qu'il rencontrera. Exemples divers : *a drinks tray, the job(s) market, the burns unit (in a hospital), an arms embargo, a weapons inspector, a war crimes tribunal, a sales pitch, a special effects specialist, the athletics committee, a children(')s rights information network.*

c. Pluriel du nom composé lui-même : la marque du pluriel est portée par le dernier élément, même s'il s'agit d'une particule (*travel agencies, grown-ups, takeoffs, follow-ups*). Toutefois, si le nom composé est formé avec un nom en *-er* suivi d'une particule (par exemple, *passer-by*), c'est le nom en *-er* qui porte la marque du pluriel : *passers-by*. En outre, les noms du type *man / woman driver* (relation *'the driver is a man'*) portent une double marque du pluriel : *men / women drivers* (des conducteurs hommes / femmes).

d. Un nom composé sert non pas à construire une relation entre deux termes, mais à reprendre une **relation déjà construite**. Toutefois, contrairement au génitif, qui ne peut reprendre que des relations d'un certain type (souvent paraphrasables avec *of* ou *for*), le nom composé peut correspondre à une gamme très vaste de relations :

a tax cut = a cut made in taxes (une réduction d'impôts)

a sewing machine = a machine with which one sews (une machine à coudre)

table talk = talk at table (propos de table)

a night flight = a flight during the night (un vol de nuit)

an oil well = a well that produces oil (un puits de pétrole)

Cependant (➤ 18.4.4), certaines catégories de relations ne peuvent pas être exprimées par un nom composé, et par conséquent elles imposent l'utilisation d'une construction en *of*, en *for*, etc.

Le nombre des éléments constitutifs n'est pas limité à deux. Les noms composés peuvent être emboîtés les uns dans les autres, avec divers types de structure. Ainsi, *a car park attendant* (un gardien de parking) et *a car safety belt* (une ceinture de sécurité de voiture) sont construits de deux façons différentes : *a car park attendant = a [car-park] attendant*, et *a car safety belt = a car [safety-belt]*.

Les titres de journaux fournissent souvent des exemples de noms composés constitués d'un grand nombre d'éléments : *Dover backpack hostel accident shock* (= *shock caused by the accident in a hostel for backpackers in Dover*).

18.4.2 Orthographe des noms composés

Les éléments d'un nom composé peuvent être disjoints (*a family tree*), accolés (*a teacup*) ou, plus rarement, reliés par un trait d'union (*a six-pack*). L'usage varie pour certains mots : *a tea bag, a teabag*. Le principe général est le suivant : plus un nom composé est lexicalisé (c'est-à-dire plus il devient un "mot du dictionnaire"), plus il a tendance à s'écrire en un seul mot (sauf si cela compromet sa lisibilité : des composés comme *intensive care unit* ou *go-ahead* s'écrivent obligatoirement en plusieurs mots, éventuellement séparés par des traits d'union).

18.4.3 Accentuation des noms composés

a. Sauf cas particulier (par exemple accentuation contrastive), c'est en général le premier élément qui porte l'accent principal : *a VACuum cleaner, a maTERnity hospital, a COFfee cup, a WAITing list.*

On peut faire deux constatations. Tout d'abord, ce n'est pas le nom principal qui porte l'accentuation principale. Ensuite, les noms composés se différencient, du point de vue de l'accentuation, de la construction adjectif + nom (➤ 16.2.1) : *a COFfee cup* *a 'small CUP.* On se rappellera à ce propos les exemples classiques de paires différenciées par la place de l'accent principal : *an 'English TEACHer* (adjectif + nom, = un professeur anglais), *an ENglish teacher* (nom composé, = un professeur d'anglais) ; *a 'black BIRD* (adjectif + nom, = un oiseau noir), *a BLACKbird* (nom composé écrit en un seul mot, = un merle). De même : *a 'waiting CAR* (une auto en train d'attendre), *a WAITing list* (une liste d'attente).

Ceci va de pair, comme pour le génitif classifiant (➤ 18.3.6), avec un processus de lexicalisation. L'anglais, langue germanique, a tendance à accentuer le début des unités lexicales (si l'on met à part l'effet de certains préfixes ou suffixes).

b. Certains noms composés, toutefois, placent habituellement leur accent principal sur le dernier élément : *a 'kitchen SINK, a 'spare TYRE, 'tennis ELbow* (≠ *TENnis racket*), *'child BENefit* (≠ *CHILD abuse*).

Il s'agit notamment des cas suivants. (Dans plusieurs de ces cas, le premier élément a un statut syntaxique plus adjectival que nominal – si bien que l'appartenance de ces formes à la catégorie des noms composés est seulement marginale.)

• La relation est du type N_2 *is a* N_1 : *a 'woman-DRIVer* (*the driver is a woman,* ≠ *a WOMan-hater*).

• N_1 est un nom de matière, et l'ensemble $N_1 + N_2$ signifie "N_2 est fabriqué en N_1" : *a 'steel BAR, a 'silver CHAIN, a 'stone BUILDing.* Comme nous l'avons vu en 16.2.2, ces noms de matière peuvent être utilisés comme des adjectifs attributs : *This chain is silver.*

• N_1 (souvent un nom propre) situe N_2 dans l'espace : *a Chi'cago LAWyer, 'London BRIDGE.*

• N_1 désigne un groupe social par rapport auquel N_2 se définit : *'union LEADers, 'party ACtivists.*

• N_1 est précédé d'un chiffre et désigne une mesure : *a 'twenty-'mile JOURney, a 'ten-'dollar BILL.*

Les noms de rues constituent un cas particulier : *'Cromwell ROAD, 'Park AVenue,* mais *OXford Street.* (Accent principal sur *Road, Avenue, Gardens, Square, Bridge,* etc., mais pas sur *Street.*)

18.4.4 Cas d'impossibilité d'emploi d'un nom composé

a. Cas d'une relation qui consiste à délimiter une **partie** d'un **ensemble** ou d'une **masse indénombrable**. Dans le premier cas, on désigne un sous-ensemble d'éléments : *a group of people, a set of gardening tools.* (Cependant, on dira *an age-group,* car *group* n'est pas un sous-ensemble de *age* ; de même, *a tea set.*)

Dans le second cas, on utilisera un dénombreur (➤ 12.2.5) tel que *a piece of*, *a slice of*, etc. (on dira *I want a slice of toast*, et non *★… a toast slice*), ou encore un nom désignant un récipient (*a bottle of milk* = une bouteille de lait, à distinguer de *a milk bottle* = une bouteille à lait). Même type de relation : *two metres of cloth* (deux mètres de tissu), et les expressions imagées du type *a gleam of hope* (une lueur d'espoir) ou *a mountain of gold*.

b. La relation est du **type effet-cause** (mais reste proche de la délimitation d'une sous-catégorie) : *a sigh of relief* (un soupir de soulagement), *an act of courage*.

c. La relation n'existe pas "a priori", elle est construite par l'énonciateur : *He heard the sound of a lorry coming up the lane*.

d. Le nom qui sert de complément est **défini** : *The driver of the train was held responsible for the accident* (= le conducteur **du** train, à opposer à *the train driver* = le conducteur **de** train). Autres exemples : *the end of the street, the middle of the road, the bottom of the bag*.

On le voit, l'apprenant doit être prudent dans son utilisation des noms composés. Pour éviter les erreurs, le moyen le plus sûr est de ne pas en inventer, et de se contenter d'utiliser ceux qu'on connaît.

19 Les pronoms

19.1 À quoi sert un pronom

Les pronoms sont des mots qui occupent la place soit d'un groupe nominal entier :

Some people are never pleased, **they** *are always grumbling.* [= *some people*]

soit seulement d'un nom :

They had some nice white shirts, but I bought a blue **one**. [*shirt*]

Ils peuvent remplir toutes les fonctions nominales. Certains pronoms ne prennent de sens que quand on les met en rapport avec un groupe nominal ou un nom mentionné précédemment (leur antécédent), dont ils reprennent certaines caractéristiques (genre ou nombre par exemple) et qu'ils représentent :

Winny looks tired. **She** *has been working too hard lately.*

D'autres pronoms n'ont pas besoin d'antécédent :

Something *has gone wrong.*

19.2 Reprise d'un groupe nominal entier

Some people are never pleased, they are always grumbling.

Dans la proposition *they are always grumbling, they* occupe la place de tout un GN, et il représente l'ensemble du GN *some people* (ce sont les mêmes personnes exactement qui ne sont jamais contentes et qui n'arrêtent pas de se plaindre). *They* ne prend son sens que par le fait qu'on le met en rapport avec *some people*, dont il reprend le caractère pluriel.

19.2.1 Pronoms personnels et possessifs

Les pronoms personnels sont un des quelques cas en anglais de mots dont la forme varie selon la fonction qu'ils occupent : ils possèdent un reste de déclinaison (➤ Tableau 19-A).

Les pronoms personnels (et possessifs) de 3ᵉ personne reprennent l'ensemble d'un groupe nominal, et certaines caractéristiques de l'antécédent, genre et nombre (➤ Tableau 19-A). Les pronoms personnels de 3ᵉ personne sont pratiquement la seule façon dont le genre se manifeste en anglais (au singulier seulement), puisque le genre n'apparaît pas dans les déterminants (➤ chap. 12, 13, 14, 15).

Tableau 19-A : Pronoms personnels et possessifs

	Sujet	Complément	Génitif 1	Génitif 2 (possessifs)
Singulier				
1re personne	*I*	*me* /mi:/ /mi/	*my*	*mine*
2e personne (anciennement)	*you* /ju:/ /ju/ /jə/ [*thou*] /ðaʊ/	*you* [*thee*]	*your* /jɔ:/ /jə/ [*thy*]	*yours* /jɔ:z/ [*thine*]
3e personne				
masculin	*he* /hi:/ /hi/ /i/	*him*	*his* /hɪz/ /ɪz/	*his*
féminin	*she* /ʃi:/ /ʃi/	*her* /hɜ:/ /ɜ:/ /ə/	*her*	*hers* /hɜ:z/
neutre	*it*	*it*	*its*	▪
Pluriel				
1re personne	*we* /wi:/ /wi/	*us* /ʌs/ /əs/	*our* /aʊə/ /ɑ:ə/	*ours*
2e personne	*you*	*you*	*your*	*yours*
3e personne	*they* /ðeɪ/	*them* /ðem/ /ðəm/	*their*	*theirs*

Les formes réduites sont les formes normales de la langue parlée (sauf accentuation emphatique). Pour *he, her, him* et *his*, cependant, il ne faut pas omettre le /h/ en début de phrase ou après une pause.

▪ Le génitif 2 *its* est d'un emploi très rare : *You have your way of thinking and [Africa] has its* (B. Kingsolver, *The Poisonwood Bible*). La solution de remplacement est soit la répétition du nom, soit, si le contexte le permet, l'utilisation de *its own* : *Palestinians and Arabs have their point of view, and the west has its own* (BBC). (Sur *own*, ➤ 19.2.2.)

'What a beautiful dog! Does it bark?' *'No, **he** never barks.'* (Seule la personne qui répond sait que c'est un mâle.)
*Ask the bookseller, **she** should know.* (Le fait que c'est une libraire n'apparaît que grâce au pronom *she*.)

Par contre, les pronoms personnels (et possessifs) de la 1re et 2e personne ne sont pas des pronoms de reprise : ils n'ont pas d'antécédent. Ce sont des pronoms d'un genre particulier ; ils représentent :

• l'énonciateur (1re personne du singulier : *I*), ou l'énonciateur plus d'autres (1re personne du pluriel : *we*)

• l'interlocuteur, ou l'interlocuteur plus d'autres (2e personne du singulier ou du pluriel indifféremment : *you*)

Les pronoms de forme sujet (*I, he, she, we, they*) ne peuvent être employés qu'accompagnés d'un auxiliaire ou d'un verbe (*'Who wants some more?'* *'**I do**'*).

Quand le pronom est seul, on emploie la forme complément (*'Who wants some more?' 'Me'*). En anglais actuel, un pronom en fonction d'attribut prend la forme complément (*That's **him***). ➤ aussi 17.5.2 et 23.4.c pour l'emploi des formes sujet et complément.

1. En style très soigné, après *and*, on peut dire *Ken and I* au lieu de *Ken and me*, à condition que ce groupe soit en fonction sujet. Évitez l'hypercorrection *She met Ken and I* (fonction complément).

2. Le pronom *you* est employé dans les formes d'apostrophe (insulte, reproche, raillerie amicale) suivi d'un nom (mais pas d'un adjectif seul) : *You fool! / You lucky bastard! / You lucky one!*

3. Les pronoms personnels sujets et objets peuvent être modifiés par *all*, *both* et *each*, placés immédiatement après le pronom ou après l'auxiliaire : *They all / both /each got their shares / It all happened so quickly / It was all true / Did you see them all /both?* (mais : *each of them*) / *I saw it all*.

4. Dans une langue non standard, la forme *them* est utilisée comme démonstratif, équivalent de *those* : *I'm sure them dogs are dangerous*.

19.2.2 Les deux génitifs des pronoms personnels

Il y a deux séries de pronoms personnels au génitif (appelés traditionnellement, mais de façon impropre, "adjectifs possessifs" et "pronoms possessifs").

a. Génitif 1 des pronoms personnels

La série *my*, etc., occupe, comme les noms au génitif (➤ chap. 18), la position de déterminant devant un autre nom, tout en représentant le groupe nominal antécédent ; en d'autres termes, *my*, etc., sont un groupe nominal emboîté dans un autre groupe nominal :

They met the butcher in his big blue car.

Notez le parallèle :

[[*the butcher's*] *big blue car*]
[[*his*] *big blue car*]

Dans certaines expressions et certains contextes, on emploie non pas le génitif 1 des pronoms mais la construction *the N of me / you / him / ...* : *That'll be the death of me* (Ce sera ma mort) / *I'd like to see the backs of them* (J'aimerais les voir partir) / *The stone pillar has a lion on the top of it*.

b. Génitif 2 des pronoms personnels

Les pronoms de la série *mine*, etc., sont en fait des doubles pronoms. D'une part, ils ont le même rôle que les pronoms de la série *my*, etc., c'est-à-dire représenter le "possesseur" avec certaines de ses caractéristiques. Par ailleurs, ils représentent ce qui est "possédé" (sans préciser aucune de ses caractéristiques), et c'est là un cas de reprise d'un nom seul :

I thought those cars were big, but Mrs Wilson said hers ( ) was bigger.

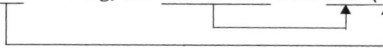

Voici le parallèle entre le pronom *hers* et le groupe nominal entier :

[[*Mrs Wilson's*]   car]
[[hers   ] ( )]

L'adjectif *own*

1. On peut utiliser *own* à la suite d'un nom au génitif ou d'un pronom au génitif 1 pour insister sur la relation de possession et / ou l'identité du possesseur : *Employees using their own vehicles for work are entitled to a mileage allowance / I'm using my own mobile* (J'utilise mon mobile à moi).

2. Si le nom vient d'être mentionné, on peut l'omettre à la suite de *my own / your own* (etc.), et le sens est alors voisin de celui des génitifs 2 : *He's lent me his mobile, but I prefer to use my own* (≈ *mine*).

3. Dans certains contextes, le sens de *my / your / his / … own* se rapproche de celui du pronom réfléchi : *He makes his own yoghurts* (Il fait ses yaourts lui-même) / *He never buys yoghurts – he makes his own.* ➤ 19.2.4.

4. Autres expressions formées avec *own* : *She's got a house of her own* (Elle a une maison à elle) / *He lives on his own* (Il vit seul).

19.2.3 Différences par rapport au français

a. Il n'y a pas en anglais de formes spéciales de pronoms pour marquer une mise en relief et un contraste (moi, je… / John, lui…). Tout se fait en plaçant un accent fort sur le ou les mots concernés :

Moi, je n'aime pas beaucoup les bananes, mais John, lui, il les adore.
'I don't much like bananas, but 'JOHN loves them.

b. À la différence du français, les possessifs ne s'accordent absolument pas avec le nom qu'ils précèdent, alors qu'ils s'accordent avec le GN qu'ils représentent :

his / her dog = son chien (à lui / à elle)
his / her car = sa voiture (à lui / à elle)
his / her books = ses livres (à lui / à elle)

c. À la différence du français, les possessifs s'emploient avec les parties du corps :

*He broke **his** leg skiing.* Il s'est cassé **la** jambe au ski.
*She raised **her** head.* Elle a levé **la** tête.
*He stood with **his** arms folded.* Il était debout, **les** bras croisés.

Toutefois, on emploie l'article *the* quand le GN qui désigne la partie du corps est introduit par une préposition et suit la mention du "possesseur", si celui-ci subit l'action ou est le siège d'un état :

The ball hit him in the leg. / He was hit in the leg. / He was red in the face. / She grabbed me by the arm.

On a le choix entre *the* et le possessif après *HAVE* :

He has a scar on the / his cheek.

d. Notez la forme de pluriel du complément dans :

They raised their heads. Elles ont levé la tête.

Règle (dite du pluriel idiomatique) : quand il y a plusieurs possesseurs et plusieurs objets possédés, on emploie le pluriel pour les objets possédés. La règle s'applique quel que soit l'objet possédé (*They all came in their cars*). Elle s'applique également quand il n'y a pas de déterminant possessif (*He appealed to the hearts of those present*) ➤ 12.1.3.

e. Les pronoms au génitif 2 (*mine*, etc.) s'emploient après *of* dans des expressions comme *a friend of mine, that car of his, that husband of hers* (➤ 18.3.5).

19.2.4 Pronoms réfléchis

Tableau 19-B : Pronoms réfléchis

		Singulier	Pluriel
1re personne		*myself*	*ourselves*
2e personne		*yourself*	*yourselves*
3e personne	masculin	*himself*	*themselves*
	féminin	*herself*	*themselves*
	neutre	*itself*	*themselves*
indéfini animé		*oneself* (➤ 19.3)	

Prononciation. C'est toujours *-self / selves* qui porte l'accent : *I'did it my'SELF.*

Emplois

a. On emploie les pronoms réfléchis quand le sujet et le complément direct ou indirect d'une même proposition représentent la même personne ou le même objet.

They had to ration themselves.
He bought himself a new mobile.
Take care of yourself. (Le sujet "invisible" de l'impératif est *you*.)
Behave yourself! Conduis-toi convenablement !

La règle ne s'applique pas après les prépositions qui expriment le lieu :

She looked about her.

He took the money with him.

1. On emploie également les pronoms réfléchis à la suite de certains participes passés, comme *ashamed (of)* ou *proud (of)*, et de noms comme *photograph (of)*, *portrait (of)* ou *confidence (in)* : *You should be ashamed of yourself!* / *Sue had the surprise to see a photograph of herself on page 3 of* The Sun.

2. L'expression *Look at you!* (≠ *Look at yourself*) a un sens particulier : reproche, dérision, etc.

! Dans un certain nombre de cas en anglais, l'identité de l'agent et du patient est considérée comme évidente et n'est pas manifestée par l'emploi d'un réfléchi : il n'y a tout simplement pas d'objet mentionné (sauf si on souhaite une mise en relief, ➤ **b** ci-dessous). Ceci s'applique particulièrement aux activités de soins corporels et aux mouvements du corps, mais aussi à d'autres actions. Voici un échantillon de verbes français réfléchis qui ne donnent pas lieu à une traduction par *-self* :

s'habiller	*dress*	se lever	*get up*
se déshabiller	*undress*	s'asseoir	*sit down*
se laver	*wash*	se coucher	*lie down / go to bed*
se maquiller	*make up*	se reposer	*rest*
se raser	*shave*	s'endormir	*go to sleep / fall asleep*
s'éveiller	*wake up*	se cacher	*hide*

b. Les pronoms en *-self* ont par ailleurs, comme en français "moi-même", "lui-même", etc., un rôle de mise en relief :

The manager himself took the decision / took the decision himself. (et pas : **The manager took himself the decision* ; ➤ 22.3.1 sur la place du complément direct)

The child dresses himself. L'enfant s'habille tout seul.

19.2.5 Pronoms réciproques

Les pronoms réciproques sont **each other** et **one another**. Ils sont invariables, mais ils peuvent se mettre au génitif. *Each other* et *one another* sont équivalents.

Funny family – they hardly talk to each other / one another. Drôle de famille : ils ne se parlent pratiquement pas.

They were holding each other's / one another's hands.

Chacune des expressions *each other* et *one another* forme un tout, dont il ne faut pas séparer les éléments. Dans quelques cas assez rares, cependant, *each other / one another* peuvent être remplacés par *one... the other.* C'est le cas, par exemple, dans *The trucks were lined up behind each other / behind one another / one behind the other*, où il n'y a pas une relation de réciprocité au sens propre du terme, mais une relation de successivité (relation qui n'est pas symétrique).

Dans certains cas de réciprocité considérée comme évidente, il n'y a pas de pronom objet :

s'embrasser	*kiss*	se battre	*fight*
se rencontrer	*meet*	se disputer	*argue, quarrel*

! Il ne faut pas confondre réciproque et réfléchi, de forme parfois indistinguable en français. Selon le contexte, la phrase française "Ils se sont reproché l'échec des pourparlers" aura pour équivalent *They blamed themselves* (réfléchi : à eux-mêmes) / *They blamed each other* (réciproque : les uns aux autres) *for the failure of the talks*.

19.2.6 Pronoms relatifs

Les pronoms relatifs sont étudiés plus en détail au chap. 28. En voici la liste :

sujet : *who* (animé), *which* (inanimé)
objet : *who, [whom]* (animé), *which* (inanimé)
génitif : *whose* (animé / inanimé)

19.2.7 Emplois particuliers de *it*

Le pronom *it* ne remplace pas toujours un GN du type *the car*.

a. *It* peut remplacer une proposition :

'*Tony is getting married.*' '*I can't believe it.*'

b. *It* peut avoir une valeur impersonnelle (il ne remplace aucun terme mais renvoie, de façon plus ou moins vague, à la situation) :

It's hot in here. Il fait chaud ici. / *Damn it!*

c. Un cas intermédiaire (*it* annonce une proposition, ➤ 25.1.3 et 26.2.3) :

It's no use telling him. Ça ne sert à rien de le lui dire.
He found it difficult to open the door. Il a eu du mal à ouvrir la porte. (cf. *It was difficult to open the door,* ➤ 25.1.3)

! Ne confondez pas : *It's the doctor* (réponse, par exemple, à *Who is knocking at the door?*) et *He's the doctor* (quand on parle d'une personne déjà identifiée mais dont il s'agit de préciser la profession). En français, on a "c'est" dans les ceux cas.

! Ne croyez pas que "il" / "le" français aboutit toujours à *it*, en particulier dans les constructions en "il y a" quand elles sont complexes :
Il semble y avoir des difficultés. 🞏 *There seem to be difficulties.* (➤ 3.5)
ainsi que dans les reprises de propositions :
Je (le) crois.🞏 *I think so.* (➤ chap. 30)

19.2.8 GN au singulier repris par un pronom pluriel

Il est courant que, pour éviter le problème du choix entre masculin et féminin, on reprenne par un pronom pluriel un GN au singulier, qui est soit un pronom sans antécédent soit un nom qui ne précise pas le genre (➤ 12.1.1.a) :

*Nobody noticed I was away last week, did **they**?*
*Somebody has parked **their** car in your drive.*
*Has everybody finished **their** drinks?*
[horoscope du *Sunday Express*] *One special person could offer you a great deal of affection if you are ready for it.* ***Their*** *generosity will astonish and enchant you.*

Observez le singulier de *car*, puisqu'il n'y a qu'une seule voiture, mais le pluriel de *drinks*, puisqu'il y a plusieurs verres en tout. Selon la même logique, dans les reprises de ce type, le pronom réfléchi peut prendre la forme *themself* : *If a person wants to do away with themself why the hell shouldn't they have the choice?* (Si quelqu'un veut se supprimer, pourquoi n'aurait-il pas le choix ?). Toutefois, il est généralement considéré comme plus correct d'utiliser *themselves* dans ce cas.

19.3 Reprise d'un nom seul par zéro et par *one*
19.3.1 Le pronom zéro (Ø)
Exemple :

> *Brian has got **a lot of** CDs. I borrowed **a few ( )**.*

On peut dire qu'il y a un pronom zéro dans la deuxième proposition. Ce pronom zéro tient la place du nom dans le GN *a few* : il représente le nom *CDs* (qui n'est qu'une partie du GN *a lot of CDs*). Le déterminant du pronom zéro de la deuxième proposition n'est pas le même que celui de *CDs* dans la première : il n'y a pas le même nombre de disques dans les deux cas. La plupart des déterminants (mais pas tous) peuvent être ainsi associés au pronom zéro.

Le pronom zéro peut reprendre n'importe quelle sorte de nom (dénombrable ou indénombrable), à condition qu'on emploie un déterminant qui convient :

> *This **tea** is excellent. I think I'll have **a little**.* (reprise de *tea* ; *tea* est indénombrable, donc déterminant *a little*)
> *These **books** are splendid. I think I'll buy **a few**.* (reprise de *book* dénombrable avec déterminant *a few*)
> *'I think the Browns have got a dog.' 'That's right, and the Joneses have got **three**.'* (reprise de *dog* dénombrable avec déterminant *three*)

La première mention du nom peut être générique :

> *I love **Siamese cats**, I'm going to get **two**.*
> *I love **caviar**, I think I'm going to buy **some** for tonight.*

Si le nom antécédent est accompagné d'adjectifs, le pronom zéro reprend l'ensemble **adjectif(s) + nom** :

> *Sally likes **big juicy Florida pineapples**. She always buys **some** at the market.*

Remarquez que le français emploie le pronom "en" là où l'anglais emploie zéro : "Je vais **en** prendre **un peu / trois**".

! Some employé avec le pronom zéro se prononce toujours /sʌm/.

A / an, any (de qualité), *every* et *no* ne peuvent pas s'employer avec pronom zéro. De même pour les possessifs.

- À la place de *a / an*, on emploie *one* :
  *These books are splendid. I think I'll buy **one**.*

- À la place de *no* + pronom zéro, il y a un pronom spécialisé, *none* (valable pour les dénombrables animés ou inanimés et les indénombrables), prononcé /nʌn/, qu'il ne faut pas confondre avec *no one* (➤ 19.4.1) :
  *They wanted to buy petrol / tyres for the car, but **none** was / were to be found in the whole town.* ... il a été impossible d'en trouver...

- Pour *any* et *every* : ➤ 19.3.2 et 19.3.4.

- À la place du génitif 1 des pronoms (*my*, etc.) on emploie bien sûr la série *mine*, etc. : *She loves caviar, so she ate **mine**.*

19.3.2 Le pronom *one(s)*

Pour reprendre un nom en lui ajoutant un **adjectif**, il est impossible d'employer le pronom zéro. Il faut employer *one / ones*, qui ne peut représenter qu'un dénombrable, au singulier ou au pluriel.

They had some nice shirts, so I bought two blue ones.

Ones occupe la place du nom dans le GN *two blue ones*, et il ne représente que *shirts* (qui fait lui-même partie du GN *some nice shirts*). Le déterminant de *ones* n'est pas le même que celui de *shirts* : le nombre de chemises est différent dans les deux cas.

One / ones est ici l'équivalent exact d'un nom dénombrable (accompagné éventuellement d'un adjectif), ce qui fait que tous les déterminants de quantification sont possibles (dans les mêmes conditions que pour un nom), notamment ceux qui ne sont pas possibles avec le pronom zéro. Les déterminants définis sont aussi possibles :

- article *a / **an*** : *The flowers were beautiful, he bought **a** blue one.*
- *any* de qualité : *any blue one*
- *every* : *every blue one*
- *no* : *There were lots of flowers, but there were **no** blue ones / but **no** blue one was to be found.*
- article défini : *The flowers were beautiful, he took **the** blue one / ones.*

- démonstratifs : *'Do you like the flowers?'* *'Yes, I particularly like **that** blue one / **those** blue ones.'*
- possessifs : *All the flowers are beautiful, but I particularly like **your** / **Jane's** blue one / ones.* *One* ne peut pas s'employer après un génitif en l'absence d'un adjectif (**I particularly like **Jane's** one / ones*), c'est le pronom zéro qui prend le relais (*I particularly like **Jane's***).

1. Une relative peut jouer le même rôle qu'un adjectif : *You say you don't want to spend too much money on shirts, but the one(s) you've bought is / are expensive.*

2. L'adjectif *own*, qui sert à mettre en relief le possessif (➤ 19.2.2), a un statut spécial. Avec lui, on n'emploie pas *one* mais le pronom zéro (dénombrable ou indénombrable) : *They don't like shop-bought bread / biscuits, so they make **their own**.* (... ils fabriquent le leur / les leurs).

19.3.3 Détails sur *one*

a. Certains déterminants acceptent *one* (même sans adjectif) parallèlement au pronom zéro : *either one, neither one, each one, which one, another one, the other one.*

I like neither (one). / Which (one) did you buy? / Send me the other (one).

b. Notez la possibilité de *the one* :

That's the one. (personne ou objet) C'est bien lui / elle / ça.

The one + proposition relative est très courant :

I liked the one(s) we saw last week.

C'est l'équivalent habituel pour "celui / celle / ceux qui / que" (quand il s'agit de dénombrable).

c. Un cas spécial : *other(s)*. Au singulier, on emploie le déterminant *other* soit avec *one* soit avec le pronom zéro :

I like the other (one) better.

Au pluriel, on a *(the) other ones*, ou bien la forme spéciale *(the) others*, particulièrement s'il s'agit de personnes :

I prefer the other ones / the others.

d. Et les indénombrables ? Rappelons qu'avec les dénombrables, *one* est employé pour servir d'appui à un adjectif (*I particularly like **the blue one***). Avec les indénombrables, il n'existe pas de pronom qui puisse être employé de la même façon. On est donc obligé de répéter le nom :

The shop had Irish and Scotch whisky. They finally bought some Irish whisky.

'Do you like whisky?' *'Yes, I particularly like the (Irish) whisky you gave me last week.'*

One n'est absolument pas possible ici.

19.3.4 *Of it / of them*

Quand il s'agit de délimiter une nouvelle quantité à l'intérieur d'une quantité préalablement délimitée, la reprise par pronom zéro ou par *one* est souvent rendue plus précise par l'ajout de *of them* (dénombrable) ou *of it* (indénombrable) :

> *We have too many books, we've decided to sell **a few (of them)**.*
> *He has so much money he has decided to give away **some (of it)**.*

On trouve *of them* (appliqué à des dénombrables) après les déterminants + pronom Ø qui suivent :

> *one, some, any* (quantité), *many, enough, a lot, plenty, several, (a) few, fewer, more, most, either, neither, each, all, half, both, which,* tous les numéraux

Par ailleurs, *of them* est utilisé dans :

- ***none of them*** : *I like **none of them**.* Je n'en aime aucun.
- ***any one of them*** : ***Any one of them** will do.* N'importe lequel conviendra. (C'est le *any* de qualité.)
- ***every one of them*** : *He bought **every one of them**.* Il les a tous achetés. (à ne pas confondre avec *everyone,* ➤ 19.4.1)

On trouve *of it* (appliqué à des indénombrables) après les déterminants + pronom Ø qui suivent :

> *some, any, much, enough, a lot, (a) little, less, more, most, all, half*

Notez l'emploi de *of them* / *of us* / *of you* dans les expressions suivantes :
There were three of us / them. Nous étions / Ils étaient trois.
The three of us / them left soon afterwards. Nous sommes partis / Ils sont partis tous les trois peu après.

19.3.5 La traduction du pronom "en"

En français, le pronom "en" représente "de" + (adj) N, où "de" peut représenter soit (a) une quantification indéfinie, soit (b) une préposition.

a. "En" de quantification

En français, la quantification est mentionnée séparément, et généralement le "de" ne s'entend que dans un style parlé assez relâché :

J'en (= de + N) ai acheté une / trois (= quantification), de chemises.

L'équivalent anglais de "en" est *one* ou le pronom zéro :

- Dénombrable
  [des chemises] J'en ai acheté une / trois. *I bought **one** / **three**.*
  [des chemises] J'en ai acheté une bleue. *I bought **a blue one**.*
  [des chemises] J'en ai acheté deux bleues. *I bought **two blue ones**.*
  [des chemises] J'en ai acheté. *I bought **some**.*
- Indénombrable
  [du thé] J'en ai acheté. *I bought **some**.*
  [du thé] J'en ai acheté un peu. *I bought **a little**.*

Le pronom "en", comme *some* / *any*, reprend une quantité limitée : "Vous aimez les moules ?" "Oui, j'en ai mangé hier." *'Do you like mussels?' 'Yes, I ate some yesterday'.* Quand on passe au générique, on emploie "le" / "la" / "les", et en anglais *it* / *them* : "Je ne les aime pas" → *I don't like them.* Il existe cependant une zone intermédiaire dans laquelle on a "en" en français, mais *it* / *them* en anglais :

Jadis, le pays exportait des microscopes, maintenant ils sont obligés d'**en** importer.
→ *The country used to export microscopes but now they have to import **them**.*
Ici, *some* représenterait une quantité limitée ou une sous-catégorie particulière.

b. "En" = "de" (préposition) + GN

Quand "en" correspond à la préposition obligatoire qui introduit le complément d'un verbe ou d'un adjectif, il y a reprise d'un GN entier défini, sous la forme d'un pronom personnel, et il faut faire attention à la construction du verbe ou de l'adjectif **anglais** :

[l'aspirateur] Je m'en sers. *I'm using it.*
[son nom] Je ne m'en souviens pas. *I don't remember it.*

"En" peut aussi correspondre à préposition de lieu (origine) + GN :

[le magasin] Il en est sorti à cinq heures. *He came out of it at five.*

19.4 Pronoms sans antécédent

19.4.1 La série *somebody, something*, etc.

a. Ces pronoms sont composés de deux éléments :
- un déterminant quantifieur : *some, any, no* ou *every*
- un élément pronominal qui représente une catégorie générale :
  -body, -one : humain
  -thing : inanimé (dénombrable ou indénombrable)

! On écrit *no one* en deux mots, à la différence de *someone, anyone, nobody,* etc.

Les éléments quantificateurs (*some, any,* etc.) ont les mêmes caractéristiques que les déterminants de même forme (➤ chap. 14), ➤ aussi les adverbes *somewhere,* etc., au chap. 21.

b. Ne confondez pas : *no one* et *none* ; *everyone* et *every one of them.*

- **None of them** et **every one of them** sont des pronoms de reprise qui exigent qu'on ait mentionné un nom au préalable, ils s'appliquent aux dénombrables (animés ou inanimés). *None of it* s'applique aux indénombrables.

  I know these mobile phones are all right – I've tested every one of them.
  There was plenty of food, but none of it was any good.

- **No one** et **everyone** ne sont pas des pronoms de reprise, et ils ne s'appliquent qu'aux humains. Faites attention à l'orthographe, qui est ici trompeuse.

  No one / Everyone was pleased.

c. Règles d'accord. Avec les pronoms de la série *somebody, something,* etc., le verbe s'accorde au singulier :

There is someone in that room. / Everybody likes cartoons.

Par contre, l'accord des pronoms personnels et possessifs qui reprennent les pronoms en *-body / -one* se fait au pluriel en anglais courant, ce qui évite de se poser le problème du choix entre masculin et féminin : *Everyone **was** standing in front of **their** houses* (➤ 19.2.8).

d. Pour ***somebody / something,*** etc., associés à un adjectif (*Anything interesting in the paper?*) ➤ 16.4.3.

19.4.2 Pronoms interrogatifs

Les pronoms interrogatifs introduisent certains types de phrases interrogatives (➤ 20.3).

Il faut distinguer entre les vrais pronoms interrogatifs et les déterminants interrogatifs + pronom Ø.

a. Les vrais pronoms interrogatifs occupent la place de l'ensemble d'un groupe nominal mais ne constituent pas une reprise (sauf dans le cas du génitif 2, qui est un double pronom, ➤ 19.2).

Tableau 19-C : Pronoms interrogatifs

	Sujet	Objet	Génitif 1	Génitif 2
humain	*who*	*who / whom*	*whose*	*whose*
non humain	*what*	*what*		

Who did you see at the party?
What did you buy at the market?
Whose car did they borrow? (génitif 1, comparez à *They borrowed John's car / his car.*)
'They needed a car.' 'Whose did they borrow?' (génitif 2, comparez à *They borrowed John's / his.*)

b. Les déterminants interrogatifs + pronom Ø fonctionnent comme les autres déterminants + pronom Ø. Le pronom zéro reprend un nom déjà mentionné, et le déterminant interrogatif opère une nouvelle opération de détermination (➤ 19.3) :

how many (+ dénombrable), ***how much*** (+ indénombrable)
which (+ dénombrable ou indénombrable)
'There were hundreds of people at the party?' 'How many did you talk to?'
'There was plenty of money to spend.' 'How much did they spend, actually?'
'We were introduced to several of your friends.' 'Which did you like best?'

Notez qu'on peut utiliser presque indifféremment (➤ 19.3.3) :

Which / Which one(s) / Which of them / Which one(s) of them

19.5 Que peut-on adjoindre aux pronoms, et comment ?

Tableau 19-D : Compatibilités entre pronoms et adjectifs ou propositions relatives

(Les numéros dans le tableau renvoient aux exemples)

	+ adjectif ?	+ proposition relative ?
Pronoms personnels	non	non
One / *ones*	oui (1)	oui (2)
Déterminant + pronom Ø	non	oui (3)
Something, etc.	oui (4) placé après	oui (5)
Interrogatifs	non	non

(1) *the blue one(s)*
(2) *the one(s) we bought yesterday*
(3) *some who didn't understand / many you haven't seen*
(4) On trouve des adjectifs après *something, anything, nothing*, mais guère après les autres pronoms de cette série : *something funny / anything new? / nothing special.*
(5) *somebody you know / nothing that was really interesting / everything we hate*

1. *Else* s'emploie après tous les pronoms et adverbes de la série *something* et après les interrogatifs :
everything else, tout le reste / *anybody else*, quelqu'un d'autre / *somewhere else*, ailleurs / *Who else?*, Qui d'autre ? / *What else?*, Quoi d'autre ?

2. *Those* est le seul démonstratif qui puisse être suivi d'une relative :
The library books? I have returned those you have read.

3. *All* (quand il est seul) suivi d'une relative ne peut s'appliquer qu'à de l'inanimé :
They have forgotten all they knew.
All est alors l'équivalent de *everything*, c'est-à-dire qu'il ne reprend pas un groupe nominal précédent. Dans les emplois qui indiquent un sens restrictif, il faut employer *all* : *That's all I remember* (jamais *everything dans ce cas).

Pour l'animé, employez *everyone* ou *all the people* (*everyone / all the people there / I know*) (➤ chap. 28). *All those*, en revanche, s'applique aussi à de l'animé :
all those you've met (= *the people*) / *all those you've read* (= *the books*)

19.6 Emplois génériques des pronoms *you* et *one*

Les pronoms *you* et *one* peuvent s'employer avec un sens générique, indiquant que l'état ou l'action est valable pour toute personne. Ces deux pronoms permettent souvent de rendre le pronom générique français "on".

You est le pronom générique le plus courant :

You had to be blind not to see that they were in love. Il fallait être aveugle pour ne pas voir qu'ils étaient amoureux.
I like fishing. You don't have to think when you fish. I can spend days fishing. J'aime pêcher. On n'a pas besoin de penser quand on pêche. Je peux passer des jours à pêcher.

One appartient à un style plus soutenu :

One can't help thinking that the new tax is iniquitous. On ne peut s'empêcher de penser que le nouvel impôt est injuste.
Contrairement au pronom français "on", *one* peut être complément : *It surprises one* (Ça (vous) surprend). Il a également une forme de génitif (*one's*) et de réfléchi (*oneself*) : *One must give oneself time to think.* Toutefois, en anglais américain, *one* est généralement repris par *his* ou *himself*.

Encadré 19-A : Les emplois de *one*

1. Déterminant numéral (*one* est invariable, humain / non humain)

one girl / one car / his one attempt (son unique tentative)

2. Pronom seul : reprise d'un dénombrable unique (*one* est invariable, humain / non humain)

They have seen one. (= GN entier qui désigne *a girl, a car, a tall girl*, etc.)

3. Pronom, avec adjectif ou relative ou certains déterminants : reprise d'un nom dénombrable (*one* est variable : *one / ones*, humain /non humain)

a big one, the clever one(s), the one(s) they saw

4. *One* générique : pas de reprise (*one* est invariable, humain)

One wonders what will happen next.

5. Pronoms *someone, anyone, no one, everyone* : pas de reprise (*one* est invariable, humain)

Someone has blundered. Quelqu'un a fait une bêtise.

Tableau 19-E : Déterminants et pronoms

Déterminant	Déterminant + pronom Ø	Déterminant + *one(s)* ou pronom spécial
the	–	*the one(s)* / *he* / *she* / *it* / *they*
a / *an*	–	**one** (dénombrable)
some /səm, sʌm /	*some* /sʌm/	–
any (quantité)	*any* (quantité)	–
any (qualité)	–	*any one of them* (dénombrable)
no	–	**none** (dénombrable ou indénombrable)
every	–	*every one of them*
many / *much*	*many* / *much*	–
enough / *a lot*	*enough* / *a lot*	–
several	*several*	–
three, etc.	*three*, etc.	–
(a) few / *fewer*	*(a) few* / *fewer*	–
(a) little	*(a) little*	–
less / *more* / *most*	*less* / *more* / *most*	–
either	*either*	*either one*
neither	*neither*	*neither one*
each	*each*	*each one*
all / *half* / *both*	*all* / *half* / *both*	–
another	*another*	*another one*
the other	*the other*	**the others** / *the other one(s)*
which	*which*	*which one(s)*
this	–	*this one* / **this**
that	–	*that one* / **that**
these	–	**these**
those	–	**those** / *(those ones)*
my / *his* / *her* / etc.	–	**mine** / **his** / **hers** / etc.

Les **caractères gras** dans la troisième colonne indiquent les pronoms à forme spéciale qui remplacent à eux seuls la totalité du GN. Attention à bien respecter les compatibilités avec dénombrable ou indénombrable.

20 Les types de phrases

20.1 Définitions

a. À un premier niveau, et en se plaçant strictement du point de vue de la forme, on peut distinguer quatre grandes catégories de phrases :

Phrases déclaratives :	*Ann sent Tom a postcard.*
Phrases interrogatives :	*Did Ann send Tom a postcard?*
Phrases impératives :	*Send Tom a postcard!*
Phrases exclamatives :	*What a beautiful postcard Ann sent (to) Tom!*

Ces quatre grandes catégories correspondent à ce que l'on appelle le **statut** de la phrase. Du point de vue de sa forme, une phrase appartient nécessairement à l'une des quatre catégories : sa construction est soit **déclarative**, soit **interrogative**, soit **impérative**, soit **exclamative**.

Dans le présent chapitre, nous utiliserons le plus souvent le terme "construction", de préférence à "phrase", afin qu'il soit bien clair que les catégories examinées se définissent du point de vue de la forme. Cette précision est importante. Nous verrons, par exemple, qu'une construction interrogative (c'est-à-dire de forme interrogative) peut servir à autre chose qu'à poser une question.

b. À un second niveau, deux éléments peuvent se rajouter au statut : la **négation** et l'**emphase**.

Ann did not send Tom a postcard.	(phrase déclarative + négation)
Ann did send Tom a postcard.	(phrase déclarative + emphase)
Didn't Ann send Tom a postcard?	(phrase interrogative + négation)
Don't send Tom a postcard.	(phrase impérative + négation)

1. Le statut exclamatif (➤ 20.5) n'est pas compatible avec la négation et avec l'emphase (ou il ne l'est que de façon tout à fait exceptionnelle).

2. En 2.5, nous avons défini les **constructions assertives** comme des constructions déclaratives positives non emphatiques. Les phrases assertives sont donc des phrases qui contiennent simplement le constituant "déclaration", sans négation et sans emphase.

En résumé, les types de phrases correspondent à la formule suivante :

Statut déclaratif
Statut interrogatif
Statut impératif
Statut exclamatif
} (+ négation) (+ emphase)

Nous allons maintenant examiner, parmi toutes les combinaisons possibles, celles qui posent un problème particulier. (Sur la construction impérative, ➤ 11.2.)

20.2 Les constructions interrogatives

Il y a deux types de phrases interrogatives :

• **les questions fermées** (*Yes / No questions*), qui peuvent avoir *Yes* ou *No* pour réponse

• **les questions en** WH- (*WH-questions*), qui sont introduites par un mot interrogatif ; il s'agit soit d'un mot commençant par WH- (*who, whom, whose, which, what, where, when, why*) soit de *how*. Par commodité, on désigne tous ces mots (y compris *how*) sous l'appellation "mots en WH-".

1. Les **schémas intonatifs** de ces deux catégories de questions sont différents. Toutefois, il n'y a pas un seul et unique schéma intonatif pour chacune d'entre elles, même si les premières ont souvent une intonation montante et les secondes une intonation descendante.

2. Les **questions alternatives** (*Do you prefer tea or coffee?*) constituent en apparence un troisième type de questions. En fait, elles se rattachent d'une part aux 'Yes / No questions' (elles ne sont pas formées avec un mot interrogatif) et d'autre part aux questions introduites par *which* (leur réponse est du même type).

3. On appelle **question rhétorique** une question que l'on pose non pas pour obtenir une réponse mais pour affirmer ou démontrer quelque chose : *What else could I do?* (Qu'est-ce que je pouvais faire d'autre ?).

4. La forme interrogative est parfois utilisée pour exprimer une exclamation (➤ 20.5).

Comme nous l'avons vu en 2.7.1, la construction interrogative utilise obligatoirement l'ordre auxiliaire-sujet – sauf lorsqu'elle est introduite par un mot ou groupe interrogatif qui est lui-même le **sujet** de la proposition : *Who came? / How many came? / How many people came? / Who will tell them? / What made him so angry?*, etc. Dans ce dernier cas on utilise donc pour le groupe verbal la forme déclarative, c'est-à-dire une forme sans DO au présent / prétérit simple. (Toutefois, comme dans les phrases déclaratives, on emploie DO pour la négation ou l'emphase : *Since Fred didn't come, who DID come, then?*)

Les mots interrogatifs (mots en WH-) peuvent jouer le rôle de déterminant (*What books did you read?*), de pronom (*What did you read?*) ou d'adverbe (*Where did you go?*).

Dans les *WH-questions*, le mot interrogatif peut apparaître seul (***How** do you open this box?*) ou suivi d'un ou plusieurs mots (***How old** is he? / **Which of these books** do you prefer?*). Le **groupe interrogatif** ainsi formé est placé en tête de la phrase – éventuellement précédé d'une préposition. La place de la préposition dépend dans certains cas du niveau de langue (comme pour les propositions relatives, ➤ 28.2.1 et 28.2.2) :

To what do you attribute your success? (niveau plutôt recherché)
What do you attribute your success to? (niveau neutre ou familier)

Le niveau de langue, toutefois, n'intervient pas de la même façon quand le mot interrogatif est un déterminant interrogatif (c'est-à-dire lorsqu'il est suivi d'un nom) ; ainsi, *In what newspaper did you find that article?* ou *At what age did you learn English?* n'appartiennent pas nécessairement à un niveau de langue recherché. À l'inverse, certaines associations "verbe + préposition" ou "*BE* + préposition" interdisent pratiquement de placer la préposition en tête de phrase : on dira *What are you talking about?* ou *What is it like?*, et non *About what are you talking?* ou *Like what is it?*

20.3 Les mots interrogatifs (mots en *WH-*)

a. Le pronom interrogatif *whom* appartient à un niveau de langue très recherché (cf. le relatif *whom*, ➤ 28.1). Ainsi, on dira normalement *Who did you see?*, et non *Whom did you see?*

b. L'interrogatif *whose* (qui est le génitif de *who*) est couramment utilisé pour demander qui est le possesseur d'un objet. Il existe deux constructions : *Whose tools are these?* et (forme moins courante) *Whose are these tools?* (À qui sont ces outils ?). Autres exemples d'emploi de *whose... ?* : *On whose help could he rely? / Whose help could he rely upon?* (Sur l'aide de qui pouvait-il compter?)

! "À qui / De qui... ?" ne se traduit pas toujours par *whose...?* ; ainsi, l'équivalent de "À qui appartient ce livre ?" est *Who does this book belong to?*

c. Les interrogatifs *what* et *which* sont proches par le sens, et peuvent équivaloir tous deux à l'interrogatif "quel" du français. La différence la plus visible est la suivante : avec *which... ?*, on interroge sur un choix à l'intérieur d'un ensemble d'éléments qui est déjà délimité, alors que ce n'est pas nécessairement le cas avec *what... ?* Comparons *What film did you prefer?* et *Which film did you prefer?* Dans les deux cas, l'équivalent français pourra être "Quel film avez-vous préféré ?", mais la seconde forme, contrairement à la première, fait implicitement référence à un ensemble particulier de films. (On peut sur ce point rapprocher *which* du français "lequel", mais syntaxiquement, "lequel" est différent : il est toujours pronom.)

En fait, *what* et *which* interrogatifs sont d'une nature différente. Alors que *what* interrogatif est soit déterminant soit pronom, *which* interrogatif est toujours un déterminant, et, comme la plupart des déterminants (➤ 19.3.1), il permet de reprendre un nom sous la forme du pronom zéro. Donc, *Which did you prefer? = Which ( ) did you prefer?*, et peut correspondre, par exemple, à *Which film did you prefer?* Ceci a des conséquences sur les compatibilités des deux termes : *which* (comme tous les déterminants) est indifférent au caractère humain ou non humain du nom, et il en va de même pour *what* lorsqu'il est déterminant ; par contre, le pronom *what* y est sensible, comme la plupart des pronoms. Ceci explique les caractéristiques suivantes :

• *Which* interrogatif (à la différence de *which* relatif, ➤ 28.1) peut être utilisé pour une personne, même s'il n'est pas suivi d'un nom ; ainsi, dans *Which ( ) did you prefer?*, l'interrogatif *which* peut se référer, par exemple, à un acteur (= *Which actor did you prefer? / Which of these actors did you prefer?*).

- *What*, par contre, ne peut se référer qu'à un non-humain s'il est employé seul, puisqu'il est alors un vrai pronom, opposé à *who* : on contrastera *What did you prefer?* (Qu'avez-vous préféré ?) avec *What musicians / films did you prefer?*

- On peut employer *one(s)* à la suite de *which* : *Which ones did you prefer?* (Lesquels préférez-vous ?). *Which* fonctionne ici comme les autres déterminants définis : *the one(s), that one,* etc. *What* n'a pas cette possibilité : c'est, comme *something* (➤ 19.4), un pronom sans antécédent, et il ne reprend donc pas un terme déjà mentionné.

d. Il existe de nombreuses expressions interrogatives commençant par *how* (*How often... ?, How far... ?*), et la plupart n'ont pas d'équivalent français construit de la même manière : *How often do you have your car serviced?* (Tous les combien vous faites faire la révision de votre voiture ?) / *How far is Linton from here?* (C'est à combien de kilomètres / Est-ce que c'est loin d'ici, Linton ?) / *How large is the living-room?* (Elle est grande comment, la salle de séjour ?) / *How long did they stay?* (Combien de temps sont-ils restés ?) / *How difficult is it?* (Quel est le degré de difficulté ?).

Dans ces expressions, l'adjectif ou l'adverbe qui suit *how* indique dans quel domaine on se place (dimension, distance, âge, etc.), et *how* interroge sur le degré dans ce domaine.

e. Il ne faut pas confondre *How is X?* et *What is X like?* : *How is Betty?* (Comment va Betty ?) est différent de *What is Betty like?* (Comment est Betty ?, mot à mot "À quoi ressemble Betty ?"). En bref, *How is X?* est utilisé pour interroger sur l'état de santé de quelqu'un ou sur l'impression faite par quelqu'un / quelque chose (*How was the film?* = Comment il était, ce film ?), tandis que *What is X like?* est utilisé quand on attend une description (même sommaire). On notera aussi : *What is this animal called?* (Comment s'appelle cet animal ?).

f. Dans une langue plutôt familière, ou en tout cas non recherchée, les questions en *WH-* peuvent inclure le mot **ever** utilisé comme intensif (en particulier pour exprimer l'étonnement, l'irritation, etc.) : *Who ever told you that?* (Qui donc t'a dit ça ? / Qui a bien pu te dire ça ?) / *Why ever didn't you ask me?* / *How ever did you manage?* Cet emploi de *ever* est comparable à celui d'intensifs du type *on earth* ou *the hell* (*Who on earth / the hell told you that?*). Notez qu'on le trouve également dans des phrases déclaratives après *never* : *I never ever said that!*

Il ne faut pas confondre *who ever / how ever*, etc. (généralement écrits en deux mots) et *whoever / however*, etc. (➤ 27.5).

20.4 Les constructions exclamatives

a. Une construction exclamative est toujours introduite par un groupe exclamatif formé avec *how* ou *what*. (Rappel : nous nous plaçons du point de vue de la forme lorsque nous parlons d'une construction.) Souvent, un énoncé formé avec BE est réduit à ce groupe exclamatif : il y a ellipse de *it is, it was,* etc.

How funny *he is!* Qu'il est amusant ! / Comme il est amusant !
How funny! Que c'est amusant ! / Comme c'est amusant !
How well *she sings!* Qu'elle chante bien ! / Comme elle chante bien !

How I miss you! Comme tu me manques !
What a miracle (it was)! Quel miracle (ça a été) !
What nice weather we had! Quel beau temps nous avons eu !
What a funny man (he is)! Quel homme amusant !

b. Malgré ses ressemblances avec la construction interrogative des *WH-questions*, la construction exclamative n'utilise pas l'inversion auxiliaire-sujet. On opposera par exemple *How deep your swimming pool is!* et *How deep is your swimming pool?*

c. Avec *how* (adverbe exclamatif), l'exclamation porte sur un adjectif, un adverbe ou un verbe. Avec *what* (déterminant exclamatif), l'exclamation porte sur un groupe nominal. Ce GN peut inclure un adjectif : *What a (funny) man!*

d. On notera également (il y a là un risque d'erreur) les deux points suivants :

• En français, dans les phrases du type "Comme cet article est intéressant !" ou "Comme elle chante bien !", l'exclamatif "comme" est séparé de l'adjectif ou de l'adverbe sur lequel il porte. Dans les équivalents anglais, il faut par contre placer l'adjectif ou l'adverbe **immédiatement après *how*** : *How interesting this article is!* / *How well she sings!* (Cf. *This article is so interesting / very interesting!* et *She sings so well / very well!*, ➤ 20.5.a.)

• L'utilisation des déterminants Ø et *a / an* obéit aux règles habituelles (➤ chap. 12 et 13.7). On emploie obligatoirement *a / an* (qui se place après *what*) avec un nom dénombrable au singulier : *What a strange custom!* (Quelle coutume étrange !). On emploie obligatoirement le déterminant Ø avec un **indénombrable singulier**, et aussi, bien sûr, avec un dénombrable au pluriel : *What strange behaviour!* (Quelle étrange conduite !) / *What strange weather!* (Quel temps bizarre !) / *What strange clothes!* (Quels vêtements étranges !). Sur l'emploi de *a / an* dans des énoncés du type *What a shame!*, ➤ 12.2.3.

> La construction elliptique *What a / an* + adjectif + nom (*What a strange custom!*) a, dans un style plutôt recherché, une contrepartie formée avec *how* : *How strange a custom!* (On notera la différence en ce qui concerne la place de *a / an*. Cette différence s'explique par les caractéristiques décrites en **c** ci-dessus : *how* porte sur l'adjectif, dont il est immédiatement suivi, tandis que *what* porte sur un GN, introduit par *a / an* si le nom est un dénombrable au singulier.) La construction introduite par *how* n'existe qu'avec les dénombrables au singulier (elle est impossible avec les indénombrables singuliers et les dénombrables au pluriel) : *how* + adjectif doit obligatoirement être suivi de *a / an*. Donc, *What strange weather* et *What strange clothes!* n'ont pas d'équivalent avec *how*.

20.5 Autres formes de sens exclamatif

a. Une **construction interrogative** accompagnée d'un schéma intonatif particulier est parfois utilisée avec une valeur exclamative (cf. en français l'utilisation d'éléments interrogatifs tels que "qu'est-ce que" ou "si" dans "Qu'est-ce que c'est beau !" ou "Si c'est pas malheureux !"). L'intonation est obligatoirement descendante, et la forme syntaxique est généralement celle d'une *'Yes / No* *question'*, qui peut être négative (*Isn't it terrible!*) ou positive (*Boy, was I tired!* Bon Dieu, ce que j'étais / ce que je pouvais être fatigué !).

Certaines reprises par auxiliaires (➤ 2.7.6.a), et notamment celles qui utilisent le schéma interro-négatif ('*It was a great help to them.' 'Yes, wasn't it!*'), peuvent également avoir un sens exclamatif, de même que certaines questions en WH- : *How dare you!* (Comment oses-tu dire / faire une chose pareille !) / *How could you!* (Comment est-ce que tu as pu dire / faire une chose pareille !). Dans tous ces emplois de la forme interrogative, il s'agit évidemment de questions rhétoriques.

Les constructions déclaratives, ainsi que les constructions sans verbe, peuvent elles aussi avoir une valeur exclamative marquée simplement par l'intonation, que la langue écrite traduit de façon sommaire par un point d'exclamation (*It's wonderful!* / *The bastard!*). Nous n'aborderons pas ici le principal problème théorique que posent ces emplois : en l'absence de critères formels précis, comment peut-on dire de façon sûre qu'un énoncé de forme déclarative a un sens exclamatif ? Les deux catégories de formes décrites ci-après ne posent pas ce problème : leur sens exclamatif est généralement assez net, bien que leur construction ne soit pas exclamative.

b. *Such / so* + construction déclarative. On notera dans les exemples le parallélisme *such / what* et *so / how*.

It's such a wonderful book!	≈ *What a wonderful book (it is)!*
(C'est un livre tellement merveilleux !)	(Quel livre merveilleux !)
It's so strange!	≈ *How strange (it is)!*
(C'est tellement étrange !)	(Comme c'est étrange !)

Dans une langue recherchée, la construction "*such + a / an* + adjectif + nom" peut être remplacée par "*so* + adjectif + *a / an* + nom" : *It's such a wonderful book!* ↔ *It's so wonderful a book!* Comme on le voit, le parallélisme entre *so* et *how* est ici très apparent (cf. *How wonderful a book!*), en raison de la place de *a / an* – à laquelle il faut faire attention.

Dans une langue plutôt familière, *so* peut être utilisé comme intensif avec un verbe : *You shouldn't worry so!* Son sens est alors proche à la fois du sens de *so much* et de celui de *thus*.

c. La plupart des **interjections** peuvent être considérées comme des formes particulières d'exclamation. Certaines d'entre elles sont formées avec des sons qui ne font pas partie du système phonétique général de l'anglais ; c'est le cas de *Ugh!* /ʌx/ (Beurk !) et de *Tut(-tut)!* ("clic alvéolaire", fait avec la pointe de la langue). En voici quelques-unes (on consultera un dictionnaire pour plus de précisions sur leur forme orale et leur sens ou fonction) : *Ouch!* /aʊtʃ/ (Aïe !), *Sh!* / *Shh!* / *Ssh!* (Chut !), *Oops!*, *Phew!*, *Wow!*, *Yu(c)k* (Beurk !), *Yum!*

20.6 Les constructions emphatiques

Rappelons que l'emphase est un constituant qui peut être ajouté au statut déclaratif / interrogatif / impératif, et éventuellement à la négation'). Elle prend la forme d'une accentuation placée sur le premier auxiliaire du groupe verbal ou sur la négation. Du point de vue du sens, l'emphase a en commun avec l'exclamation le fait de constituer une forme de mise en relief. Toutefois, il ne s'agit pas, comme dans le cas de l'exclamation, d'une mise en relief portant sur un degré. Deux choses peuvent être mises en relief avec une forme emphatique. Il peut s'agir du **caractère vrai ou faux** d'une proposition (*He DID post the letter* / *He did NOT post the letter*), éventuellement en relation avec un temps ou aspect (*'We'll go when you have finished your work.' 'I HAVE finished it!'*). Il peut également s'agir de l'existence d'une **modalité** (*I'm sure he CAN swim*), ou de la négation de cette modalité (*I'm sure he CAN'T swim*).

Avec *BE, HAVE* et les modaux, la forme emphatique ne pose pas de problèmes de syntaxe, puisqu'elle se manifeste uniquement par une accentuation particulière de l'auxiliaire. En revanche, il y a un risque d'erreur en ce qui concerne l'utilisation du *DO* emphatique avec le présent et le prétérit simples. L'erreur la plus commune consiste à croire qu'il faut employer *DO* chaque fois que l'on veut insister sur l'action ou l'état désignés par le verbe. Or, le *DO* emphatique ne peut être employé que pour exprimer une catégorie particulière d'insistance. Imaginons deux dialogues (d'abord en français) :

(1) Pourquoi est-ce que tu bois autant de lait ? – Parce que j'AIME le lait !
(2) Puisque tu n'aimes pas le lait je ne t'en donne pas. – Mais j'AIME le lait !

En français, l'accentuation sur "aime" prend la même forme dans les deux dialogues. Or, en fait, elle n'a pas le même sens dans (1) et dans (2), et l'on aura en anglais deux traductions différentes. (On notera que l'emploi de *DO* est impossible dans le premier cas.)

(1') *'Why do you drink so much milk?' 'Because I LIKE milk!'*
(2') *'Since you don't like milk I won't give you any.' 'But I DO like milk!'*

Dans le second énoncé de l'exemple (2'), ce qui rend possible l'emploi de *DO* est le fait que la proposition <*I–like milk*> est déjà présente dans le contexte (même si le premier énonciateur lui a donné une valeur négative). L'auxiliaire *DO* exprime donc deux opérations. D'une part, *DO* signale le caractère de "reprise" de la proposition sur laquelle il porte. D'autre part, *DO* affirme le caractère "vrai" de cette proposition – et, dans la forme orale, l'accentuation dont il est porteur met en relief cette affirmation.

1. La proposition qui est reprise peut n'être présente dans le contexte que de façon implicite ou indirecte : *"I told you he's not Mr. Warmth* [≈ Monsieur Sympa]*." "He does take a little getting used to…"* (S. Sheldon, *The Sky Is Falling*). Elle peut également être présente sous une forme un peu différente, par exemple avec un sujet ou un complément d'objet différent : *She wouldn't accept anything for petrol. She did accept an absolutely heartfelt hug of gratitude, and a long, long kiss* (D. Francis, *Shattered*). L'emploi de *DO* peut également correspondre à un contraste par rapport à une situation antérieure : *Dana had difficulty getting to sleep that night. When she finally did fall asleep, her dreams were a wild kaleidoscope of fires* (S. Sheldon, *The Sky Is Falling*). On le voit, il n'y a pas toujours une véritable insistance, ni une contradiction ou une mise en question d'un fait.

2. Ce n'est pas obligatoirement DO (ou tout autre auxiliaire) qui porte l'accent principal du groupe intonatif. Cet accent peut être porté par *not* (cas de la négation, mentionné plus haut), ou même, dans certains contextes, par le verbe : *If everything – and I do* mean *everything – in life wasn't revolving around her she manoeuvred and manipulated until it did* (M. Walters, *The Breaker*).

3. DO (de même que les autres auxiliaires) peut être utilisé pour effectuer la "reprise en miroir" d'une proposition, avec un effet d'emphase : *Early in the film he announces that he is going to save the world. And save it he does* (BBC) (Et effectivement, il le sauve).

4. Le mécanisme du DO emphatique n'est pas très différent, en fait, de celui du DO utilisé pour la négation ou l'interrogation (si l'on met à part l'absence habituelle d'une accentuation forte de DO avec les formes négatives ou interrogatives) : lorsque la réalité d'un fait est niée dans un énoncé, ou lorsqu'elle fait l'objet d'une question, cela implique que cette réalité a préalablement été envisagée. (Autrement dit, cela implique ce que l'on appelle un préconstruit.) Ceci est à mettre en relation avec la valeur générale de DO (➤ Encadré 30-A) : si DO peut remplir ces diverses fonctions, c'est parce qu'il est toujours le substitut d'un verbe ou d'un ensemble verbe + compléments.

20.7 Termes incompatibles avec les contextes déclaratifs positifs

La forme générale de la phrase et le statut sémantique qui en découle imposent des limites à l'emploi de certains termes : ils ne sont pas compatibles avec les contextes déclaratifs positifs. Ces termes sont donc compatibles avec des contextes négatifs, mais aussi (et c'est tout aussi important) avec d'autres contextes énumérés ci-dessous. Un exemple :

*They have **hardly** done **any** work **at all yet**.*

Les termes *any at all* et *yet* sont possibles dans le contexte de *hardly* (négatif), mais si on supprime *hardly*, ils ne peuvent plus apparaître : *★They have done **any** work **at all yet**.*

Liste de termes incompatibles avec les contextes déclaratifs positifs

- *any* (quantitatif ➤ 14.2.1), *either* (quantitatif), *ever*
- *yet*
- *at all*
- *can stand / bear, bother, can help, give a damn, care, lift a finger, stand a chance, say a (single) word, do a (single) thing*
- *dare* et *need*, dans leur emploi comme auxiliaires modaux (➤ 10.2 et 10.3), ainsi que *can / could* et *will / would* dans certains de leurs emplois (➤ 8.1.1.b, 8.1.5 et 9.1.1)
- *much, (many), long* (adverbe de temps) et *far* (mais ➤ remarque 3, ci-après)

! Les termes de la liste ne sont pas négatifs en eux-mêmes ; par conséquent, les employer dans une phrase positive a pour résultat :
- soit un sens existant mais qui n'est pas négatif : *Anybody could shake hands with the president* (N'importe qui pouvait serrer la main du président).
- soit une phrase aberrante : **Anybody shook hands with the president.*
- soit un niveau de langue inadéquat, qui peut aller jusqu'à l'aberration : ?*They managed to get out with much difficulty,* **They have much money.*

Liste des principaux contextes où ces termes s'emploient

- outre la négation *not*, toutes les autres négations : *never, nothing* (etc.), *hardly, little / few, only*, si elles sont placées avant le terme

    *One did **not** expect **much** of people like Harold.*
    *He spent so **much** time turning out drawings that he did **scarcely any** schoolwork.*
    *He would **never** consider staying home **for long**.*

- les négations cachées : *unlikely, impossible, fail, forget, forbid, stop, deny*

    *It was **unlikely** that **any** girl as sharp as Mary Jane would believe it without proof.*
    *The birds can satisfy their penchant for gnawing, **without** causing **any** material damage to the structure of the cages.*
    *The guidelines **forbade any** attacks on the socialist state or the leading role of the Communist Party.*

- *too* + adjectif / adverbe + *to* + verbe

    *The decision came **too** late to be **much** / **any** use.*

- les questions directes et indirectes

    ***Did you ever** know a man with greater zest for information?*
    *He wanted to know **whether** the police had got **any** nearer to solving the crime.*

- les propositions conditionnelles

    ***If** any one of them has **any** power to veto the Secretary General's decisions the nature of the organization will have changed.*

- l'expression du doute : *doubt / be doubtful*

    *I **doubt** if he will **ever** leave Malaya, even when he retires.*

- les termes du type (a) *surprised, puzzled* et (b) *stupid, ridiculous*

    *They were **surprised** that **anybody** should call at such a time.*
    *It was **ridiculous** to pretend that there was **anything** immoral about the cinema.*

- les comparatifs et superlatifs

*The **hottest** summer **anybody** had **ever** lived through.*
*She ran **faster** than **anybody.***

1. Les contextes autres que déclaratifs positifs possèdent tous un trait commun qui les rend compatibles avec les termes de la liste, tandis que ces termes sont, eux, de plusieurs sortes. Le trait commun des contextes autres que déclaratifs positifs est qu'ils renvoient tous à une zone "autre", c'est-à-dire autre que l'assertion, qui pose l'existence d'un événement ou d'une entité. Ceci est bien sûr particulièrement clair pour les négations (explicites ou implicites) ; *too* constitue lui aussi une négation, puisque l'excès est le dépassement de la zone favorable. Les questions, le conditionnel et le doute, quant à eux, ouvrent la possibilité d'autre chose à côté de l'existence. Les comparatifs et superlatifs posent l'existence de quelque chose en rapport avec autre chose qui est différent. Enfin, les contextes comme *surprised* (événement contraire à ce qu'on attendait) et *stupid* (appréciation défavorable) indiquent que l'existence est autre que ce que l'énonciateur juge bien ou normal.

2. Les termes incompatibles avec les contextes déclaratifs positifs sont de plusieurs types :

(a) pas d'existence posée en raison d'une absence de choix : *any, ever* ; (b) ouverture vers un événement non réalisé : *yet* ; (c) renfort de la négation : *at all, give a damn, care, lift a finger, stand a chance, say a word, do a thing* ; (d) termes spécialisés : *can stand / bear, bother, can help* ; remarquez *need* qui se substitue à *must*, dont la négation ne peut pas exprimer l'absence d'obligation ; (e) les restrictions sur *much, (many), long, far* relèvent d'un autre principe, ➤ 3 ci-après.

3. *Much, (many), long* (adverbe de temps) et *far* font tous référence à un degré élevé, dans des domaines variés. Cependant, ces termes sont aussi employés de façon "neutre", c'est-à-dire seulement pour indiquer dans quel domaine on se trouve, notamment dans les questions en *how : how much money, how many children, how long did they stay? / How far is the bus stop?.* Dans tous ces cas, c'est l'interrogatif *how* qui pose la question du degré. Il en est de même quand ces termes sont qualifiés (*very much, too far*), l'adverbe posant le degré élevé, ce qui leur permet d'être alors employés dans des assertions positives. On peut donc penser que ces termes ont actuellement tendance à se spécialiser dans l'expression du domaine concerné, perdant dans certains cas le sens de degré élevé.

21 Les adverbes

21.1 Caractéristiques générales

Les adverbes sont des mots invariables qui peuvent porter sur la phrase entière, sur le verbe, sur les adjectifs, sur d'autres adverbes et aussi sur des déterminants, pronoms et groupes nominaux. Les adverbes ont des rôles divers qui ne sont que partiellement reflétés par leur position dans la phrase. On distinguera toujours soigneusement position et portée (donc rôle) d'un adverbe, par exemple :

> *He only accepted the job because of the money.* C'est seulement à cause de l'argent qu'il a accepté l'emploi. (*Only* est placé devant le verbe, mais il porte sur *because of the money.*)

Dans ce qui suit, les rôles des adverbes seront mis en correspondance avec les positions. Les listes fournies ne sont que des échantillons. De plus, beaucoup d'adverbes ont des caractéristiques individuelles qui rendent difficiles les regroupements en catégories.

21.2 Les quatre positions des adverbes

- immédiatement devant le mot (ou groupe) sur lequel ils portent (**position de proximité**) :

> *It is a **remarkably** clear book.*

- en tête de proposition (**position initiale**) :

> ***Maybe** they forgot the time.*

- devant le verbe, ou entre l'auxiliaire et le verbe (**position médiane**) :

> *They **suddenly** decided to buy a new car.*

- à la fin de la proposition (**position finale**) :

> *They closed the door **carefully**.*
> *I don't like it **much**.*

Nous allons maintenant examiner ces positions de façon plus détaillée, avant de considérer les diverses catégories d'adverbes et leurs rôles dans les sections 21.3 à 21.8.

21.2.1 La position de proximité

L'adverbe est placé devant le mot ou groupe de mots sur lequel il porte.

> *The new control panel **greatly** improves the appearance of the car.*
> *There is **hardly** any whisky left.*
> ***Even** dogs refuse to eat this.*

21.2.2 La position initiale

L'adverbe est en tête de proposition, mais pas toujours suivi d'une virgule (d'une pause à l'oral) :

Fortunately, *he hadn't lost his wallet.*
Actually, *they forgot the time.*

Il existe aussi une position post-initiale, après le premier GN, pour quelques adverbes :

The documentation is excellent. The style, ***however***, *leaves a little to be desired.*

21.2.3 La position médiane

La syntaxe de la position médiane est plus complexe. Un principe général cependant : l'adverbe est placé **avant le verbe**. Il y a différents cas :

a. Le verbe est seul (sans auxiliaire) : l'adverbe se place juste avant le verbe.

They ***often*** *go to the cinema.*
He ***probably*** *thinks you're away.*
The Opposition ***violently*** *attacked the Government's policy.*

Avec certains types d'adverbes, ceci concerne également les impératifs, y compris l'impératif de *BE* et de *HAVE* :

Always *check that your antivirus is up to date.*
Never *be afraid to say no.*
Always *have an answer ready.*

b. L'auxiliaire est employé seul dans une reprise par auxiliaire : l'adverbe vient avant l'auxiliaire.

He ***probably*** *has. / He* ***often*** *is.*
He ***eventually*** *will.* Il le fera finalement.

c. Dans les autres cas, l'adverbe (y compris s'il s'agit de *not* ou de *never*, ➤ 21.8) se place après le premier auxiliaire.

He must ***certainly*** *have forgotten the time.*
He may ***not*** *have seen the sign.*

Ceci concerne également *BE* suivi d'un attribut ou d'un adverbe, sauf à l'impératif et dans les reprises par auxiliaire (➤ a et b ci-dessus) :

He is ***often*** *away. / She is* ***probably*** *ill.*

Les adverbes de manière (➤ 21.4), et dans certains cas les adverbes de fréquence approximative (➤ a et 21.3.5), se placent après le dernier auxiliaire, autrement dit juste avant le verbe (ce qui peut permettre à deux adverbes de cohabiter à l'intérieur du groupe verbal) : *It had (obviously) been* ***carefully*** *written / He must have* ***often*** *wondered why they had chosen him.*

Si l'auxiliaire porte une accentuation emphatique, l'adverbe se place dans tous les cas **avant** lui, aussitôt après le sujet : *He* ***probably*** *CAN do it tomorrow / He* ***often*** *IS away.*

En anglais américain, les adverbes de position médiane se placent souvent avant le premier auxiliaire, même en l'absence d'une accentuation emphatique de cet auxiliaire :

*He **probably** has finished his work.*
*He **certainly** must have forgotten the time.*
*She **long** has been interested in folk music.*

Il faut se rappeler que la position médiane est une position clé, au contact ou au centre du groupe verbal. Les adverbes qui occupent cette position ont très souvent une portée qui dépasse les termes qui les entourent : ils peuvent porter soit sur la phrase entière, soit sur des termes situés à distance.

21.2.4 La position finale

Quand le verbe n'est pas suivi d'un complément, l'adverbe en position finale se place juste après le verbe :

*They left **suddenly**.*

Quand le verbe est suivi d'un complément direct (➤ 22.3.1), l'adverbe se place après ce complément :

*They left the hotel **suddenly**.*

Pour les transitifs indirects, l'adverbe peut être placé entre le verbe et le groupe prépositionnel, ou après le groupe prépositionnel :

*He stared **angrily** at his opponent.*
*They looked for the money **carefully**.*

21.3 Adverbes qui portent sur l'ensemble de la phrase

21.3.1 Adverbes qualifiant un point de vue

L'énonciateur indique où se situe le point de vue qu'il adopte ou bien le qualifie. L'adverbe porte donc sur quelque chose qui ne fait pas partie de l'énoncé lui-même : le point de vue de l'énonciateur. Ces adverbes se placent généralement en position initiale.

admittedly	*frankly*	*roughly (speaking)*
briefly	*honestly*	*seriously*
confidentially	*personally*	*technically*
		theoretically

***Frankly**, he shouldn't have met her.* (= *I tell you frankly that he shouldn't have met her.*)
***Personally**, I'd rather not work today.* (= *My personal point of view is that I'd rather not work today.*)
***Theoretically**, there should not be any trouble.* (= *From a theoretical point of view, there should not be any trouble.*)
***Admittedly**, it is a bit overpriced.* (= *I admit that it is a bit overpriced.*)

21.3.2 Adverbes exprimant une modalité

L'énonciateur prend position à l'égard de l'événement, ce qui est donc une modalité (➤ chap. 7). L'adverbe porte sur l'ensemble de la phrase. Quand l'adverbe est en position initiale (c'est-à-dire en fait extérieur à la phrase), la relation entre la modalité (adverbe) et l'événement (phrase) est claire, mais ce n'est pas toujours le cas, car ces adverbes peuvent aussi apparaître en position médiane.

a. Évaluation des chances de réalisation : l'énonciateur, qui ne sait pas si l'événement est vrai ou non, porte un jugement sur ses chances de réalisation :

allegedly	*maybe*	*possibly*	*probably*
certainly	*perhaps*	*presumably*	*reportedly*

Presumably, *he thought he was allowed to do it.* = *It is to be presumed that...* (position initiale)
*You **certainly** remember his name.* (position médiane)
*He **reportedly** attended Edenham High School.* = *It is reported that...* (position médiane)

b. Confirmation de la réalité de l'événement, éventuellement pour contredire l'opinion de quelqu'un d'autre :

actually	*definitely*	*obviously*	*in fact*
clearly	*indeed*	*really*	*of course*

Clearly, *they were drunk.* = *It is clear that...* (position initiale)
*'I suppose he lost his head.' '**Actually**, he didn't.'* = *The actual facts (the truth) are that...* (position initiale)
*She **clearly** knew the truth.* (position médiane)

c. Réaction affective devant un événement (réalisé ou non) :

fortunately	*hopefully*	*naturally*	*surprisingly*
happily	*luckily*	*sadly*	*unfortunately*

Fortunately, *they arrived just in time.* = *It is fortunate that...* (position initiale)
Hopefully, *it will be delivered on time.* = *I hope...* (position initiale)
*He had **unfortunately** left the key in the garage.* (position médiane)

21.3.3 Adverbes de repérage dans le temps

Ces adverbes portent sur l'ensemble de la proposition. Ils placent les événements dans le temps soit par rapport au moment présent, soit les uns par rapport aux autres. La plupart d'entre eux peuvent occuper trois positions :

a. Position initiale

afterwards	eventually	lately	previously	then
already	finally	later	recently	tomorrow
earlier	formerly	once	soon	yesterday

Once, he showed me a 13th century manuscript he kept in his attic. (➤ 21.9.2)
Soon, you'll see what I mean.

b. Position médiane

Même liste, sauf *yesterday* et *tomorrow* (indications précises de temps), mais il faut ajouter *just, still, yet* (➤ ci-dessous) et *no longer*.

afterwards	eventually	lately	previously	just
already	finally	later	recently	still
earlier	formerly	once	soon	yet
			then	no longer

He **once** showed me a 13th century manuscript he kept in his attic.
You'll **soon** see what I mean.
We've **just** met your cousins. Nous venons de rencontrer vos cousins.
They are **still** working. Ils travaillent encore / toujours.
They **no longer** use typewriters for their mail. Ils n'utilisent plus de machines à écrire pour leur courrier.

c. Position finale

La liste n'est pas exactement la même que pour les deux autres positions :

afterwards	once	tomorrow	yet	ever since
already	soon	yesterday	any longer	since then
earlier	then	tonight	any more	
later		last night		

I'll post the letter **tomorrow.**
He hasn't been heard of **ever since.** On n'a plus entendu parler de lui depuis.
They don't use typewriters for their mail **any longer / any more.**

Still s'applique à une situation qui se poursuit, et qui peut être la non-réalisation d'une action : *He still hasn't arrived* (Il n'est toujours pas arrivé) / *I still don't understand* (Je ne comprends toujours pas).

Yet peut être utilisé dans des phrases interrogatives : *Is he here yet? / Has he arrived yet?* (Est-il arrivé ?, sous-entendu "bien qu'il soit possible qu'il arrive plus tard"). Il peut aussi être employé avec un superlatif : *This is the best film we've seen yet* (comparable à l'emploi de *ever* – *This is the best film we've ever seen*, ➤ 21.3.5).

En position initiale, *still* et *yet* ont un sens de contraste (➤ 21.7) : *Still, they're working* (Quand même, ils travaillent).

21.3.4 Adverbes de lieu

a. En position initiale

Certains adverbes de lieu peuvent apparaître en position initiale pour indiquer un contraste :

Here, we never use any words that might offend a minority. (*Here* s'oppose à *in other places.*)

Upstairs, there are three rooms. (*Upstairs* s'oppose à *downstairs.*)

here	*inside*	*outdoors*
there	*outside*	*downstairs*
somewhere	*indoors*	*upstairs*

b. En position finale, ce sont les mêmes plus quelques autres :

here	*everywhere*	*away*	*inside*	*downstairs*
there	*near*	*behind*	*outside*	*upstairs*
somewhere	*far*	*in*	*indoors*	*downwards*
nowhere	*about*	*out*	*outdoors*	*upwards*
anywhere	*around*			

Tous ces adverbes peuvent se placer après *BE* :

*He is **away** / **downstairs** / **somewhere**.*

Les particules adverbiales (➤ 22.6) qui se placent après un verbe appartiennent à cette liste. Ces particules peuvent conserver leur sens de lieu :

*He went **up**. / He took the children **out**.*

Elles peuvent aussi prendre un sens abstrait et former avec le verbe une unité difficilement dissociable (➤ 22.6) :

He owned up. Il a tout avoué.

He gave the game away. Il a vendu la mèche. (= Il a révélé la vérité.)

c. Le cas particulier de *far*

Far peut être adjectif ou adverbe. Dans son sens le plus concret, il exprime un degré relatif à une distance : *The station isn't very far from here / You can't go very far in such an old car.* Lorsqu'il a ce sens, il ne peut pas être employé dans les constructions affirmatives de la langue courante. (Notez sa parenté sur ce point avec l'adverbe *much*, ➤ 21.5.1.b, et avec les quantificateurs *many* et *much*, ➤ 20.7).

Dans ces constructions, on emploie à sa place *a long way*, ou, dans certains cas, *a long way away* :

The station is a long way from here.

We've walked a long way – we're exhausted.

I recognized him from a long way away. Je l'ai reconnu de loin.

Far est également utilisé comme adverbe intensif (*It's far too expensive* = C'est beaucoup trop cher) : ➤ 21.5.2, Remarques.

21.3.5 Adverbes de fréquence

a. Fréquence approximative

L'adverbe se place en position médiane. Il porte sur l'ensemble de la phrase. Dans la liste suivante, les adverbes sont classés d'après leur sens : de la moins grande à la plus grande fréquence (à l'exception de *ever*, ➤ remarque ci-après).

never	*rarely*	*sometimes*	*usually*
ever	*seldom*	*often*	*generally*
hardly ever	*occasionally*	*frequently*	*continually*
			always

*We **rarely** / **frequently** / **occasionally** see him at the pub.*

*If you **ever** come to Australia, look us up.* Si un jour / Si jamais vous venez en Australie, passez nous voir. (Ici, "jamais" ne correspond pas à *never*.)

Ever apparaît presque exclusivement en contexte de question, négation ou hypothèse, sans oublier les compléments du comparatif et du superlatif.

They now have more money than they ever did.

This is the best horror film I have ever seen.

Ever signifie "à un moment quelconque", et n'est pas négatif. Il n'est employé en contexte assertif (affirmation positive) que dans des expressions figées comme *for ever* (pour toujours), *as ever* (comme d'habitude), *ever since* (depuis), ainsi que dans des adjectifs composés comme *everlasting* (éternel), *ever-increasing* (en augmentation constante). Notez sa parenté de comportement avec *any*, ➤ 20.7.

Sur l'emploi de *ever* comme intensif, ➤ 20.3.f.

b. Fréquence précise

Ne la confondez pas avec la fréquence approximative. L'adverbe porte aussi sur l'ensemble de la phrase mais il se place en position finale.

annually	*daily* (etc.)	*once*	*twice*

*She gets dozens of letters **daily**.*

*I have seen the film **twice**.*

21.4 Adverbes de manière

L'adverbe porte sur l'action, c'est-à-dire sur le verbe (et son objet éventuel), et délimite une sous-catégorie de l'action, comme le font les adjectifs pour les noms :

*He answered the letter **carefully**.* ↔ *His careful answer (to the letter)*

well	*fast*	*stupidly*	*loudly*	*legally*
badly	*quick(ly)*	*cleverly*	*quietly*	*anxiously*
slowly	*carefully*	*ingeniously*	*politely*	*kindly*

Les adverbes de manière apparaissent en position médiane ou en position finale.

a. En position médiane

*He **cleverly** lifted the letter out of the envelope. (= the way he lifted the letter out of the envelope was clever.)*

Tous les adverbes de manière ne peuvent pas apparaître en position médiane : *well*, notamment, est en position finale. Lorsqu'il y a plusieurs auxiliaires, l'adverbe de manière se place après le dernier, ➤ 21.2.3.c.

b. En position finale

*He speaks German **(very) well** / **badly** / **perfectly**.*

En position médiane, certains adverbes de manière peuvent prendre un sens différent. Ils ne décrivent pas une manière d'accomplir l'action mais s'appliquent au fait même que le sujet accomplisse l'action : *He cleverly lifted the letter out of the envelope = It was clever of him to lift...* Quelques adverbes qui s'emploient de cette manière : *foolishly, carelessly, cleverly, nervously, calmly, kindly.* Deux autres exemples proches : *I would gladly give more if I could.* / *Would you kindly be quiet? (kindly = please)*

La position initiale est possible avec certains de ces adverbes : *Cleverly, he lifted the letter out of the envelope.*

21.5 Adverbes indiquant le degré (intensification ou atténuation)

21.5.1 Adverbes de degré qui portent sur des verbes

a. En position de proximité

*He **badly** needed the money.* Il avait grand besoin de l'argent.
*They **thoroughly** enjoyed the film.* Le film leur a beaucoup plu.
*It has **utterly** destroyed her confidence.* Ça a complètement détruit sa confiance.
*They **kind of liked** the film.* Le film leur a assez plu. (familier)
*She **almost fell** overboard.* Elle a failli tomber par-dessus bord.
*He **scarcely** noticed the change.* Il ne s'est presque pas aperçu du changement.

all but	*fully*	*rather*
(presque)	*hardly / scarcely*	*really*
almost	(à peine, presque pas, ➤ 21.8)	*sort of*
badly	*kind of*	*terribly*
barely (tout juste,	(*kinda* en langue familière)	*thoroughly*
à peine)	*nearly*	*totally*
greatly	*positively*	*utterly*
completely	*practically*	*vaguely*
entirely	*quite*	*virtually*

! *Very*, l'intensif de base pour adjectifs et adverbes, ne s'emploie pas avec les verbes. (➤ **b** ci-dessous et 24.2.4.c)

Dans la langue parlée, *never* est employé comme négation intensive : *That was never me on that photo, I wasn't even born.* Ça n'était certainement pas moi.

b. En position finale

(very / too) much	*a lot*	*a little*	*more*	*less*	*enough*

Ces adverbes ne s'emploient qu'avec les verbes intransitifs et avec les transitifs comme *LIKE* (appréciation) :

*He works **a lot** / **a little** / **less**.*
*She liked it **a lot** / **a little** / **less**.*

1. Avec les verbes d'action transitifs, la quantité est indiquée par le déterminant de l'objet : *She ate a lot of ice-cream.*

2. *Much / a lot* est pour les verbes l'équivalent de *very* pour les adjectifs : *He talks a lot ↔ He is very talkative / He doesn't talk much ↔ He isn't very talkative.*

3. Notez que l'adverbe *much* (comme le déterminant *much*, ➤ 14.4) ne s'emploie pas dans une phrase assertive positive en anglais courant ; on préfère *a lot* : *He works a lot / He doesn't work much / a lot.* Cette restriction ne s'applique pas à *very much*, qui s'emploie avec les verbes exprimant une opinion ou un sentiment (*admire, agree, appreciate, doubt, enjoy, fear, hope, impress, like, miss, regret*). *He missed her very much / I very much doubt it.* (➤ 20.7)

4. *At all* s'emploie en contexte de sens négatif (*I don't like it at all*), mais aussi interrogatif ou hypothétique : *Do you like it at all?* (= Est-ce que ça vous plaît un tant soit peu ?). Rapprochez de *ever* et *any*. (➤ 20.7)

21.5.2 Adverbes de degré qui portent sur des adverbes ou des adjectifs

Ces adverbes se placent en position de proximité.

*They are showing an **absolutely fascinating** film.*

*It's **awfully** nice of him.* C'est vraiment gentil de sa part.
*Are you **dead sure**?* Tu es tout à fait sûr / sure ?
*That was **downright rude**.* C'était franchement grossier.
*It's a **rather funny** book.* C'est un livre assez drôle.
*How can he be **that stupid**?* Comment peut-il être si bête ?
*He acted **pretty stupidly**.* Il a agi plutôt bêtement.
*He goes there **fairly** / **awfully often**.* (= assez / terriblement souvent)
*It isn't **good enough**.* Ce n'est pas assez bon.
***Curiously enough**, he won the race.* Bizarrement, il a gagné la course.

absolutely	dead	highly	most	simply
as	downright	how	noticeably	slightly
awfully /ɔːflɪ/	enormously	incredibly	perfectly	so
bloody	faintly	less	pretty	somewhat
damn	fucking	more	remarkably	too
				that

quite / *rather* / *fairly* (➤ 21.5.3)

enough (placé après l'adjectif ou l'adverbe)
much / *far* / *way* (devant des adverbes seulement)

Certains de ces adverbes peuvent aussi porter sur des verbes.

Remarques

a. Avec *most*, ne confondez pas :

*This is **a most interesting** book.* C'est un livre très intéressant. (adverbe intensif)
*This is **the most interesting** book.* C'est le livre le plus intéressant. (superlatif)

b. *Much* et *far* s'emploient dans le sens de "beaucoup" / "bien" devant les comparatifs :

*This is **much** / **far better**.* C'est / Ceci est bien mieux / bien meilleur.
*It's going to be **much** / **far more difficult**.* Ça va être beaucoup plus difficile.
*She's **very much happier** than she used to be.* Elle est beaucoup plus heureuse qu'autrefois.

Much et *by far* (= de loin) peuvent également être utilisés avec une valeur intensive devant un superlatif : *He's **much** the most popular / **by far** the most popular actor in the country.*

c. *Far* peut s'employer non seulement devant un comparatif, mais aussi devant *too* ou devant des groupes prépositionnels introduits par *beyond*, *above* et quelques autres prépositions :

*The party ended **far too soon**.* La fête / soirée a fini beaucoup trop tôt.
*There were **far too many** guests.* Il y avait beaucoup trop d'invités.
*It succeeded **far beyond** our expectations.* ... bien au-delà de ce que nous attendions.

Much peut s'employer devant *too* + adjectif : *much too small*. On l'utilise aussi avec *too much* : *in this society there is much too much material clutter*. Par contre, il est impossible avec *too many* (**much too many guests*) ; employez alors *far*.

d. Way peut lui aussi être utilisé avec une valeur intensive dans les mêmes contextes que *far*, mais dans un registre légèrement plus familier : *It's **way easier*** / *It's **way more expensive*** / *It succeeded **way beyond** our expectations*.

e. Attention à la place de ***enough***. Employé avec un nom, il est non pas adverbe mais déterminant quantificateur, et se place devant le nom : *There's enough bread*.

> On peut cependant, de façon facultative, placer *enough* après le nom lorsqu'il est lié à un complément : *There's bread enough for six sandwiches* / *There's enough bread for six sandwiches*.

f. Quelques adverbes courants ont un nombre limité d'associations avec des adjectifs : *stone cold* / *deaf* / *crazy* (complètement), *wide awake* (bien éveillé), *fast asleep* (profondément endormi), *plain silly* (vraiment bête).

21.5.3 *Quite, rather* et *fairly* (+ adjectif ou adverbe)
Ces trois adverbes intensifs doivent être soigneusement distingués.

	adj. / adv. de degré absolu (*wrong*)	adj. / adv. de degré extrême (*incredible*)	adj. / adv. de degré variable (*good*)
+	*quite wrong*	*quite incredible*	
↓		*rather incredible*	*rather good* *quite good*
–			*fairly good*

1. Le sens premier de ***quite*** est "tout à fait". En anglais britannique, il peut cependant être utilisé avec un adjectif "graduable" du type *good* pour exprimer un degré moyen (= assez, plutôt). En anglais américain, par contre, il exprime un degré assez élevé (≈ *very*). Par ailleurs, son sens peut varier de façon nette en fonction du schéma intonatif utilisé, et cela dans les deux variétés d'anglais : *It's 'quite ↘GOOD!* est un compliment ou du moins un encouragement, alors que *It's ↘QUITE ↗GOOD!* sous-entend "ça pourrait être mieux".

2. *Rather*, contrairement à *quite*, est compatible avec certains comparatifs (*rather more expensive*). Si le sens de l'adjectif ou de l'adverbe s'y prête, il peut ajouter une connotation négative. Dans certains contextes, il vaut donc mieux utiliser *fairly* et non *rather*. Ainsi, *He's rather young* peut impliquer *He's too young (for the job / …)*, tandis que *He's (still) fairly young* pourra au contraire impliquer *He's not too old*.

3. *Fairly*. Il ne faut pas confondre cet emploi avec celui de l'adverbe de manière *fairly* (*He acted fairly* = Il a agi loyalement).

4. Dans une langue plutôt familièr e, on utilise **pretty** (/'prɪti/) comme intensif : *I'm pretty sure he'll refuse*. Son sens se situe vers le haut de l'échelle (≈ *rather, very*).

21.5.4 Position dans le GN des adverbes intensifieurs (*quite, too,* etc.)

L'adverbe intensifieur peut occuper plusieurs positions dans le GN. Comparez et ne confondez pas :

> a *fairly* / **rather thick** *mattress*
> **quite** a **thick** *mattress* (cf. *such* / *what a thick mattress*)
> **too thick** *a mattress* (cf. *so* / *how thick a mattress*)
> **that thick** *a mattress*
> a **thick enough** *mattress*

Avec *too, that, so* et *how*, la présence de l'article indéfini *a* / *an* est obligatoire, ce qui interdit l'emploi de ces adverbes avec des pluriels ou avec l'indénombrable singulier : **too thick mattresses* / **so good food*. Pour exprimer le sens, il faut recourir soit (1) à une proposition relative : *mattresses that are too thick*, soit (2) aux équivalences :

> *so* / *that = such* : *such thick mattresses* / *such good food*
> *how = what* : *what thick mattresses* / *what good food*

Avec les autres quantifieurs, tout est possible mais il ne faut bien sûr pas employer l'article *a* / *an* si le nom est un indénombrable : *fairly* / *rather* / *quite* / *good food, good enough food*.

That + adjectif peut précéder *a* / *an* + nom, mais peut aussi le suivre : *A cheque that big had to come from someone with significant authority* (*New Scientist*, 1991). Ce cas est unique, ne l'étendez pas aux autres adverbes.

Quand *rather* est employé avec un nom dénombrable qui n'est **pas** précédé d'un adjectif, il se place avant le groupe *a* / *an* + nom : *It was **rather a disaster***. Ceci explique que, lorsque le nom est précédé d'un adjectif, il existe – à côté de la construction habituelle *a rather* + adjectif + nom (*It was a rather nasty surprise*) – une seconde construction : *It was rather a nasty surprise*. Dans ce cas, *rather* modifie l'ensemble "adjectif + nom" comme s'il s'agissait d'un nom seul, et bien sûr le sens est légèrement différent (= "Ça a été plutôt une désagréable surprise").

Avec *quite*, la construction sans adjectif est identique à celle de *rather* : *It was **quite a shock***. Avec un adjectif, il y a également deux constructions, mais la construction habituelle est *quite a* / *an* + adjectif + nom : *It was **quite a shocking experience***. (La construction *It was a quite shocking experience* existe, mais elle est relativement rare.)

21.5.5 Adverbes de degré qui portent sur les déterminants de quantification

Ces adverbes se placent en position de proximité.

> **quite a few** *people*   pas mal de gens
> **very little** *trouble*   très peu d'ennuis

almost all *the whisky*	presque tout le whisky
nearly every *day*	presque tous les jours
hardly any *money*	presque pas d'argent
about three hundred *dollars*	à peu près trois cents dollars
too / **so** / **that many** *cars*	trop / tant de voitures

➤ 21.5.2.c pour le cas où *too* est lui-même modifié par un adverbe.

21.6 Adverbes jouant un rôle de délimitation

Ces adverbes servent à délimiter ou préciser le sens et portent sur des verbes, des groupes nominaux ou des circonstanciels, pour les préciser ou les mettre en relief.

a. En position de proximité

also	*especially*	*just*	*mostly*	*purely*
as well	*even*	*mainly*	*only*	*simply*
at least	*exactly*	*merely*	*particularly*	*too*
chiefly	*in particular*			

> **Even a millionaire** *couldn't buy such a painting nowadays.*
> *They eat lots of vegetables,* **mainly potatoes and cabbages.**
> **Only three** *people know about this.*
> *He works a lot,* **particulary at night.**
> *'Can I help you ?' 'No thank you, I'm* **just looking.'**

Certains adverbes (*too* et *as well*) se placent juste après le terme qualifié.

> *I like* **this one too.**
> **The children too** *liked the show.*
> *She sings, and she* **dances as well.** *... et elle danse aussi.* (Comparez à *She sings and she also dances.*)

b. En position médiane

L'adverbe en position médiane porte sur un terme qui est placé plus loin dans la phrase (➤ détails en 21.9.1) :

> *They* **mainly** *publish* **children's books.** (= *It is mainly children's books that they publish.*)

La liste est presque la même que celle du paragraphe précédent, mais notez que *too* et *as well* sont exclus de la position médiane.

21.7 Adverbes jouant un rôle de liaison

Ces adverbes permettent d'organiser le discours : ils portent sur la phrase entière et établissent un lien avec ce qui précède. Ils se placent en position initiale.

a. Classement des faits ou arguments présentés

first	*finally*	*next*	*then*	*besides*	*furthermore*

First, it's a bad idea. ***Besides,*** *I'm not sure it's going to work.*

b. Indication des liens de cause à effet

so	*therefore*	*thus*	*moreover*	*consequently*	*now*	*as a result*

He didn't like the film, ***so*** *he left.*

c. Indication des contrastes et oppositions

however	*nevertheless*	*only*	*still*	*yet*	*all the same*

They liked the place, ***yet*** *they had to leave.*

d. Échappatoire qui permet de sortir d'une argumentation trop stricte

anyway	*anyhow*	*well*

I don't want to go. ***Anyway*** *it's raining.*

Il faut signaler la possibilité de position post-initiale avec *however* et *therefore* :

They tried a new method. The results, ***however,*** *were not satisfactory.*
The law was very strict. The accused, ***therefore,*** *were severely condemned.*

L'adverbe de liaison *though* est un cas à part, il n'apparaît jamais en position initiale (comparez avec la conjonction *though*, chap. 27). Il peut se placer en position post-initiale ou en position finale :

I hadn't met her for twenty years. Extraordinary, ***though,*** *how little she's changed.*
That sounds interesting. We might lose some money, ***though.***

21.8 La négation
21.8.1 Types de négations

La négation est un type d'adverbe de position médiane quand elle apparaît sous la forme de ***not, never*** ou également ***hardly, scarcely, barely*** (semi-négation) :

She is ***not*** *staying here.*
He ***never*** *washes.*

La négation peut alors porter soit sur l'ensemble de la phrase, soit sur un terme qui n'est pas son voisin immédiat :

*He did**n't** hear **any noise**. (= It is not true that he heard a noise.)*
*He did**n't** hear any noise **inside**. (= He heard a noise, but not inside.)*

La présence d'une négation empêche d'utiliser un autre terme négatif (adverbe, déterminant ou pronom) dans la suite de la phrase, sauf dans des types d'anglais jugés non standard :

They didn't say a word to anybody.
He hardly ate any meat. ... presque pas
Such situations hardly ever arise. ... pratiquement jamais
I didn't hurt nobody, I swear. (non standard)

21.8.2 Adverbes et négation

Quand la négation *not*, qui est elle-même un adverbe à position médiane, apparaît dans une phrase, il faut se méfier de l'interaction entre un adverbe et la négation. Quand *not* précède un adverbe, la négation porte sur l'adverbe, et modifie donc son sens :

*We do**n't always** drink wine with our meal. (= It is not true that we always drink wine with our meal : not always = sometimes)*

Un adverbe qui précède la négation porte sur la phrase négative :

*He **probably** doesn't know your sister. (= It is probable that he doesn't know your sister.)*

Certains adverbes ne peuvent pas être sous la portée de la négation, et sont donc toujours avant la négation. C'est en particulier le cas des adverbes modaux : appréciation (*fortunately*), chances de réalisation (*probably*), point de vue (*frankly*). Pour les adverbes qui ont plusieurs rôles, la place par rapport à la négation est souvent un moyen de les distinguer :

(1) *He **clearly** hasn't understood.* C'est clair, il n'a pas compris. (appréciation)
*He hasn't **clearly** understood.* Il n'a pas franchement compris. (manière)
(2) ***Naturally**, she never said anything.* Bien sûr, elle ne disait jamais rien. (appréciation)
*She never said anything **naturally**.* Elle ne disait jamais rien d'une façon naturelle. (manière)
(3) ***Yet**, he hasn't read the book.* Pourtant il n'a pas lu le livre. (liaison)
*He hasn't read the book **yet**.* Il n'a pas encore lu le livre. (temps)

21.9 Quelques problèmes

21.9.1 Adverbes à portée variable

En position médiane, les adverbes de limitation (*only, even, just, chiefly*, etc.), ainsi que la négation, ne portent pas forcément sur le verbe qui les suit. Ils peuvent porter sur tous les termes qui viennent ensuite dans la phrase. Il y a ambiguïté à l'écrit, mais pas à l'oral parce que le terme sur lequel porte l'adverbe porte l'accent principal. Ainsi, la phrase qui suit peut avoir cinq interprétations :

He only tasted the wine at lunchtime.

(1) *He **only TASTed** the wine at lunchtime.* = Il a seulement goûté, il n'en a pas bu beaucoup.

(2) *He **only** tasted the **WINE** at lunchtime.* = C'est seulement le vin qu'il a goûté, pas autre chose.

(3) *He **only** tasted the wine at **LUNCH**time.* = C'est seulement à midi, pas à un autre moment.

(4) Avec une absence de proéminence particulière sur l'un des éléments, on obtient un quatrième sens = La seule activité qu'il ait eu (de la journée) est de...

(5) ***HE only** tasted the wine at lunchtime.* = Il n'y a que lui qui... (Ce genre de portée n'est possible qu'avec l'adverbe *only*.)

21.9.2 Adverbes à position et sens variable

Il arrive couramment qu'un même adverbe puisse occuper plusieurs positions avec de nettes différences de sens. Voici quelques exemples, à titre indicatif :

(1) ***Frankly**, I don't care.* (l'énonciateur qualifie sa façon de s'exprimer)
*He didn't speak **frankly**.* (manière)

(2) *She typed the letter **perfectly**.* (manière)
*She looked **perfectly** innocent.* (intensification)

(3) ***Once**, I met a man with two left hands.* (temps, *once* = un jour)
*I've met your sister **once**.* (fréquence, *once* s'oppose à *twice / three times...*)

Pour d'autres adverbes, les diverses positions correspondent à une mise en relief sans changement de fonction.

*I **often** meet him.*
*I meet him (pretty) **often**.*
***Often**, I meet him at the station.*

21.10 Questions de formation des adverbes

21.10.1 Les suffixes *-ly* et *-wise*

a. Les adverbes ont des formes très variées, mais il existe un procédé régulier de formation d'adverbes : ajouter le suffixe *-ly* à un adjectif.

safe → safely , fortunate → fortunately
incredible → incredibly, dry → drily

Le suffixe *-ly* peut imposer des **modifications orthographiques** : *-y* qui suit une consonne devient *i* (*happy → happily*), mais il y a quelques exceptions et doubles orthographes, comme *wryly* et *dryly / drily* ; la terminaison *-le* devient *-ly* si l'adjectif a plus d'une syllabe (*simple → simply*, mais *sole → solely* et *whole → wholly* /'həʊlli/) ; les adjectifs en *-ic* ajoutent *-ally* (*basic → basically*, exception *public → publicly*) ; cas particuliers : *due → duly*, *true → truly* et *gay → gaily*.

La terminaison *-ly* ne permet pourtant pas un repérage clair des adverbes.

- Certains mots en *-ly* sont seulement des adjectifs :

friendly, masterly, lovely, costly, lonely, sickly, deadly

Ces adjectifs ne permettent pas la formation d'un adverbe en *-ly* (**friendlily*). Faute d'adverbe, il faut recourir à une périphrase : *They acted in a friendly way.*

Distinguez l'adjectif *cleanly* /'klenli/ (propre, soigneux) de l'adverbe *cleanly* /'kli:nli/ (proprement).

- Quelques mots en *-ly*, qui indiquent la fréquence (*daily, weekly, monthly*) peuvent être soit adjectifs, soit adverbes :

a daily paper / The paper is published daily.

- Par ailleurs, certains mots qui ne sont pas en *-ly* peuvent être soit adjectifs, soit adverbes :

a fast car / You're driving too fast.
a high chair / The plane flew very high.
a late breakfast / He got up late.

À cette catégorie se rattachent un certain nombre d'adjectifs qui, dans la langue familière, sont utilisés comme adverbes : *It's real good* (= *really good*) / *There's precious little time* (= *very little time*).

b. Le suffixe **-wise** permet de former des adverbes à partir de noms. Les adverbes sont de deux sortes :

- adverbes de manière : *clockwise* (dans le sens des aiguilles d'une montre), *lengthwise* (dans le sens de la longueur)

- en langue plutôt familière, avec le sens de "en ce qui concerne" :

How do they stand, moneywise? Et pour l'argent, où ils en sont ?
not a nice person, affability-wise pas une personne agréable, pour ce qui est de l'amabilité

Le suffixe **-wise** sert également à former des adjectifs :

More and more computer-wise workers will earn their keep from home offices. ... des salariés qualifiés en informatique
street-wise children des enfants qui savent se débrouiller dans la jungle urbaine

21.10.2 Comparatifs et superlatifs des adverbes

D'une façon générale, les règles de formation sont les mêmes que pour les adjectifs (➤ 17.1). On notera cependant les particularités suivantes :

a. Les adverbes "courts" (c'est-à-dire ceux qui forment leur comparatif et leur superlatif avec les terminaisons -*er* / -*est*) sont peu nombreux : il s'agit de *fast, hard, late, long* et *soon*. (*He ran fast* → *He ran faster* / *He ran the fastest.*) Pour *often*, même si la forme *oftener* / *oftenest* existe, elle est rare à côté de *more* / *most often*.

b. Les adverbes *loudly, quickly* et *slowly*, formés à partir des adjectifs *loud, quick* et *slow*, ont deux formes de comparatif et de superlatif : l'une constituée de *more* / *most* suivi de l'adverbe en -*ly* (*more* / *most loudly* / *quickly* / *slowly*), l'autre formée directement à partir de l'adjectif, avec la terminaison -*er* / -*est* : *He walked quicker.*

21.10.3 Les composés adverbiaux de *some* / *any* / *no* / *every*

Comme dans les composés pronominaux (➤ 19.4.1), *some* / *any* / *no* / *every* gardent leur sens fondamental. La forme orale de *some* est toujours /sʌm/. Ces composés entrent dans trois catégories.

a. Adverbes de temps

Il faut distinguer d'une part **sometimes** /'sʌmtaɪmz/, où *some* a sa valeur quantitative, et d'autre part **sometime** /'sʌmtaɪm/ / **someday** /'sʌmdeɪ/, où *some* a une valeur qualitative (le sens est "à un moment / un jour non précisé") :

> *He sometimes visited her.*
> *He'll visit her sometime / someday.*

Any time (aussi **anytime**) est la contrepartie de *sometime* (valeur qualitative de *any*) :

> *I can see you any time next week.* (= *at whatever time you like*)

b. Adverbes de lieu

> **somewhere** / **anywhere** / **nowhere** / **everywhere** (quelque part / nulle part / partout)

Dans une langue plutôt familière, et surtout en anglais américain, on utilise également **someplace** / **anyplace** / **noplace** / **everyplace**, qui ont le même sens.

c. Adverbes de sens variés

> **somehow** (manière : d'une certaine façon)
> **anyhow** / **anyway** (liaison : de toute façon, en tout cas)
> **somewhat** (intensification : plutôt, un peu)

22 Les compléments du verbe

22.1 Introduction

22.1.1 Verbe et schéma de phrase

La forme d'ensemble d'une phrase s'organise à partir du verbe. Le verbe est toujours accompagné d'un groupe nominal sujet, mais par ailleurs il peut, ou non, être accompagné d'un groupe nominal complément (ou de plusieurs), d'un adjectif, d'un adverbe. Pour bien construire une phrase il faut connaître les possibilités du verbe, car elles déterminent le schéma de la phrase.

Chaque verbe est entouré d'un certain nombre de places de groupes nominaux (GN). Au moins une place est toujours occupée, puisque le sujet est obligatoire. S'il n'y a pas d'autre groupe nominal, le verbe est **intransitif**, ou **employé intransitivement** :

She was laughing / singing.

schéma **GN V**

À certains verbes, dits **transitifs directs**, on peut rattacher directement (sans préposition) des groupes nominaux compléments :

Somebody has eaten the cake.

schéma **GN1 V GN2**

À d'autres verbes, dits **transitifs indirects**, on peut rattacher des groupes nominaux compléments **indirectement** (par l'intermédiaire d'une préposition) :

They were listening to a new CD.

schéma **GN1 V préposition GN2**

Ces verbes sont aussi appelés **verbes prépositionnels**.

! Beaucoup de verbes permettent plusieurs schémas.

Il est fréquent qu'un verbe soit suivi d'une **particule adverbiale** (*up, out,* etc.) qui modifie plus ou moins profondément son sens :
He looked. Il a regardé.
He looked up. Il a levé les yeux.
He looked up the word. Il a cherché le mot (dans le dictionnaire).
Les **verbes à particule** ainsi formés ont des caractéristiques communes avec les verbes simples. Ils seront donc traités en même temps dans les paragraphes qui suivent.

Leurs particularités syntaxiques seront étudiées par ailleurs en 22.6. En anglais, certains auteurs réservent le terme de '*phrasal verbs*' aux verbes à particule (c'est notre position), d'autres auteurs incluent également les verbes prépositionnels dans les '*phrasal verbs*'.

22.1.2 Schéma central et compléments circonstanciels

Les compléments dont il a été question jusqu'ici sont les **compléments du verbe**, ou **compléments d'objet** (➤ 1.3.3.a). Tout comme le sujet, ces compléments ont, par rapport à la notion qu'exprime le verbe, un caractère nécessaire. Ainsi, pour que l'action de donner puisse avoir lieu, il faut obligatoirement trois participants : un "donneur", un "objet donné" et un "bénéficiaire". On trouve ces trois participants, sous la forme de trois GN (un GN sujet et deux GN compléments), dans une phrase comme *Ken gave a box of chocolates to Daisy*. Cette phrase est en quelque sorte la phrase minimale avec le verbe *GIVE*, mais on peut lui ajouter, entre autres choses, un **complément circonstanciel** : *on her birthday*. Du point de vue syntaxique, le complément circonstanciel a dans la phrase la même fonction qu'un adverbe (par exemple *yesterday*, ➤ chap. 21) ou qu'une subordonnée circonstancielle (*when she agreed to marry him*, ➤ chap. 27).

Le complément circonstanciel se distingue du complément direct ou indirect du verbe par un certain nombre de propriétés syntaxiques. En particulier, il ne peut généralement pas devenir le sujet d'une construction passive (➤ 24.4 cependant). La présence ou l'absence d'une préposition ne constitue pas un caractère distinctif : il peut y avoir une préposition devant un GN complément d'objet (*He looked at the photo*), et il peut ne pas y avoir de préposition devant un complément circonstanciel (*He arrived last Sunday*). Les compléments circonstanciels se distinguent souvent (mais pas toujours) par leur mobilité : ils peuvent se placer soit en position finale, après les autres compléments, soit en position initiale.

La distinction entre complément circonstanciel et complément d'objet pose un problème théorique que nous nous contenterons de mentionner brièvement. Comme nous l'avons vu, le complément d'objet est, dans le cas des verbes transitifs, un élément indispensable de la relation exprimée. Cela, toutefois, ne permet pas de reconnaître à coup sûr un complément d'objet : certains compléments circonstanciels ont, eux aussi, un caractère indispensable. Ainsi, le verbe *LIVE* employé dans le sens d'"habiter" ne peut pas se passer d'un complément circonstanciel de lieu, bien que ce complément ne puisse pas dans tous les cas devenir le sujet d'une construction passive. Comparez : *About ten million people live in the London area* → ?*The London area is lived in by about ten million people* / *Nobody has lived in this house for ages* → *This house hasn't been lived in for ages*.

22.2 Les schémas à une place (GN sujet + V)

Dans ce type de schémas, l'activité ou l'état que désigne le verbe ne concerne que le sujet.

22.2.1 Verbes intransitifs

Quelques exemples (les traductions données ici ne sont pas les seules possibles) :

Verbes simples :	appear	die	go	rain	run	talk
	arrive	disappear	happen	rest	smile	walk
	come	fall	laugh	rise	swim	work

Verbes à particule : *come off* (réussir)   *fall through* (échouer)
come up (se produire)   *make off* (s'en aller, s'enfuir)
give in (céder)

Attention, certains de ces verbes ont aussi des emplois transitifs.

22.2.2 Emplois sans complément de verbes transitifs

a. Objet effacé

Quand ce que désigne l'objet est évident, donc n'a pas besoin d'être indiqué, on efface l'objet pour ne s'intéresser qu'à l'activité du sujet :

Peggy can drive a car.
Peggy can drive.

approach	drink	drive	leave	paint	pay	play	read	sing	smoke	write

! Presque tous les verbes français peuvent s'employer sans complément (Ça surprend / Tu as aimé ?), mais ce n'est pas le cas en anglais (➤ 22.3.1).

b. Objet réfléchi effacé

Quand une activité s'applique le plus habituellement à l'agent lui-même, on n'emploie pas de pronom réfléchi (➤ 19.2.4) :

Kenneth was shaving. Kenneth se rasait.

Mais on peut conserver le réfléchi pour insister :

Kenneth was shaving himself. Kenneth se rasait lui-même.

dress	hide	scratch	shave	shower	undress	wash	make up	wake up

Quand une activité est réfléchie de façon occasionnelle, on emploie bien sûr le pronom réfléchi : *Have you hurt yourself?*

c. Objet réciproque effacé

Certaines activités sont couramment réciproques : chaque personne impliquée est alors en même temps agent et patient. On efface l'objet plutôt que d'employer les pronoms réciproques *each other* ou *one another* (➤ 19.2.5) :

?They kissed each other.
They kissed.

Certains verbes prépositionnels (essentiellement en *with*) désignent une activité qui peut être réciproque. On efface alors l'ensemble préposition + complément :

Joan agreed with Kenneth. Joan était d'accord / s'est mise d'accord avec Kenneth.
Joan and Kenneth agreed. Joan et Kenneth étaient d'accord / se sont mis d'accord.
Joan fell out with Kenneth. Joan s'est brouillée avec Kenneth.
Joan and Kenneth fell out. Joan and Kenneth se sont brouillés.

Verbes + préposition :	*agree with*	*haggle with* (marchander)
	collaborate with	*mate with* (s'accoupler)
	dance with	*part with* (se séparer)
	flirt with	*quarrel with*
	fraternize with	*speak with / to*
	get married to	*talk with / to*
Verbes + particule + préposition :	*fall out with* (se brouiller)	*get on with* (s'entendre)

Avec tous ces verbes, l'emploi de *both* comme sujet est impossible. On dira donc : *The two sisters met / fell out yesterday* (Les deux sœurs se sont rencontrées / brouillées hier).

d. Agent effacé (➤ verbes réversibles, 24.7)

Dans ce schéma à une place, l'agent qui serait le sujet dans l'emploi transitif n'apparaît pas, et c'est le patient (objet du schéma transitif) qui est le sujet :

Peggy opened the door. (emploi transitif)
The door opened. (agent effacé)

Avec certains verbes, cette utilisation n'est pas possible si le schéma de phrase n'est pas complété par un adverbe (➤ 24.7) :

Peggy washed the shirt. ↔ *The shirt washed easily.*

begin	*change*	*drop*	*heal*	*mend*	*sell*	*tan*
bend	*close*	*fly*	*improve*	*move*	*sew*	*turn*
boil	*cook*	*freeze*	*increase*	*open*	*shut*	*wash*
break	*crumble*	*grow*	*iron*	*read*	*spread*	*work* (= fonctionner)
burn	*cut*	*handle*	*keep*	*ring*	*stop*	

22.2.3 Note sur les verbes pronominaux français ("se" + V)

La construction pronominale française "se" + V a plusieurs sens, qui correspondent à certains schémas anglais étudiés en 22.2.2 (➤ aussi 19.2.4 et 24.3).

! Il faut bien comprendre l'interprétation à donner à la construction pronominale. Le passage à l'anglais n'est pas automatique et, souvent, le pronom français "se" n'a aucun équivalent en anglais.

a. Sens réfléchi (➤ 22.2.2.b)

- Objet réfléchi non exprimé en anglais :
  Elle se lave. *She is washing.* / Il s'est noyé (accidentellement). *He drowned.*
  Il s'est endormi. *He has gone to sleep.*
  Le ciel se couvre. *The sky is clouding over.*

- Pronom réfléchi en -*self* :
  Elle s'est blessée (involontairement). *She hurt herself.*
  Il s'est tué (= suicidé). *He killed himself.*

b. Sens réciproque (➤ 22.2.2.c)

- Effacement de l'objet réciproque :
  Ils se battent. *They are fighting.*

- Pronom réciproque *each other* ou *one another* :
  Ils ne se sont pas reconnus. *They didn't recognize each other / one another.*

c. Sens passif (➤ 22.2.2.d)

- Agent effacé :
  Ça se lave facilement. *It washes easily.*

- Passif véritable :
  Ça ne se lave pas à l'eau chaude. *It shouldn't be washed in hot water.*
  Le chat s'est fait écraser par un autobus. *The cat was run over by a bus.*
  Il s'est tué dans un accident de voiture. *He was / got killed in a car crash.*

d. Verbe intrinsèquement pronominal (c'est-à-dire sans équivalent non
pronominal). Pas de traduction type ; le pronom "se" n'a bien sûr pas
d'équivalent :

  Ils se sont emparés de l'argent. *They grabbed the money.*
  Ils se sont enfuis. *They ran away.*

22.2.4 Verbes de liaison (dits aussi verbes "copules" : *BE*, etc.)

Les verbes de liaison, dont certains emplois de *BE* sont particulièrement repré-
sentatifs, sont obligatoirement suivis de quelque chose, qui peut être un groupe
nominal, un adjectif, un adverbe ou un groupe prépositionnel.

Kenneth was   ***the best player.*** (GN)
                  tired. (adjectif)
                  outside. (adverbe)
                  in the garden. (groupe prépositionnel)

Même quand ce qui suit le verbe est un groupe nominal, il n'y a qu'une seule place : en effet, *the best player* ne désigne pas une personne différente de Kenneth. Le verbe sert à mettre en liaison le sujet *Kenneth* et la caractéristique que représente le deuxième groupe nominal *the best player* (attribut du GN sujet).

Les verbes de liaison sont de deux sortes :

a. Verbes indiquant un **état**

She looked worried to us. Elle nous a paru inquiète.

He sounded pessimistic.

The soup tastes sour.

It proved useful.

Certains verbes sont suivis de *to be* pour introduire le GN et parfois également les autres éléments : *She seemed to be the landlady / He looks to be a nice man / He seems (to be) very tired.*

appear	be	feel	keep	look	prove	remain	seem	smell	sound	stay	taste

b. Verbes indiquant un **changement d'état**

become	come	fall	get	go	grow	turn	end up	wind up

Tous ces verbes n'acceptent pas toutes les possibilités mentionnées au début du paragraphe, et certains sont même étroitement spécialisés. On a :

He fell asleep. / He went mad.

The leaves turned brown. / The poster had come unstuck. (s'était décollé)

Mais on n'a pas : **He fell mad. / *He went asleep.*

Avec des adjectifs de sens négatif, le verbe GO peut avoir un sens voisin de celui de "rester" : *His complaints went unnoticed / The crime went unpunished.*

22.3 Les schémas à deux places (GN sujet + V + GN complément)

22.3.1 Verbes transitifs directs

Le deuxième groupe nominal est placé après le verbe sans intermédiaire : c'est un complément d'objet **direct**. Sauf rares exceptions (➤ chap. 24), le complément d'objet direct peut servir de sujet pour le passif :

The pupils didn't much like the fish that was served on Fridays. ↔ *The fish that was served on Fridays wasn't much liked.*

! Le complément d'objet direct se place au contact du verbe et n'en est séparé ni par des adverbes ni par d'autres compléments, à la différence de ce qui se produit souvent en français :

She speaks English well. Elle parle bien **anglais**.

The engineer explained the workings of the engine to the children. L'ingénieur a expliqué aux enfants **le fonctionnement du moteur**.

Dans certains cas, cependant, on ne peut guère faire autrement que de séparer du verbe le complément d'objet, en raison de sa longueur ou pour éviter une ambiguïté : *He observed in silence the crowd that had gathered round the stranger.*

Les verbes transitifs directs peuvent représenter des actions (*hit, drink*) aussi bien que des états (*admire, want*). Le sujet peut être un agent (celui qui accomplit volontairement l'action) : *Kenneth drove the car.* Mais le sujet peut aussi représenter (entre autres) :

- l'origine involontaire d'une action : *Kenneth dropped the glass.*
- l'origine d'un état : *The film surprised the critics.*
- la personne qui ressent un état : *The critics liked the film.*

Signalons deux problèmes que posent les verbes transitifs directs par rapport au français :

a. Certains verbes permettent l'effacement du complément d'objet (➤ 22.2.2.a). D'autres verbes, par contre, ont un **objet obligatoire**, alors qu'en français l'effacement est pratiquement toujours admis, par exemple : Tu as aimé ? ← *Did you like it?* / Je ne supporte pas → *I can't stand it.*

admire	*can't bear*	*deliver*	*frighten*	*please*	*suit*	*upset*
allow	*bring*	*discuss*	*hate*	*prefer*	*surprise*	*want*
avoid	*carry*	*fill*	*like*	*say*	*take*	

Dans certains cas, la meilleure traduction n'utilise pas l'équivalent anglais du verbe français : "Ça surprend" → *It's a bit of a surprise* / *It comes as a surprise.* / "Vous permettez ?" → *May I?*

b. Il faut se méfier des verbes suivants, qui sont **transitifs directs en anglais** alors que leurs équivalents français sont indirects (➤ aussi le cas inverse ci-dessous, 22.3.2).

answer (answer a question, answer sb)	*play* (jouer d'un instrument)
approach (s'approcher de)	*remember* (se souvenir de)
attend (assister à qqch)	*renounce*
enter	*resist*
expect	*succeed* (succéder à qqn)
fit (aller à qqn)	*suit* (bien aller à qqn)
lack	*survive*
need	*trust* (faire confiance à qqn)
obey	*use* (se servir de qqch)
oppose (s'opposer à)	

c. Dans quelques cas, les verbes anglais et français sont bien transitifs directs mais l'ordre des termes est inversé :

Ça lui plaît. *He enjoys it.*
Elle lui manque. *He misses her.*

d. Exemples de verbes **à particule** transitifs directs (➤ la syntaxe de ces verbes en 22.6.4). N.B. : les traductions données ici ne sont pas les seules possibles.

bring sth off (réussir)	*put sb up* (loger)	*turn sth down* (refuser)
call sth off (annuler)	*rule sth out* (exclure)	*turn sb out* (expulser)
carry sth out (accomplir)		

22.3.2 Verbes transitifs indirects

Le deuxième groupe nominal est associé au verbe par l'intermédiaire d'une préposition : c'est un complément d'objet **indirect**. En anglais, ce groupe nominal possède des caractéristiques identiques à celles de l'objet direct : il peut être le sujet du passif.

They paid for the meal. ↔ *The meal was paid for.* On / Quelqu'un a payé le repas.

Certains verbes transitifs indirects présentent un problème par rapport au français. Parfois, le verbe français de sens correspondant est transitif direct :

He was looking for his keys. Il cherchait ses clés.

Parfois, la préposition est inattendue par rapport à la préposition du français :

They live on milk and bread. Ils vivent de lait et de pain.

Voici une liste de quelques transitifs indirects qui présentent ce type de problèmes.

account for sth (expliquer)	*live on sth*
admit to sth (avouer)	*look after sth* (s'occuper de)
aim at sth (viser)	*look at sth*
ask for sth	*look for sth* (chercher)
complain about sth (se plaindre)	*part with sth* (se séparer de)
deal with sth (traiter)	*pay for sth* (payer qqch)
feed on sth (se nourrir de qqch)	*rely on sb* (faire confiance)
hope for sth	*stare at sth* (regarder fixement)
listen to sth	*wait for sth*

Il existe également des verbes **à particule** transitifs indirects, comme *catch up with sb* (rattraper qqn), ➤ liste en 22.6.3.

! Comme on l'a vu, les verbes à particule peuvent être soit **intransitifs** (*The experiment has come off* = L'expérience a réussi), soit **transitifs directs** (*We can put you up* = Nous pouvons vous loger), soit **transitifs indirects** (*I didn't put up with his behaviour* = Je n'ai pas toléré sa conduite).

Ne confondez pas verbes à particule et verbes prépositionnels (➤ 22.6).

Coordination de verbes transitifs indirects (par *both, and, or,* etc.) : *He both looked up to and depended on his uncle* (Il admirait son oncle et en même temps dépendait de lui). En anglais, faites attention à ne pas oublier les prépositions, particulièrement la première. En traduisant, modifiez la construction en fonction des verbes que vous employez.

22.3.3 Les schémas d'adjectifs

Puisque les verbes de liaison permettent d'introduire des adjectifs, et puisque certains adjectifs introduisent un complément prépositionnel, on voit se constituer avec les adjectifs un schéma à **deux places** (mais le passif est ici impossible) :

*He seemed tired of **his job**.*

Pour certains adjectifs, le complément est obligatoire : *Jimmy is fond of toffees.*

Quelques cas d'adjectifs suivis d'un complément, classés selon la préposition (certains adjectifs peuvent se construire avec plusieurs prépositions) :

avec **at** :	*angry (angry at sth / sb), bad, clever, delighted, disgusted, good, puzzled*
avec **of** :	*afraid, capable, certain, fond, sick, short*
avec **on** :	*bent, dependent, hard, keen, severe*
avec **to** :	*averse, close, liable, used*
avec **with** :	*angry (angry with sb), content, disappointed, disgusted, pleased*

Quelques phrases d'illustration :
*She is **good at** tennis.*
*They are always **short of** money.*
*Mr Robinson is **hard on** his pupils.*
*The postman was not **averse to** a cup of tea.*
*Are you really **angry with** me?*

22.4 Les schémas à trois places (un GN sujet et deux GN compléments)

Il existe deux types de schéma à trois places, que nous appellerons **A** et **B**. Comme le montre le Tableau 22-A, certains verbes peuvent entrer dans les deux schémas, alors que d'autres sont compatibles avec un seul de ces deux schémas.

Schéma **A** : **GN1   V   GN2   prép. GN3**
Schéma **B** : **GN1   V   GN3   GN2**

Pour les verbes qui peuvent entrer dans les deux schémas (comme ORDER), la relation entre **A** et **B** peut être illustrée ainsi (les GN compléments sont soulignés) :

Schéma **A** : *I've ordered <u>some sandwiches</u> for <u>you</u>.*
Schéma **B** : *I've ordered <u>you</u> <u>some sandwiches</u>.*

Il existe quatre catégories de verbes à trois places (ou verbes à deux compléments). Elles sont rassemblées dans le Tableau 22-A et décrites dans les paragraphes qui suivent.

Tableau 22-A : Les quatre catégories de verbes à trois places

	A : GN1 V GN2 prép. GN3	B : GN1 V GN3 GN2
1	*He **gave** <u>a huge bone</u> to <u>the dog</u>.*	*He **gave** <u>the dog</u> <u>a huge bone</u>.*
2	*I've **ordered** <u>some sandwiches</u> for <u>you</u>.*	*I've **ordered** <u>you</u> <u>some sandwiches</u>.*
3	*He **reminded** <u>me</u> of <u>his name</u>.*	
	*He **explained** <u>the diagram</u> to <u>them</u>.*	
4		*The bank **refused** <u>him</u> <u>a big loan</u>.*

22.4.1 Type GIVE

Les verbes de ce type admettent les deux schémas, avec utilisation de la préposition *to* dans le schéma A. Dans le schéma B, les deux compléments sont directs (c'est-à-dire sans préposition). Le premier de ces compléments directs (GN3) représente le destinataire de l'action (*the dog*) ; le deuxième complément direct (GN2) représente l'objet affecté par cette action (*a huge bone*). On peut former un passif (➤ 24.5.a) en prenant GN3 comme sujet : *The dog was given a huge bone.*

Si l'on met à part les cas où le choix n'est pas libre (voir ci-après), le schéma B (direct) est le plus couramment employé. Le schéma A (*He offered some Irish whisky to Pam*) peut être utilisé si, par exemple, l'identité du destinataire constitue l'information principale de l'énoncé.

Le schéma A (GN1 V GN2 *to* GN3) est obligatoire quand GN2 est un pronom :

He gave it to the dog, et non *★He gave the dog it.*

Une forme comme *Give me it*, que l'on entend parfois, est non standard.

C'est par contre le schéma B qui est obligatoire dans les expressions **give** + **GN2** qui représentent une action (*give a fright / a look / a push / a shout*, etc.) :

He gave the machine a quick look, et non *★He gave a quick look to the machine.*

Liste (partielle) de verbes du type *GIVE*					
award	grant	offer	promise	serve	throw
bring	hand	owe	read	show	write
e-mail	leave	pass	sell	teach	
give	lend	pay	send	tell (= raconter)	

1. Par leur sens, tous ces verbes impliquent un certain type de transfert de quelque chose vers quelqu'un.

2. Certains de ces verbes peuvent également avoir d'autres constructions, avec éventuellement d'autres types de compléments. Ainsi, à côté de *I've paid him the money / paid the money to him*, on aura *I've paid for the tickets*, ➤ Encadré 22-B. Pour les constructions de *tell*, ➤ Encadré 22-A.

22.4.2 Type ORDER

À première vue, cette catégorie n'est pas très différente de la précédente : elle admet elle aussi le schéma B (deux GN compléments à la suite du verbe, sans préposition). Mais cette apparence est trompeuse, car les verbes du type *ORDER* diffèrent des verbes du type *GIVE* sur deux points. D'une part, ils prennent la préposition *for* dans le schéma prépositionnel A :

I've ordered some sandwiches for you.

D'autre part, ils permettent la passivation à partir de GN2, mais non à partir de GN3 (➤ 24.5 b) :

Some sandwiches have been ordered for you. (surtout pas : *★You've been ordered some sandwiches.*)

Mais par ailleurs, comme pour les verbes du type *GIVE*, le schéma A est obligatoire si GN2 est un pronom : *He ordered it for Jane.*

Liste (partielle) de verbes du type *ORDER*						
book	cause	do	get	make	play	reserve
buy	choose	fetch	keep	order	pour	save
cash	cook	find	knit	paint	reach	spare

22.4.3 Type EXPLAIN (verbes qui n'admettent que le schéma indirect : EXPLAIN GN2 to GN3)

Les verbes de type *EXPLAIN*, qui sont suivis de **prépositions diverses**, n'apparaissent en aucune circonstance dans le schéma à deux compléments directs.

*He reminded me **of** the appointment.* Il m'a rappelé le rendez-vous. (surtout pas : *★He reminded me the appointment.*)

He summarized the situation for me.
He described the situation to me.

! Méfiez-vous en particulier du cas où GN3 est un pronom, et où l'équivalent français ne comporte pas de préposition :

> *The teacher didn't explain the diagram to them.* Le professeur ne leur a pas expliqué le schéma. (surtout pas : **The teacher didn't explain them the diagram.*)

La passivation n'est possible qu'à partir de GN2, et la préposition est bien sûr obligatoire devant GN3 :

> *The diagram wasn't explained to them.* (surtout pas : **They weren't explained the diagram.*)

Les rôles des participants représentés par GN2 et GN3 sont divers.

Liste (partielle) de verbes du type *EXPLAIN*			
avec **to** :	*add sth (to sth)*	*contribute sth (to sth)*	*recommend sth (to sb)*
	address sth (to sb)	*describe sth (to sb)*	*reveal sth (to sb)*
	announce sth (to sb)	*explain sth (to sb)*	*say sth (to sb)*
	attribute sth (to sb / sth)	*introduce sb (to sb)*	*suggest sth (to sb)*
	compare sth (to sth)	*issue sth (to sb)*	*supply sth (to sb)*
	confirm sth (to sb)	*prove sth (to sb)*	
avec **from** :	*borrow sth (from sb)*	*hide sth (from sb)*	*take sth (from sb)*
	buy sth (from sb)	*steal sth (from sb)*	
avec **for** :	*ask sb (for sth)*	*pay sb / sth (for sth)*	*thank sb (for sth)*
	blame sb (for sth)	*provide sth (for sb)*	
	charge sb (for sth)	*summarize sth (for sb)*	
avec **of** :	*accuse sb (of sth)*	*inform sb (of sth)*	*rob sb (of sth)*
	deprive sb (of sth)	*remind sb (of sth)*	
avec **with** :	*charge sb (with sth)*	*provide sth (with sth)*	*supply sb (with sth)*
	issue sb (with sth)	*serve sb (with sth)*	*trust sb (with sth)*
avec **on** :	*blame sth (on sb)*	*congratulate sb (on sth)*	

Notez les points suivants :

a. Certains verbes appartiennent tantôt au type *ORDER*, tantôt au type *EXPLAIN*, avec des sens absolument différents. Ne confondez pas :

> *Brian bought Susie a necklace. (= for Susie)*
> *Brian bought a necklace from Susie.*

Ces deux phrases correspondent à une seule phrase française (qui est ambiguë) :
Brian a acheté un collier à Susie.

b. Attention aux verbes qui désignent un transfert à partir de quelqu'un (ou à son détriment) : *borrow, buy, steal, take.* La préposition est *from* (correspondant ici au français "à") :

I stole / borrowed / bought this dictionary from the bookshop on High Street.

c. Quelques verbes ont plusieurs constructions de sens pratiquement équivalent, par exemple : *blame sth on sb / blame sb (for sth).* Voir aussi dans la liste ci-dessus : *issue, provide, supply.*

De même que pour les verbes du type GIVE (➤ 22.4.1), l'alternance des deux schémas n'est pas indifférente. Très généralement, le premier complément (direct) représente une entité déjà connue tandis que le deuxième complément (prépositionnel) présente une entité qui est nouvelle à ce point du discours.

*They are **supplying the Afghan government with another 2000 trucks** to step up the supply of food, fuel and ammunition.*
*The two countries were testing the new surface-to-surface rockets in Afghanistan by **supplying them to the mujahedin.***

d. Ne confondez pas *steal* et *rob* (= voler, mais constructions différentes) :

Jesse James stole the gold (from the bank).
Jesse James robbed the bank (of its gold).

e. Ne confondez pas *remind* avec *remember* (sens et constructions différentes) :

I don't remember your name. Je ne me rappelle plus votre nom.
Could you remind me of your name? Pourriez-vous me rappeler votre nom ?

f. Plusieurs de ces verbes peuvent également être suivis d'une subordonnée,
➤ chap. 25 et 26.

22.4.4 Type *REFUSE* (verbes qui n'admettent que le schéma direct)

Il existe quelques verbes qui n'entrent que dans le schéma direct B : GN1 V GN3 GN2.

The bank refused <u>him</u> <u>a big loan</u>.
They asked <u>the minister</u> <u>a number of embarrassing questions</u>.
This book cost <u>me</u> <u>thirty pounds</u>.

Liste (partielle) de verbe du type *REFUSE*

allow   ask   charge   cost   deny   envy   fine   forgive   refuse   spare   wish

---

ASK est le plus souvent employé de cette manière (➤ Encadré 22-B), mais en style soutenu il peut prendre la préposition *of* dans le schéma indirect A (*ask sth of sb*).

Encadré 22-A : *SAY* et *TELL* (+ groupes nominaux)

SAY n'entre que dans le schéma A : GN1 V GN2 (*to* GN3) (type *EXPLAIN*) :

> *Brian said a few words* / *'Hello'* (*to his neighbours*).

TELL utilisé dans le sens de "raconter" peut entrer dans les deux schémas (type *GIVE*) :

> *The old actor told the story of his life to the children.*
> *The old actor told the children the story of his life.*

TELL peut avoir un seul complément si c'est un GN (mais pas si c'est une subordonnée, ➤ Encadré 26-B) : *tell a story, tell jokes.* Aussi : *tell (sb) the truth, tell (sb) a lie.*

N'oubliez pas le schéma avec *about* :

> *Tell me about your problems.* Parle-moi de tes problèmes.

22.4.5 Expressions verbales de la forme *pay attention to sth*

Ces expressions ressemblent aux verbes de type *EXPLAIN* par leur forme, et le schéma A (GN1 V GN2 prép. GN3) est le seul possible :

> *They paid no attention to his warnings.*
> Ils n'ont pas prêté attention à ses avertissements.

On peut considérer que le groupe V + GN2 (*pay attention*) forme un bloc dont GN3 est le complément prépositionnel. On peut donc, à la différence du type *EXPLAIN*, passiver à partir de GN3 (on est en fait ramené à un schéma prépositionnel à deux places GN1 [V + GN2] prép. GN3) :

> *His warnings weren't paid attention to.*

Certaines de ces expressions peuvent également se passiver à partir de GN2, comme les verbes du type *EXPLAIN* : *No attention was paid to his warnings.*

Autres expressions permettant les deux passifs		
make allowance for	*make a fuss over*	*make use of*
take advantage of	*take care of*	*take notice of*

Autres expressions permettant un seul passif		
catch sight of	*give way to*	*lose touch with*
make fun of	*put an end to*	*set fire to*

22.5 Les schémas avec attribut du complément : type *elect* GN *president* et type *find* GN *stupid*

Ces schémas ressemblent parfois (mais de façon superficielle) au schéma direct à trois places, quand ils contiennent trois groupes nominaux :

They elected him president.

Dans d'autres cas, on trouve un adjectif à la place du troisième groupe nominal :

The illustrations make the book attractive.
They found the book attractive.

En fait, le dernier élément (groupe nominal ou adjectif) exprime une caractéristique du groupe nominal complément : *the book is attractive* (comparez avec le faux schéma à deux places des verbes de liaison, ➤ 22.2.4). Quand le dernier élément est un groupe nominal, il a d'ailleurs une forme figée, et il est impossible de lui associer des déterminants ou des adjectifs (*They elected him new president*).

a. Schéma GN1 V GN2 GN3

- GN3 désigne un état de GN2 qui correspond à une **opinion** de GN1 :

call	consider	find	imagine	judge	rate	reckon

They consider him the greatest singer in the world.
He called me a liar. Il m'a traité de menteur.

- GN3 désigne un état de GN2 qui est la **conséquence** de l'action accomplie par GN1 :

The manager appointed Robinson head of the accounting department. (Le directeur procède à une nomination d'où il résulte que Robinson est chef du département comptabilité.)
They've called their daughter Elspeth.

appoint	call	crown	elect	nickname
baptize	christen	designate	make	nominate

b. Schéma GN1 V GN2 adjectif

- L'adjectif désigne un état de GN2 qui correspond à une **opinion** de GN1 :

  The readers find the book attractive. (De l'avis des lecteurs, le livre est agréable.)
  I call that ridiculous. Je trouve ça ridicule.

assume	consider	hold	prefer	think
believe	declare	imagine	prove	want
call	find	like	suppose	

- L'adjectif désigne un état de GN2 qui est la **conséquence** de l'action de GN1 :

  The incident has made their relations difficult. (À la suite de l'incident, leurs relations sont devenues difficiles.) L'incident a rendu difficiles leurs relations.

drive	get	leave	make	send	turn

La plupart des verbes énumérés sous ce schéma peuvent par ailleurs introduire une subordonnée, mais pas toujours de la même façon qu'en français.

They found him stupid. / They found that he is stupid.
That made her angry. / That made her lose her temper.

Bien qu'il n'y ait qu'un seul verbe (et donc une seule proposition apparente) dans la première phrase de chacun de ces exemples, on peut dire que GN2 + adjectif est en fait une réduction d'une proposition GN2 BE adjectif, d'où BE est effacé. On passe donc dans le domaine de la phrase complexe, qui est considéré de plus près aux chap. 25 et 26.

22.6 Les verbes complexes

22.6.1 Verbes à particule et verbes prépositionnels

Il ne faut pas confondre ces deux types de verbes, malgré leurs ressemblances (du moins à l'écrit).

She went on a diet. Elle s'est mise au régime. (*On* est ici une **préposition**, et *go (on)* est un **verbe prépositionnel**.)

She turned on the radio. Elle a allumé la radio. (*On* est ici une **particule** – on dit également postposition, particule verbale ou particule adverbiale – et *turn on* est un **verbe à particule**.)

Les deux catégories se distinguent nettement sur le plan des formes (➤ 22.6.2). Les différences sont essentiellement liées au fait que les prépositions appartiennent au groupe du **complément**, tandis que les particules font partie du **verbe** :

[*She went*] [*on a diet*].
[*She turned on*] [*the radio*].

1. Les verbes à particule peuvent ne pas avoir de complément (*He looked up*), et dans ce cas il n'y a pas de confusion possible avec les verbes prépositionnels. Ils peuvent également être suivis d'un complément direct (*She turned on **the radio***), et c'est dans ce cas qu'il y a le plus de risques de confusion. Ils peuvent enfin être suivis d'un complément indirect : *The taxi caught up **with the train*** (Le taxi a rattrapé le train) ; il y a alors, à la suite l'une de l'autre, une particule (*up*) et une préposition (*with*).

2. Dans certains cas, le sens d'un verbe complexe (verbe prépositionnel ou verbe à particule) se déduit facilement du sens de chacun des deux éléments qui le composent : *He ran up the stairs / He filled up the glass.* Par contre, dans d'autres cas, le sens du verbe complexe est pratiquement imprévisible : *We have run out of money* (Nous n'avons plus d'argent) / *That walk did me in* (Cette promenade m'a épuisé).

3. Un même mot (*up* ou *on* par exemple) peut être tantôt particule et tantôt préposition, avec quelquefois des sens différents :
(particule) *The concert ran on until midnight.* Le concert continua jusqu'à minuit.
(particule) *The sergeant put on his cap.* Le sergent a mis sa casquette.
(préposition) *The child ran on the platform.* L'enfant courut sur le quai.

22.6.2 Comment éviter les confusions

a. Critère de la mobilité de GN2

Les verbes à particule permettent en général (➤ cependant 22.6.4) deux positions de GN2 : soit juste après le verbe, soit après la particule.

He slipped his shirt on. Il a enfilé sa chemise.
He slipped on his shirt. (même sens)

Par conséquent, *on* est ici une particule.

Les verbes prépositionnels, en revanche, ne permettent qu'une seule position de GN2, après la préposition qui l'introduit :

The cat turned on the dog. Le chat a attaqué le chien.

On est donc une préposition.

b. Critère du pronom

Quand GN2 est un pronom, il vient toujours avant la particule adverbiale, mais il vient bien sûr après la préposition :

(1) *He slipped it on. (it = his shirt)* (particule)
(2) *The cat turned on it. (it = the dog)* (préposition)

c. Critère de l'accentuation

À l'oral, il n'y généralement pas de confusion possible : les particules sont toujours accentuées alors que les prépositions sont le plus souvent désaccentuées.

(1) *He 'slipped 'on a 'shirt.* (particule)
(2) *It 'turned on the 'dog.* (préposition)

La différence d'accentuation est particulièrement nette quand la particule ou la préposition est en fin de phrase, dans les questions par exemple :

(1) *What did he 'slip 'ON?*
(2) *What did it 'TURN on?*

Désaccentuation ne signifie pas toujours réduction de la voyelle ; ainsi, dans *They LOOKED for it,* la préposition *for* suivie d'un pronom non accentué se prononce généralement /fɔ:/.

22.6.3 Types de verbes complexes

a. Catégorie A : verbes à particule (*break down, call* GN *off*)

- **A1 : V + particule** (*The car broke down.*)

Le schéma est à une place (le verbe est donc intransitif).

(N.B. : les traductions sont données à titre indicatif, et il y a d'autres sens possibles. Cela s'applique à toutes les listes qui suivent.)

A1 : V + particule	
break down (tomber en panne)	*let on* (laisser apparaître)
carry on (continuer)	*look out* (faire attention)
catch on (comprendre, se répandre)	*make off* (s'en aller)
come off (réussir)	*run out* (s'épuiser)
come up (se produire)	*stand out* (se remarquer)
fall through (échouer)	*turn out* (être présent)
give in (céder)	*turn up* (arriver, se produire)
go on (continuer)	

- **A2 : V + GN2 + particule** (*He called the meeting off.*)

Le schéma est à deux places, le verbe est transitif direct, ➤ détails sur la syntaxe en 22.6.4. Passivation possible à partir de GN2.

A2 : V + GN2 + particule

bring about (provoquer)	*look up* (chercher)	*sum up* (résumer)
bring off (réussir)	*make out* (comprendre)	*take over* (s'emparer)
bring up (évoquer)	*make up* (inventer)	*take up* (entreprendre)
call off (annuler)	*put forward* (avancer)	*turn down* (refuser)
carry on (continuer)	*put off* (dégoûter)	*turn out* (produire)
carry out (accomplir)	*put up* (loger)	*write off* (abandonner, exclure)
find out (découvrir)	*rule out* (exclure)	*work out* (calculer)
give up (renoncer)		

b. **Catégorie B : verbes prépositionnels** (*look after* GN, *put* GN *off* GN)

- **B1 : V + préposition + GN2** (*They looked after the children.*)

Schéma à deux places (sujet + verbe + complément), verbe transitif indirect. Passivation possible à partir de GN2.

B1 : V + préposition + GN2

come across (trouver par hasard)	*do without* (se passer de)	*look into* (examiner)
come to (en venir à)	*look after* (s'occuper de)	*run into* (rencontrer)
do with (se débrouiller)	*look for* (chercher)	*not stand for* (ne pas accepter)

- **B2 : V + GN2 + préposition + GN3** (*The accident put him off driving.*)

Schéma à trois places, verbe transitif. Passivation possible à partir de GN2.

B2 : V + GN2 + préposition + GN3

help sb with sth (aider qqn à qqch)
hold sth against sb (en vouloir à qqn de qqch)
put sb off sth (dégoûter qqn de qqch)

c. **Catégorie C : verbes à particule + groupe prépositionnel** (*put up with* GN, *put* GN *down to* GN)

- **C1 : V + particule + préposition + GN2** (*They put up with his disgraceful behaviour.*)

Schéma à deux places, verbe transitif indirect. Passivation possible à partir de GN2.

> **C1 : V + particule + préposition + GN2**
>
> *catch up with sb* (rattraper)   *make up for sth* (compenser)
> *come down to sth* (se résumer à)   *put up with sth / sb* (supporter)
> *get on with sth* (continuer)   *run out of sth* (ne plus avoir)
> *look forward to sth* (attendre avec impatience)

- **C2 : V + GN2 + particule + préposition + GN3** (*They put the shortage down to bad planning.* Ils ont attribué la pénurie à une mauvaise planification.)

Schéma à trois places, verbe transitif. Passivation possible à partir de GN2.

> **C2 : V + GN2 + particule + préposition + GN3**
>
> *put sth down to sth* (attribuer qqch à qqch)
> *let sb in on sth* (partager un secret avec qqn)
> *take sth out on sb* (se venger de qqch sur qqn)

Tableau 22-B : Aide-mémoire sur les types de verbes complexes

> **Catégorie A. Verbes à particule :** *break down, call* GN *off*
> **A1.** V + particule : *The car broke down.*
> **A2.** V + GN2 + particule : *He called the meeting off.*
>
> **Catégorie B. Verbes prépositionnels :** *look after* GN, *put* GN *off* GN
> **B1.** V + préposition + GN2 : *They looked after the children.*
> **B2.** V + GN2 + préposition + GN3 : *The accident put him off driving.*
>
> **Catégorie C. Verbes à particule + groupe prépositionnel :** *put up with* GN, *put* GN *down to* GN
> **C1.** V + particule + préposition + GN2 : *They put up with his disgraceful behaviour.*
> **C2.** V + GN2 + particule + préposition + GN3 : *They put the shortage down to bad planning.*

22.6.4 Syntaxe des verbes à particule transitifs (*call* GN *off*)

Les verbes à particule transitifs directs ont en règle générale deux constructions :

- Schéma **S1 : GN1 V GN2 particule** (*He called the meeting off.*)
- Schéma **S2 : GN1 V particule GN2** (*He called off the meeting.*)

Le schéma S1 permet souvent de mieux voir comment se décompose le sens quand le verbe à particule a un sens transparent. On a alors un schéma qui ne se différencie pas du schéma résultatif (➤ 22.7) :

They drove the car out.

Cette phrase se décompose ainsi : action *they drove* + résultat *the car (is) out.*

Le schéma S1 permet aussi de voir le parallèle qui existe entre les particules et les groupes prépositionnels :

They drove the car out.
They drove the car out of the garage.

Un parallèle identique existe pour les verbes à particule intransitifs : *They drove through* / *They drove through the town.* On comprend alors pourquoi certains termes (*up, down, on, through,* etc.) sont tantôt particules tantôt prépositions.

Rappelons (➤ 22.6.2.b) que, quand GN2 est un pronom, il vient toujours avant la particule. Seul le schéma S1 est alors possible : *They drove it out* (pas *They drove out it*).

Le schéma S2 regroupe verbe et particule, et montre qu'ils forment un bloc de sens nouveau dont le GN2 est le complément :

They [drove out] the car.

Avec certains verbes, ou certains de leurs emplois, seul l'un des deux schémas est possible :

• Le schéma S2 (GN1 V particule GN2) est le seul possible : *give up* utilisé dans le sens de "renoncer à" (*He gave up smoking,* *He gave smoking up*), *break off* (*relations,* etc.), *take up* (+ nom abstrait), etc. (Avec un pronom, cependant, S1 est obligatoire : *He gave it up.*) Il s'agit toujours de cas dans lesquels la particule s'est en quelque sorte soudée au verbe (par le sens) pour former une expression de sens métaphorique.

• Le schéma S1 (GN1 V GN2 particule) est le seul possible : *answer sb back* (répondre sèchement à qqn), *book sb in* (faire une réservation pour qqn), *invite sb in / out / over, see (a job) through,* etc.

22.7 Les schémas résultatifs

22.7.1 Description

On appelle **résultatifs** un ensemble de schémas qui ont l'une des formes A et B (ci-après), et qui expriment une relation du type cause-résultat :

Schéma résultatif A : GN1 V GN2 + $\begin{cases} \text{adjectif} \\ \text{adverbe} \\ \text{préposition + GN2} \end{cases}$

*The dog licked his plate **clean**.* (adjectif) Le chien a nettoyé son assiette en la léchant.

*The noise frightened the dog **away**.* (adverbe) Le bruit a effrayé le chien, qui s'est enfui.

*She kicked the dog **out of the kitchen**.* (préposition + GN) Elle a chassé le chien de la cuisine d'un coup de pied.

On peut passiver à partir de GN2 (qui est en position de complément d'objet direct) :

The plate was licked clean. L'assiette a été nettoyée à coups de langue.

Quand il y a un adverbe, le schéma est le même que celui des verbes à particule dans le schéma S1 (➤ 22.6.4). La phrase *The noise frightened the dog away* peut être aussi bien considérée comme un cas de schéma résultatif que comme un cas de verbe à particule. La particule est simplement un cas particulier d'adverbe (➤ 21.3.4). Cependant, cette construction permet également l'ordre V + adverbe + GN2 : *The noise frightened away the dog* (schéma S2), à la différence des autres constructions résultatives (avec adjectif ou préposition + GN3).

Schéma résultatif B : GN1 V +
$$
\left\{
\begin{array}{l}
\text{adjectif} \\
\text{adverbe} \\
\text{préposition + GN2}
\end{array}
\right\}
$$

The door slammed shut. (adjectif) La porte s'est refermée en claquant.

He hurried out. (adverbe) Il est sorti en hâte.

She skipped down the stairs. (préposition + GN) Elle a descendu l'escalier en sautillant.

On voit qu'il est parfois difficile de distinguer la construction avec préposition + GN de celle des verbes prépositionnels. Il y a toutefois une différence syntaxique : la passivation est ici impossible à partir de GN2, qui est un complément circonstanciel.

1. Pour l'ensemble de ce groupe de schémas (**A** et **B**), le sens est le suivant : d'une action (exprimée par le verbe) résulte un état qui s'applique soit à GN2 (A), soit à GN1 (B).

A : *The dog licked [its plate clean.]*

    GN1   V [GN2 adjectif]

À la suite de l'action *lick*, on a l'état résultant *his plate (is) clean*.

B : C'est GN1 qui est affecté par le changement d'état. Pour bien comprendre, on peut représenter le schéma comme ceci :

She skipped [( ) down the stairs.]

GN1 V   [( ) préposition + GN2]

La parenthèse ( ) représente la place d'un GN qui prend sa valeur par rapport au GN sujet, c'est-à-dire que ( ) = GN1. À la suite de l'action *skip*, on a l'état résultant *she (is) down the stairs*.

2. Les constructions résultatives, qui n'ont pas d'équivalent dans la syntaxe du français, sont très productives et courantes en anglais : *He worried himself sick* (Il s'est rendu malade à force de se faire du souci) / *They will airlift the refugees to safety* (À l'aide d'un pont aérien, ils transporteront les réfugiés en lieu sûr). Certains adjectifs très courants comme *open, shut, dead,* employés fréquemment dans le schéma résultatif, en sont venus à constituer une unité syntaxique avec le verbe, se plaçant juste à côté comme le font les particules : *He slammed shut the door of the car / They shot dead twenty prisoners.* Il ne faut pas imiter cette construction en dehors des cas connus.

22.7.2 Ne pas confondre

Précisons bien que, pour qu'il y ait un vrai schéma résultatif, il faut qu'il y ait à la fois :

- un des schémas syntaxiques donnés ici
- le sens d'état résultant

On trouve, avec les mêmes schémas, des phrases qui n'ont pas un sens résultatif :

They found him stupid. Ils l'ont trouvé bête. (appréciation d'un état stable, ➤ 22.5.a)

He looked tired. Il semblait fatigué. (état stable, ➤ 22.2.4.a)

She told them off. Elle leur a passé un savon. (verbe à particule, de sens non prévisible, ➤ 22.6.1)

We met them in the bar. / He swam in the river. (compléments circonstanciels ➤ 22.1.2)

Dans ce dernier exemple, le complément introduit par *in* n'exprime pas le résultat de l'action : pour qu'il y ait sens résultatif, il faut une préposition qui soit compatible avec le sens de changement de lieu, alors que *in*, quand il est préposition, est forcément statique. *In* + GN est un circonstanciel qui indique le lieu où l'on est. Comparez : *He ran into the gym* (résultatif : Il est entré dans le gymnase en courant) / *He ran in the gym* (non résultatif : Il a couru à l'intérieur du gymnase) / *He ran in* (*in* particule adverbiale, résultatif : Il est entré en courant).

Il faut aussi distinguer les schémas résultatifs de l'emploi des **verbes causatifs**, dont voici quelques exemples :

*Bleachix **makes** your washing dazzling white.* Bleachix donne à votre linge un blanc éclatant.

*The witch **turned** the prince into a toad.* La sorcière a transformé le prince en crapaud.

*The weather **made** them stay at home.* Le temps les a fait rester chez eux. (Remarquez qu'il y a ici un deuxième verbe, ➤ chap. 25.)

Observez :

- Les phrases qui contiennent des verbes causatifs indiquent bien un résultat, mais pas la manière dont on est parvenu à ce résultat.
- Les verbes *MAKE* et *TURN* appartiennent à des listes limitées (➤ 22.5) et ils sont spécialisés. Il existe des verbes causatifs, mais il n'existe pas de verbes résultatifs, seulement des schémas résultatifs.
- Dans le schéma résultatif, la relation cause-effet est exprimée par la construction syntaxique, et tous les verbes d'action peuvent entrer dans un schéma résultatif. Avec les verbes causatifs, c'est le verbe qui exprime la relation cause-effet.

Ordre des constituants de la phrase

23.1 Ordre sujet-(auxiliaire-) verbe-complément

La plupart des phrases que nous avons examinées jusqu'ici étaient caractérisées par l'ordre sujet-verbe-complément (*Ted likes chocolate*) ou sujet-auxiliaire(s)-verbe-complément (*Ken must have been waiting for you*). Nous donnerons à cet ordre le nom de schéma SAVC.

Il est commode de considérer le schéma SAVC comme le schéma de base dans la construction de la phrase (ce qui, toutefois, n'implique pas que seul l'ordre SAVC est l'ordre "normal"). En partant de ce schéma de base, nous parlerons d'une **inversion** chaque fois que l'ordre des éléments différera de l'ordre SAVC ; par exemple, à propos de *Up went the balloon*, nous parlerons d'une inversion du sujet et du verbe.

> On peut également parler d'**antéposition du verbe** ou **de l'auxiliaire**. Cette anté-position, nous allons le voir, peut prendre plusieurs formes. Dans *Up went the balloon*, elle doit bien sûr être mise en relation avec l'antéposition de la particule adverbiale *up* par rapport au verbe (➤ 23.3).

Soulignons qu'il ne faut pas, sans raison précise, choisir un ordre différent de l'ordre SAVC. Ce principe existe également en français ; ainsi, il est possible de dire "Peut-être viendra-t-il demain", mais non "*Certainement viendra-t-il demain". Toutefois, les cas dans lesquels on utilise une inversion ne sont pas les mêmes en français et en anglais ; par exemple, l'équivalent anglais de "Peut-être viendra-t-il demain" est non pas *Perhaps will he come tomorrow*, mais *Perhaps he will come tomorrow* (ou *He may come tomorrow*). Il est donc important de savoir de façon précise dans quels cas l'ordre des constituants est, en anglais, différent de l'ordre SAVC. Le présent chapitre est essentiellement consacré à cette question.

Il est utile de connaître les mécanismes qui déterminent l'ordre des mots – et par conséquent les variations par rapport à l'ordre SAVC. Il existe deux princi-pes essentiels, qui peuvent jouer en sens inverse l'un de l'autre.

a. D'une part, on a tendance à placer en début de phrase les éléments qui corres-pondent à l'information connue ; sur cette information s'appuiera l'information nou-velle (ou jugée importante) que l'on veut communiquer. On dira donc en premier lieu "ce dont on parle" (autrement dit ce qui est le sujet de la conversation, qui s'appelle le **thème**), pour ensuite énoncer ce que l'on veut en dire (le **commentaire**) :

*I've just met Ted and Sue. **Ted** (= thème) **is going to buy a car** (= commentaire).*
Assez souvent, le sujet syntaxique correspond au sujet de conversation – comme dans l'exemple qui précède. Ce n'est pas un hasard si le terme "sujet" est utilisé dans les deux cas.

b. D'autre part, il arrive que l'information nouvelle ou importante soit mise en relief par une construction syntaxique qui la place en début de phrase :

Sheer madness I call it. De la pure folie, j'appelle ça. (➤ 23.6)
It was a fox that Ken saw in his garden yesterday.

Chacun des procédés de mise en relief a ses règles propres, qui souvent sont différentes en anglais et en français.

L'intonation joue toujours un rôle important dans la mise en relief (ou **focalisation**) d'un élément et, en anglais, il arrive souvent qu'elle soit le seul marqueur de la focalisation (ce qui est beaucoup plus rare en français) : *Ken saw a FOX in his garden yesterday / KEN saw a fox in his garden yesterday /* etc.

23.2 Ordre auxiliaire-sujet

Comme nous l'avons vu en 20.2, ce sont essentiellement les constructions interrogatives qui sont concernées par l'ordre auxiliaire-sujet. Nous allons maintenant examiner deux autres types de contextes dans lesquels l'ordre auxiliaire-sujet est utilisé.

23.2.1 Propositions commençant par un adverbe ou une expression adverbiale de sens négatif (*no sooner*, etc.), restrictif (*only*, etc.) ou intensif (*well*, *often*, etc.)

(1) ***Never*** *will his brother agree.* Jamais son frère n'acceptera.

(2) ***Not until he got home*** *did he feel tired.* C'est seulement quand il est arrivé chez lui qu'il s'est senti fatigué.

(3) ***Only then*** *did he realize that he had lost his way.* Ce n'est qu'à ce moment-là qu'il comprit qu'il s'était égaré.

(4) ***Hardly* / *Scarcely*** *had he closed the door when the light went out.* À peine avait-il fermé la porte que la lumière s'éteignit. (*When* est parfois remplacé par *than*, mais ceci est jugé incorrect par certains puristes.)

(5) ***No sooner*** *had he closed the door than the light went out.* (Même traduction ; *no sooner*, qui est un comparatif, se construit avec *than*.)

(6) ***Well*** *do I remember what he said to me on that occasion.* Je me rappelle fort bien ce qu'il a dit en cette occasion.

(7) ***Often*** *did I warn you about the possible consequences.* C'est souvent que je vous ai averti des conséquences possibles.

(8) *He was unaware of Hope's approach, **so preoccupied** was he with his task.* (W. Boyd, *Brazzaville Beach*) ..., tellement il était préoccupé par sa tâche.

(9) ***Such*** *was his surprise that he dropped the dish.* Telle fut sa surprise qu'il laissa tomber le plat.

Ce type d'inversion est décl enché par la mise en position initiale d'un élément de sens **négatif / restrictif / intensif**, qui se trouve ainsi mis en relief. Il n'y a donc pas d'inversion si cet élément est placé dans la phrase dans sa position neutre : (1') *His brother will never agree* / (2') *He did not feel tired until he got home* / etc. Mais bien sûr le sens n'est plus, dans ce cas, tout à fait le même, puisqu'il n'y a plus de focalisation de *never*, de *not ... until he got home*, etc.

! Si l'élément placé en tête n'a pas un sens négatif, restrictif ou intensif, il n'y a pas d'inversion du sujet et de l'auxiliaire. Il n'y a donc pas d'inversion après des adverbes ou des groupes de type adverbial tels que *now*, *usually*, *perhaps* ou *some time before* : *Now I remember what he said* / *Perhaps his brother will accept*. Plus généralement, il n'y a pas d'inversion après les groupes adverbiaux que l'on peut séparer de ce qui suit par une virgule, ou que l'on sépare effectivement (➤ 3 ci-après).

1. C'est bien sûr le même type d'inversion que l'on a dans les constructions *nor / neither does* + GN et *so does* + GN (➤ 2.7.6.i) : *They won't excuse such behaviour, and neither will I* / *He loved the film, and so did Jill*.

2. Dans le cas d'intensifs comme *well* ou *often*, l'utilisation de cette construction peut paraître recherchée. (Dans la langue courante, on dira donc, de préférence à (6) et (7), *I remember quite well what he said...* et *I often warned you...*) Dans une langue littéraire, divers adverbes (par exemple *thus*) peuvent être ainsi placés en position initiale et suivis d'une inversion : [...] *the tap had been left running for hours. Thus was her night-gown soaked* (J. Irving, *A Prayer For Owen Meany*). Il est cependant recommandé à l'apprenant de n'imiter ce dernier type d'emplois qu'avec la plus grande prudence.

3. L'inversion ne se fait pas si l'élément négatif / restrictif / intensif est séparé ou séparable du reste de la proposition par une pause (à laquelle correspond souvent une virgule dans la langue écrite) : *Often, I had warned him about the possible dangers*. C'est le cas, en particulier, avec certains compléments de temps ou de lieu, même négatifs : *Not very long ago he said that he'd never give up the fight*.

4. Dans l'exemple (2), l'inversion concerne le groupe verbal de la proposition principale, mais non *he got home*, qui fait partie de l'expression adverbiale de sens restrictif (et pourrait être remplacé, par exemple, par *six o'clock*).

5. Dans le même ordre d'idées, si la négation ou la restriction porte sur le nom lui-même dans un GN **sujet**, il n'y a pas d'inversion : *Only his mother was able to stop his tears* (Seule sa mère put arrêter ses larmes). Toutefois, un GN **complément d'objet** de sens négatif ou restrictif déclenche l'inversion s'il est placé en tête : *Only one thing will I add* / *No book do I like better than this novel*. Ceci est à rapprocher de la syntaxe des questions en WH- (pas d'inversion si le groupe interrogatif est sujet).

6. On peut utiliser l'ordre auxiliaire-sujet dans certaines subordonnées de comparaison introduites par *as* ou par *than* : *He protested, as did all the people who were in the room* (Il protesta, comme le firent toutes les personnes qui étaient dans la pièce) / *He'll repair it better than would an unskilled worker* (Il le réparera mieux que ne le ferait un ouvrier non qualifié). La différence de sens par rapport à la construction sans inversion n'est perceptible qu'avec *as* (plutôt idée de manière s'il n'y a pas d'inversion, ➤ 27.8.c). On ne fait cette inversion que dans une langue soignée, voire recherchée. Elle peut concerner plusieurs auxiliaires : *It's better than **would** be the longer-term* *solution* / *More humour would have further enhanced this film, as* **would have** *a more eventful script.* Avec *than*, elle ne se fait pas si le sujet est un pronom : on dira *He'll repair it better than I would*, et non ★*... better than would I.* (*As*, par contre, permet l'inversion avec un pronom, du moins dans un style recherché : *He was sad, as was I.*)

23.2.2 Subordonnées de condition
(*Had he stayed... = If he had stayed...*)

Cet emploi appartient à un niveau de langue recherché, et (si on laisse de côté quelques rares exceptions) il n'est possible qu'avec les auxiliaires *were*, *had* et *should* utilisés dans une subordonnée de condition irréelle ou de doute (autrement dit avec un prétérit hypothétique). Il s'explique par la parenté entre la notion d'hypothèse et celle d'interrogation (cf. en français "Est-il fatigué ? Il se met aussitôt en congé"). (➤ aussi 27.4)

> **Were he** *to change jobs, he would probably lose some of his advantages.* S'il devait changer de travail, il perdrait sans doute certains de ses avantages.
> **Had the manager** *let her know about his plans, she would have acted differently.* Si le directeur l'avait prévenue de ses projets, elle aurait agi différemment.
> **Should there be** *any difficulty, please call this number.* Si jamais il y a une difficulté, veuillez appeler ce numéro. (Sur le rôle syntaxique de *there*, identique ici à celui du sujet, ➤ 3.5.)

On peut également noter, dans un domaine sémantiquement voisin (➤ 27.5), l'emploi de BE dans des constructions concessives comme *be it man or animal* (que ce soit un homme ou un animal) ou *be that as it may* (quoi qu'il en soit).

23.3 Ordre verbe-sujet ou *BE*-sujet (*Down went the car*)

Ici encore, c'est le fait de placer certains éléments en position initiale qui déclenche l'inversion. On emploie cette construction dans les trois cas suivants :

a. Avec BE et avec les **verbes intransitifs de situation ou de mouvement** (*stand, lie, go, run*, etc.), lorsque la proposition commence par un adverbe, une particule adverbiale ou un complément de **lieu** (ou parfois de temps).

> **Here** *is the book you are looking for.* Voici le livre que vous cherchez.
> **Here** *comes the postman.* Voilà le facteur qui arrive. (On notera l'absence de DO.)
> **Before them** *lay the city.* Devant eux s'étendait la ville.
> **Close behind him** *walked his bodyguards.* Immédiatement derrière lui marchaient ses gardes du corps.
> **Up** *went the balloon, higher and higher.* Le ballon s'éleva, de plus en plus haut.
> *There's a gust of wind, and* **out** *go the lights.* ...et les lumières s'éteignent.
> *During the next two weeks, the weather turned very cold.* **First** *came the snow.*
> (R. Dahl, *Charlie and the Chocolate Factory*)

Toutefois, l'inversion du sujet et du verbe ne se fait pas si le sujet est un **pronom** (règle également valable pour les cas **b** et **c** ci-après) : *Here he is* (≠ *Here is the postman*) / *Up it went* (≠ *Up went the balloon*) / *Out you go!* (Tu sors ! /

Tu dégages !). Par ailleurs, on ne peut pas placer en position initiale une particule adverbiale qui n'est pas employée dans un sens concret : on dira *He gave up*
(Il a abandonné), mais non *★Up he gave.*

! Il ne faut pas confondre le *there* des constructions dites existentielles
(*There's a dictionary on the top shelf*), inaccentué et souvent prononcé /ðə/,
et le *there* adverbe, prononcé /ðeə/, qui peut être placé en position initiale,
et donc peut éventuellement précéder *BE* : *There's the dictionary you're looking for* (Il est là, le dictionnaire que tu cherches).

1. Les constructions de ce type sont, d'une façon générale, liées à l'emploi du verbe
au présent ou au prétérit **simples** (*Here comes the milkman*, et non *★Here is coming the
milkman*). Dans un style littéraire, il arrive cependant que l'on place la totalité d'un
GV complexe avant le sujet, à la suite d'un complément de lieu ou même d'un autre
type de complément : *... behind it, some fifty paces back,* **was riding** *the King himself
and a group of noblemen* (R. Dahl, *The Princess and the Poacher*) / *On the floor* **were
scattered** *the videotapes Becky had been watching* (D. Moggach, *Seesaw*) / *To these two
initial difficulties [...]* **must be added** *several more* (J. Paxman, *The Political Animal*).
N'imitez cette construction qu'avec prudence.

2. Toujours dans un style littéraire, *BE* et les verbes de situation ou de mouvement
(notamment *GO* et *COME*) peuvent être placés avant le sujet dans une proposition
introduite non pas par un complément de lieu, mais par un groupe en V-*ING* ou V-*EN*
ayant une valeur proche de celle d'un attribut (➤ **b** ci-après) : *Breathing enormous
flames came the monster* / *And walking down the road was the man they had believed dead.*

b. Avec *BE* ou des **verbes de liaison** comme *BECOME* ou *GROW* (➤ 22.2.4), si l'on
veut mettre en relief l'**attribut du sujet** (niveau de langue parfois recherché).

Dear to his heart was the furniture he had bought in China.
Among the dead were two Iraqi soldiers. (*BBC*)
More and more elusive grew his prospects.

c. Avec les verbes du type *SAY*, *ASK* ou *READ*, à la suite d'un discours rapporté
direct, ou avec le verbe *GO* après la description d'un bruit, dans une langue littéraire ou recherchée :

'What did they find?' asked the girl.
'No thoroughfare,' read the sign. "Défense d'entrer", disait la pancarte.
Tap-tap went her high-heeled boots as she tottered away. (D. Moggach, *Seesaw*)

Dans la langue courante, on dira plutôt *'What did they find?' the girl asked,* etc.

23.4 Clivage (*It was a scarf that Sue gave Ken*)

a. Comparons :

Sue gave Ken a scarf yesterday. (construction neutre)
It was a scarf that Sue gave Ken yesterday. (construction clivée)

Les deux phrases contiennent les mêmes éléments d'information. Toutefois, la
seconde phrase met en relief l'élément *a scarf*, et présente comme déjà connus

de l'interlocuteur les autres éléments d'information (à savoir le fait que Sue a donné quelque chose à Ken hier). Le procédé, appelé **clivage**, permet de placer au début de la phrase (après *It is / It was /* etc.) l'élément qui correspond à l'information présentée comme essentielle. (Il existe évidemment un équivalent français : "C'est... que / qui / etc.")

Dans l'exemple de construction clivée donné ci-dessus, l'information contenue dans la seconde partie de la phrase se présente, de façon assez nette, comme déjà connue de l'interlocuteur. Cependant, il n'en est pas toujours ainsi. Dans les récits (notamment ceux des livres d'histoire, des médias ou des romans), il est fréquent que la seconde partie des phrases clivées contienne une information qui est en principe "nouvelle" pour le lecteur / l'auditeur (ou, en d'autres termes, qui a elle aussi un rôle véritablement informatif) : *It was at Jamestown in 1619 that the first shipload of captive Africans later destined for slavery disembarked* (*Time*). Le clivage est alors un simple procédé stylistique, qui permet de réaliser une sorte de mise en scène des divers éléments informatifs de la phrase. Les formes orales peuvent marquer une différence : dans le cas du clivage "stylistique", la seconde partie de la phrase n'est généralement pas désaccentuée (alors qu'elle l'est obligatoirement quand elle contient une information présentée comme connue).

b. La construction clivée permet de mettre en relief le sujet, les compléments d'objet, les compléments circonstanciels, ainsi que de nombreux adverbes, mais non le verbe (on ne peut pas dire *★It was give a scarf to Ken that Sue did*) :

*It was **Sue** that / who gave Ken a scarf yesterday.*
*It was **Ken** that Sue gave a scarf to yesterday.*
*It was **a scarf** that Sue gave Ken yesterday.*
*It was **yesterday** / on his birthday that Sue gave Ken a scarf.*

c. La seconde proposition de la construction clivée est souvent introduite par *that*, mais elle peut également être introduite par *who*, par *which* ou par Ø, selon des règles qui sont à peu près les mêmes que celles des subordonnées relatives (➤ 28.1.2). Les exemples ci-dessus illustrent l'emploi de *that* et de *who* (généralement préféré à *that* pour un GN "humain" en fonction de sujet). Voici des exemples d'emploi de *which* et de Ø :

It was this programme which went out in the first live colour transmission. (A. Burgess, *You've Had Your Time*)
It's that one I want to concentrate on. (*BBC*)

1. Comme dans le cas des propositions relatives, Ø ne peut pas être utilisé en position de sujet, sauf dans une langue non standard (*It was him broke the camera*).

2. Si l'élément focalisé est un complément circonstanciel ou un adverbe, l'utilisation de *which* est impossible, et on emploiera *that* : *It was on his birthday that (★which) Sue gave Ken a scarf.* On peut également trouver *where*, *when* ou *why* (cf. leurs emplois comme pronoms relatifs, 28.6.1) : *It was just a bit after noon when Captain Largo caught him* (T. Hillerman, *Hunting Badger*).

3. Il existe plusieurs hypothèses sur la nature de la proposition qui suit l'élément focalisé : est-ce une subordonnée nominale ou une relative ? Si l'on choisit la seconde hypothèse, on dira que la subordonnée est introduite par un pronom relatif dont l'antécédent est effacé (non exprimé), et qui peut être *the person (who), the thing (that / which), the place / day / moment (that... in / at), the manner (that...)*, etc. : *It was Ken who bought the present ' The person who bought the present was Ken.*

d. Il faut, pour le *BE* de la construction clivée, appliquer la règle de **concordance des temps**. On opposera (et on comparera aux équivalents français) :

*It's Ken who **likes** horror films.* C'est Ken qui aime les films d'horreur.
*It **was** Ted who **brought** these flowers.* C'est Ted qui a apporté ces fleurs.

e. Quand l'élément focalisé est un **pronom personnel**, on utilise assez couramment pour ce pronom, et quelle que soit sa fonction, la forme complément : *It was him who said that.* Dans une langue soutenue, on préfère cependant employer la forme sujet lorsque le pronom est sujet du groupe verbal : *It was he who got rid of the pests* (D. Francis, *Shattered*). Attention cependant : n'utilisez pas la forme sujet si le pronom est en fonction de complément. (Dans *It was him I decided to contact*, l'emploi de *he* est absolument impossible.)

1. Pour éviter le problème du choix dans *It was he / him who came*, on peut dire *He was the one who came*. Cette seconde construction est d'ailleurs, dans de nombreux cas, plus couramment utilisée que la construction clivée. Ainsi, *He's the one whose name I keep forgetting* est plus courant que *It's him / he whose name I keep forgetting*.

2. Pour les formes elliptiques du type *It's him [who's knocking at the door]*, on utilise pratiquement toujours la forme complément.

3. Règle d'accord du verbe de la subordonnée. Il est considéré comme plus correct de faire l'accord à la 3e personne (du singulier ou du pluriel selon le cas), quelle que soit la personne du pronom : *It's **you** who **dramatizes*** (P. Roth, *Deception*). (Opposez à l'équivalent français, qui fait l'accord avec la même personne : "C'est **vous** qui **dramatisez**", et non "*C'est vous qui dramatise".) Cependant, à côté de *It's me / It's I who **is** responsible for this*, on trouve *It's me / It's I who **am** responsible for this* – et bien sûr aussi *I'm the one who is responsible for this*. (Cf. : *There was always a drama. Or a trauma. And I was always the one who had to deal with it* – M. Keyes, *Watermelon*.)

23.5 Pseudo-clivage (*What Sue gave Ken was a scarf*)

Comme la précédente, cette construction (le **pseudo-clivage**) permet de mettre en relief l'un des éléments de la phrase. L'élément focalisé peut être placé en position finale ou initiale. Ainsi, à partir de *His lack of experience worries me*, on peut avoir les deux constructions pseudo-clivées suivantes :

*What worries me is **his lack of experience**.* Ce qui m'inquiète, (c')est son manque d'expérience.
***His lack of experience** is what worries me.* Son manque d'expérience est ce qui m'inquiète.

Cette construction est sur de nombreux points semblable à la construction française "ce qui / ce que..., c'est..." (mais l'utilisation redondante de "c' / ce", courante en français, n'a pas son équivalent en anglais). Elle ne permet pas de focaliser un GN "humain", ni un groupe prépositionnel, ni un adverbe, mais par contre on peut l'utiliser pour mettre en relief le verbe et ses compléments éventuels :

What Sue did was (to) give Ken a scarf. Ce que Sue a fait, c'est donner un foulard à Ken.

What he is doing is cleaning the air-filter. Ce qu'il est en train de faire, c'est nettoyer le filtre à air.

Sur l'emploi de l'infinitif ou de V-*ING* dans ces constructions, ➤ 26.2.1.b.

1. Du point de vue syntaxique, les constructions pseudo-clivées sont simplement un cas particulier d'utilisation des relatives nominales introduites par *what* (➤ 25.2.3). Elles obéissent généralement à la règle d'accord singulier / pluriel qui s'applique à ces relatives : on opposera *What I prefer is this rice-pudding* et *What I prefer are these chocolates.* (L'accord se fait avec le sujet "réel" de BE : *These chocolates are what I prefer.*) Autre exemple : *But what held my attention were his eyes* (K. Reich, *Fatal Voyage*). On trouve cependant, dans un style considéré comme moins correct, des formes comme *What I want is books that are fun to read* (au lieu de *What I want are books that are fun to read*).

2. Les constructions en *all that* ou *all Ø* (➤ 28.4) de phrases comme *All you need is this* (cf. *What you need is this*) sont parfois considérées comme des constructions pseudo-clivées ; en tout cas, elles mettent en évidence le fait que le pseudo-clivage est apparenté aux constructions avec proposition relative. Elles suivent les mêmes règles d'accord que les pseudo-clivées : *All you need are / is two plactic containers.*

23.6 Ordre complément-sujet-groupe verbal (*This question I shall treat later*)

Cette construction peut donner à l'énoncé une tonalité légèrement pompeuse (1), mais elle n'est nullement exclue de la langue familière (2) :

(1) *This question I shall treat later.*

(2) *A fine mess you've made!* C'est du propre, ce que tu as fait !

Contrairement aux constructions examinées en 23.2 et 23.3, cette construction ne comporte pas d'inversion sujet-auxiliaire ou sujet-verbe, sauf si le complément a un sens négatif ou restrictif (➤ 23.2.1.5) : *Only one thing will I add.*

1. Le GN complément qui est ainsi mis en relief en tête de proposition ne constitue pas nécessairement, en lui-même, une information "nouvelle" : *That night we [...] had our dinner outside, sitting on the porch steps and eating fat black olives from the can, and Creole tomatoes. **The tomatoes** we ate like apples* (S. Bosworth, *Almost Innocent*). On le voit, le GN complément mis en position initiale peut être une "reprise" d'un élément du contexte précédent, mais même dans ce cas il comporte quelque chose de "nouveau" : sa relation avec l'action ou l'état désignés, immédiatement à sa suite, par le groupe sujet + verbe.

2. Il existe une construction voisine, qui consiste à reprendre, pour le mettre en relief, non pas un GN mais un verbe : *Now, negotiations on curbing the emission of greenhouse gases can begin. And begin they will, since it has been agreed that [...]* (BBC). (... Et elles VONT commencer, ...)

L'équivalent français de la construction qui place en tête le GN complément est, le plus souvent, une construction appelée construction à détachement :

> *This is not the right temperature for a Chablis. Red wine you can serve at room temperature.* Ce n'est pas la bonne température pour un Chablis. Le vin rouge (par contre) vous pouvez le servir chambré.

La différence essentielle est qu'en français le complément est souvent répété dans la seconde partie de la proposition sous la forme d'un pronom ("le / la / l' / les"), alors qu'en anglais il n'est pas exprimé une seconde fois. (Il faut donc faire attention à ce point dans la traduction du français vers l'anglais.) Par ailleurs, les diverses formes de détachement couramment utilisées en français parlé ne peuvent généralement pas être traduites en anglais par des structures semblables. Bien souvent, l'anglais a recours à des procédés de focalisation qui reposent davantage sur l'accentuation que sur la syntaxe :

> Moi, le bifteck, je l'aime saignant. *I prefer RARE steak.* (double accentuation : sur *I* et sur *rare*)
>
> Tu en as, de la chance ! *You ↘ARE ↗lucky! / Lucky ↘YOU!* (accent principal sur *are* dans le premier cas, sur *you* dans le second)

Il peut également y avoir une absence totale de marques particulières (autres qu'intonatives) dans l'énoncé anglais :

> À propos, je l'ai retrouvé, le dictionnaire qui avait disparu. *By the way, I've found the dictionary that had disappeared.*

24 Le passif

24.1 Voix active et voix passive : formes

Comparons :

Fred ate the sandwich.
The sandwich was eaten by Fred.

Il y a entre ces deux phrases une relation dite de **voix** ; elles ont en gros le même sens (elles se réfèrent au même événement, avec les mêmes participants), mais la première est à la voix active tandis que la seconde est à la voix passive. Du point de vue syntaxique, il est commode de voir la relation entre ces deux phrases comme une transformation, en postulant qu'une phrase passive est dérivée de la phrase active correspondante. (Comme nous le verrons, il s'agit en fait d'une simplification, car il existe des phrases actives sans contrepartie passive, et inversement.)

La transformation actif → passif concerne d'une part le groupe verbal et d'autre part le sujet et le complément (ou l'un des compléments) de la phrase active.

a. Groupe verbal. La transformation passive ajoute *BE* + *-EN* (= *BE* + marque du participe passé) au groupe verbal de la construction active :

(1) *The government will subsidize the theatre.*
   → *The theatre will **be** subsidiz**ed** by the government.*
(2) *Did the reporter interview the President?*
   → ***Was** the President interview**ed** by the reporter?*
(3) *Nora had repaired the car.*
   → *The car had **be**en repair**ed** by Nora.*
(4) *Ken is viewing the film.*
   → *The film is **be**ing view**ed** by Ken.*
(5) *Tim must have locked the door.*
   → *The door must have **be**en lock**ed** by Tim.*

Ces exemples appellent les observations suivantes :

• L'élément *-EN* (= marque du participe passé) est porté par le verbe ; l'élément *BE* (qui peut prendre toutes ses formes : *is, was, been,* etc.) précède le verbe (dont il ne peut pas être séparé par un autre auxiliaire).

• Comme dans les constructions actives composées, c'est toujours le premier auxiliaire qui porte la marque du temps syntaxique (présent / prétérit).

- *DO* est le seul auxiliaire dont la transformation passive entraîne la disparition (voir ex. 2). *DO* est toutefois présent dans les constructions impératives passives négatives (comme toujours quand *BE* est à l'impératif) : *Don't be frightened by the noise.*

b. **Sujet et complément du verbe**

- Le complément d'objet de la phrase active devient sujet de la phrase passive.

- Il y a deux possibilités pour le sujet de la phrase active : (a) il devient le **complément d'agent**, qui est généralement introduit par *by* (*The theatre will be subsidized **by the government***) ou (b) il n'apparaît pas (*The theatre will be subsidized*).

24.2 Quand et comment employer le passif

24.2.1 Principes généraux

L'emploi du passif obéit au principe suivant : dans une relation à plusieurs participants (autrement dit une relation à plusieurs places, ➤ chap. 22), on choisit comme sujet un participant autre que le sujet de la construction active correspondante. (Sur les conditions de ce choix, ➤ 24.4.) Traditionnellement, ce participant est défini comme celui qui "subit l'action", mais en fait ce n'est pas toujours le cas, d'abord parce que le verbe peut désigner non pas une action mais un état (*own, love, hear,* etc.), ensuite parce qu'il peut s'agir, par exemple, du bénéficiaire d'une action (*Tom was given a watch*), du résultat d'une action (*An error had been committed*), etc. De même, le complément d'agent (tout comme le sujet de la construction active, ➤ 22.3.1) n'est pas nécessairement un agent au sens propre du terme ; il peut représenter, par exemple, le siège d'un état (*The cottage was owned by two families*), ou la cause involontaire d'une action (*He was killed by a rock that fell on his house*). Comme nous l'avons vu, la construction passive offre deux possibilités concernant le complément d'agent. Première possibilité : on ne le mentionne pas, soit parce qu'on ne s'intéresse pas à lui, soit parce qu'il est évident, soit parce qu'on ne le connaît pas. (C'est en fait l'un des avantages de la construction passive que de permettre cette omission.) La seconde possibilité correspond au cas inverse : le complément d'agent constitue une information essentielle, et bien sûr on le mentionne (*The match was won by Manchester United*).

L'anglais, plus encore que le français, utilise fréquemment la première possibilité. On notera les cas suivants (nous partons ici des structures du français) :

a. **Équivalent de "on"**

On lui a volé son chéquier hier soir. *His cheque book was stolen last night.*
Je n'aime pas qu'on me mente. *I don't like being lied to.*

b. **Équivalent d'une construction impersonnelle introduite par "il"**

Il a été trouvé une boucle d'oreille en or. *A gold earring has been found.*

Il est annoncé un temps plus doux pour les jours prochains. *Warmer weather is predicted for the next few days.*

Il paraît qu'elle a fait fortune en vendant des voitures anciennes. *She is said to have made a fortune by selling vintage cars.* (➤ aussi 24.2.2 et 26.4.2.b)

c. Équivalent d'un verbe pronominal

La question se discute actuellement. *The question is (currently) being discussed.*

Ça se dit, mais ça ne se fait pas. *It is said but not done.*

Ce vin se boit chambré. *This wine must be drunk at room temperature.*

Il s'en vend 8000 bouteilles par jour. *8000 bottles of it are sold each day.*

24.2.2 Cas de non-correspondance entre l'actif et le passif

Comme nous l'avons observé, c'est d'abord le point de vue par rapport à un événement (et à ses participants) qui distingue l'actif du passif. Il y a cependant d'autres différences. Tout d'abord, en anglais comme en français, une phrase passive n'a pas toujours le même sens que sa contrepartie à la voix active ; ainsi, on modifie considérablement le sens de la phrase *Drug abuse causes loss of memory* (L'abus de drogues provoque la perte de la mémoire) si on la met au passif (*Loss of memory is caused by drug abuse* = La perte de la mémoire est provoquée par l'abus de drogues). Ensuite, toutes les phrases actives formées avec un verbe transitif n'ont pas une contrepartie au passif (*Tom likes chocolate* → ?*Chocolate is liked by Tom*). Enfin (et sur ce point l'anglais est souvent assez différent du français), il existe des constructions passives qui n'ont pas de contrepartie à la voix active :

• *BE BORN* (naître). La construction est très différente de l'équivalent français. C'est *BE* qui doit porter la marque du temps / de l'aspect / de la modalité :

Il est né le 21 juin 1993. *He was born on June 21, 1993.*

Elle doit être née dans les années quatre-vingt. *She must have been born in the eighties.*

• *BE SAID / REPORTED / RUMOURED /* etc. *TO.* La syntaxe de ces constructions (qui sont souvent l'équivalent du "conditionnel de prudence" du français, ➤ Encadré 9-B) permet de dire, par exemple, *Princess Gwendoline is said / reported to be pregnant* (Il paraît que / On dit que la Princesse Gwendoline est enceinte / La Princesse Gwendoline serait enceinte), ou *It is said / reported that Princess Gwendoline is pregnant,* mais il n'y a pas de forme active correspondante : on ne peut pas dire **Journalists say / report Princess Gwendoline to be pregnant.* La seule possibilité, pour avoir une forme active (très peu courante, en fait), est de remplacer la construction à l'infinitif par une construction en *that : Journalists say / report that Princess Gwendoline is pregnant.* La question des subordonnées à l'infinitif à la suite des verbes du type *SAY* sera examinée de façon plus détaillée en 26.4.2.b.

24.2.3 Le complément d'agent

Nous avons vu en 24.2.1 que ce complément ne désigne pas toujours le participant qui "accomplit" l'action. On parle habituellement de complément d'agent pour les compléments introduits par *by* (*The photograph was taken by my brother*). Les compléments introduits par d'autres prépositions (*with*, *of*, *in*, etc.), qu'on trouve surtout avec des participes passés à valeur adjectivale, sont généralement classés parmi les compléments de manière, de moyen ou de cause :

The stadium was packed with Leeds supporters. Le stade était plein à craquer de supporters de Leeds.

Autres constructions de ce type : *covered with / in snow*, *littered with rubbish* (jonché d'ordures), *known to everyone*.

Dans de nombreux cas, il existe à la fois une construction avec *with / of* (etc.) et une construction avec *by*. La première désigne plutôt un état, et il faut l'utiliser, notamment, quand il est question d'une caractéristique permanente : *He is interested in maths / frightened of the dark / scared of snakes*. La deuxième désigne plutôt une action : *He was interested by the story / frightened by a mouse / scared off by the noise*. Dans certains cas (par exemple avec *excited about / by* et *surprised at / by*), la différence peut être moins nette. Il est donc prudent, en cas de doute, de consulter un dictionnaire.

24.2.4 Passifs d'état et passifs d'action

BE + *-EN* n'est pas toujours la marque d'une construction passive. Comparons :

(1) *I looked at the branch, and I realized that it was broken.*
(2) *There was a storm, and the branch was broken by the wind.*

Dans (1) le participe passé *broken* a la valeur d'un adjectif (il désigne un état), et *was* garde la valeur fondamentale de *BE* (il sert simplement à dire que le sujet *the branch* est "dans" cet état). Dans (2), en revanche, *was* forme avec *broken* une unité qui désigne non pas un état mais une action (plus précisément, l'action qui conduit à l'état *broken*). C'est donc seulement dans la seconde phrase que *was broken* est véritablement une forme passive (passif d'action). Toutefois, on donne souvent à la construction de la première phrase (*BE* + participe passé à valeur d'adjectif) le nom de passif d'état. Selon le contexte, la différence entre les deux types de passifs est plus ou moins nette, plus ou moins importante. On notera ceci :

a. Lorsque *GET* est utilisé à la place de *BE* (➤ 24.3), la construction désigne de façon non ambiguë l'action qui conduit à l'état désigné par le participe passé (*GET* ayant alors à peu près le sens de "devenir"). Ainsi, *The vase got broken* (Le vase a été cassé / s'est cassé) n'est pas ambigu, contrairement à *The vase was broken*.

b. La forme du participe passé est parfois différente de celle de l'adjectif correspondant : *He was shaved by a barber* (Il fut rasé par un coiffeur) / *His head was shaven* (Il avait la tête rasée). ➤ 16.10.

c. Choix entre *very* et *much / very much* (adverbes intensifs, équivalents du français "très"). Le principe général est le suivant : *very* modifie un adjectif, et *much / very much* modifie un verbe (donc, est utilisé avec un passif).

He's very tired / pleased. Il est très fatigué / satisfait.
He's very much appreciated by his neighbours. Il est très apprécié de ses voisins.
We were very much impressed by his knowledge. Nous avons été très impressionnés par ses connaissances.

Toutefois, l'usage varie, et, avec certains participes passés, la limite entre état et action n'est pas très claire. Dans la langue courante, on utilise habituellement *very* si le participe passé décrit un sentiment / une impression du sujet ; ainsi, on dira *He was very offended / I'm very impressed (with your work)! / He was very shocked (by my answer)*, qui peuvent être opposés à *He was very much admired / loved* ou à *It was very much improved*. (Si le participe exprime un degré absolu ou proche de l'absolu, cependant, on utilisera *much / very much : I might be very much mistaken.*) Rappelez-vous également qu'il existe d'autres adverbes intensifs (*He is **highly** appreciated / It was **greatly** improved / We were **most** impressed by his knowledge*), qui dans certains contextes s'imposent pratiquement (*It was **badly** damaged / needed*). En cas de doute, il est préférable, ici encore, de consulter un dictionnaire.

d. Avec le passif d'action, l'événement peut être vu soit en bloc (*The road was repaired last spring* = La route a été réparée au printemps dernier), soit en cours de déroulement (*Last spring, the road was being repaired* = Au printemps dernier, on réparait / on était en train de réparer la route).

Même lorsqu'il a une valeur stative d'adjectif, le participe passé a généralement un sens qui le relie au passif (*a broken branch = a branch that has been broken*). Certains participes passés, cependant, n'ont pas un sens vraiment passif : *a retired doctor = a doctor who has retired.*

24.3 Construction *get* + participe passé

Cette construction, qui est syntaxiquement différente de *BE* + *-EN* (puisque *GET* n'est pas un auxiliaire), peut avoir un sens voisin de celui du passif d'action. On la trouve beaucoup plus fréquemment dans la langue familière que dans la langue recherchée. Elle est assez rarement suivie d'un complément d'agent (mais *The cat got run over by a car* est tout à fait possible). On l'emploie notamment dans quelques expressions comme *get married* (se marier) ou *get divorced* (divorcer), qui expriment de façon nette un changement d'état, et dans les deux cas suivants :

a. Pour un événement qui survient alors qu'on ne s'y attendait pas, ou qui a un caractère désagréable (pour le sujet ou pour quelqu'un d'autre) :

The window got broken, and the dog jumped out.
He got fired. Il s'est fait virer.
We got held up in a traffic jam. Nous avons été bloqués dans un embouteillage.
He got arrested. Il s'est fait arrêter.

b. Lorsque, au contraire, on veut impliquer une idée d'effort de la part du sujet. (Dans ce cas, on ajoute parfois un pronom réfléchi après GET.)

In the end he got (himself) elected. Il a fini par se faire élire.
He got dressed as quickly as he could. Il s'est habillé aussi vite qu'il a pu.

GET + participe passé est également utilisé dans des constructions comme *get drunk* (se soûler) ou *get used to* + GN / V-*ING* (s'habituer à), où *drunk* et *used to* sont des adjectifs, et non des participes passés. Il n'y a donc pas de contrepartie active de ces constructions, qui ne sont pas des passifs.

24.4 Le passif des verbes à particule et prépositionnels

a. Verbes à particule. Ces verbes (➤ 22.6.1) ne posent pas de problème particulier ; simplement, lorsqu'ils se mettent au passif, ils gardent leur particule (qui doit les suivre immédiatement) : *He called off the meeting / He called the meeting off* (Il a annulé la réunion) → *The meeting was called off (by him).* C'est la particule (et non le verbe) qui porte l'accent principal : *The meeting was called OFF.*

b. Verbes prépositionnels. Ces verbes peuvent souvent se mettre au passif (ce qui est très rarement le cas avec les verbes prépositionnels français) :

This subject is much talked about.

En français, il n'existe pas de structure parallèle (*Ce sujet est beaucoup parlé) ; la forme qui correspond au passif anglais est en général une construction introduite par "on" (On parle beaucoup de ce sujet), ou parfois une construction introduite par un "il" impersonnel (?Il est beaucoup parlé de ce sujet).

> **!** La transformation passive ne fait pas disparaître la préposition qui, à la voix active, introduit le complément ; cette préposition se place aussitôt après le groupe verbal : *Somebody called for the parcel a few days later* (Quelqu'un a demandé le colis quelques jours après) → *The parcel was called for a few days later.*
>
> Pour les francophones, le risque d'oubli de la préposition est plus grand avec les verbes prépositionnels dont l'équivalent français est un verbe transitif direct (= qui se construit sans préposition) : "Cette question a déjà été traitée" → *This question has already been dealt with.* "Le téléviseur a été payé lundi" → *The TV was paid for on Monday.*

Contrairement à la particule adverbiale (➤ ci-dessus), la préposition ne porte pas l'accent principal. Elle est cependant accentuée, et par conséquent ne peut pas être à la forme réduite ; ainsi, *at* sera habituellement prononcé /ət/ dans *Look at that car!*, mais il sera obligatoirement prononcé /æt/ dans *The car had been looked at by everybody*. (La règle est la même dans tous les cas où la préposition reste isolée à la suite du GV, par exemple dans certaines constructions interrogatives et certaines subordonnées relatives, ➤ 20.2 et 28.2.1.) En ce qui concerne l'accent principal, on notera donc la différence entre *The meeting had been called OFF* et *The parcel hadn't been CALLED for.*

c. Verbes à particule prépositionnels. Ces verbes (*do away with, make up for,* etc., ➤ 22.6.3) s'utilisent de la même façon que les autres verbes prépositionnels. On garde l'ordre verbe + particule + préposition : *The time you've lost can't be made up for* (Le temps que vous avez perdu ne peut pas être rattrapé) / *The old methods have been done away with* (On s'est débarrassé des vieilles méthodes).

d. Compléments introduits par une préposition de lieu. Ces compléments peuvent, sous certaines conditions, devenir le sujet d'une construction passive.

• Verbe de mouvement (*go, come,* etc.) suivi d'une préposition de mouvement (*into, up, down,* etc.) : le passif n'est possible que si la construction a un **sens figuré.** Ainsi, la phrase active *They had gone into the technicalities of the law* (Ils avaient examiné les aspects techniques de la loi) a une contrepartie au passif qui est *The technicalities of the law had been gone into.* Par contre, *They had gone into the building* ne peut pas être transformé en *★The building had been gone into.* De même, on peut dire *A compromise was arrived at,* mais non *★A village was arrived at.*

• Complément introduit par une préposition de situation (*in, on,* etc.) : le passif est possible, mais seulement si le complément peut être vu plutôt comme le patient que comme le lieu de l'action exprimée par le verbe. On peut dire *This bed has been slept in* (On / Quelqu'un a dormi dans ce lit) ou *This house has never been lived in* (Cette maison n'a jamais été habitée), mais non *★The country is lived in by eight million people* (?Le pays est habité par huit millions de personnes).

24.5 Le passif des verbes à double complément (*GIVE, ORDER,* etc.)

Pour utiliser convenablement le passif avec ces verbes, il importe de bien connaître la façon dont ils se construisent à la voix active (➤ 22.4). Rappelons qu'ils se répartissent en quatre catégories (types *GIVE, ORDER, EXPLAIN* et *REFUSE*), selon les constructions dans lesquelles ils peuvent entrer. Avec tous ces verbes, l'utilisation du passif obéit au principe suivant : un GN ne peut devenir le sujet d'une construction passive que si, à la voix active, il peut occuper la place d'un complément **direct.**

a. Type *GIVE* (➤ 22.4.1). Aux deux constructions que ces verbes possèdent à la voix active (*Ted gave Sue the photo* et *Ted gave the photo to Sue*) correspondent deux constructions passives :

Sue was given the photo (by Ted).
The photo was given to Sue (by Ted).

C'est la première de ces deux constructions qui est la plus courante. Cependant, la seconde sera utilisée si, par exemple, l'objet qui est donné / offert / etc., constitue le thème de l'énoncé, et si le bénéficiaire ou l'agent font partie du commentaire.

Les expressions du type *give sb / sth a look / a push /* etc., qui n'admettent pas la construction avec *to*, n'ont qu'une forme de passif (*The car was given a push* est possible mais *★A push was given to the car* ne l'est pas).

b. Type ORDER (➤ 22.4.2). Malgré l'analogie apparente avec la catégorie précédente (il y a également deux constructions actives, *Sue ordered Ted a sandwich* et *Sue ordered a sandwich for Ted*), ces verbes n'admettent qu'une construction passive : *A sandwich was ordered for Ted.* (Une construction utilisant *Ted* comme sujet n'est pas possible.)

> **!** Avec ces verbes, il ne faut donc pas partir du "bénéficiaire" (comme on le fait couramment avec les verbes du type *GIVE*) pour former un passif. Ainsi, l'équivalent anglais de "On lui avait trouvé un mari" sera *A husband had been found for her.* (Une construction utilisant *she* comme sujet n'est pas possible.)

Le verbe *BUY* (utilisé dans le sens de "acheter qqch pour qqn") constitue ici une exception : on peut dire *She had been bought a watch.*

c. Type EXPLAIN ➤ 22.4.3). Contrairement aux verbes des deux catégories précédentes, ces verbes n'ont pas de construction à double complément direct : *He explained the situation to me* ne peut pas être remplacé par *★He explained me the situation.* Et, bien sûr, ils ne peuvent être mis au passif qu'à partir de leur unique complément direct : *The situation was explained to me.* (Une construction utilisant *I* comme sujet est évidemment impossible.) De même, "On lui a expliqué qu'il était trop tard" se traduira par *It was explained to him that it was too late* (➤ 25.1.1).

Donc, comme dans le cas précédent, la prudence s'impose pour former un passif à partir de ces verbes. Pour un grand nombre d'entre eux, on ne peut pas partir du complément désignant une personne. Par exemple, l'équivalent anglais de "On lui a volé sa montre" sera non pas *★He was stolen his watch* mais (par exemple, et selon le contexte) *He had his watch stolen* ou *His watch was stolen.* (Construit différemment, le verbe *ROB*, par contre, permet de partir du complément de personne : *He was robbed of his watch.*)

Rappelons que certains verbes, comme *PROVIDE*, possèdent deux constructions actives différentes avec complément direct + complément indirect (*provide sb with sth* et *provide sth for sb*). Ces verbes ont donc deux constructions passives : *The residents are provided with sheets* et *Sheets are provided (for the residents)*.

d. Type REFUSE (➤ 22.4.4). Ces verbes se construisent avec deux compléments directs : *They refused <u>him</u> <u>a visa</u> / They charge <u>lodgers</u> <u>£10 a week</u> for heating* (Ils font payer aux locataires dix livres par semaine pour le chauffage). En général, seul le premier complément est utilisé comme sujet d'une construction passive : *Lodgers are charged £10 a week for heating* (On fait payer…) / *He was refused a visa* (On lui a refusé un visa).

e. Expressions du type *PAY ATTENTION TO.* Certaines de ces expressions (➤ 22.4.5) possèdent deux constructions passives (*His warnings weren't paid attention to / No attention was paid to his warnings*), alors que d'autres n'admettent qu'une construction (*The ship had been lost sight of*). Comme pour les verbes prépositionnels, il faut veiller à ne pas oublier la préposition.

24.6 Constructions passives diverses

Il existe en anglais de nombreuses constructions passives auxquelles ne peuvent correspondre en français que des constructions actives. Comme nous l'avons vu en 24.2.1, ce sont souvent ces constructions qui fournissent le meilleur équivalent de "on" ou de tournures impersonnelles en "il" :

He was considered a fool. On le considérait comme un imbécile.

It is feared that at least 200 people died in the accident. On craint qu'au moins 200 personnes aient péri dans cet accident.

At least 200 people are feared dead. On craint qu'il y ait au moins 200 morts.

There is said to be a chance of recovery. Il y aurait / On dit qu'il y a une chance de guérison. (➤ 24.2.2, et Encadré 9-B sur ce conditionnel en français.)

There are supposed to be risks of earthquakes in the region. On suppose qu'il y a des risques de tremblements de terre dans la région.

This question is often alluded to. Il est souvent fait allusion à cette question.

He was diagnosed with meningitis. Les médecins ont diagnostiqué une méningite.

He was told not to interfere. On lui a dit de ne pas intervenir.

We were forbidden to stay. On nous a interdit / Il nous a été interdit de rester.

He was made redundant. Il a été mis au chômage technique.

They were made to pay for the damage. On leur a fait payer les dégâts. (➤ 26.2.2.b sur les constructions de ce type.)

24.7 Verbes réversibles

On trouvera en 22.2.2.d une liste de verbes réversibles courants. Ces verbes (par ex. *BREAK*) admettent deux constructions actives différentes, dans lesquelles le même groupe nominal peut occuper la place du complément ou la place du sujet :

The wind broke the branch. Le vent a cassé la branche.

The branch broke. La branche s'est cassée / a cassé.

He washed and ironed his shirt. Il a lavé et repassé sa chemise.

His shirt washes easily and doesn't iron. Sa chemise se lave facilement et ne se repasse pas.

La seconde construction de chaque paire (que l'on appelle la construction intransitive) ressemble partiellement à une construction passive : elle a pour sujet le GN qui, dans la première construction, occupe la place du complément.

La forme du groupe verbal, toutefois, reste la forme active, et il n'est pas possible d'employer un complément d'agent (*The shirt washed easily by Ted*).

L'emploi intransitif des verbes réversibles est soumis à d'autres restrictions. En particulier, certains d'entre eux ne peuvent pas être employés seuls (ils veulent un complément, un adverbe ou une négation), et n'admettent que certains types de compléments. Ainsi, on dira *The book sells for £7.50 / sells well / doesn't sell* (Le livre se vend 7,50 livres / se vend bien / ne se vend pas), mais on ne dira pas *The book sells*, *The book sells in the shop round the corner*.

Les équivalents français des verbes réversibles anglais sont assez divers. Assez souvent, on emploie en français une construction pronominale (*The room emptied* = La pièce s'est vidée). Il existe également en français des verbes réversibles, mais ils comportent souvent plus de restrictions d'emploi que leurs équivalents anglais. Ainsi, le parallélisme entre *shut* et "fermer" n'est que partiel : *The door doesn't shut well* ↔ "La porte ne ferme pas bien" est à opposer à *The door shut noisily* ↔ "*La porte ferma bruyamment". (Il faut dans le second cas employer une autre construction : "La porte se referma bruyamment".)

L'équivalent français d'un verbe réversible anglais employé transitivement peut également être une construction causative introduite par "faire" : *Flowers grow well in his garden* ↔ *He grows flowers* = "Les fleurs poussent bien dans son jardin" ↔ "Il fait pousser des fleurs".

25 Subordonnées nominales à un mode personnel

Il s'agit de subordonnées **nominales** (c'est-à-dire de propositions jouant le rôle syntaxique d'un groupe nominal) formées avec un **groupe verbal à un mode personnel** (c'est-à-dire à l'indicatif ou au subjonctif) :

I think John will stay here.

Elles se définissent par opposition aux subordonnées nominales impersonnelles (*I want John to stay here*, ➤ chap. 26). Elles peuvent appartenir à deux catégories :

a. Propositions introduites par *that* / Ø :

I know that Fred likes tea / I know Fred likes tea.

b. Propositions introduites par un mot en *WH-* ou par *if* :

I don't know when / how / if he'll repair the car.

Rappel (➤ 20.2) : *how* est inclus dans la catégorie des mots en *WH-*.
Nous n'avons pas retenu l'appellation **subordonnée complétive**, qui est ambiguë. Certains l'utilisent pour tous les types de subordonnées nominales, d'autres seulement pour les nominales à un mode personnel.

25.1 Subordonnées nominales en *that* ou Ø

25.1.1 Subordonnées nominales en *that*

Le *that* qui introduit ces propositions appartient à la catégorie des conjonctions. Sa forme orale est différente de celle du *that* démonstratif (➤ chap. 15) : il est pratiquement toujours prononcé /ðət/. (Il partage cette propriété avec le relatif *that*, ➤ chap. 28.) Ces propositions peuvent avoir notamment les fonctions suivantes :

- **Sujet : *That he never paid any taxes* is now beyond doubt.**

  Cette construction est relativement rare. On lui préfère généralement une construction dite extraposée (➤ 25.1.3) : *It is now beyond doubt that he never paid any taxes.*

- **Attribut du sujet : *The trouble is that he doesn't want to stay*.**

- **Complément d'un verbe : *He remembered that it was Susan's birthday* / *He complained that his glass was dirty*.**

Contrairement à REMEMBER (ex. : *I remember that day*), le verbe COMPLAIN est un verbe prépositionnel (*He complained **about** the food*). Toutefois, COMPLAIN est (comme REMEMBER) suivi directement de la subordonnée en *that*. Il en va de même de tous les verbes prépositionnels : ces verbes perdent leur préposition devant une subordonnée nominale en *that* (et, nous le verrons, devant d'autres types de subordonnées).

- **Complément d'un adjectif** : *I was sure **that they would win the match**.*
Comme dans le cas précédent, la préposition disparaît (cf. *I was sure **of** their victory*).

- **Complément d'un nom** : *This reinforced his belief **that the book had been stolen**.*

> Ceci est à rapprocher de *He believed that the book had been stolen*. On trouve cette structure avec des noms comme *belief, knowledge, idea, theory, news, fact, possibility*, etc., c'est-à-dire des noms qui expriment une opinion, une activité mentale ou un acte de parole. Contrairement à ce que l'on pourrait penser à première vue, ce *that* n'a rien d'un pronom relatif : il ne remplit aucune fonction syntaxique à l'intérieur de la proposition.

Sur l'emploi de *should*, du subjonctif ou de l'indicatif dans certaines de ces propositions, ➤ 9.2.5 et 11.1.2.

> Nous avons vu en 11.1.2 que certaines variétés d'anglais utilisent couramment l'indicatif (et non *should* ou le subjonctif) dans les subordonnées d'énoncés directifs. Cependant, avec des verbes comme INSIST, AGREE ou SUGGEST, qui peuvent exprimer soit une idée directive (modalité radicale), soit une opinion sur le caractère vrai ou probable d'un fait (modalité épistémique), le choix peut avoir des conséquences importantes sur le sens. Ainsi, on peut opposer *She insisted that he comply with the rules* (Elle insista pour qu'il se plie au règlement) et *She insisted that he was complying with the rules* (Elle affirma avec force qu'il se pliait au règlement).

! En français, des verbes d'opinion ou de déclaration comme "croire", "penser" ou "déclarer" peuvent être directement suivis d'un infinitif : "Il croit être le meilleur joueur" / "Il a déclaré avoir un permis de séjour". Il ne faut pas imiter cette construction en anglais : les équivalents de ces verbes (*believe, think, declare*) ne peuvent pas, à la voix active, être suivis d'un infinitif seul (non précédé d'un GN), et il n'est pas possible de dire, par exemple, ★*He believes to be the best player*. La solution est donc d'utiliser une construction en *that / Ø* (*He believes (that) he is the best player / He declared that he had a resident's permit*), ou, lorsque c'est possible (➤ 26.4.2.b), une construction du type *He believes himself (to be) the best player*.

Liste (partielle) de verbes d'opinion ou de déclaration

acknowledge	*complain*	*declare*	*explain*	*promise*	*say*	*think*
admit	*concede*	*deny*	*imagine*	*propose*	*state*	*understand*
agree	*confess*	*discover*	*insist*	*prove*	*suggest*	
allow	*consider*	*doubt*	*know*	*recommend*	*suppose*	
believe	*decide*	*expect*	*mention*	*report*	*swear*	

Tous ces verbes peuvent être suivis d'une subordonnée en *that* ou Ø, et la plupart d'entre eux peuvent également être suivis d'une proposition en *TO* + V ou en V-*ING* (➤ chap. 26 sur les conditions d'emploi de ces formes). Bien sûr, les différences de construction reflètent des différences sémantiques, qui peuvent concerner le verbe lui-même. Ainsi, on peut opposer *She considers that I'm wrong* (Elle considère que j'ai tort) à *She considers emigrating to Australia* (Elle envisage d'émigrer en Australie), ou *He thought he was ready* (Il pensait être prêt) à *He didn't think to ask* (Il n'a pas pensé à demander).

! Lorsqu'un **GN complément** est utilisé à la suite du verbe, devant la subordonnée en *that* / Ø, il faut faire attention à la construction que le verbe impose à ses compléments : "Il nous a expliqué / confirmé qu'il détestait ça" → *He explained / confirmed **to us** that he hated that* (complément forcément indirect, ➤ 22.4.3) / "Je vais lui prouver qu'il a tort" → *I'll prove **to him** that he's wrong* (même remarque, ➤ 22.4.3) / "Il a rappelé que l'inscription était obligatoire" → *He reminded **his audience** that registration was compulsory* (objet obligatoire, ➤ 22.3.1.a) / "Il m'a promis que tout serait fini à temps" → *He promised **me** that everything would be finished in time* (➤ 22.4.1). Attention également aux compléments dans les constructions passives : "Il m'a été confirmé qu'il arriverait demain" → *It was confirmed **to me** that he'd arrive tomorrow.*

25.1.2 Subordonnées nominales en Ø

Si l'on met à part les restrictions décrites ci-après, ces subordonnées s'emploient exactement de la même façon que les nominales en *that* :

I was sure that he would win. ↔ *I was sure he would win.*

Plusieurs facteurs interviennent dans le choix entre *that* et Ø. Nous mentionnerons ici ceux dont il faut absolument tenir compte si l'on veut éviter des erreurs.

a. En l'absence de raisons impératives (➤ **b-d**), on choisira plutôt Ø dans la langue familière et plutôt *that* dans une langue de niveau soutenu.

b. La conjonction Ø ne peut pas être utilisée au début d'un groupe intonatif, autrement dit au début d'une phrase, ou après une pause pouvant être représentée à l'écrit par une virgule. Cette restriction s'applique, en particulier, dans le cas des propositions qui ont une fonction de sujet et qui sont placées en tête de phrase : Ø ne peut pas remplacer *that* dans *That he didn't find his way is quite surprising.* (Il va cependant de soi que cette restriction ne s'applique plus si la proposition sujet est extraposée, ➤ 25.1.3, puisque dans ce cas elle n'est plus en position initiale.)

c. L'emploi de *that* est pratiquement obligatoire après les noms (*He welcomed the news that Helen was planning to visit him*), ainsi qu'après les verbes qui, tout en étant utilisés pour introduire un discours, servent à exprimer soit une **description** de ce discours (façon de s'exprimer, but, etc.), soit un **commentaire** sur son contenu : *He **yelled** that they'd arrived / He **implied** that the signature had been faked / She **argued** that it was probably too late / I **quite understand** that you're tired, after such a long journey.*

> On peut opposer, par exemple, *I understand you're ↘TIRED* (Vous êtes fatigué, si je comprends bien) et *I quite under ↘STAND that you're tired* (Je comprends parfaitement que vous soyez fatigué). Dans le premier cas, *you're tired* constitue l'information essentielle de l'énoncé (qui sert à demander à l'interlocuteur de confirmer cette information). Dans le second cas, le fait *you're tired* est déjà connu, et l'énoncé a seulement pour but de le commenter.

d. Dans certains contextes, et en particulier dans le cas d'une coordination de subordonnées (➤ 29.1.2.b), le risque d'ambiguïté peut imposer ou rendre préférable l'emploi de *that* : *The black man said his name was Fred and that Billy had been delayed by the weather in San Francisco* (J. Morrison, *Sunset Limited*).

25.1.3 L'extraposition

a. L'extraposition (que l'on trouve avec les nominales en *that* ou Ø, mais également avec d'autres types de subordonnées nominales, ➤ notamment 26.2.3 et 26.2.5) concerne le plus souvent les subordonnées ayant une fonction de **sujet** :

That he married Sue is quite unbelievable. (construction non extraposée)

☐ *It is quite unbelievable that he married Sue.* (construction extraposée)

On le voit, le choix d'une construction extraposée a pour effet de placer en tête de phrase (aussitôt après le pronom *it*) ce qui constitue le "commentaire" de l'énoncé (ici, *is quite unbelievable*), et en fin de phrase ce qui constitue le "thème" (autrement dit ce dont on parle, c'est-à-dire ici le fait *he married Sue*). Le pronom *it* remplace la proposition nominale, et joue le rôle syntaxique du sujet.

> **1.** Les constructions extraposées sont utilisées beaucoup plus fréquemment que les constructions non extraposées correspondantes, en particulier dans la langue parlée et / ou familière. Avec certains verbes ou certaines expressions (notamment *It seems / It appears that…, It is said / reported that…*), l'emploi de la construction extraposée est obligatoire, et par conséquent il n'existe pas de contrepartie non extraposée (on ne peut pas dire **That it's too late seems*, ni **That he's going to resign is said / believed /reported*). Toutefois, en dehors de ce dernier cas, il arrive qu'on préfère utiliser la construction non extraposée – par exemple si le commentaire est assez long : *That he'd decided to abandon the project came as a complete surprise to those who knew him well.*

> **2.** Puisque l'extraposition place la subordonnée sujet en position non initiale dans la phrase, l'emploi de Ø n'est plus exclu, mais on peut avoir des raisons de choisir *that* plutôt que Ø (➤ 25.1.2) : *It was a great disappointment that there were so few people.*

b. Après les verbes du type *FIND, THINK* ou *MAKE*, qui admettent à leur suite un GN complément + attribut du complément (*I find him stupid,* ➤ 22.5.b), on emploie obligatoirement une construction extraposée (et par conséquent *it* à la suite du verbe) si la subordonnée complément a un **attribut du complément** :

> *I find **it** surprising **that he left**.* Je trouve surprenant qu'il soit parti.

Dans l'exemple, l'attribut du complément est *surprising,* et *it* se substitue à la proposition *that he left* pour occuper la place du complément d'objet, immédiatement à la suite du verbe (➤ 22.3.1 sur la place du complément d'objet en anglais). Cette construction est à rapprocher de celle de *It is surprising that he left* (où *surprising* est également attribut de *that he left,* mais où cette proposition est sujet). On notera la différence entre cette construction et celle du français, qui ne contient pas d'équivalent de *it.* Autres exemples :

> *I think **it** normal that they should have decided to stay.* J'estime normal qu'ils aient décidé de rester.
>
> *She considers **it** a priority that an alert system be developed.* Elle considère comme une priorité qu'un système d'alerte soit mis sur pieds.
>
> *The weather conditions make **it** very unlikely that he will break the record.*

25.2 Subordonnées nominales en *WH-* / *how* / *if*

Elles se subdivisent en trois catégories, entre lesquelles les frontières ne sont pas toujours absolument étanches :

25.2.1 Subordonnées interrogatives (ou interrogatives indirectes)

> *I asked him **where he had put the newspaper**.*
> *I don't know **whether** / **if he'll stay any longer**.*
> *The train had been sent on the bridge to test **whether it was safe**.* Le train avait été envoyé sur le pont pour éprouver sa solidité.
> ***Who arrives first** matters little.* Peu importe qui arrive / arrivera le premier.
> *They quarrelled over **who should do the washing-up**.*
> *The problem is **how we are going to convince them**.* Le problème est de trouver / de savoir comment nous allons les convaincre.

Ces exemples appellent les remarques suivantes:

a. Ce qui est exprimé dans toutes ces subordonnées est une **interrogation indirecte**. Le lien avec l'interrogation directe correspondante est clair dans le cas où la subordonnée est introduite par un verbe de parole du type *ASK* : *I asked him where he had put the newspaper = I asked him, 'Where did you put the newspaper?'* Dans les autres cas, l'élément d'interrogation contenu dans la proposition du niveau supérieur peut être simplement implicite : *They discovered who had stolen the money = They discovered the answer to the question: Who stole the money?*

Encadré 25-A :
Extraposition, clivage et pseudo-clivage

1. L'**extraposition** concerne obligatoirement une proposition, qui est déplacée vers la droite. Ce déplacement n'entraîne pas d'autre rajout que celui de *it* :

> *That Jenny was there surprises me.* → *It surprises me that Jenny was there.*
> *Where he comes from is a mystery.* → *It is a mystery where he comes from.*

Pour certaines constructions extraposées, il n'existe pas de forme correspondante non extraposée (➤ 26.4.2).

2. Le **clivage** (➤ 23.4) concerne l'un des éléments constitutifs de la proposition : un GN, un groupe prépositionnel ou un adverbe (mais pas le groupe verbal). Cet élément (qui se trouve ainsi focalisé) est placé en tête de proposition, entre *it* + BE et *that / who / which /* Ø (éléments rajoutés) :

> *Jo bought that book in London yesterday.*
> → *It was Jo who bought that book in London yesterday.*
> → *It was in London that Jo bought that book yesterday.*
> → *It was yesterday that Jo bought that book in London.*

Dans certains cas, l'élément focalisé est une **proposition**, qui occupe la place d'un GN ou d'un groupe prépositionnel : *I want to know where he comes from* (cf. *I want to know his name*) → *It's where he comes from that I want to know*. Donc, bien que l'élément déplacé soit une proposition, c'est bien à un clivage que l'on a affaire ici, et non à une extraposition.

3. Le **pseudo-clivage** (➤ 23.5) concerne lui aussi l'un des éléments constitutifs de la proposition (pas tout à fait les mêmes que dans le cas du clivage). Il entraîne le rajout de *what* + BE :

> *Jo bought a book in London.* → *What Jo bought in London was a book.*

Ici encore, l'élément focalisé peut être une proposition : *What I want to know is where he comes from.*

b. Tous les pronoms, déterminants et adverbes interrogatifs (*where...? /who...? /* etc., ➤ 20.2) peuvent introduire une interrogative indirecte.

c. *Whether* et *if* introduisent des interrogatives indirectes qui correspondent aux '*Yes / No questions*' : *Does Ted like jazz?* ↔ *I wonder whether / if Ted likes jazz.*

If est généralement préféré à *whether* dans la langue courante (non recherchée). Toutefois, on ne peut employer que *whether* en tête de phrase (*Whether you like it or not matters little,* ★*If you like it or not...*) ou après un nom ou une préposition (*We discussed the question whether / The discussion was about whether it was necessary to build a new road,* ★*... if it was necessary to build a new road*).

d. Contrairement aux interrogatives directes, les interrogatives indirectes utilisent la construction **déclarative** – autrement dit n'utilisent pas l'inversion du sujet et de l'auxiliaire. Pour les francophones, une source d'erreur réside dans le fait qu'en français les interrogatives indirectes (comme les relatives nominales, ➤ 25.2.3) inversent souvent le sujet et le verbe : "Est-ce que vous savez où habitent les Martin ?" (*Do you know where the Martins live?*).

e. Les interrogatives indirectes peuvent avoir les mêmes fonctions syntaxiques que les subordonnées nominales en *that* / Ø (sujet, complément du verbe, etc.). Elles peuvent être extraposées : *It matters little who arrives first*. À la différence des subordonnées nominales en *that* / Ø, toutefois, elles n'entraînent pas automatiquement la suppression de la préposition lorsqu'elles sont complément d'un verbe prépositionnel (même si, dans de nombreux cas, il est possible d'omettre cette préposition) : *They inquired about what they could do / who was responsible* (Ils se sont renseignés pour savoir ce qu'ils pouvaient faire / qui était responsable) / *It depends (on) how many travellers there are.*

f. Pour les interrogatives indirectes en fonction de **sujet**, l'accord du verbe se fait toujours au singulier : *What (presents) he has received **is** nobody's business*. Les interrogatives indirectes s'opposent sur ce point aux relatives nominales (➤ 25.2.3.d).

25.2.2 Subordonnées exclamatives

Ces subordonnées peuvent être introduites par les exclamatifs *how* ou *what* (← 20.4). Elles expriment des exclamations indirectes dans lesquelles la proposition introductrice n'a pas obligatoirement, en elle-même, une valeur exclamative. C'est donc essentiellement par *how* / *what* que le sens exclamatif est exprimé :

> He told us how good Jo was at tennis. ↔ How good Jo is at tennis!
> I saw what a good tennis player Jo is. ↔ What a good tennis player Jo is!

Les subordonnées interrogatives sont différentes sur ce point ; comme nous l'avons vu, le sens d'interrogation ou de doute qui les caractérise est nécessairement contenu dans la proposition introductrice.

L'ordre des mots est le même que dans les exclamatives directes (➤ 20.4). Comme dans ces dernières, *what* et *how* doivent être suivis immédiatement de l'adjectif ou de l'adverbe sur lequel porte l'exclamation ; la construction anglaise se différencie donc de certaines constructions françaises, qui éloignent l'adjectif ou l'adverbe du début de la proposition : "Vous n'imaginez pas combien / à quel point votre aide m'est précieuse !" (*You can't imagine how precious your help is to me!*).

> **1.** Une autre source d'erreur pour des francophones est le fait que, dans les subordonnées exclamatives, le français peut placer le sujet en fin de proposition : "Il nous a dit à quel point était grave ce nouveau problème." (La traduction normale est *He told us how serious this new problem was*. On ne peut dire *He told us how serious was this new problem* que dans un style très recherché.)

2. Les interrogatives et les exclamatives **directes** se différencient, entre autres choses, par l'ordre des mots (antéposition de l'auxiliaire pour les interrogatives). Ce n'est pas le cas pour les interrogatives / exclamatives **indirectes** (même ordre des mots) ; ceci est la raison essentielle pour laquelle, dans certains cas (par ex. dans *He didn't know how good Jo was at tennis*), la frontière entre les deux catégories n'est pas nette.

25.2.3 Subordonnées relatives nominales

*He took **what they gave him**.* Il a pris ce qu'ils lui ont donné.

*He tells that story to **whoever will listen to him**.* Il raconte cette histoire à qui / à quiconque veut bien l'écouter.

*You can meet **who you like**.* Vous pouvez rencontrer qui vous voulez / voudrez.

***Where we wrestled** was appropriately called "the pit".* (J. Irving, *The Imaginary Girlfriend*)

a. Ces subordonnées (➤ 28.6.2), également appelées relatives sans antécédent ou relatives libres, sont introduites par un pronom relatif qui inclut son propre antécédent : *He took **what** they gave him* équivaut à *He took **the things** that they gave him*. Contrairement aux relatives proprement dites (qui servent de complément à un groupe nominal), ces propositions occupent à elles seules la place d'un GN. Elles peuvent être introduites par *what, who, whom, when, where, how* ou par *whatever, whichever, whoever, whomever, whenever, wherever, however*. (Les pronoms *whosoever* et *whomsoever* existent également, mais ils ne sont employés que dans une langue recherchée ou archaïque. Sur l'utilisation de *whom*, ➤ 28.1.)

> Dans un énoncé comme *He took what they gave him*, on peut considérer que l'antécédent contenu implicitement dans le pronom relatif a pour déterminant l'article *the* : *He took what they gave him* ≈ *He took the things that they gave him*. En revanche, dans *You can invite who you like* (*whoever / any person who you like*) ou dans *Take whatever you like* (et, d'une façon plus générale, quand le relatif est un composé en *-ever*), on peut considérer que le déterminant de l'antécédent implicite est un indéfini du type *any* (*Take whatever you like* ≈ *Take anything that you like*).
>
> *Who* (tout comme *whoever*) peut introduire une relative nominale en fonction de **complément** : *You can invite who / whoever you like*. Mais si la relative nominale a une fonction de **sujet**, on utilise obligatoirement *whoever* (*Whoever attends the meeting can vote*), sauf dans une langue archaïsante et dans quelques proverbes (*Who dares wins*).

b. ***What, whatever*** et ***whichever*** peuvent être suivis d'un nom, et dans ce cas leur rôle syntaxique est celui d'un déterminant. Comparez :

*He bought **what** he could find.* ↔ *He bought **what food** he could find.*

*Take **whichever** you like.* Prenez celui que vous voudrez, quel qu'il soit.

↔ *Take **whichever book** you like.* Parmi ces livres, prenez celui que vous voudrez.

1. Comme on le voit, le nom qui est ajouté à la suite du relatif a pour effet de combler partiellement le vide laissé par l'antécédent absent, en indiquant la catégorie à laquelle cet antécédent appartient : *food, books*, etc.

2. L'utilisation d'un nom à la suite de *what* implique généralement que l'on se réfère à un nombre ou une quantité **faibles** (sens "paucal") : *He ate what food there was* = Il mangea ce qu'il y avait en fait de nourriture / le peu de nourriture qu'il y avait. Autre exemple : *Much of the glass was broken and what panes remained were thick with dust and cobwebs* (P. McGrath, *Asylum*). Le nom peut d'ailleurs être précédé de *little* ou de *few* (*He ate what little food there was* / *what few apples there were*), mais non de *many* ou de *much*.

3. *What(ever)* et *which(ever)* suivis d'un nom peuvent être utilisés pour se référer à des **personnes** (exactement comme *what* et *which* interrogatifs) : *Whatever tourists you see there are American* / *You can consult whichever doctor you choose*. Ils n'ont pas un effet "paucal" (contrairement à *what* + nom).

c. Contrairement aux subordonnées interrogatives (➤ 25.2.1), les relatives nominales sont, dans de nombreux cas, concernées par la règle qui interdit l'emploi de *WILL* / *SHALL* à sens futur dans certaines subordonnées (➤ 9.3). On peut opposer :

Je me demande ce qu'il préférera. = *I wonder what he'll prefer.*

Je ferai ce qu'il préférera. = *I'll do what he prefers.*

d. Les relatives nominales qui ont une fonction de sujet ne suivent pas les mêmes règles que les subordonnées interrogatives en ce qui concerne l'accord avec le verbe. Dans les relatives nominales introduites par *what(ever)* / *whichever* + nom au pluriel, l'accord du verbe de la principale se fait au pluriel. Comparez :

*What gifts he's received **is** nobody's business.* Ce qu'il a reçu comme cadeaux ne regarde personne. (interrogative indirecte)

*What gifts he's received **are** of no value.* Ce qu'il a reçu en fait de cadeaux n'a aucune valeur. (relative nominale)

Cette règle s'applique également aux phrases pseudo-clivées (➤ 23.5).

La différence entre les relatives nominales et les subordonnées interrogatives n'est pas toujours aussi nette que dans les cas qui viennent d'être examinés. Des énoncés comme *What may ensue from this situation is a matter for concern* (BBC) montrent qu'il existe une zone-frontière floue entre les deux catégories.

Encadré 25-B : Constructions du verbe *WISH*

Le verbe *WISH* peut avoir trois sortes de compléments : (a) un GN (ou plusieurs) : *I wish you a happy New Year* ; (b) une proposition avec verbe à l'infinitif (niveau de langue un peu recherché) : *I wish (him) to go* ; (c) une proposition à un mode personnel avec un GV au **prétérit**. Détails sur cette dernière construction :

• Le prétérit qui suit *WISH* a une **valeur d'irréel** : *I wish I knew the answer* présuppose *I don't know the answer*.

> On comprend pourquoi *WISH* + prétérit est souvent traduit en français par "regretter + négation" (*I wish I knew the answer* = Je regrette de ne pas connaître la réponse) : le regret est une forme de souhait, mais un souhait contrarié par la réalité. Il ne faut donc pas oublier d'inverser le système négation / affirmation pour passer de "regretter" à *WISH* : "Je regrette qu'ils n'habitent pas ici" = *I wish they lived here.*

• Ce prétérit n'est pas nécessairement le prétérit simple d'un verbe ; on peut également avoir *could, would* ou le *had* du parfait irréel (*had* + V-*EN*) :

> *I wish I **could** telephone him.* Je regrette de ne pas pouvoir lui téléphoner.
> *I wish he **would** listen!* J'aimerais qu'il écoute ! (maintenant / dans l'avenir)
> *I wish you **had** told me.* Je regrette que vous ne me l'ayez pas dit.

> Sur l'emploi de *were* (*I wish I were your age*), ➤ 11.1.3.

• Si le verbe *WISH* est au prétérit (en particulier, cas d'un passé de discours indirect), cela n'a aucune influence sur le GV de la proposition complément : *He said, 'I wish they lived nearer.'* → *He said he wished they lived nearer.*

26 Subordonnées nominales à un mode impersonnel

26.1 Caractéristiques générales

Rappelons (➤ 2.5) qu'il existe en anglais quatre formes impersonnelles du verbe : Ø + V (= infinitif sans *TO*), *TO* + V (= infinitif précédé de *TO*), V-*ING* (= forme en -*ING*) et V-*EN* (= participe passé). À ces quatre formes correspondent quatre catégories de subordonnées nominales à un mode impersonnel ; dans chacune de ces quatre catégories on peut distinguer deux sous-catégories, selon qu'il y a ou non un groupe nominal avant la forme verbale impersonnelle.

	Constructions sans GN	Constructions avec GN
Ø + V	*He helped __do the dishes__.*	*He helped __Ken do the dishes__.*
TO + **V**	*He wants __to stay here__.*	*He wants __Ken to stay here__.*
V-*ING*	*I like __travelling by train__.*	*I hate __Ken playing that music__.*
V-*EN*	*The murderer got __caught__.*	*Ken got __the car repaired__.*

Dans *He helped Ken do the dishes* (Il a aidé Ken à faire la vaisselle), le GN *Ken* joue deux rôles différents : (a) il joue le rôle d'un **sujet** par rapport à *do the dishes* ; (b) il joue le rôle d'un **complément** par rapport à *He helped*. En fait, c'est le rôle de complément qui est privilégié par la syntaxe. Lorsque le groupe nominal d'une subordonnée nominale introduite par un verbe comme *HELP* est un pronom, ce pronom est toujours à la **forme complément** (*He helped **them** do the dishes*).

D'une façon plus générale, la règle suivante s'applique à toutes les subordonnées nominales dans lesquelles il y a un pronom en position de sujet devant la forme verbale impersonnelle. Lorsqu'il possède les formes sujet, complément et génitif (ex. : *he, him, his*), ce pronom n'est jamais à la forme sujet : il est soit à la forme **complément** (*I want **him** to go* / *I don't like **him** staying there*), soit (dans certaines subordonnées en V-*ING*, ➤ 26.2.5) à la forme **génitif** (*That's nonsense, if you don't mind **my** saying so*).

Les subordonnées nominales à un mode impersonnel ne peuvent pas inclure un modal. Certaines d'entre elles, en revanche, sont compatibles avec HAVE + -EN ou avec BE + -ING : *He's likely to have finished very soon / to be watching TV.*

26.2 Problèmes de formes

Nous aborderons plus loin (26.3-5) la question du choix entre les divers types de subordonnées nominales. Pour l'instant, nous allons simplement décrire les caractéristiques formelles des subordonnées nominales à un mode impersonnel.

26.2.1 Subordonnées en Ø + V : *He helped <u>do the dishes</u>*

Leur emploi est limité à deux types de contextes.

a. Elles peuvent avoir une fonction de complément après les verbes **dare** et **help** (également construits avec TO, ➤ 26.2.3, et 26.5 concernant *help*), ou dans quelques expressions figées comme *make do* (se débrouiller), *let (it) fall / drop / slip that* (dire par inadvertance ou négligemment que), *hear say / tell that* (entendre dire que), etc. :

*He didn't **dare ask** them.* Il n'a pas osé le leur demander.
*You could **help tidy up** the room.* Vous pourriez aider à ranger la pièce.
*He **let go (of)** the rope.* Il a laissé filer la corde.
*She **let fly at** him with her foot.* Elle lui a envoyé un coup de pied.

Essentiellement en anglais américain, les verbes *go* et *come* peuvent être suivis directement d'une base verbale : *Go tell him! / Come sit here!* (à contraster avec *Go and tell him! / Come and sit here!*, ➤ 29.1.3). Dans cette construction, c'est généralement la forme de base de *go / come* qui est utilisée (*I'll mention it to him when I go see him tonight*, A. Proulx, *That Old Ace in the Hole*), mais l'utilisation des autres formes est également possible, du moins dans la langue familière (*I went see a doctor*).

b. Elles peuvent avoir une fonction de sujet ou d'attribut du sujet ; cet emploi est lié à celui du verbe DO, dans des constructions du type pseudo-clivage (➤ 23.5) :

*What he did was **resign his post**.* Ce qu'il a fait, c'est démissionner.
***Press this button** is all you have to do.*
*The best thing you can do is **phone them at once**.*

1. Quand la proposition est attribut du sujet, on peut également utiliser une construction avec TO : *What / All that / The best thing you can do is to phone them.*

2. Si le verbe DO est à la forme BE + -ING, la proposition est en V-ING (et non en Ø + V ou TO + V) : *What I'm doing is writing a letter of resignation.*

3. On utilise également Ø + V dans certaines subordonnées adverbiales introduites par *except, but* (= sauf), etc. (➤ Encadré 26-A).

26.2.2 Subordonnées en GN + Ø + V : *He helped <u>them do the dishes</u>*

Ces subordonnées sont utilisées en fonction de complément après deux catégories de verbes :

a. Verbes **see, hear, feel, notice, listen (to), observe, watch**, etc. (verbes de perception, ou verbes de sens apparenté) :

I saw Ken swim across the river. (➤ 26.5.a, différence avec l'emploi de V-*ING*)
I watched Sue read the postcard. (pas *I looked at…* en anglais britannique)

Ces verbes peuvent également être utilisés avec V-*ING* à leur suite (➤ 26.2.5.b).

Dans une langue recherchée, le verbe *know* est parfois suivi de GN + Ø + V ; dans ce cas, il a un sens proche de celui de "voir" ou de "être témoin de", et il est toujours au present perfect ou au past perfect : *I have known him lose his temper* (Il m'est arrivé de le voir se mettre en colère). Il existe également une construction avec *TO* : *I've never known him to lose his temper.*

b. Verbes *have, help, let* et *make* :

*That **makes** you think.* Ça fait réfléchir. (GN obligatoire en anglais)
*He wants to **make** the rich pay.* Il veut faire payer les riches. (attention à l'ordre des mots en anglais)
*He **lets** his dogs stray everywhere in the village.* Il laisse errer ses chiens partout dans le village. (attention à l'ordre des mots en anglais)
*They **had** people laugh at them in the streets.* Il y avait des gens qui riaient d'eux dans la rue. (Sur cette construction de *have*, ➤ Encadré 26-C.)
*When her brother came to visit them she **had** him repair the dishwasher.* Quand son frère est venu les voir, elle lui a fait réparer le lave-vaisselle.
*I **helped** them clean up the mess.* (➤ aussi 26.5.b)

! Avec les **verbes de perception** et *make*, la construction passive correspondante se forme **avec** *TO* : *He was seen to steal the money* (On l'a vu voler l'argent) / *He was made to open his suitcase* (On lui a fait ouvrir sa valise).

1. Avec *have*, il n'y a pas de construction passive. Avec *help*, la construction passive est très rarement utilisée. Avec *let*, elle est également très rare (on emploie plutôt le passif de *allow* : *He was allowed to stay*), et se forme généralement sans *TO* : *During the famine the sick children were let die* (BBC). La construction sans *TO* est obligatoire au passif pour les expressions *let go / let fall /* etc. (➤ 26.2.1.a) : *The rope had been let go.*

2. Après *make* ou *let* + pronom, on peut effacer (omettre) le groupe verbe + compléments éventuels, pour éviter une répétition : *If he doesn't want to tell us I'll make him / He'll eat all the strawberries if you let him.*

3. Il ne faut pas confondre le verbe *let* (qui équivaut à "laisser / autoriser", ou dans des expressions comme *I'll let you know*, à "faire") et la particule *let* utilisée dans la construction impérative *Let me / Let's /* etc. (➤ 11.2.2).

26.2.3 Subordonnées en *TO* + V : *I want to stay*

On les trouve en particulier (mais pas seulement, ➤ 26.4.2 et 26.4.4-5) après les verbes de volonté. Contrairement aux subordonnées des deux catégories précédentes, elles peuvent avoir un grand nombre de fonctions. Elles peuvent être notamment :

• sujet : *To stay there would be stupid.*

- attribut du sujet : *The best solution is to do nothing.*
- complément d'un verbe, d'un adjectif ou d'un nom : *He likes to drive slowly /
  I'll be glad to meet him / Their decision to leave surprised everyone.*

1. Les règles qui déterminent le choix d'une **extraposition** (➤ 25.1.3) sont en gros
les mêmes que pour les subordonnées nominales en *that* / Ø. Par exemple, on dira
plus couramment *It would be stupid to stay there* que *To stay there would be stupid.*
(➤ aussi 26.4.9.) Il faut également noter l'emploi obligatoire de l'extraposition (et de
it) dans les constructions qui font intervenir un attribut du complément, après des
verbes comme *find* ou *make* (➤ 25.1.3.b) : *I find it difficult to get up every morning at five*
(Je trouve difficile de me lever tous les matins à cinq heures) / *The measure makes it
possible to transfer money from a foreign bank* (Cette mesure permet de transférer de
l'argent à partir d'une banque étrangère) / *He took it into his head to sail round the world*
(L'idée lui a pris / Il s'est mis dans la tête de faire le tour du monde à la voile) / *I
consider it my duty to inform him.*

2. Il existe deux catégories particulières de subordonnées nominales en *TO* + V. Les
premières sont des **interrogatives indirectes** (cf. 25.2.1), dont la structure est souvent plus simple que celle des formes correspondantes du français : *The problem is how
to convince them* (Le problème est de trouver la façon de les convaincre) / *He doesn't
know whether to buy it or not* (Il ne sait pas s'il doit ou non l'acheter). Les secondes sont
les **relatives à l'infinitif** (➤ 28.6.3) : *Blériot was the first man to fly across the Channel /
Mr Briggs is the man to consult / She has nobody on whom to rely.* Le verbe d'une relative
à l'infinitif peut avoir un sens passif : *I have a letter to write.* Il ne faut pas confondre ce
cas avec celui de phrases comme *The work is to be done by tomorrow* (Le travail est à
faire pour demain), phrases dans lesquelles la subordonnée n'est pas une relative (pas
de paraphrase en *that* possible). Ces phrases ne permettent généralement pas l'emploi
d'un infinitif de forme active avec un sens passif (*★The work is to do by tomorrow*). Elles
constituent simplement un cas particulier de l'emploi de *BE* + *TO* (➤ 10.5).

3. Le verbe à l'infinitif et ses compléments éventuels peuvent être omis à la suite de
TO si on veut éviter de les répéter : *I asked him to stay, but he didn't want to.* (La
même possibilité existe avec la construction incluant un GN, ➤ 26.2.4 : *He didn't want
to leave, but they forced him to.*) Attention : il ne faut pas oublier *TO* à la suite du verbe
(ou à la suite du GN, dans le cas d'une construction avec GN). L'omission de *TO* est
cependant possible dans certains cas, notamment après les verbes de volonté dans les
subordonnées qui n'admettent pas l'emploi de *WILL* / *SHALL* à sens futur (*You can leave
when / if / as soon as you want*), mais il est prudent de se rappeler qu'elle est souvent
impossible. Elle est toujours impossible, en particulier, après *not*, et d'une façon générale dans les propositions négatives : '*I hope you won't forget.*' '*I'll try not to.*'

26.2.4 Subordonnées en GN + *TO* + V : *I want <u>Ken</u> <u>to stay</u>*

Les fonctions possibles sont les mêmes que dans le cas précédent. Le GN (obligatoirement à la forme "complément" s'il s'agit d'un pronom) est dans certains
cas introduit par *for* :

For Jo to stay would be surprising. Il serait surprenant que Jo reste.

L'emploi de *for* est obligatoire si la subordonnée a l'une des fonctions suivantes :

- **sujet**, éventuellement avec extraposition : *It would be surprising for Jo to stay.*

- **complément** d'un **verbe prépositionnel** qui se **construit avec** *for* (*wait, arrange*, etc., ➤ liste en 26.4.2) : *She's **waiting** for him to leave* (Elle attend qu'il parte) / *I have **arranged** for them to spend the night here* (J'ai pris des dispositions pour qu'ils passent la nuit ici) / *I **longed** for her to arrive* (Il me tardait qu'elle arrive).

- **complément** d'un **adjectif** du type *eager* / *willing* / *reluctant* (souhait ou volonté concernant un fait futur) : *She was **anxious** for him to succeed* (Elle souhaitait vivement qu'il réussisse) / *He is very **reluctant** for there to be so many guests* (Il ne tient pas du tout à ce qu'il y ait autant d'invités).

- **complément** d'un **nom** du type *condition* : *The **conditions** for him to succeed are simple*.

1. En fait, il y a seulement deux cas dans lesquels on n'utilise pas *for* : (a) après les verbes transitifs directs du type *want, like, prefer* ou *expect* (*I'd like Ken to stay here* – mais en anglais américain on peut dire *I'd like for Ken to stay here*), et (b) après des verbes transitifs indirects comme *persuade* ou *remind*, qui introduisent leur GN complément par une préposition autre que *for* (*I persuaded him of the truth of my statement* / *He reminds me of his brother*, etc.), mais qui se construisent sans préposition quand ils sont suivis d'une subordonnée infinitive (*I persuaded him not to leave* / *He reminded me to post the letter*). (Pour le verbe *ask*, qui peut se construire de plusieurs façons, ➤ Encadré 26-B.) Par ailleurs, *for* est obligatoire dans un cas comme le suivant : *I'd prefer, unless it's really impossible, for them to stay here* – c'est-à-dire si le GN n'est pas placé immédiatement à la suite du verbe *want, like*, etc. On notera aussi les constructions avec *there* + BE, dans lesquelles *there* occupe la place du GN : *I want there to be no mistake* (Je veux qu'il n'y ait pas d'erreur).

2. Il est important de bien comprendre le rôle de *for* et celui du GN dans la construction *for... to*. On opposera l'emploi de *for* à celui de *of* (possible seulement dans certains cas) et à celui de *to* après un adjectif comme *important* :

*It's silly **for** Clara to stay there.* C'est stupide, que Clara reste là.
*It's silly **of** Clara to stay there.* C'est stupide de la part de Clara de rester là.
*It's important **to** them that they can get all the necessary information.* Il est important pour eux de pouvoir obtenir toute l'information nécessaire.

Dans le premier exemple, on voit que *for* n'est pas l'équivalent du français "pour" : il constitue simplement un outil syntaxique qui sert à introduire le sujet de *to stay*. (Notons aussi que l'équivalent anglais de "Pour Clara, il est stupide de rester" serait *In Clara's opinion, it's stupid to stay*.) Il arrive cependant que, dans la construction *for... to, for* ait le sens de "pour" : ce sens est le seul vraisemblable dans *It's easy for Ken to find his way in the forest, since he knows it perfectly*.

26.2.5 Subordonnées en (GN +) V-*ING* : *He hates (Ken) watching TV*

Ces subordonnées peuvent avoir les mêmes fonctions syntaxiques que les nominales en TO + V (sujet, attribut du sujet, etc.) Toutefois, elles n'admettent les constructions extraposées qu'avec un nombre limité d'expressions (*It's no use asking him that question* / *It was easy finding the way out* / *It's a shame wasting that food*). Assez souvent, on ne peut avoir qu'une "fausse extraposition", c'est-à-dire une construction comportant une pause assez marquée avant la subordonnée nominale : *It's impossible, finding one's way in such thick fog*. (Sur l'extraposition, ➤ aussi 26.4.9.)

a. Subordonnées sans GN sujet : *He hates watching TV*

Dans certains cas, il importe de faire une distinction entre deux valeurs que peut prendre V-*ING* : d'une part le **gérondif** et d'autre part le **nom verbal**.

(1) *He's got into the habit of **singing in his bath**.* (gérondif)
(2) *I was awakened by **the singing of birds**.* (nom verbal)
(3) *I heard **singing** in the street.* (nom verbal)

La partie qui figure en gras dans (1) est une subordonnée, formée avec un verbe, dont le sujet est sous-entendu mais qui a un complément explicite (et pourrait avoir d'autres compléments, ainsi que des adverbes : *... of singing madrigals loudly in his bath*). Dans (2) et (3), la partie en gras n'a rien d'une proposition subordonnée : elle constitue purement et simplement un groupe nominal. On voit en effet que dans ces phrases, le mot *singing* n'est rien d'autre qu'un nom : dans (2), il est précédé de l'article *the* et suivi d'un complément de nom introduit par *of* ; dans (3), il s'agit d'un nom dont le déterminant est Ø (cf. *I heard music*), et pourrait être également *some, the*, etc. Autre caractéristique nominale du nom verbal : il peut être modifié par un adjectif (mais non par un adverbe) : *I was awakened by the loud singing of birds* (à opposer à *I don't like singing loudly*, où *singing* est un gérondif).

Il existe de nombreux énoncés dans lesquels la forme ne permet pas de faire une distinction entre le gérondif et le nom verbal. Ainsi, on peut considérer le mot *swimming* de *I like swimming* soit comme un gérondif (cf. *I like watching TV*), soit comme un nom verbal (cf. *I like tennis*) ; dans le second cas, toutefois, le sens pourra être plus large (= la natation), car le sujet de l'action ne sera pas forcément *I*.

En fait, il faut considérer qu'il existe divers **degrés de nominalisation**. Dans de nombreux cas, la langue fonctionne en faisant une distinction nette entre la catégorie du nom et celle du verbe. Dans d'autres cas, en revanche, la distinction est beaucoup moins nette : la langue utilise des formes qui ont à la fois des caractéristiques du nom et des caractéristiques du verbe, et se rapprochent plus ou moins de l'une ou de l'autre des deux catégories. C'est ce qui se produit dans les subordonnées nominales : leur mécanisme repose, en gros, sur l'utilisation de verbes avec une valeur de nom. Ce processus de nominalisation du verbe est plus ou moins poussé : il rapproche plus ou moins le verbe de la catégorie du nom. Dans les subordonnées infinitives (qui utilisent la base verbale, précédée ou non de *TO*), la nominalisation est relativement peu marquée, et le verbe garde un grand nombre de ses caractéristiques. Avec V-*ING*, en revanche, on se rapproche davantage du nom – et on s'en rapproche plus ou moins selon le contexte. Le gérondif reste relativement proche du verbe, tandis que le nom verbal a avant tout les caractéristiques du nom.

b. Subordonnées avec GN sujet : *He hates Ken watching TV*

Le groupe nominal de ces subordonnées peut prendre deux formes différentes : *I dislike **Ken** singing* et *I dislike **Ken's** singing*. Nous appellerons ces deux formes respectivement la **forme complément** (bien que son caractère de complément n'apparaisse que lorsque le GN est un pronom personnel : *I dislike **him** singing*) et la **forme génitif** (ce génitif pouvant être celui d'un pronom : *I dislike **his*** *singing*). La question du choix entre les deux formes est en grande partie liée à la différence entre gérondif et nom verbal (➤ **a**).

• Dans *I dislike **Ken** singing*, le mot *singing* ne peut être qu'un gérondif. Le sens est obligatoirement "Ça ne me plaît pas qu'il chante / quand il chante". Ce qui est nominalisé, c'est l'ensemble de la proposition, et non *singing*, qui garde sa nature verbale, et peut, par exemple, se construire normalement avec un complément d'objet : *I dislike Ken singing that song*.

• Dans *I dislike **Ken's** singing* (forme peu employée en dehors d'un niveau de langue recherché), *singing* peut être soit un gérondif, soit un nom verbal. L'ajout d'un complément (par exemple *that song*) lève l'ambiguïté concernant *singing* : dans *I dislike Ken's singing that song* (sens voisin de celui de … *Ken singing that song*), c'est un gérondif, tandis que dans *I dislike Ken's singing **of** that song* (= la façon dont Ken chante cette chanson), c'est un nom verbal (qui a un complément de nom introduit par *of*).

On pourra par ailleurs retenir les critères de choix suivants :

• Après les verbes de perception comme *see*, *hear* ou *watch* (sur le choix V-*ING* /*TO* + V après ces verbes, ➤ 26.5.a), l'emploi de la forme **complément** est obligatoire : *I heard him mowing his lawn*. Il en va de même après les verbes de sens voisin *catch, discover, find*, etc. (➤ 26.4.3.d) : *I found him / caught him reading my mail*. Ceci s'explique par le fait que, dans ces constructions, V-*ING* a une valeur très proche de celle qu'il a dans la forme *BE* + -*ING* (plus proche du participe présent que du nom).

• En tête de phrase, on choisit de préférence le génitif, surtout pour les pronoms : on dira *His staying there all the time was a real nuisance* plutôt que *Him staying there…*

26.2.6 Subordonnées en (GN +) V-*EN* : *He got <u>drowned</u> / He had <u>his hair cut</u>*

La catégorie des propositions **sans GN sujet** se limite aux propositions introduites par *GET*. Sur le rôle de *GET* et la construction *GET* + participe passé, ➤ 3.7 et 24.3.

Les verbes *go* et *come* peuvent entrer dans une construction en apparence semblable (*The crime went unpunished*, ➤ 22.2.4.b), mais qui est en fait une construction avec adjectif (il n'y a pas de verbe **unpunish*).

Les propositions **avec GN sujet** sont introduites par quatre types de verbes.

a. *Have* et *get* : *He had / He got the lawn mowed* (Il a fait tondre la pelouse) / *He had his car dented* (Il s'est fait cabosser sa voiture). Sur la valeur causative ou non causative de *HAVE* dans ces constructions, ➤ Encadré 26-C.

b. *See, hear, find, imagine,* etc. (verbes de perception non volontaire et verbes de sens voisin) : *A neighbour says he saw the animal beaten by the same men who harassed Simpson week after week / We found the house burnt to ashes* (Nous avons trouvé la maison réduite en cendres).

On se méfiera de l'ambiguïté de la construction française "verbe de perception + infinitif ", construction identique pour un sens actif et un sens passif de l'infinitif: "J'ai récemment vu jouer cette pièce / cet acteur" → *I recently saw this play performed / this actor play.*

c. *Want, love, need, prefer*, etc. (verbes exprimant un souhait, une volonté, etc.) : *I want this window repaired as soon as possible* / *You need your head examined.*

d. *Make* et *leave* dans un petit nombre d'expressions : *I'll try to make myself understood* (Je vais essayer de me faire comprendre) / *He left no stone unturned* (Il remua ciel et terre) / etc.

Les paragraphes suivants sont consacrés aux facteurs qui déterminent le **choix** entre les catégories de subordonnées nominales examinées en 25.1, 26.1 et 26.2. Dans certains cas, ce choix est imposé par le verbe, l'adjectif ou le nom qui introduit la subordonnée. Ainsi, le verbe *manage* introduit une proposition qui sera obligatoirement formée avec TO + infinitif (*He managed to open the door*). Dans d'autres cas, il existe plusieurs constructions, mais elles ont des sens différents (par exemple *remember to do sth* et *remember doing sth*, ➤ 26.4.5). Il importe donc non seulement de connaître la ou les construction(s) que permet tel verbe, tel adjectif ou tel nom, mais aussi de savoir selon quels critères il faut choisir lorsque plusieurs constructions sont possibles. Ces critères sont toujours de nature sémantique. Pour les comprendre et les appliquer correctement, il est donc essentiel de bien comprendre le sémantisme (le système du sens) de chacune des constructions.

26.3 Choix entre subordonnées à un mode personnel / impersonnel

Les francophones devront se méfier du parallélisme apparent entre le français et l'anglais dans le domaine des subordonnées nominales.

a. En français, les verbes de volonté ou de souhait sont couramment suivis d'une construction en "que" : Je veux / Je préfère qu'il vienne. Certains de leurs équivalents anglais, toutefois, n'admettent pas à leur suite (du moins dans la langue courante) une construction en *that* / Ø, et ils imposent l'utilisation d'une construction **à un mode impersonnel**. Il s'agit notamment de *want* et de *like* : "Je veux / voudrais qu'il parte" → *I want / I'd like him to go.*

D'autres verbes, comme *allow, permit, refuse* et *forbid*, peuvent poser un problème aux francophones. Alors que leurs équivalents français sont assez souvent suivis d'une proposition introduite par "que" ("Il a permis / refusé / interdit que je parte"), ils ne sont pas suivis d'une proposition en *that* / Ø – du moins dans la langue courante, et quand ils signifient "autoriser" ou "interdire". L'équivalent anglais de "Il a refusé que je parte" sera donc, par exemple, *He wouldn't allow me to leave* ou *He refused to let me leave.* De même : "Il interdit qu'on gare nos voitures ici" → *He forbids us to park our cars here* / "Tu permets qu'on s'explique ?" → *Will you allow us to explain ourselves?* (Toutefois, *allow* verbe d'opinion admet *that* / Ø : *We must allow that he was right* = Nous devons admettre qu'il avait raison. Pour *forbid*, notez *God forbid that he should leave!*, et ➤ 26.4.4 sur le choix TO + V / V-*ING* avec *allow, permit* et *forbid*.)

b. À l'inverse (➤ 25.1.1), certaines constructions à un mode impersonnel du français se traduisent en anglais par des constructions **à un mode personnel** : "Il a cru mourir" → *He thought he was dying* / "Je pense finir demain" → *I think I'll finish tomorrow* / etc. (➤ 25.1.1).

c. Dans certains cas (mais dans certains cas seulement), l'opposition est du type épistémique / radical (➤ 7.2) : la construction en *that* / Ø exprime une opinion sur la vérité ou la probabilité d'un fait, et la construction en *TO* + V est orientée vers l'accomplissement d'une action. Ainsi, on peut opposer les deux constructions de *it's (im)possible…* (*It's impossible that he forgot* ≠ *It's impossible for him to leave now*), ou du verbe *expect* (*I expect he'll act reasonably* exprime une opinion sur la probabilité d'un fait, et équivaut à "Je m'attends à ce qu'il agisse raisonnablement", tandis que *I expect him to act reasonably* pourra traduire "J'attends de lui qu'il agisse raisonnablement").

d. Dans de nombreux cas, il n'y a pas de différence de sens nettement perceptible entre les deux constructions, mais il peut y avoir une différence de niveau de langue. Ainsi, *I told her it was my idea for you to get away* (J. Sakol, *Diary of an Affair*) (Je lui ai dit que c'est moi qui ai eu l'idée que tu partes) appartient au niveau neutre ou familier, et s'oppose sur ce point à … *it was my idea that you should get away* (niveau plus recherché). Autre exemple : on dira normalement *I prefer you to stay*, et non *I prefer that you should stay* (style très recherché).

26.4 Choix entre *TO* + V et V-*ING*

26.4.1 Constructions verbe + verbe : fonctionnement général

Nous appellerons V_1 et V_2 les deux verbes de ces constructions. Dans la plupart des cas, la présence ou l'absence d'un groupe nominal devant le verbe V_2 est sans influence sur le choix entre *TO* + V et V-*ING* (*I don't like (Ken) to play tennis* /*I don't like (Ken) playing tennis*). Le facteur déterminant est simplement la nature de la relation entre V_1 et V_2 : selon le cas, cette relation est compatible avec le sens fondamental de *TO* + V, ou avec celui de V-*ING*, ou avec les deux.

Un bref rappel du sens fondamental de ces deux formes est ici nécessaire. On peut représenter ce sens par les deux schémas suivants (commentés en **a** et **b**) :

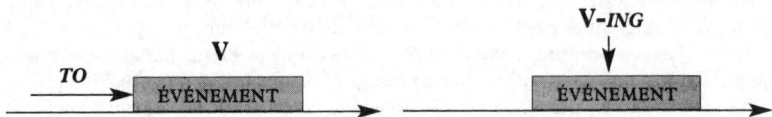

a. *To* + **V.** Quels que soient ses emplois, *TO* exprime toujours, de façon concrète ou abstraite, un mouvement d'un point *x* vers un point *y* (*I'm going to London* / *He works from 2 to 5* / *He gave the book to John*). Dans le cas de la construction V_1 + *TO* + V_2, c'est le verbe V_1 qui correspond au point *x* et le verbe V_2 qui correspond au point *y*. Quant à *TO*, il exprime un mouvement qui est, bien entendu, de nature abstraite ; il est dirigé soit vers l'accomplissement de V_2 soit vers l'affirmation de son accomplissement.

On a donc deux types de relation.

• **Relation de type causal** : le verbe V_1 (*want, cause, manage, compel, promise, threaten, offer, attempt,* etc.) exprime une idée de volonté et / ou de cause, orientées vers l'accomplissement de l'événement représenté par V_2 (*He wanted (them) / compelled them / ordered them to work*) ou orientés vers sa non-réalisation (verbes du type *refuse, hesitate* ou *fail*). On est ici dans un domaine apparenté à celui de la modalité radicale (➤ 7.2.a).

• **Opération mentale de nature logique** : *TO* exprime un mouvement dirigé non pas vers la réalisation de l'événement représenté par V_2 mais vers l'affirmation de son caractère "vrai" (ou tout au moins "probable", ou "possible"). On est ici dans un domaine apparenté à celui de la modalité épistémique (➤ 7.2.b). L'opération mentale exprimée par V_1 peut être le fait du sujet (verbes *believe, discover, presume, prove,* etc.) : *They believed him to be the murderer.* Elle peut également être le fait de l'énonciateur : *Ken seemed to be the murderer / Nora chanced to be in London* (Nora se trouvait être à Londres).

Dans les deux cas, on se place mentalement **avant** l'événement représenté par V_2. Cet événement a donc un caractère virtuel : selon le contexte, et en particulier selon la nature de V_1, le but du mouvement sera atteint ou ne le sera pas (l'événement sera réalisé ou non).

b. **V-*ING*.** La terminaison *-ING* exprime un regard sur un événement (l'événement représenté par V) en un point quelconque de son déroulement dans le temps. Ce regard reste tout à fait extérieur à l'événement : il peut consister en un jugement ou une appréciation, et il n'est pas de nature causale. Donc, dans la construction V_1 + V_2-*ING*, le verbe V_1 peut être non seulement un verbe exprimant une perception au sens concret du terme (*I saw / heard them quarrelling*), mais aussi un verbe qui exprime une forme ou une autre de regard ou d'appréciation sur un événement (*He enjoyed being alone / I can't stand him interrupting all the time*).

Avec la construction V-*ING*, on se place mentalement **dans** l'événement, si bien que ce dernier est vu comme existant (ce qui n'est pas le cas avec *TO* + V, qui laisse l'événement dans le virtuel). Ceci explique que V-*ING* soit fréquemment utilisé dans des cas où la réalisation de l'événement est présupposée (comme dans *He kept reading*). Nous verrons toutefois que V-*ING* peut également être utilisé dans des cas où la réalisation de l'événement n'est pas déjà acquise – mais où elle est, par exemple, envisagée comme une hypothèse.

En résumé, le principe général du choix entre *TO* + V et V-*ING* est le suivant :

• Lorsque la relation entre V_1 et V_2 est de nature causale ou logique, on aura la construction V_1 + *TO* + V_2, qui peut être représentée ainsi :

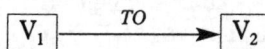

$$\boxed{V_1} \xrightarrow{\ TO\ } \boxed{V_2}$$

- Lorsque V_1 exprime un simple "regard" ou une simple appréciation qui demeurent extérieurs à V_2, on aura la construction $V_1 + V_2\text{-}ING$, qui peut être représentée de la façon suivante :

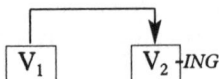

$$\boxed{V_1} \qquad \boxed{V_2} \text{-}ING$$

26.4.2 Verbes suivis de (GN) + *TO* + V : *I want (Ken) to stay*

a. Verbes orientés vers l'accomplissement / le non-accomplissement d'une action (cf. modalité radicale) : *want, decide, persuade, refuse,* etc. Certains, comme *remember* ou *regret,* peuvent également être suivis de V-*ING* (➤ 26.4.5 sur les différences de sens) ; dans les listes de la page 357, ils sont indiqués par le signe $^{(+vg)}$. Certains se construisent sans GN à leur suite (*He agreed to stay*), d'autres se construisent obligatoirement avec un GN (*He persuaded Ken to stay*), d'autres encore admettent les deux constructions (*He expects (Ken) to win the match*).

1. Plusieurs de ces verbes (par ex. *offer*) sont également des verbes à double complément nominal (➤ 22.4). Toutefois, leur construction est ici différente de ce qu'elle est avec des compléments uniquement nominaux. On fera attention en particulier à *offer, refuse, swear* et *threaten,* qui appartiennent à la catégorie *AGREE* : ils se construisent **sans GN complément** entre eux-mêmes et l'infinitif (contrairement à leurs équivalents français). Donc, "Il **m**'a proposé de m'aider" se traduira par *He offered to help me* (et non par **He offered (to) me to help me*). *Threaten,* toutefois, peut être suivi de GN *with* V-*ING* : *They threatened him with calling the police.*

2. On fera également attention aux verbes qui, à l'inverse, sont obligatoirement construits **avec un GN complément** à leur suite (catégorie *PERSUADE*, ➤ liste ci-après), notamment dans les cas où l'équivalent français peut se construire sans complément : "Ces bosses, ça oblige à ralentir" → *These humps compel you to slow down.*

3. À la suite du verbe *accept,* la construction *TO* + V est incorrecte. (*Accept* est habituellement construit avec un GN : *He accepted the offer.*) Les équivalents du français "accepter de" peuvent être *agree* (*He agreed to do the cooking*) ou *be willing to / will* (*I'm willing to / I'll (gladly) go with you*).

4. La construction impersonnelle *It's for you / for John to...* (C'est à toi / à John de...) se rattache à cette catégorie du point de vue du sens et de la forme.

5. L'expression familière *Not to worry!* (T'inquiète !) peut être considérée comme une forme elliptique de *I tell you not to worry* ou de *You are not to worry.*

b. Verbes exprimant une opinion ou un dire relatifs au caractère vrai / probable / possible d'un fait (cf. modalité épistémique) : *believe, think, declare,* etc. (➤ liste page 358.) Il y a dans cette catégorie deux types de verbes, avec deux constructions différentes en ce qui concerne le rôle du sujet : type *SEEM* (*He seems to be honest*) et type *BELIEVE* (*I believe him to be a man of great integrity*). Les constructions du type *BELIEVE* sont surtout employées dans la langue écrite (presse notamment). Elles incluent obligatoirement un GN complément.

Liste (partielle) de verbes suivis de (GN) + *TO* + V, première partie :
verbes orientés vers l'accomplissement / le non-accomplissement d'une action

(Signe [+vg] : verbes pouvant également être suivis de V-*ING*, ➤ 26.4.5.)

Construction sans GN : *They agreed to stay.*

(can) afford	*contrive*	*long*	*remember* [+vg]
agree	*dare* (oser)	*manage*	*scorn* [+vg]
aim	*decide*	*offer*	*seek*
attempt	*demand*	*omit*	*stand* [+vg]
(cannot) bear [+vg]	*deserve* [+vg]	*plan*	*start* [+vg]
begin [+vg]	*endeavour*	*prepare*	*strive*
(not) bother	*fail*	*pretend*	*struggle*
care	*fear* [+vg]	(faire semblant de)	*swear*
cease [+vg]	*forget* [+vg]	*proceed*	*tend*
choose	*hasten*	*promise*	*threaten*
come	*hesitate*	*propose* (≈ *intend*) [+vg]	*try* [+vg]
consent	*hope*	*refuse*	*undertake*
continue [+vg]	*learn*	*regret* [+vg]	

Construction avec GN obligatoire : *They persuaded Ken to stay.*

cause	*entreat*	*oblige*	*schedule*	*trust*
challenge	*force*	*order*	(au passif)	*urge*
compel	*incite*	*persuade*	*sentence*	*warn (not to)*
condemn	*implore*	*press*	*suppose*	
direct	*instruct*	*remind*	(au passif)	
drive	*invite*	*request*	*teach*	
enable	*lead*	*require* [+vg]	*tell*	

Sur *advise, allow, encourage, forbid, permit* et *recommend,* ➤ 26.4.4.

Construction avec ou sans GN : *They expect (Ken) to stay.*

ask	*get*	*intend* [+vg]	*mean* (≈ *intend*)	*trouble*
desire	*hate* [+vg]	*like* [+vg]	*need* [+vg]	*want* [+vg]
expect	*help*	*love* [+vg]	*prefer* [+vg]	*wish*

Construction avec *for* GN : *He waited for Ken to leave.* (Il a attendu que Ken parte.)

arrange	*call*	*long*	*plead*	*send*
ask	*cry*	*motion*	*prepare*	*wait*

Certains verbes admettent une construction du même type avec une préposition autre que *for* : *He shouted to / at / for Ken to go out / He motioned / signalled (to) us to follow.*

(Ce n'est généralement pas le cas avec les verbes français correspondants ; l'équivalent anglais de "Il croit être le meilleur acteur" sera donc soit une construction en *that* / Ø, ➤ 25.1, soit *He believes himself (to be) the best actor.*) En fait, ce GN obligatoire est très souvent le sujet d'une construction passive (beaucoup plus courante que la construction active, soumise à diverses restrictions) : *He is believed to have become very rich* / *He is known to be a bad driver.* Avec le verbe *say*, la construction passive est la seule possible, et, dans la pratique, il en va de même pour *think* et *report* : on dira *He is said* / *reported* / *thought to be very ill*, et non **They said* / *?They thought* / *?They reported him to be very ill.* (Si l'on veut une forme active, on aura recours à la construction en *that* / Ø : *They thought* / *said* / *reported that he was very ill.*) Il existe également, avec les "faux participes passés" *rumoured* et *reputed*, une construction assimilable à un passif : *He was rumoured* / *reputed to be a good pianist.*

Les formes passives, ou de type passif, montrent qu'il y a une similarité de sens et de forme entre toutes ces constructions : on comparera par exemple *He **is believed** to be there* à *He **seems** to be there* et à *He **is likely** to be there* / *He **is sure** to be there.*

Liste (partielle) de verbes suivis de (GN) + *TO* + V, deuxième partie :
verbes exprimant une opinion ou un dire relatifs à une information

Type *SEEM* : *John seems to be ready.*

appear	*chance*	*happen*	*prove*	*seem*	*turn out*
			(= se révéler être)		

Type *BELIEVE* : *I believe John to be honest* / *He is believed to be honest.*

assume	*fancy*	*find*	*know*	*prove* (emploi transitif)
believe	(= *imagine*)	*guess*	*predict*	*show*
consider	*fear*	*imagine*	*presume*	*suppose*
declare	*feel*	*judge*	*proclaim*	*understand*
discover				

Type *BE SAID TO* (forme active impossible ou très rare)

be reported to	*be rumoured to*	*be thought to*
be reputed to	*be said to*	

Le verbe *claim*, qui se construit sans GN complément, appartient à une catégorie à part : *He claims to have discovered a prehistoric cave.*

26.4.3 Verbes suivis uniquement de (GN) V-*ING* : *I dislike (Ken) staying there*

(Les verbes mentionnés dans cette section ne peuvent en aucun cas être suivis de *TO* + V, mais certains d'entre eux admettent une construction en *that* / Ø : *He suggested that we (should) leave early.*)

a. Type *APPRECIATE* / *JUSTIFY*. Ces verbes expriment de façon claire une **appréciation ou un jugement** relatifs à l'événement désigné par la subordonnée : *I appreciate being invited* / *How can you justify (his) spending so much time on that?*

admit (to)	dislike	(not) fancy	mention	(cannot) stand
appreciate	enjoy	forgive	miss	tolerate
deny	excuse	involve	pardon	
detest	(cannot) face	justify	resent	

Admit et *deny* se construisent obligatoirement sans GN devant V-*ING*.

b. Type *CONTEMPLATE* / *AVOID*. Bien qu'ils soient orientés vers l'accomplissement (ou le non-accomplissement) d'une action, ces verbes sont suivis de V-*ING*. Cette construction peut s'expliquer (du moins dans certains cas) par le fait que le sens de ces verbes inclut une appréciation ou une évaluation de l'événement désigné dans la subordonnée : *I suggest leaving now.*

Les verbes soulignés de la liste ci-dessous peuvent ou doivent se construire avec un GN devant V-*ING*. Pour les autres, la construction avec GN est impossible ou très rare. On fera attention à cela, en particulier pour le verbe *suggest*.

advocate	contemplate	favour	prevent	save (économiser /
anticipate	delay	(can't) help	put off	éviter)
avoid	envisage	mind	resist	stop (= prevent)
consider	escape	postpone	risk	suggest

Sur *advise, allow, encourage, forbid, permit* et *recommend*, ➤ 26.4.4.

1. L'idée d'un "regard" sur l'événement est particulièrement évidente dans le sens des verbes *contemplate, envisage* et *consider* (*They contemplated / envisaged / considered moving to a larger house*), malgré la parenté sémantique de ces verbes avec *plan* et avec *intend*, qui peuvent être suivis de *TO* + V. Tous ces verbes expriment en gros une intention mais, alors que les premiers privilégient ce qui, dans l'intention, consiste en un regard mental sur l'acte envisagé, les seconds mettent au premier plan (du moins lorsqu'ils sont construits avec *TO* + V) la composante consistant en une volonté.

2. Autre cas assez clair : celui de *mind* (*Would you mind opening the window?* = Est-ce que ça vous dérangerait d'ouvrir la fenêtre ?). L'expression *would / do you mind...?* est manifestement destinée à provoquer une action ; toutefois, dans une question comme *Would you mind opening the window?*, on ne demande pas directement à l'interlocuteur

d'ouvrir la fenêtre, on lui demande son opinion sur "l'ouverture de la fenêtre" (cf. en français "Verriez-vous un inconvénient à... ?").

3. Sont également suivis de V-*ING* un certain nombre de verbes qui envisagent l'événement de façon **négative**, ou même, pour plusieurs d'entre eux, visent son non-accomplissement : c'est notamment le cas de *avoid, (can't) help, escape, resist, risk, prevent* et *put off.* L'orientation négative de ces verbes n'est pas suffisante pour expliquer leur construction avec V-*ING* (elle est également présente dans le sens de verbes comme *hesitate*, qui sont suivis de *TO* + V), mais il est probable qu'elle joue un rôle : si un événement est vu de façon négative, il est normal qu'il ne fasse pas l'objet de la "visée" à laquelle correspond l'emploi de *TO* ; par contre, il peut faire l'objet du regard mental exprimé par V-*ING*.

c. Type *STOP* : *He stopped eating.* Ces verbes (*keep on, stop*, etc.), qui expriment la continuation ou la fin d'un événement, situent nécessairement le point de vue "dans" l'événement. (Toutefois, *continue* et *cease*, dont le sens est très voisin de celui de *keep on* et de *stop*, se construisent également avec *TO* + V.)

carry on	give up	go on	keep (on)	leave off	quit	resume	stop

La construction *TO* + V que l'on peut trouver après *stop*, par exemple dans *He stopped to eat*, n'entre pas dans la même catégorie (il s'agit d'une subordonnée de but), mais il va de soi qu'il ne faut pas confondre *He stopped to eat* et *He stopped eating.* De même, *He went on talking ≠ He went on to say...* (Il poursuivit en disant /pour dire que...).

d. Type *CATCH* (construction avec GN) : *They caught John stealing the money.* Certains de ces verbes (comme *catch*) sont sémantiquement proches des verbes de perception (➤ 26.5), mais, contrairement à ces derniers, n'admettent pas la construction en ØV. D'autres (comme *send* et *set*) ont une valeur causative (*The explosion sent pieces of stone flying*). La forme V-*ING* a ici une valeur plutôt adjectivale (participiale), et le GN est de façon claire le complément d'objet du premier verbe, ce qui rend impossible l'emploi du génitif (*They caught John's stealing*).

catch	discover	find	keep	leave	picture	send	set	show

V-*ING* est également utilisé de façon obligatoire dans un certain nombre d'expressions, dont **there's no ...-ing** : *There's no knowing what he is up to* (Impossible de savoir ce qu'il mijote).

26.4.4 Verbes suivis de *TO* + V ou de V-*ING* selon présence / absence d'un GN

Il s'agit essentiellement de ***advise, encourage, recommend, allow, permit*** et ***forbid***. Ces verbes sont suivis soit de GN + *TO* + V, soit de V-*ING* (sans GN) :

*I'd **advise you to wait*** *until tomorrow.* Je vous conseillerais d'attendre demain.

*I'd **advise waiting*** *until tomorrow.*

Si le verbe *advise, allow* etc., est au passif, c'est évidemment *TO* + V qui s'impose, puisqu'il y aura obligatoirement un GN : *People were advised to wait.* Rappel (➤ 26.3.a) : *allow, permit* et *forbid* ne peuvent pas être suivis d'une proposition en *that* / Ø lorsqu'ils expriment l'autorisation / l'interdiction.

26.4.5 Verbes permettant les deux constructions (choix en fonction du sens)

• **Remember** : *I remember posting the letter.* ≠ *I remembered to post the letter.* (Je me rappelle avoir posté la lettre. ≠ J'ai pensé à poster la lettre.)

Dans *I remember posting the letter*, le verbe *remember* exprime un simple regard sur l'événement. (Il n'y a pas de lien causal, puisque l'événement est déjà accompli.) On notera que la référence au passé est implicite, sans que l'emploi de *HAVE* + *-EN* soit nécessaire. Dans *I remembered to post the letter*, en revanche, il y a une relation de cause à effet : c'est le fait de se rappeler qui a conduit à l'action de poster la lettre. Même opposition entre *I'll never forget meeting him* et *I won't forget to tell him.* Notez aussi la construction de *think* avec *TO* + V dans (par ex.) *I didn't think to ask* (Je n'ai pas pensé à demander). Mais si le sens est "envisager de", on utilise *think of* / *about* V-*ING* : *He thought of resigning.*

• **Try** : *Try to open the window.* ≠ *Try opening the window.* (Essaie d'ouvrir la fenêtre. ≠ Et si tu ouvrais la fenêtre ?)

Dans *Try to open the window*, le fait d'essayer porte directement sur l'action d'ouvrir la fenêtre. Dans *Try opening the window*, ce n'est pas le cas : le verbe *try* exprime une tentative non pas pour ouvrir la fenêtre mais pour résoudre un problème (par exemple, il fait trop chaud), et l'ouverture de la fenêtre est vue non pas comme une fin mais comme un moyen éventuel de résoudre ce problème. (Le sens est voisin de "Essaie l'ouverture de la fenêtre".) Avec *try*, on notera également la construction *try and* + V (utilisée surtout en anglais britannique, dans une langue plutôt familière, et possible uniquement avec la base verbale) : *You must try and be nice to him.*

• **Need** : *Ken needs to work.* ≠ *The door needs painting.* (Ken a besoin de travailler. ≠ La porte a besoin d'être peinte / d'un coup de peinture.)

1. Dans *Ken needs to work*, le besoin exprimé par *need* est le maillon d'une chaîne de causalité qui va du sujet (*Ken*) à l'action désignée par le verbe *work*. Dans *The door needs painting*, le lien entre le sujet et l'action est beaucoup plus indirect : le verbe *need* exprime non pas un lien causal actif (puisque le sujet "subira" l'action), mais une appréciation (portant sur un état qui caractérise le sujet). Attention cependant : l'emploi d'une forme passive est parfois nécessaire (*This plant needs to be watered regularly*).

2. Comme le verbe *need* (et avec à peu près le même sens), *want* peut être suivi de V-*ING* en anglais britannique familier : *The door wants painting.* Il ne faut pas confondre cette construction de *want* avec une autre construction (de sens actif, et limitée pour l'essentiel à des contextes négatifs), qui est *want* + GN + V-*ING* : *I don't want you staying there.*

3. *Deserve* et *require* ont également deux constructions, dont une a (ou peut avoir) un sens passif : *It deserves reading* (=... *to be read*) / *The roof requires mending.* Cf. aussi le sens passif de *His words don't bear repeating* (Il n'est pas possible de répéter ses paroles).

- **Regret** : *I regret to tell you that you're wrong.* ≠ *I regret telling you that you were wrong.* (J'ai le regret de vous dire que vous avez tort. ≠ Je regrette de vous avoir dit que vous aviez tort.)

Dans le premier cas, le regret se situe avant l'action sur lequel il porte. Dans le second cas, il consiste en un regard rétrospectif, comme dans la construction *remember* + V-*ING*. Avec le verbe *hate*, la construction en *TO* + V a un sens proche de celui de *I regret to…* : *I hate to tell you this, but I must: you're wrong.* On notera aussi les deux constructions de *thank* : *I thank you for helping me* ≠ *I'll thank you to mind your own business.*

- **Like / love / prefer / hate / fear / (can't) bear.** Avec ces verbes, certains contextes font apparaître de façon nette la différence entre les deux constructions : *I didn't like to disturb you* ≠ *I didn't like disturbing you* (Je n'ai pas voulu vous déranger [donc je ne l'ai pas fait] ≠ Ça ne m'a pas plu, de vous déranger [mais je vous ai dérangé]).

On le voit, *I didn't like to…* exprime une relation de nature causale : le fait de "ne pas aimer" a conduit à la non-réalisation de l'action. (Donc *TO* + V donne au verbe *like* une valeur proche du sens de "vouloir" ou de "choisir" ; cf. la relation entre "aimer" et "vouloir" qui, en français, apparaît dans "J'aimerais…".) Dans *I didn't like* + V-*ING*, le verbe *like* exprime un regard purement extérieur sur l'action exprimée dans la subordonnée. La différence est moins sensible dans d'autres contextes mais elle existe, et le choix entre les deux constructions n'est pas toujours aussi libre qu'on pourrait le penser : *I like to drink a cup of tea every morning at ten* exprime le fait que le sujet choisit de boire une tasse de thé tous les matins à dix heures, tandis que *I like walking in this park* exprime une simple appréciation (paraphrase : "Quand je me promène dans ce parc, j'aime cela").

- **Begin** et **start** (commencer à / se mettre à) acceptent les deux constructions (le commencement étant un point dans le temps, on peut le voir aussi bien comme situé "avant" que "pendant" l'événement), mais V-*ING* est rare avec les verbes d'état du type *understand* (qui sont également assez peu compatibles avec *BE* + -*ING*, ➤ 5.6.2) : on dira *I began to understand his frustration*, plutôt que ?*I began understanding his frustration.*

Autre cas où le choix n'est pas libre : on dira *He started to answer but was interrupted*, et non (dans ce contexte) *He started answering…*, car cette forme suggérerait que l'action de répondre a été accomplie.

- **Autres verbes courants** qui acceptent les deux constructions : *intend*, *cease* et *continue* (différence de sens peu perceptible), ainsi que *propose* (*propose* V-*ING* = "proposer que" / "suggérer de", *propose* + *TO* V / V-*ING* = "avoir l'intention de") et *mean* (*I didn't mean to offend you* = Mon intention n'était pas de vous vexer / *It'll mean spending half an hour in a bus* = Ça voudra dire passer une demi-heure dans un bus).

26.4.6 Construction V₁ + préposition + V₂-*ING* : *He objected to staying*

a. Dans *He objected to staying*, *to* est une **préposition** – et non la particule infinitive, comme dans les constructions examinées jusqu'ici. Le fait qu'il s'agit d'une préposition apparaît clairement si l'on compare, par exemple, *I object to being treated like a child* et *I object to the plan*. L'emploi de V-*ING* se justifie de la même façon que dans la construction V_1 + V_2-*ING* : la relation qu'il y a entre V_1 et V_2 est celle d'un regard, d'une appréciation portés sur l'événement désigné dans la proposition complément. Autres exemples (avec un verbe ou une expression verbale) : *It **amounts to** saying that he is wrong* (Cela revient à dire qu'il a tort) / *I shall **limit myself to** asking a few questions* (Je me bornerai à poser quelques questions) / *I **look forward to** meeting them* (Il me tarde de les rencontrer).

b. D'autres prépositions peuvent, bien sûr, intervenir dans ce type de construction : *I don't **believe in** taking medication for this illness / They will **concentrate on** improving the road network.* (➤ listes ci-après.)

Liste (partielle) de verbes suivis de préposition + V-*ING*

Préposition *to* (+GN) + V-*ING*

admit (to)	*get (a)round to*	*object to*
amount to	(trouver enfin	*resort to*
confess to	le temps de)	*take to*
contribute to	*get used to*	*take exception to*
	look forward to	(s'offusquer de)

Autres prépositions (+GN) + V-*ING*

aim at	*decide on / against*	*persist in*
apologize for	*(dis)approve of*	*plan on*
concentrate on	*insist on*	*succeed in*
consist in	*participate in*	

GN + préposition + *V-ING* : *They blamed Ken for leaving.*

accuse sb of	*congratulate sb on*	*excuse sb for*	*reproach sb for*
assist sb in	*credit sb for*	*forgive sb for*	(mais : *reproach*
bar sb from	*criticize sb for*	*praise sb for*	*sb with* + GN)
blame sb for	*deter sb from*	*prevent sb / sth*	*warn sb against*
charge sb with	*discourage sb from*	*(from)*	
(accuser qqn de)			

Constructions avec un pronom réfléchi

confine oneself to	*flatter oneself on*	*resign oneself to*
content oneself with	*limit oneself to*	*restrict oneself to*

26.4.7 Constructions adjectif + verbe : *He is <u>ready to go</u> / <u>opposed to going</u>*

Les deux catégories de constructions s'opposent exactement de la même façon que dans le cas des subordonnées nominales qui sont complément d'un verbe :

> (verbe + verbe) *He refuses **to go**.* ≠ *He objects **to going**.*
>
> (adjectif + verbe) *He is reluctant **to go**.* ≠ *He is opposed **to going**.*

Dans le cas d'une construction avec préposition, cette dernière n'est pas nécessairement *to* : *He's good at drawing caricatures.* Pour la plupart des adjectifs, il existe une seule construction, et il suffit de la connaître. Dans quelques cas, cependant, deux constructions sont possibles ; le choix est déterminé par le même principe que pour les constructions verbe + verbe (avec, souvent, une différence un peu moins nette). On peut opposer, par exemple, *I'm interested in gaining experience* (point de vue "dans" l'événement) et *I'd be interested to know this product.*

De la même façon, avec *afraid*, on peut opposer *He's always afraid of losing his way* (crainte d'un événement qui échappe à la volonté du sujet) et *He's afraid to go out at night* (mais *He's afraid of going out at night* est également possible). L'opposition est du même type pour *anxious about / anxious to, ashamed of / ashamed to* et *content with / content to.*

Adjectif + *TO* + V

apt	*due*	*glad*	*liable*
curious	*eager*	*impatient*	*prone*
determined	*fit* ▪	*inclined*	*reluctant*
disposed	*hesitant*	*keen*	*set*

▪ Sens passif possible : *This food is not fit to eat.*

Adjectif + *TO* (= préposition) + V-*ING*

accustomed to	*averse to* (opposé à)	*close to*	*opposed to*	*susceptible to*

Adjectif + préposition (autre que *TO*) + V-*ING*

angry at sb for	*content with*	*responsible for*
aware of	*fed up with*	*satisfied with*
bad / clever /good at	*nervous of*	

---

1. Quelques adjectifs se construisent directement (sans préposition) avec V-ING : *He's **busy** answering his mail / That book is **worth** reading.*

2. L'adjectif épithète placé avant le nom peut se trouver éloigné de son complément (➤ 16.2.2) : *It's an awful thing to say* (C'est affreux à dire / C'est affreux, de dire ça).

26.4.8 Constructions nom + verbe : *his attempts to learn* / *at learning*

Les subordonnées à un mode impersonnel qui sont complément d'un nom peuvent être des subordonnées en *TO* + V (*He shows a real willingness to learn* / *It's a shame for them to be denied such elementary rights*) ou des subordonnées en V-*ING* introduites par une préposition (*I remember his amazement at discovering that the jewels had disappeared* / *What was his reason for leaving so suddenly?*). Certains noms admettent deux constructions : *That was his last attempt to convince them* / *at convincing them.*

Encadré 26-A :
Constructions "préposition + forme verbale"

Rappel. Dans *He phoned them before the holidays*, le mot *before* est une **préposition** ; il introduit un groupe prépositionnel (= préposition + GN). Dans *He phoned them before we left*, le mot *before* est une **conjonction** ; il introduit une proposition subordonnée (constituée ici d'un sujet et d'un verbe).

• **Principe général.** Si une préposition est suivie immédiatement d'un **verbe**, ce verbe sera obligatoirement sous sa forme **nominalisée**, c'est-à-dire V-*ING*. Ex. : *He phoned them before leaving* (... avant de partir / avant son départ).

• **Le cas de *TO*** est un cas particulier. Lorsqu'il est **préposition**, *TO* se construit avec V-*ING* : *I look forward to meeting them*. Lorsqu'il est **particule infinitive**, *TO* se construit avec l'infinitif : *I hope to meet them soon*.

Les exceptions apparentes s'expliquent facilement. Elles concernent essentiellement *except*, *but* (employé dans le même sens que *except*), *save*, *than* (éventuellement précédé de *rather* / *sooner*), *as well as* et *like*. Ces mots ou expressions (qui tous expriment soit l'exclusion, soit la comparaison) peuvent appartenir aussi bien à la catégorie des prépositions qu'à celle des conjonctions, sans que la frontière soit toujours nette. Le choix de la forme verbale qui suit dépend du contexte syntaxique :

*He does nothing **but complain**. / They had no solution **but to leave**.*
*He writes to entertain **rather than educate**. / When they make a novel into a movie it reduces **rather than promotes** the sale of the book.*
*She was expected to receive the visitors **as well as to answer** the phone. / **As well as writing** a novel he has composed a symphony.*
*Perhaps you could do something useful **like mow the lawn**.*

26.4.9 *To* + V ou V-*ING* dans les subordonnées sujet

Les deux formes ne sont généralement pas interchangeables. Dans une première approximation, on peut être tenté de dire que V-*ING* est utilisé pour un fait avéré, tandis que *TO* + V s'emploie pour un fait dont l'existence est seulement virtuelle :

> *Coming to this wedding was a stupid mistake.* (A. Craig, *A Vicious Circle*)
> *To impose an embargo might seem to be a solution, but it would be the worst solution.* (BBC)

En fait, il existe de nombreux contre-exemples. Tout d'abord, V-*ING* peut être utilisé pour un fait dont la réalisation n'est envisagée qu'à titre d'hypothèse (emploi fréquent s'il s'agit d'un fait qui vient d'être mentionné ou évoqué) :

> *Abolishing the public schools would be perceived as in principle wrong.* (T. Blair)

Ensuite, il arrive que *TO* + V soit utilisé pour un fait avéré :

> *... to marry John was the ultimate act of selfishness in a fairly selfish life.* (W. Boyd, *Brazzaville Beach*)

Il faut donc nuancer le principe formulé plus haut. Ce principe reste en partie vrai : si on a besoin de considérer le fait lui-même, et non la perspective de sa réalisation, on choisira de se placer "dans" l'événement – et par conséquent on utilisera V-*ING*. Ainsi, on dira *Smoking is a serious health hazard* (et non ?*To smoke is a serious health hazard*) : la relation de causalité qui est établie s'appuie nécessairement sur un fait, et par ailleurs l'avis s'adresse à des gens qui fument effectivement. Il suffira toutefois, pour motiver l'utilisation de *TO* + V, que l'énonciateur adopte un point de vue modal sur l'événement désigné : expression d'un jugement moral sur les causes de cet événement (comme dans *... to marry John was the ultimate act of selfishness...*, ci-dessus), ou sur ses conséquences.

1. Les subordonnées en *TO* + V, de même que les subordonnées en *that* / Ø, ne peuvent remplir la fonction de sujet d'une interrogative que si elles sont extraposées : on dira non pas *Would to invite him be possible?*, mais *Would it be possible to invite him?*, ou *Would inviting him be possible?*
2. Les possibilités d'extraposition ne sont pas les mêmes pour les deux types de subordonnées. Ainsi, la construction non extraposée *Lying is bad* est possible, alors que ?*To lie is bad* l'est moins. Et, si l'on veut utiliser une construction extraposée en partant de *Lying is bad*, on dira *It's bad to lie*, et non *It's bad lying*. (Seule sera possible ici une "fausse extraposition", qui coupera la phrase en deux : *It's bad, lying*.)
3. Certaines constructions extraposées sont cependant formées avec V-*ING*, et il y a généralement la possibilité d'utiliser aussi *TO* + V : *It was nice meeting you / to meet you*. Dans ce dernier cas, l'opposition peut être claire : *It's difficult being a parent* (≈ *when you are a parent*) place le point de vue dans l'événement, alors que *It's difficult to be impartial* le place avant. Mais elle peut également être très ténue. Par exemple, quelqu'un qui est très satisfait de l'endroit où il vit pourra dire aussi bien *It's wonderful living here* que *It's wonderful to live here* ; la seconde forme sera plutôt choisie si un changement de situation est envisagé, ou si l'on ajoute *but...*, etc.

4. Imaginons la phrase non extraposée *Solving* (?*To solve*) *the problem is difficult*. Cette phrase a une contrepartie extraposée qui est *It's difficult to solve the problem* (➤ plus haut, 2). Mais elle correspond également à *The problem is difficult to solve*, construction dite "à montée du complément d'objet" : comme on le voit, cette construction fait "monter" le complément d'objet *the problem* en position de sujet de *is difficult*.

26.5 Deux autres problèmes de choix

a. **Verbes de perception** (*see, watch, hear,* etc.) suivis de Ø + V ou de V-*ING*. (Au passif, ➤ 26.2.2, la construction Ø + V devient *TO* + V : *He was seen to leave.*)

Ken saw Betty cross the square. ≠ *Ken saw Betty crossing the square.*

La première phrase implique que Ken a vu la totalité de l'action consistant à traverser la place (aspect "global" de Ø + V). La seconde phrase, dans laquelle V-*ING* a une valeur participiale, situe l'action de voir pendant le déroulement de l'action de traverser la place (sens fondamental de V-*ING*). Donc, contrairement à la première, elle n'implique pas que Betty a fini de traverser la place. (Toutefois, elle n'implique pas non plus le contraire.)

La différence peut cependant être beaucoup moins nette, en particulier si la subordonnée désigne une action qui ne comporte pas de terme naturel. Dans ce dernier cas, l'emploi de Ø + V ne signifie pas nécessairement que l'action a été vue / entendue / etc., d'un bout à l'autre de sa durée : *To watch him suffer for someone else's mistake was appalling* (*The Sunday Times*). Cet emploi indique simplement que l'énonciateur ne choisit pas de considérer l'événement en un point particulier de son déroulement (cf. Ø + nom, qui n'établit pas de délimitation dans la catégorie, mais ne désigne pas nécessairement sa totalité).

b. Le verbe ***help*** utilisé dans le sens d'"aider" peut être suivi de la base verbale avec ou sans *TO*, avec ou sans GN : *He helped (us) (to) do the dishes*. On peut donner comme principe que le choix de l'emploi ou du non-emploi de *TO* est libre. La construction sans *TO* est actuellement la plus utilisée, sauf dans un style soutenu. Certains locuteurs préfèrent la forme avec *TO* dans les contextes non factuels (c'est-à-dire lorsque la réalisation de l'événement reste virtuelle). Voici deux exemples, tirés du même ouvrage (D. Lodge, *Therapy*) :

Of course it's common knowledge that sport [...] helps you sleep.
He said, 'I think it would help me to sleep if I could just hold you.'

Encadré 26-B :
Construction des subordonnées après *say, tell* et *ask*

(Pour la construction de ces verbes avec des GN, ➤ Encadrés 22-B et 22-C.)

1. *Say* et *tell*. Avec *tell*, il faut se souvenir de la présence obligatoire du GN qui représente le destinataire du discours : *'I'm ready,' he told John* (opposez à *'I'm ready,' he said (to John)*). Mais si *tell* signifie "savoir / reconnaître", cette règle ne s'applique évidemment pas : *How can you tell that it's a bird?*

Au passif, il ne faut pas confondre les constructions suivantes :

> *He was said to be very rich.* On disait qu'il était très riche. (pas de construction active)
>
> *He was told they had left.* On lui a dit qu'ils étaient partis. (actif : *Someone told him they had left.*)
>
> *He was told to leave.* On lui a dit de partir. (actif : *Someone told him to leave.*)
>
> Dans le dernier exemple, *tell* a en gros le même sens que *order*. L'emploi de *say* avec cette valeur est limité à la langue familière : *He said (for you) to stay there.*

2. *Ask* peut être suivi d'une subordonnée en -*WH* (*He asked when they would be coming*), ou (dans un style recherché) d'une subordonnée en *that* (*They asked that he be allowed to stay*), ou d'une subordonnée en (GN) + *TO* + V : *He asked to speak / He asked John to open the window.*

! Il ne faut pas confondre (a) *Jim **asked the boss to stay*** (Jim a demandé au patron de rester), phrase dans laquelle le sujet du verbe *stay* est *the boss* (et non *Jim*), et (b) *Jim **asked to stay*** (Jim a demandé à rester), où le sujet du verbe *stay* est *Jim* (sujet "par défaut", pourrait-on dire). Autre équivalent de "Jim a demandé à rester" : *Jim asked (his boss) if he could stay.*

Encadré 26-C : Quelques verbes de sens causatif

a. ***Make*** : forte idée de contrainte, ou cause non intentionnelle. Attention à l'ordre des mots en anglais.

I made him write the letter all over again. Je lui ai fait recommencer la lettre.

His threats make everybody laugh. Ses menaces font rire tout le monde.

Passif : *He was made to write the letter all over again.* (Attention aux constructions parallèles formées avec *get... to* et *have* : elles ne peuvent pas se mettre au passif.)

b. ***Get (sb) to...*** contient l'idée d'un moyen indirect pour parvenir à l'accomplissement d'une action :

I got him to write the letter all over again. ≈ J'ai réussi à lui faire recommencer la lettre.

c. ***Have*** permet trois constructions, qui peuvent avoir une valeur causative : (a) ***have + GN + V***, (b) ***have + GN + V-ING***, (c) ***have + GN + V-EN***.

I had him write the letter all over again. (persuasion ou ordre)

His answer had her blushing.

He had his hair cut. / The news had us worried.

Les valeurs causatives de *have* sont des **valeurs dérivées**. Le sens fondamental de *have* est un sens statif (➤ 3.4). Il n'est d'ailleurs pas rare que les trois constructions ci-dessus soient utilisées dans des contextes qui laissent à *have* sa valeur stative, sans idée d'une relation causale du type "faire faire" : *We had a funny thing happen to us yesterday* (Hier il nous est arrivé une chose amusante) / *They had water running all over the place / I'll read the books and have a story written too by the time you come home again* (I. Murdoch, *The Black Prince*). Notez aussi : *He had his mobile stolen.* Il s'est fait voler son mobile. (*Have* n'exprime pas ici une véritable relation de causalité.)

I won't have you talk to me like this / I won't have that dog running all over the place. (C'est à WILL + NOT qu'est dû le sens d'interdiction.)

d. Un certain nombre de verbes peuvent avoir un sens causatif, dans des contextes très limités :

What lead him to commit this murder?

The fire left them feeling desperate and powerless.

I'll let you know when the product becomes available. Quand le produit sera disponible, je vous le ferai savoir.

Don't keep them waiting. Ne les faites pas attendre.

The blast sent the door flying. L'explosion fit voler la porte.

Her remark set him thinking. Sa remarque l'a fait réfléchir / l'a laissé pensif.

27 Subordonnées adverbiales

27.1 Définitions, caractéristiques générales

Les **propositions subordonnées adverbiales** (également appelées subordonnées **circonstancielles**) sont des propositions qui ont la même fonction qu'un adverbe :

*I'll phone you **when I am in London**.* (cf. *I'll phone you **tomorrow**.*)

1. Rappelons qu'un groupe prépositionnel (= préposition + groupe nominal) peut également remplir une fonction adverbiale : *I'll phone you **after lunch***. Il n'est donc pas surprenant que, bien souvent, le même mot (par exemple *after* ou *before*) puisse introduire aussi bien un groupe prépositionnel qu'une subordonnée adverbiale (autrement dit, qu'il puisse être soit préposition, soit conjonction).

2. Comme les adverbes, les subordonnées adverbiales peuvent être en position finale (exemple ci-dessus), en position initiale (*When I am in London, I'll phone you*) ou, plus rarement, en position médiane (*I shall, when I am in London, telephone you*). Le choix n'est pas toujours libre, mais, dans l'ensemble, il pose beaucoup moins de problèmes aux francophones que dans le cas des adverbes, car les règles sont, ici, généralement semblables à celles du français.

Les subordonnées adverbiales peuvent être à un **mode personnel** (*She is angry **because they refuse to answer her questions***), à un **mode impersonnel** (*I'll do it **to please you***), ou **sans verbe** (***While in London**, he visited the new Tate*).

Les subordonnées adverbiales sont généralement introduites par des **conjonctions de subordination** ; ces dernières peuvent être simples (*She did the shopping **while** I cleaned up the kitchen*), composées (*I'll give him the message **as soon as** he is back*), ou corrélées (*He was **so** tired **that** he fell asleep in the armchair*).

Les critères de classification purement formels présentent peu d'intérêt dans le cas des subordonnées adverbiales. Nous adopterons donc ici une classification fondée sur des critères de sens.

Rappel. Comme nous l'avons vu en 9.3, l'emploi de *WILL / SHALL* à sens futur est impossible dans certaines subordonnées adverbiales ; plus précisément, il est impossible quand, du point de vue du sens, il y a une relation d'implication entre la subordonnée et sa principale. Cette règle s'applique non seulement dans les subordonnées de temps et de condition, mais aussi dans certaines subordonnées de lieu, de contraste, de manière et de comparaison. Dans les paragraphes ci-après, les exemples qui illustrent l'application de la règle sont accompagnés de la mention "emploi de *will / would* impossible".

! Dans les subordonnées adverbiales, le français peut souvent placer le verbe avant le sujet : "Dès que surgit une difficulté nouvelle, ..." / Comme vous l'a expliqué Flora..." En anglais, il ne faut pas d'inversion dans un cas semblable : *As soon as a new difficulty crops up,...* / *As Flora explained to you...*

27.2 Subordonnées de temps

27.2.1 Subordonnées de temps à un mode personnel

Ces subordonnées sont toujours introduites par une conjonction : *when* (quand, lorsque), *after* (après que), *before* (avant que), *till* / *until* (jusqu'à ce que), *as soon as* (dès que), etc. Ces conjonctions peuvent exprimer divers types de relations temporelles entre la subordonnée et sa principale, et il importe de bien choisir la forme verbale qui convient (présent, prétérit, present perfect, etc.).

a. Subordonnées introduites par *when* (➤ aussi 5.5)

When I was a child, this was only a small town. Quand j'étais enfant, ceci n'était qu'une petite ville.

We'll discuss this question when the children have gone to bed. Nous discuterons de cette question quand les enfants seront allés se coucher. (Emploi de *will* impossible dans la subordonnée ; emploi du présent simple également impossible : ... *when the children go to bed* équivaudrait à "... quand les enfants iront se coucher".)

When he had checked that the vegetables were cooked, he called the guests. Quand il a eu vérifié que les légumes étaient cuits, il a appelé les invités. (emploi du past perfect dans la subordonnée)

He said he would begin when everybody had arrived. Il a dit qu'il commencerait quand tout le monde serait arrivé. (Les prétérits *would* et *had* résultent d'une concordance des temps : le discours direct correspondant est '*I will begin when everybody has arrived.*' L'emploi de *will* / *would* est impossible dans la subordonnée.)

When I entered her office, she phoned the boss. Quand je suis entré dans son bureau, elle a téléphoné au patron.

When I entered her office, she was phoning the boss. Quand je suis entré dans son bureau, elle téléphonait au patron.

Après *when*, il est impossible d'employer WILL / SHALL seulement dans le cas où la proposition est une **subordonnée de temps**. Il n'y a en revanche aucune impossibilité dans les cas suivants : (a) *I don't know when he'll arrive in London* (Je ne sais pas quand il arrivera à Londres), car la subordonnée est une interrogative indirecte ; (b) *The day will come when you will regret it* (Un jour viendra où vous le regretterez), car *when* est ici un pronom relatif (*the day... when = the day... on which*) ; (c) *The Prime Minister will stay in power at least until June 1st, when there will be a general election* (Le Premier Ministre restera au pouvoir au moins jusqu'au 1er juin, date à laquelle il y aura des élections législatives), car la subordonnée est ici aussi une relative, appositive cette fois (➤ 28.3.2).

b. Subordonnées introduites par une autre conjonction

*Tell her to call me back **as soon as** /əz'su:nəz/ she can.* Dites-lui de me rappeler dès qu'elle pourra. (emploi de *will* impossible dans la subordonnée)

*I thought he'd go on holiday **as soon as** he had finished writing his book.* Je croyais qu'il partirait en vacances dès qu'il aurait fini d'écrire son livre. (emploi de *would* impossible dans la subordonnée et, ici encore, application de la règle de concordance des temps)

***Now (that)** he knows you, he won't ask you for your pass any more.* Maintenant qu'il vous connaît, il ne vous demandera plus votre laissez-passer.

*Please close all the windows **before** you leave the building.* S'il vous plaît, fermez toutes les fenêtres avant de quitter le bâtiment. (emploi de *will* impossible dans la subordonnée)

***Before** I could say a word she had closed the door.* Avant que j'aie pu dire un mot elle avait fermé la porte. (emploi de *could* : ➤ 8.1.1)

***After** he left, I never heard from him again.* Après son départ, il ne m'a plus donné de ses nouvelles.

*We can overhaul the engine **while** you wait.* Nous pouvons vérifier le moteur pendant que vous attendez / attendrez. (L'action *you wait* est vue dans sa totalité, ce qui justifie l'emploi du présent simple.)

*I'll try to find some aspirin **while** you're calling the doctor.* Je vais essayer de trouver de l'aspirine pendant que vous appelez / appellerez le docteur.

***As** I came nearer to the house I heard a lot of noise inside.* Comme je m'approchais /En m'approchant de la maison, j'entendis un grand bruit à l'intérieur. (à distinguer de *as* équivalant à "puisque", ➤ 27.6)

***Once** you've finished my sweater, could you make me a scarf?* Une fois que tu auras fini mon pullover, est-ce que tu pourrais me faire une écharpe ? (emploi de *will* impossible dans la subordonnée)

*We can't make a decision **until** we have sorted out this problem.* Nous ne pouvons pas prendre une décision avant d'avoir réglé ce problème. (emploi de *will* impossible dans la subordonnée)

*You can stay **as long as** you like.* Vous pouvez rester aussi longtemps qu'il vous plaira. (à distinguer de *as long as* équivalant à "pourvu que", ➤ 27.4 ; emploi de *will* impossible, de même que dans l'exemple suivant)

*Come **whenever** you like.* Venez quand vous voudrez (≈ n'importe quand).

1. Il existe un cas de chevauchement entre les subordonnées de temps et les relatives, c'est celui des expressions *the moment / the minute / by the time* utilisées comme conjonctions : *By the time the ambulance arrived the injured man had died* (Le temps que l'ambulance arrive, le blessé était mort). De façon semblable, les adverbes *immediately* et *directly* peuvent être employés comme conjonctions, notamment dans la langue familière : *He came directly / immediately we asked him* (Il est venu dès que nous le lui avons demandé).

2. Rappel : les constructions corrélées *hardly / scarcely... when* et *no sooner... than* imposent l'inversion auxiliaire-sujet si *hardly / scarcely / no sooner* est placé en tête de proposition (➤ 23.2.2) : *His wife had hardly started to answer when he interrupted her* ↔ *Hardly had his wife started to answer when he interrupted her.*

3. En français, "après" est souvent construit avec une proposition à un mode impersonnel : "Après <u>avoir ouvert</u> la porte, il m'a regardé, l'air surpris". En anglais, on a le plus souvent un mode personnel, et, dans un récit au passé, le prétérit plutôt que le past perfect : *After <u>he opened</u> the door, he looked at me in surprise.* Par ailleurs, en français, "après" est souvent utilisé comme adverbe, dans le sens de "ensuite" : "Il fait ses devoirs, et après il regarde la télé". Faites attention lors de la traduction en anglais (n'utilisez pas *after* seul) : *He does his homework, and then / and after that / and afterwards he watches TV.*

27.2.2 Subordonnées de temps à un mode impersonnel

Certaines de ces subordonnées ne sont pas introduites par une conjonction :

Coming to the surface again, he realized that the boat had disappeared. En remontant à la surface, il s'aperçut que le bateau avait disparu.
He died defending the cause of freedom. ... en défendant la cause de la liberté.

Dans de nombreux cas, toutefois, elles sont introduites par une conjonction ou une préposition comme *on* :

On opening the door, he realized that the house had been burgled. En ouvrant la porte (= au moment où il ouvrit la porte), il s'aperçut que la maison avait été cambriolée.
The dog was run over by a car while crossing the avenue. Le chien s'est fait écraser par une voiture en traversant l'avenue.
Once repaired, they can last for another two or three years. Une fois réparés, ils peuvent durer encore deux ou trois ans.
When noticing any anomaly, you must report it to the maintenance department immediately. Si vous remarquez une anomalie, vous devez la signaler immédiatement au service entretien.

1. Dans ces subordonnées, la forme V-*ING*, qui a une valeur participiale, n'équivaut pas nécessairement à une forme en *BE* + -*ING*. Ainsi, *Coming to the surface...* équivaut à *When he came to the surface...*, et non à *When he was coming to the surface...*

2. Les propositions du type *To look at him* [*you'd never think he is so strong*] se situent à l'intersection du domaine des subordonnées de temps, de condition et de contraste.

3. Il existe des subordonnées de temps sans verbe : *When in doubt* (= *When / If you are in doubt*), *call this number / As a child* (= *When I was a child*), *I often went there.*

27.3 Subordonnées de lieu

Elles peuvent être introduites par les conjonctions *where* ou *wherever* :

I found the keys where you had told me to look. J'ai trouvé les clés où vous m'aviez dit de regarder / de chercher.
You'll be able to go wherever you like. Vous pourrez aller où vous voudrez (où que ce soit).

L'emploi de *will* est impossible dans la subordonnée du second exemple, car le sens est en partie conditionnel (➤ 9.3) : *If you want to go there, you'll be able to go there.*

> **!** Le français "où" se traduit par *when* ou par Ø, et non par *where*, quand il exprime une relation de temps (➤ 28.6.1) : "Le jour où..." → *The day (when)...*

27.4 Subordonnées de condition

Un grand nombre de ces subordonnées sont introduites par la conjonction *if* :

If you promise not to tell anybody, I'll let you into the secret. Si vous me promettez de ne le dire à personne, je vais vous révéler le secret. (La forme *If you'll promise...* équivaudrait à "Si vous acceptez de promettre...", ➤ 9.1.1.)

Nous avons vu en 9.1.2 et 9.1.4 qu'il existe plusieurs types de condition : condition dite **réelle** (*If it's fine, we'll go out for a walk* = S'il fait beau, nous sortirons nous promener), condition **irréelle** (*It's a pity it's raining; if it was fine, we'd go out for a walk*), condition **peu probable** (*If it was fine tomorrow, we'd go out for a walk*).

En fait, il existe plusieurs formes de condition peu probable. Tout d'abord, on peut se contenter d'employer le prétérit, pour exprimer simplement un doute sur les chances de réalisation de la condition : *If an incident **occurred**...* (Si un incident se produisait...). Si l'on veut renforcer l'idée de doute (cf. en français "Si jamais un incident se produisait... / Si un incident devait se produire / venait à se produire..."), on a deux possibilités : utiliser *should* (➤ 9.2.5.c) ou *was to / were to* (➤ 10.5.5). Les deux formes ne sont pas équivalentes. Comparez *If an incident should occur, call this number immediately* et *If an incident were to occur, we would be held responsible.* Dans un énoncé qui indique une conduite à suivre ou exprime un conseil, on emploiera *if... should.* Dans un énoncé purement spéculatif, on utilisera *if... was / were to.* Sur l'utilisation d'une inversion auxiliaire-sujet à la place de *if,* ➤ 23.2.2.

Les subordonnées de condition peuvent également être introduites par des conjonctions comme *unless* (à moins que), *supposing that* (à supposer que), *as / so long as* (tant que / pourvu que, ➤ aussi 27.2.1.b) :

Unless he mends his ways he'll end up in jail. À moins qu'il ne change / S'il ne change pas, il finira en prison.

Le sens de *unless* inclut une négation. Toutefois, *unless* ne peut pas toujours remplacer *if... not* (de même qu'en français "à moins que" ne peut pas toujours remplacer "si... ne pas"), et son emploi est généralement exclu dans les phrases de condition irréelle. Ainsi, on ne pourrait pas utiliser *unless* à la place de *if... not* dans *If you weren't my friend I wouldn't speak to you like this.*

Supposing your guests don't turn up, what will you do with all that food? À supposer que vos invités ne viennent pas, que ferez-vous de toute cette nourriture ?

As long as / *Provided* he can get his own way, he'll agree with all you say. Tant qu'il pourra / Pourvu qu'il puisse en faire à sa tête, il sera d'accord avec tout ce que vous direz.

Attention : lorsque "pourvu que..." exprime un souhait, son équivalent anglais est différent. Ainsi, "Pourvu qu'il ne se perde pas !" → *I only hope he won't lose his way!*

I'll go with you, provided / *providing* you don't walk too quickly. Je vais vous accompagner, à condition que vous ne marchiez pas trop vite.

In case (➤ aussi 27.7.1.b) peut être employé (notamment en anglais américain) avec le sens de "dans le cas où" / "si" : *In case I'm late, start the meeting without me* (Si je suis en retard, commencez la réunion sans moi).

1. La condition peut également être exprimée par des propositions sans verbe (*Few people, if any, will answer his invitation*), ou par des structures de coordination (➤ 29.1.2).

2. Certaines subordonnées commentaires (➤ 27.9) formées avec *to* suivi d'un verbe de perception sont sémantiquement proches de conditionnelles ou de subordonnées de temps : *To look at him, you would never think he would harm a soul* (P. Auster, *The Music of Chance*) (*to look at him = if* / *when you look at him*).

27.5 Subordonnées de contraste / de concession

Although / *Though* it's cold, he won't turn the heating on. Bien qu'il fasse froid, il ne veut pas allumer le chauffage. (Dans la langue courante, on préfère généralement employer *though*.)

Although / *Though* small, the house is comfortable.

Though est souvent précédé de *even* (*Even though it's cold,...*). Par ailleurs, il est souvent employé, avec une valeur syntaxique d'adverbe, en milieu ou en fin de phrase (notamment dans la langue parlée) : *It was a very tiring journey. Quite enjoyable, though* (Ç'a été un voyage très fatigant, mais quand même très agréable).

Il existe également des constructions (plutôt emphatiques) qui placent en tête de proposition l'élément sur lequel porte le contraste, et le font suivre de *though* ou de *as* :

Cold though it is / *Cold as* it is, he won't turn the heating on. (La construction *As cold as it is...* est possible dans certaines variétés d'anglais.)

Londoner as she was, this was a fact she did not know. (P.D. James, *The Skull Beneath the Skin*)

Much as I love her, I can't forgive her betrayal. Malgré tout mon amour pour elle, je ne peux pardonner sa trahison.

Try as you will / may, you'll never persuade him that he is wrong. Vous aurez beau essayer, vous ne le persuaderez jamais qu'il a tort.

Dans certains contextes, la construction avec *as* peut avoir un sens de cause (➤ 27.6).

*He threw away the toaster **when** he could have repaired it easily.* Il a jeté le grille-pain alors qu'il aurait pu facilement le réparer. (On notera la relation avec la notion de temps, de même que pour *while* ci-après.)

***While** I am ready to side with you, I cannot approve you entirely.* Bien que je sois prêt à prendre votre parti, je ne peux pas vous approuver entièrement. (*Whilst* à la place de *while* appartient à une langue très recherchée.)

***While** / **Whereas** /weər'æz/ most of his neighbours take the bus to go to the centre of town, he always go there by car.* Alors que la plupart de ses voisins prennent l'autobus pour aller au centre-ville, il y va tout le temps en voiture. (On notera que *while* ne peut pas être remplacé par *whereas* quand il est l'équivalent de "bien que", ➤ exemple précédent.)

***For all** he may say, she is right.* Quoi qu'il en dise, elle a raison.

Le contraste peut également être exprimé à l'aide de mots comme *nevertheless* (néanmoins), *still* (cependant, pourtant), *all / just the same* (pourtant), *however* (cependant, toutefois), *yet* (cependant), qui ont un rôle intermédiaire entre celui de l'adverbe et celui de la conjonction : *He knows she is impatient of criticism, and yet he can't help picking on her* (Il sait qu'elle supporte mal les critiques, et pourtant il ne peut pas s'empêcher de lui faire des remarques désagréables). On notera également les expressions *for all I know* (pour autant que je sache) et *for all I care* (pour autant que je m'en soucie / ça m'est égal).

Le sens de contraste est apparenté au sens de condition, comme le montrent les conjonctions composées *even if* et *even though*. Ces deux conjonctions ont un sens très voisin, mais dans certains contextes il importe de ne pas les confondre :

***Even if** it's too late, I'll send in my application.* Même s'il est trop tard, je vais envoyer ma demande.

***Even though** it's too late, I'll send in my application.* Bien qu'il soit trop tard, je vais envoyer ma demande.

Par ailleurs, *if* peut être employé dans le sens de *even if*, si le contexte ne laisse aucune possibilité d'ambiguïté : *I want the picture. All of it. If it takes all day* (Même si ça prend toute la journée) (R. Stout, *The Doorbell Rang*).

Whether... or et les mots en *-ever*, ainsi que la construction BE + sujet (dans une langue très soutenue), peuvent avoir une valeur de contraste / concession :

I'll do it, whether you like it or not. (≈ *even if you don't like it*)
I'll never succeed, however much I try. (≈ *even if I try hard*) J'aurai beau essayer...
However tired he may be... (≈ *Even if he is very tired...*) Si fatigué qu'il soit...
However you proceed, it's going to be long. Quelle que soit la façon dont vous procéderez...
Whatever you say, he'll do as he likes. Quoi que tu dises, il fera ce qu'il voudra.
Whatever you may say, she's a great writer. Quoi que tu en dises / Tu as beau dire...
Be they ever so shoddily made, apparently, the new titles were snapped up by mail-order customers as soon as they were put in the catalogue. (R. Barnard, *Bodies*)

27.6 Subordonnées de cause

Elles sont, le plus souvent, introduites par l'une des quatre conjonctions suivantes : *because* (parce que), *for* (car), *since* (puisque), *as* (comme, parce que). Sur *for*, ➤ aussi 29.1.

*The river is dry **because** there hasn't been enough rain.* La rivière est à sec parce qu'il n'y a pas eu assez de pluie.

***Since** you won't help me I'd better ask someone else.* Puisque vous ne voulez pas m'aider, il vaut mieux que je demande à quelqu'un d'autre.

***As** I was late I didn't look them up while I was in the district.* Comme j'étais en retard, je ne suis pas passé les voir pendant que j'étais dans le quartier.

*He didn't tell them the news at once, **for** he knew it would distress them.* Il ne leur a pas annoncé la nouvelle tout de suite, car il savait qu'ils en seraient bouleversés.

1. *Because* et *for* peuvent également avoir une valeur épistémique (= *if I say this, it's because…*) : *Ted is back from his holiday, because / for I saw his car on his driveway this morning.*

2. Précédé d'un adjectif ou d'un adverbe, *as* est parfois utilisé dans des constructions de sens causal qui, du point de vue de la forme, sont identiques aux constructions concessives du type *tired as he is* (➤ 27.5). C'est le contexte qui permet de distinguer la valeur causale de la valeur concessive : *Tired as he was, he did not realize that he had taken the wrong direction* (Fatigué comme il l'était…). *That* peut lui aussi avoir une valeur causale, dans une construction semblable, mais devant un nom : *Fool that I was, I had brought no hand torch with me* (J. Le Carré, *Our Game*) / *Engineer that he is, Geoffrey Atkins points out that 'existing power stations have a life of 30 to 40 years.'*

3. On peut également exprimer la cause par des subordonnées participiales, par des subordonnées sans verbe et par des groupes prépositionnels : *Realizing that he had blundered, he changed the subject* (Se rendant compte qu'il avait fait une gaffe, il changea de sujet) / *Given his mastery of the question, they gave him the job* / *With the crisis over, sales were on the upward trend again* (La crise étant terminée, la tendance des ventes était de nouveau à la hausse) / *What with the constant opening of the outside door, the pit was never a warm place* (J. Irving, *The Imaginary Girlfriend*) (*what with* = à cause de) / *It's surprising she asked him that favour, seeing that they aren't on speaking terms* (… étant donné qu'ils ne se parlent pas). Dans une langue non standard, *seeing that* peut être remplacé par *seeing as* (… *seeing as they aren't on speaking terms*).

27.7 Subordonnées de but et subordonnées de résultat

27.7.1 Subordonnées de but / résultat à un mode personnel

a. Le **but** et le **résultat** sont deux notions très proches : le but est un résultat que l'on cherche à atteindre. Toutefois, il importe dans certains cas de bien les distinguer :

He had done the shopping so that we would have enough food when we arrived. Il avait fait les courses pour que nous ayons assez de provisions quand nous arriverions. (expression d'un **but**)

He had done the shopping, so that we had enough food when we arrived. Il avait fait les courses, de sorte que / si bien que nous avons eu assez de provisions quand nous sommes arrivés. (expression d'un **résultat**)

Dans les deux cas, la conjonction peut être la même (*so that* ou *so*). Les subordonnées de but sont généralement formées avec un modal. Ce modal peut être *CAN* / *MAY* (si la conséquence visée est simplement une conséquence possible) ou

WILL /SHALL (dans le cas d'une conséquence nécessaire). *MAY* et *SHALL* sont employés dans un style recherché. Dans les contextes de passé ou d'irréel, la règle de concordance des temps peut imposer l'emploi du prétérit (*could /might / would /should*) :

> *I'll give him some money so (that) he **can** buy that dictionary.* Je vais lui donner de l'argent pour qu'il achète / puisse acheter ce dictionnaire.
>
> *I gave him some money so (that) he **could** buy that dictionary.* Je lui ai donné de l'argent pour qu'il achète / puisse acheter ce dictionnaire.
>
> *She explained her plan carefully so (that) they **would** do exactly what was expected of them.*

1. Dans la langue courante, le but est souvent exprimé par *so* plutôt que par *so that* : *You should speak louder so they can hear you* (Vous devriez parler plus fort pour qu'ils vous entendent). Dans une langue non standard, *so (that)* peut être remplacé par *just so as* : *I'll e-mail you the address just so as you can try this for yourself.* Dans une langue recherchée, le but peut être exprimé par *in order that*, ou même par *that* (langue très recherchée) : *You should speak louder (in order) that they may hear you* (… afin qu'ils vous entendent).

2. Dans les contextes qui ne favorisent pas l'ambiguïté entre le but et le résultat, on peut ne pas employer de modal pour exprimer le but : *The Royal Navy are going to collect that oil so it doesn't pollute the Bay.* (BBC)

3. La conséquence logique peut être exprimée notamment par *so* (alors / donc), par *then* (alors / donc) et par *therefore* (donc / par conséquent) : *I see that the work isn't finished. So, Ted has been lying* (Alors / Donc, Ted a menti) / *Therefore, Ted has been lying / Ted has been lying, then.* L'implication peut être exprimée par *(in order) for… to…* : *In order for people to be happy, sometimes they have to take risks.*

b. Le **but négatif** (sens de "pour que… ne… pas…", ou sens de "de peur que / pour le cas où…") peut être exprimé par *(just) in case*, ou (dans un style recherché) par *for fear (that)* / *lest*. Le GV de la subordonnée peut être formé avec *might* ou (dans un style recherché) avec *should* ou le subjonctif.

> *Take your umbrella **in case** it rains.* Prends ton parapluie pour le cas où il pleuvrait / des fois qu'il pleuve / pleuvrait.
>
> *He put on his overcoat **in case** he caught cold.* … pour ne pas prendre froid.
>
> *He hid behind the hedge **in case** somebody saw him / might / should see him.* Il s'est caché derrière la haie pour qu'on ne le voie pas / de peur qu'on ne le voie.
>
> *The President withdrew his project **for fear that** / **lest** it divide / might divide / should divide the majority.* Le Président retira son projet de peur qu'il ne divise la majorité.

Lest est parfois utilisé, dans un style recherché, après des verbes / noms / adjectifs tels que *worry / worried* : *They worried lest he should forget the appointment* (= *They worried that he might forget the appointment*).

27.7.2 Subordonnées de but / résultat / conséquence à un mode impersonnel

a. Les subordonnées de **but** peuvent être introduites par *to*, par *in order to* (employé de préférence à *to* si l'on veut exprimer le but de façon non ambiguë) ou par *so as to* (de façon à) :

*I'm sure he did that just **to** spite her.* Je suis sûr qu'il a fait ça simplement pour la contrarier.

*She asked him to repeat his question **in order to** / **so as to** be absolutely sure of what he had said.* Elle lui a demandé de répéter sa question afin d'être / de façon à être absolument sûre de ce qu'il avait dit.

1. Le but négatif est exprimé par *in order not to* ou par *so as not to* (il est rare que l'on emploie simplement *not to*) : *He opened the door silently **in order not to** / **so as not to** wake anybody* (Il ouvrit la porte sans bruit pour / de façon à ne réveiller personne). Dans certains cas, il peut également être exprimé par *to not* + base verbale : *So many times, she had hidden from his partings, sat in dark rooms or under the cool sheets of her bed, anything to not watch him leave* (A. Hood).

2. Les subordonnées de but introduites par *to* ou par *in order to* peuvent avoir un sujet (précédé de *for*, et à la forme complément si c'est un pronom, ➤ 26.2.4) : *I repeated what I had said for him to understand perfectly* (J'ai répété ce que j'avais dit pour qu'il comprenne parfaitement).

! Lorsque le complément du verbe à l'infinitif a déjà été mentionné dans la proposition précédente, on ne le répète pas sous la forme *it* (sauf insistance particulière) : *I've brought the contract for you to sign* (J'ai apporté le contrat pour que vous le signiez). Ce phénomène syntaxique est à rapprocher de la non-répétition, dans les propositions relatives, d'un complément qui a déjà été exprimé sous la forme d'un pronom relatif : *I've brought the contract that you must sign.* Avec les verbes prépositionnels, on prendra garde (comme dans les propositions relatives) à ne pas oublier la préposition qui introduit le complément non répété : *I have brought this recording for them to listen to* (J'ai apporté cet enregistrement pour qu'ils l'écoutent).

3. Du point de vue du sens et de la forme, il y a une certaine similarité entre (a) les subordonnées de but introduites par *to*, (b) certaines subordonnées nominales (*I think he'd better go, but it's not for me to say* = … mais ce n'est pas à moi de le dire) et (c) les relatives à l'infinitif, ➤ 28.6.3 (*Professor Todd is the man to consult*). On notera, dans toutes ces constructions, la valeur modale de *to*. Cette valeur peut demeurer vague entre la possibilité et la nécessité : *They had put it there for everybody to see* = … *so that everybody could / would see it*.

4. Il ne faut pas confondre *He took a piece of cloth **to dust the shelves*** (but proprement dit) et *This piece of cloth is **for dusting the shelves*** (for = destiné à). L'équivalent français est dans les deux cas "… pour épousseter les étagères".

b. Certaines subordonnées adverbiales introduites par *to* pourraient, à première vue, être prises pour des subordonnées de but. En fait, elles expriment le **résultat**. Elles ne permettraient pas le remplacement de *to* par *in order to* :

She lived to be 90. Elle a vécu jusqu'à l'âge de 90 ans.

You'll live to regret it. Plus tard, vous le regretterez.

He went to the address that had been given him (only) to find that they didn't live there any more. Il s'est rendu à l'adresse qui lui avait été donnée, pour s'apercevoir qu'ils n'habitaient plus là. (Ici, "pour" est utilisable pour traduire *to*, mais il faut noter qu'il n'exprime pas, lui non plus, le but.)

c. Après des adverbes comme *too, enough* ou *sufficiently*, on trouve des constructions qui semblent proches, par le sens, des subordonnées de but introduites par *to* (bien qu'elles excluent l'emploi de *in order to*), et qui fonctionnent de façon semblable (notez en particulier que le complément n'est pas exprimé, et opposez au français) :

The bag is too heavy for him to lift. Le sac est trop lourd pour qu'il le soulève.
The issue is too important to ignore. La question est trop importante pour pouvoir être ignorée.

Ces constructions expriment en fait non pas le but mais la **conséquence** (ou plus précisément une implication) : *The bag is (too) heavy* ⇒ *He can't lift it*. Après *enough / sufficiently*, il arrive que la subordonnée soit à un mode personnel et introduite par *that* : *... additional snowfall can produce enough stress that nothing will hold the snow on the mountain* (*Newsweek*) (... pour que rien ne puisse retenir la neige) / *The enterprise was sufficiently successful that in 1831 they invited their nephew Lorenzo to join them* (B. Bryson, *Made in America*).

27.8 Subordonnées de manière et de comparaison

Les deux concepts sont apparentés. Pour dire comment est quelque chose, il arrive souvent qu'on le compare à quelque chose d'autre. Comparer, c'est affirmer l'existence de similitudes ou de différences.

a. On peut affirmer une similitude à l'aide des conjonctions **as** et **like** (cette dernière étant à éviter dans un style soutenu) :

*Do **as** I tell you.* Faites comme je vous dis. (niveau neutre ou soutenu)
*Do **like** I tell you.* (niveau familier ou neutre)

As et *like* s'utilisent de la même façon (avec la même différence de niveau de langue) devant un groupe prépositionnel :

*Here, **as** / **like in Britain** (= as / like they do in Britain), they drive on the left.*
Like peut donc être le synonyme de *as* lorsqu'il est **conjonction** (la différence étant simplement une différence de niveau de langue). En revanche, *like* et *as* n'ont pas le même sens lorsqu'ils sont **prépositions** (c'est-à-dire lorsqu'ils introduisent un groupe nominal). Comparez : *He spoke like an expert* (Il a parlé comme un expert) et *He spoke as an expert* (Il a parlé en tant qu'expert).

! Notez la construction des subordonnées de manière introduites par *as* dans des phrases du type *This summer there might be a deficit in rainfall, **as** **happened last year*** (... comme ça c'est produit l'an dernier) : ici encore, faites attention à l'absence de *it* (*?as it happened last year*). Cette absence est explicable par la ressemblance avec les relatives (cf. ..., *which happened last year*).

1. Cependant, *it* n'est pas omis dans ces subordonnées de manière s'il équivaut à *the question* ou à *things* : *As I see it, what we have to impress upon people is this idea of setting a precedent* (Z. Smith, *White Teeth*).

2. Les subordonnées comparatives introduites par *as* ou par *than* sont elles aussi caractérisées par cette absence du pronom *it* sujet ou complément : *He stayed there as long as was necessary* / *longer than was necessary* / *It's not as difficult as I had anticipated* / *It's more difficult than I had anticipated* (Ce n'est pas aussi difficile / C'est plus difficile que je ne l'avais prévu).

3. Dans certaines subordonnées de comparaison introduites par *as* ou par *than*, il peut y avoir une inversion sujet-auxiliaire (➤ 23.2.1). Avec *as*, la présence ou l'absence d'une inversion peut correspondre à une différence de sens. On peut opposer *Nobody knows him as his wife does* (inversion impossible, sens de comparaison) et *We all know that he is dishonest, as does his wife* (…, de même que sa femme le sait). Le second cas est à rapprocher de *… and so does his wife* (… et sa femme aussi le sait).

b. Les conjonctions complexes *as if* et *as though* (qui équivalent en gros à "comme si") associent l'expression de la condition à celle de la similitude. La condition est souvent vue comme irréelle, et le temps employé dans la subordonnée est le prétérit :

He behaves as if / *as though he **owned** the place.* Il agit comme s'il était le propriétaire.

Toutefois, la condition peut également être vue comme "réelle", et dans ce cas le groupe verbal de la subordonnée est au présent (et non au prétérit). À propos des exemples ci-après, notez qu'en français il n'existe pas de construction similaire : on ne peut pas dire "*★Il se conduit comme s'il est le propriétaire*".

*He behaves as if he **owns** the place.*
*It looks as if he **doesn't want** to go.* On dirait qu'il ne veut pas partir.
*The place looks as if a bomb **has hit** it.* (M.J. Harrison, *The Course of the Heart*)
*Half the time she treats Maggie as if she **is** invisible.* (J. Sakol, *Diary of an Affair*)
Une fois sur deux, elle traite Maggie comme un être invisible.

1. Dans la langue familière ou non recherchée, on emploie souvent *like* à la place de *as if* / *as though* : *I felt like I was going to die* (J'avais l'impression que j'allais mourir) / *"It's not like it was good coffee," Riley said* (J. Crusie, *Fast Women*).

2. *As if* et *as though* peuvent introduire des propositions impersonnelles ou sans verbe : *He turned round suddenly as if to speak to them* (Il se retourna soudain comme pour leur parler) / *He was walking mechanically, as if drugged* (Il marchait machinalement, comme drogué). Dans le cas d'une traduction du français à l'anglais, il ne faut pas oublier *if*.

3. Certaines subordonnées de manière sont introduites par *without*. Il faut se rappeler que le sens de *without* inclut une négation, et qu'il ne faut donc pas répéter cette négation par l'utilisation de *nothing*, de *never*, etc. : "Il traverse notre bureau sans jamais parler à personne" → *He crosses our office without ever speaking to anybody.*

c. Les constructions illustrées par les exemples ci-après associent l'expression d'une comparaison (ou d'un degré) à celle d'une conséquence. On notera l'ordre des mots, ainsi que la forme des conjonctions (corrélées ou complexes) :

*His clothes were **so** strange / **So** strange were his clothes **that** everyone looked at him.* Ses vêtements étaient si étranges que tout le monde le regarda.

*Money is very important to you, **so** much **so that** it's a cause of arguments in relationships.* (extrait d'un horoscope)

*He was **so** stupid **as to** miss the opportunity.* Il a eu la stupidité de manquer cette occasion.

*She was in **such** a hurry **that** she left the document at home.* Elle était tellement pressée qu'elle a oublié le document chez elle.

Le fonctionnement des conjonctions *so (that)* et *so as to* (➤ 27.7) est fondamentalement le même que celui des constructions corrélées des exemples précédents : cf. par exemple *His clothes were very strange, so (strange) that everyone looked at him.*

***The more** coffee you drink, **the more** difficult you'll find it to concentrate.* Plus vous boirez de café, plus vous trouverez difficile de vous concentrer.

Le double *the* de cette construction n'est pas un article (➤ 17.7). Il remplit le rôle d'une conjonction corrélée. En apparence, les deux propositions se situent sur le même plan, mais en fait la première est une subordonnée, qui interdit l'emploi de WILL / SHALL à sens futur, comme le montre l'exemple ci-dessus.

*He is furious, **all the more so as** he had warned her against taking that measure.* Il est furieux, d'autant plus qu'il l'avait avertie du danger de cette mesure.

27.9 Subordonnées commentaires

Elles ont la même fonction que les adverbes de point de vue (➤ 21.3.1) : *To be honest* (≈ *honestly*), *I didn't expect to win.* Certaines formules toutes faites sont souvent employées comme subordonnées commentaires : *to put it bluntly* (pour dire les choses brutalement) ; *generally speaking* (d'une façon générale) ; *as you know* (comme vous le savez) ; *as has already been pointed out* (comme il a déjà été observé). Sur l'absence de *it* dans la subordonnée introduite par *as*, ➤ 27.8.a.

Encadré 27-A : Emplois et valeurs de V-*ING*

V-*ING* a une large gamme de valeurs syntaxiques, qui vont de celle du nom (***Reading*** *is his favourite leisure activity*) à celle de l'adjectif (*It's very* ***interesting***). Dans de nombreux cas, V-*ING* garde certaines propriétés du verbe, et notamment la possibilité d'avoir un complément direct : *He likes reading adventure stories*. On peut aussi lui adjoindre des adverbes, en particulier la négation. Mais, dans les deux cas extrêmes, V-*ING* est complètement lexicalisé : il est devenu un nom ou un adjectif à part entière (figurant dans le dictionnaire comme nom ou comme adjectif), et il a complètement perdu ses caractéristiques de verbe. Exemples : le nom dénombrable *(a) building* et l'adjectif *interesting* (à partir duquel on peut former l'adverbe *interestingly*). Entre ces deux extrêmes, on peut distinguer les catégories suivantes, entre lesquelles les frontières ne sont pas toujours nettes :

- **Nom verbal (➤ 26.2.5)** :

  He heard the ***crunching*** *of tyres on the gravel.* Il entendit le crissement de pneus sur le gravier.

- **Gérondif (➤ 26.2.5)** :

  He took the letter from her handbag without her ***noticing*** *anything.*

- **Participe.** Dans ce cas, V-*ING* a un rôle proche de celui d'un adjectif ; il fait partie d'une proposition participiale, qui peut être une subordonnée nominale (chap. 26), une subordonnée circonstancielle (chap. 27), ou ayant la fonction d'une relative (chap. 28) :

  I noticed ***her staring at me in surprise.*** (subordonnée nominale)
  Knowing that he was an expert on the question, *I decided to contact him.* (subordonnée circonstancielle de cause)
  The book contains advice for people ***wanting to upgrade their old computer.*** *(= … for people who want to upgrade their old computer)*

  Dans le premier exemple, on est proche du sens de BE + -*ING* (cf. *I noticed that she was staring at me in surprise*), mais ce n'est pas le cas dans les deux autres exemples : *knowing that he was an expert* ≈ *as I knew that he was an expert*, et *people wanting… = people who want…*

  Les subordonnées participiales circonstancielles ou en fonction de relative neutralisent (= font disparaître) l'opposition entre forme simple et forme en BE + -*ING*. Seul le contexte permet de dire laquelle des deux formes le verbe prendrait si la proposition était à un mode personnel : *He hurt himself trying to put a nail in the wall (= while he was trying…) / She checked everything before pressing the 'send' button (= before she pressed the 'send' button).*

- **Élément de la forme BE + -*ING*** :

  We'll soon be ***asking*** *you to renew your subscription.*

28 Subordonnées relatives

La proposition subordonnée relative est une proposition qui se place à l'intérieur du groupe nominal et qui joue un rôle identique à celui de l'adjectif :

> *The explorer visited cities **that were strange and marvellous**.*
> *The explorer visited **strange and marvellous** cities.*

La proposition relative est introduite par un pronom relatif.

28.1 Les pronoms relatifs

28.1.1 Définition et formes

Le pronom relatif :

(a) remplit une fonction de groupe nominal dans la relative,

(b) renvoie à son antécédent, qui est un nom contenu dans la proposition principale (par les caractéristiques (a) et (b), il est semblable aux autres pronoms),

(c) permet de rattacher la relative à la principale. Cette fonction charnière de subordonnant lui est particulière.

Dans l'exemple *The explorer visited cities that were strange and marvellous*, le pronom relatif est *that*. Il est sujet dans la relative. Il est relié à l'antécédent *cities*, et le représente à l'intérieur de la relative. Comparez à :

> *The explorer visited cities. They were strange and marvellous.*

Il y a en anglais trois types de pronoms relatifs : la série *who*, etc. ; *that* ; le relatif zéro (Ø). ➤ Tableau 28-A.

28.1.2 Emploi des pronoms relatifs

a. Le type *who* / *which*

Pour *who(m)* / *which*, le choix d'un pronom dépend du caractère humain ou non humain (y compris les animaux personnifiés) de l'antécédent. Pour les collectifs facultatifs (➤ 12.3.1), il y a deux possibilités : *the team which is…* / *the team who are…* Pour *whose*, la nature de l'antécédent est indifférente : *The buildings whose shape was too ugly were pulled down.*

Who est utilisé en fonction de sujet, mais aussi dans la langue courante en fonction d'objet direct ou prépositionnel (à la place de *whom*) : *The ministers who met yesterday in Rome* / *The people who they applied to were unable to help them.*

Dans un style écrit soutenu, on emploie de préférence les relatifs *who* / *whom* / *which* pour tous les types de relatives. Par contre, dans un style oral familier, on ne les rencontre presque pas. *Whom* est réservé à un style soutenu : *The people to whom they applied were unable to help them.*

Tableau 28-A : Les relatifs selon la nature de l'antécédent et la fonction du relatif

	Sujet	Complément direct	Complément indirect	Complément de nom / génitif
Antécédent humain	*who*	*who* *whom* ▪	*who … to* *to who(m)* ▪	*whose*
	that	*that*	*that … to*	
		Ø	Ø *… to*	
Antécédent non humain	*which*	*which*	*to which* *which … to*	*whose* *of which*
	that	*that*	*that … to*	
		Ø	Ø *… to*	

Prononciation. Les lettres *WH* ne se prononcent /w/ que dans *which*. Ailleurs, elles se prononcent /h/ : *who* /hu:/ ou /hʊ/, *whose* /hu:z/. *That* est presque toujours /ðət/.
▪ Le relatif *whom* tend à disparaître de la langue courante, mais il reste employé à l'écrit dans un style relevé après une préposition (particulièrement pour l'expression d'un sens partitif ➤ 28.2.5.c).

Il ne faut pas confondre *which* relatif (antécédent non humain) avec *which* interrogatif (➤ 20.3). Ce dernier peut renvoyer à de l'humain comme à du non-humain : *The buildings which they liked best had all been destroyed* (relatif) / *Which actor / building do you like best?* (interrogatif).

b. *That*

That peut être utilisé sans tenir compte de la nature de l'antécédent et en toutes fonctions, mais rarement comme complément de nom. Pour les sujets humains, il y a quand même une préférence pour *who* si on veut éviter un style trop familier : *The man that / who called yesterday is Cindy's Australian cousin* (sujet humain) / *The buildings that surround the square were built in the 18th century* (sujet inanimé) / *The buildings that they had heard of had all been pulled down* (complément prépositionnel) / *This is a business that we haven't seen the end of* (complément de nom).

c. Le relatif Ø

Le relatif Ø est utilisé en toutes fonctions **sauf sujet** (et rarement comme complément de nom) : *The buildings they liked had all been pulled down* (objet) / *The buildings they had heard of had all been pulled down* (complément prépositionnel).

La langue familière (à la limite du non standard) permet l'emploi du relatif Ø en fonction de sujet, notamment après les constructions existentielles (*there is* / sujet + *have*) : *There was* / *We had a chap came yesterday, and he asked if he could use the phone* / *Last October, I shot two people came in the store to rob me* (E. McBain, *Tricks*).

28.2 Syntaxe des relatives

La forme des propositions relatives est déterminée par le fait que le pronom relatif est en tête de la proposition (ou au moins dans un groupe syntaxique qui est en tête de proposition). On peut voir ce phénomène comme le déplacement d'un groupe nominal, qui laisse un vide ailleurs dans la proposition. Cette syntaxe est à rapprocher de la forme des interrogatives introduites par un pronom interrogatif (➤ 20.2). Il y a trois cas possibles.

28.2.1 Cas n° 1 : seul un groupe nominal est déplacé

The books that / *Ø* / *which they bought at the auction* (vente aux enchères) *were quite cheap.*

Le relatif (soit *that*, soit Ø, soit *which*), complément d'objet du verbe *bought*, n'est pas dans la position normale d'un complément d'objet (après le verbe), et il y a un vide à la place du complément d'objet, après *bought*.

Formation de la relative :

*The books [they bought **books** at the auction] were quite cheap.*

→ *The books [**that** they bought (   ) at the auction] were quite cheap.*

En se transformant en pronom relatif, le groupe nominal se déplace, et laisse un vide. Cette impression de vide est particulièrement sensible (pour les francophones bien sûr) quand la construction nécessite l'emploi d'une préposition (objet indirect, circonstanciel, complément de nom) :

The books that they were waiting for have arrived. (*That*, qui remplace *books*, est complément d'objet indirect de *WAIT*.)

The streets they were driving through were dark and threatening. (Ø, qui remplace *streets*, est un circonstanciel introduit par *through*.)

Les relatifs *that* et Ø (contrairement à *which*, *who(m)* et *whose*) sont absolument toujours en tête de proposition, autrement dit la préposition reste obligatoirement à sa place après le verbe. ➤ 24.4.b pour la prononciation de la préposition.

Quand le relatif est sujet de la proposition relative, le déplacement n'est pas sensible (ou bien on peut considérer que le déplacement est nul) et le "vide" n'est pas manifeste :

> *The books that / which were sold at the auction were quite cheap.* (*That / which* reste à la place normale du sujet.)

! Il ne faut jamais faire d'inversion sujet-verbe, comme on le fait parfois en français : "Les histoires que raconte ton frère ne me font pas rire" ☐ *The stories (that) your brother tells don't make me laugh.*

28.2.2 Cas n° 2 : déplacement du groupe prépositionnel qui contient le groupe nominal

Dans un style soutenu, les relatifs de la série *who / which* peuvent être précédés d'une préposition (mais ce n'est pas le cas pour *that* et Ø) :

> *The books for which they were waiting finally arrived.*
> *The friends for whom they were waiting finally arrived.*
> *The streets through which they were driving were dark and threatening.*

Dans ce cas, le groupe prépositionnel qui contient le groupe nominal transformé en pronom s'est déplacé tout entier en tête de la relative. C'est ce qui se passe toujours en français, mais ce n'est pas la construction la plus courante en anglais (➤ cas n° 1, 28.2.1).

28.2.3 Cas n° 3 : déplacement d'un groupe nominal qui contient le groupe nominal (*whose*)

> *I am not very fond of that writer whose book you like so much.* Je n'apprécie pas beaucoup cet auteur dont tu aimes tant le livre.

Whose (génitif de *who*) est l'équivalent de *his / her / its / their / John's / Mary's* : c'est un groupe nominal GN2 (sous forme d'un pronom) contenu dans un autre groupe nominal GN1, dans lequel il joue le rôle de déterminant :

GN1 [↑   *book*]

GN2 [*his / whose*]

Dans ce cas, l'ensemble du groupe nominal le plus large, GN1 est déplacé et l'on forme la relative comme suit :

> *I am not very fond of that writer* [*you like **that writer's** book so much*].
> → *I am not very fond of that writer* [**whose** *book you like ( ) so much*].

Puisque *whose* (déterminant) se déplace avec le GN qui le contient, on comprend que *whose* ne soit **jamais séparé du nom,** à la différence du français "dont" :

... ***whose book*** *you like so much* ↔ ... **dont** tu aimes tant **le livre**

On notera l'absence de *the* après *whose*, comme après tout génitif.

Le GN qui contient *whose* peut être introduit par une préposition. Le groupe *whose* + *N* se déplace alors soit seul (cas n° 1, 28.2.1) :

> *The composer whose work you have been listening to was deaf.*

soit avec la préposition (cas n° 2, 28.2.2) :

> *The friends at whose place we stayed bred horses.* Les amis chez qui (mot à mot : dans la maison de qui) nous habitions élevaient des chevaux.

28.2.4 Le cas de *of which* complément de nom

Les compléments de nom introduits par *of*, qui donnent la forme de relatif *of which* (antécédent non humain), peuvent se comporter de deux manières.

a. *Of which* est considéré de la même manière que *whose*, c'est-à-dire comme partie intégrante d'un groupe nominal. On déplace alors l'ensemble du groupe nominal le plus large (cas n° 3, 28.2.3) :

> *The buildings **the shape of which** the king did not like were destroyed.* (*The shape of which* est objet de *like*).

Si le groupe nominal concerné est sujet, donc en tête de la relative, le déplacement est insensible :

> *The buildings **the shape of which** was thought too ugly were destroyed.*

Remarquez que, dans ce cas, *of which* vient **après** le nom dont il est complément (*whose shape* ≠ *the shape of which*), et qu'il n'entraîne donc pas la disparition de *the*.

b. *Of which* est considéré comme un groupe prépositionnel ordinaire. On peut alors déplacer le groupe prépositionnel *of which* (cas n° 2, ➤ 28.2.2) :

> *The buildings **of which** the king did not like the shape were destroyed.* (Style recherché ; *the shape of which* est objet de *like*).
> *The buildings **of which** the shape was thought too ugly were destroyed.* (*The shape of which* est sujet de *was thought*).
> *This is the second volume, **of which** Mr. Hawkins Browne is the editor.* (*The editor of which* est attribut ; cette forme est alors obligatoire.)

Remarquez que l'on ne peut pas avoir *★The buildings of which the shape the king did not like were destroyed,* qui impliquerait deux types de déplacements : (a) déplacement du groupe nominal objet *the shape of which* (b) déplacement du groupe prépositionnel *of which*.

On peut aussi déplacer *which* seul en tête (cas n° 1, 28.2.1) mais ceci est assez rare :

> *They dreamed of countries which they did not even know the names of.*

28.2.5 Constructions complexes

a. Lorsque *of which* ou *whose* est contenu dans un groupe nominal qui est lui-même introduit par une préposition, c'est l'ensemble de ce groupe prépositionnel qui se déplace en tête (variante du cas n° 2) :

> *Then there was his live CD "Big World"* **during the recording of which** *the audience was asked to observe silence.*
>
> *Mary Campbell was employed at Coilsfield House,* **on the land of which** *the battlefield is situated.*
>
> *He had a wide circle of acquaintances, especially the painter Joseph Wright,* **in several of whose paintings** *he appears.*

b. Lorsque *whose* fait partie d'un groupe nominal qui est lui-même contenu dans un autre groupe nominal, c'est l'ensemble du groupe nominal supérieur qui se déplace en tête (variante du cas n° 3) :

> *She loved his friend,* **the beauty of whose manly limbs** *made her tremble with pleasure.*
>
> *The house was built in 1573 by the sculptor Leone Leoni,* **an example of whose work** *can be seen in the Duomo.*
>
> *He revived the music of Alkan,* **a collection of whose music** *he also published two years after he made the Gershwin recordings.*

c. Sens partitif

Pour exprimer un sens **partitif**, c'est-à-dire délimiter un sous-ensemble d'éléments ou une partie de masse, on emploie *of whom* / *of which*, et jamais *★whose* :

> *It's like that for many people,* **a large number of whom** *are women.* C'est ainsi pour beaucoup de gens, dont une grande partie sont des femmes. (fonctionnement du type n° 3, ➤ 28.2.3, cf. *a large number of them*)
>
> *Evangelicals represent the only subgroup of voters* **among whom** *at least* **three-quarters** *are siding with the Texas Governor.* (cf. *three-quarters among them*)
>
> *On 24 January he identified six new species of birds of prey -* **two of which** *came from the Galapagos.* ... dont deux venaient des Galapagos. (cf. *two of them*)
>
> *In the zoo's aquarium, for example, there are thirteen particularly endangered species,* **of which** *the staff have bred* **eleven**. ... dont le personnel a élevé onze. (fonctionnement du type n° 2, ➤ 28.2.2, cf. *eleven of them*)
>
> *There is a vast reservoir of herpes infection in the community,* **much of which** *is undiagnosed.* ... dont une grande partie n'est pas repérée. (cf. *much of it*)

Signalons un cas spécial de partitif où *which* est employé pour faire référence à des humains, avec la construction *there BE X of Y* (➤ 19.3.4) :

> *We were encouraged by our teachers, of which there were two, Mr Jones and Mr Davies.* (nos professeurs, qui étaient deux)

En fait on ne prélève pas un sous-ensemble sur l'ensemble des personnes déjà mentionnées (ici *our teachers*), mais directement sur la catégorie dont il est question (ici, *teachers*). Cependant, en raison de la nature de l'antécédent humain, on trouve aussi *of whom* : *The intention was to make contact with the school-leavers, of whom there were approximately 9000.*

28.3 Types de relatives

Dans certains cas, les relatives peuvent jouer deux rôles différents par rapport au groupe nominal antécédent : il faut alors distinguer les relatives **restrictives** et les relatives **appositives**. Cependant, dans un bon nombre d'autres cas, cette distinction est sans objet (➤ 28.3.3).

28.3.1 Relatives restrictives

Quand une relative sert à caractériser un groupe nominal antécédent de sorte que l'on peut opposer une quantité d'objets ou de masse à d'autres objets ou à une autre masse, participant ainsi à la détermination de l'antécédent (➤ chap. 13), on dit que la relative est restrictive :

The / that book / wine you bought yesterday is excellent.

On oppose un livre ou une quantité de vin à d'autres, ceux qui n'ont pas été achetés la veille. On distingue un sous-groupe ou une sous-partie.

On trouve souvent ce type de relative avec l'article défini ou le démonstratif (➤ chap. 13), la présence de l'article défini ou du démonstratif étant provoquée par la relative, comme si le contenu de la relative avait été donné dans une phrase précédente (➤ 13.3.2) :

You bought a book / some wine yesterday. The / that book / wine was excellent.

L'emploi des démonstratifs *that* et *those* dans le GN antécédent renforce l'idée de restriction :

He will attend to those passengers who need medical assistance. Il s'occupera de ceux, parmi les passagers, qui ont / auront besoin d'aide médicale.

On trouve aussi les restrictives avec le générique :

Drivers who have been drinking are a menace. Les conducteurs qui ont bu sont un danger.

À l'écrit, les relatives restrictives ne sont **jamais** encadrées de virgules.

28.3.2 Relatives appositives

Quand une relative ajoute une caractéristique qui s'applique à l'ensemble d'un groupe / d'une masse déjà bien délimités, sans constituer de sous-groupe / sous-partie que l'on puisse opposer à un(e) autre, on a un fonctionnement appositif :

The fish, which was excellent, was served with white wine.

On n'oppose pas une sorte de poisson à une autre. Par leur sens, les relatives appositives sont proches de propositions indépendantes juxtaposées ou placées en incise : *The fish (it was excellent) was served with white wine.*

On trouve souvent les appositives après des antécédents à article défini ; toutefois la présence de l'article défini n'est pas provoquée par la relative, comme le montre la phrase précédente, où le nom *fish* conserve l'article défini même si on supprime la relative.

Après les noms propres, on a normalement des appositives, puisqu'on ne peut pas créer de sous-catégorie :

In the 19th century, England, which was the first industrial nation, expanded its empire. (Mais cependant : *The England he liked was disappearing.*)

Les appositives appartiennent à un style soutenu, généralement écrit (dans la langue parlée, on préfère faire des phrases séparées). Les appositives sont généralement encadrées de virgules. ➤ 28.4.a pour les restrictions sur les relatifs à employer.

28.3.3 Comparaison des restrictives et des appositives

Les deux types de relatives sont possibles après les antécédents à article défini, mais le sens n'est pas du tout le même :

The Americans, who love baseball, are not very keen on soccer. (Appositive : tous les Américains adorent le baseball et ils ne raffolent pas du foot.)
The Americans who love baseball are not very keen on soccer. (Restrictive : une sous-catégorie d'Américains, ceux qui adorent le baseball, ne raffole pas du foot.)

Comme on le voit, la présence ou l'absence des virgules change le sens.

Il arrive enfin, dans certains contextes (particulièrement après un antécédent à déterminant indéfini) que la distinction restrictive / appositive soit négligeable, dans la mesure où il n'est pas important d'opposer une sous-catégorie à une autre :

Every society has its propagandists who try to persuade their fellow-citizens to develop a special kind of social character which will best serve the needs of the day. (A. Briggs, *Victorian People*)

On ne peut pas dire si les deux relatives, introduites par *who* et par *which*, sont restrictives ou appositives, et c'est ici sans importance.

28.4 Contraintes sur l'emploi d'un type de relatif

a. Dans les relatives appositives, on emploie les relatifs *who* / *whom* / *which* (*whom* est préférable à *who* après une préposition), rarement *that*, et **jamais Ø** en anglais standard :

Le maire, que j'ai rencontré hier, est opposé au projet. → *The mayor, whom I met yesterday, is opposed to the project.* (pas : **The mayor I met yesterday...*)

Dans ce type de relatives, *which* peut également être suivi d'un nom et jouer le rôle d'un déterminant : *They will resume the excavations in about two months from now, by which time the ground will have hardened.*

b. Après *all* et les autres pronoms indéfinis (*anything, anybody, everything, everybody,* etc.) on emploie pratiquement toujours *that* ou Ø :

Report anything that surprises you.
All the boss said was 'Don't do anything yet.'

Méfiez-vous du français : dans "tout ce que...", l'antécédent est "tout ce" et le relatif "que". Ceci correspond à l'anglais *all (that)* :

tout ce   que   le patron a dit...
↓   ↓
all   *(that)*   *the boss said...*

N'employez surtout pas *what* (qui contient son propre antécédent, ➤ 28.6.2).

Il y a un problème d'accord lorsque la proposition introduite par *all (that)* est sujet de BE + attribut, c'est-à-dire dans des phrases du type [...] *all I can find **are** a few cream crackers and half a Soreen malt loaf* (K. Atkinson, *Behind the Scenes at the Museum*) : comme on le voit, l'accord se fait avec le sujet "réel". Ce type d'accord est également une caractéristique des constructions pseudo-clivées (➤ 23.5).

c. Après un antécédent qui contient un superlatif, *last, first, second,* etc., *only* ou *same,* on emploie généralement *that* ou Ø (mais l'emploi de *which, who, whose* n'est pas impossible) :

The strangest / last film that / Ø they showed at the festival was about a spider.
He's made the same mistake that he made last time.

28.5 *Which* pour représenter une proposition

Puisque *which* est spécialisé pour les antécédents non humains, il peut représenter une proposition tout entière :

The audience cheered the author loudly, which pleased him very much. Le public a acclamé l'auteur, ce qui lui a beaucoup plu.

Which représente l'ensemble de la proposition *The audience cheered the author loudly.* Il introduit une relative appositive et il est le sujet de *pleased.*

Which représente parfois seulement une partie de proposition :

She treats him as if he were an adult, which he isn't. (*Which* reprend seulement l'attribut *an adult.*)

Dans une langue soutenue, *which* + **nom** reprend un terme et permet de le commenter :

> [...] *concerning the sports they practise* [...] *there is gaming,* **which subject** *I have not mentioned to you in this letter.* (J. Barnes, *Cross Channel*) ... le jeu, sujet que je n'ai pas évoqué...
>
> *Then there is the matter of sex and lifestyle, on which subject I recall a curious interview between Stirling Moss and Hunt.* (interview à la radio) ... la question du sexe et du style de vie, sujet à propos duquel je me rappelle une curieuse interview...

28.6 Quelques autres relatifs et relatives

28.6.1 *Where, when, why*

Après *place, time* (et les noms d'unités de temps : *second, minute, day,* etc.) et *reason,* on peut employer les relatifs spécialisés : *(place) where, (time) when* et *(reason) why.* On les appelle aussi relatifs adverbiaux.

> *It was a place where you could have spent your life.* C'était un endroit où on aurait pu passer sa vie.
>
> *The day when he left...* Le jour où il est parti... (Attention à la traduction du français "où".)

Très souvent, on peut aussi employer *that* ou Ø :

> *The day that / Ø he left...* Le jour où il est parti...
>
> *It was the day he photographed half-timbered houses for the Essex Countryside.* (R. Barnard, *Bodies*) ... le jour où il a photographié des maisons à colombage...
>
> *The reason why / Ø they work so hard...* La raison pour laquelle ils travaillent tant...

Après *way,* on emploie normalement le relatif Ø (rarement *in which*) :

> *I like the way you've done your hair.* J'aime la façon dont tu as arrangé tes cheveux.

28.6.2 *What* et les relatives nominales

Dans les relatives nominales (➤ 25.2.3), *what* peut être considéré comme un relatif qui inclut son propre antécédent (ceci s'applique à tous les relatifs qui introduisent des relatives nominales, notamment les composés en *-ever* : *whoever, whatever,* etc.). *What* équivaut alors à *that which* (qui est également possible, mais d'un style désuet, ➤ 15.1.2) :

> *What he writes is not really important.* Ce qu'il écrit n'est pas vraiment important.
>
> *I don't like what he writes.* Je n'aime pas ce qu'il écrit.

How can I characterize sharply that which I can scarcely apprehend? (I. Murdoch, *The Black Prince*) (style volontairement désuet = *what I can scarcely apprehend*)

What n'est donc jamais précédé d'un antécédent. Ne l'assimilez pas automatiquement au français "ce que", "ce qui", "ce dont" :

tout ce que je veux → *all I want* (➤ 28.4)

Le public a sifflé, ce que les chanteurs n'ont pas apprécié. ☐ *The audience hissed, which the singers didn't like.* (➤ 28.5)

28.6.3 Relatives à l'infinitif

Les relatives peuvent être à l'infinitif, avec ou sans sujet.

a. Sans sujet

On emploie ici le relatif Ø (et parfois *who / which* pour les objets prépositionnels) :

They haven't got any leaders to follow.
She was the first woman to enter Parliament.
He's got no place to live.
They haven't got any leaders to look up to. Ils n'ont pas de chefs à admirer.
They haven't got any leaders to whom to look up. (idem, style recherché)

Notez l'alternance actif / passif dans les constructions du type :

There was nothing to do / to be done.

L'emploi de l'infinitif avec *TO* donne souvent à ces relatives une valeur modale de possibilité matérielle ou de contrainte, paraphrasable par *can / be able / must*, sans qu'il soit toujours possible de différencier ces valeurs : *He is the man to consult* (= *who you can / must consult*).

b. Avec sujet

On ne trouve que le relatif Ø ; le sujet est introduit par *for* :

There were a few books for him to study. Il y avait quelques livres qu'il pouvait / devait étudier. (Attention : *for him* ne signifie pas "pour lui".)

28.6.4 Relatifs et constructions diverses

Dans une langue assez recherchée, on peut utiliser *as* comme relatif dans l'expression *such (…) as*.

Habitations were few. **Such** *towns* **as** *existed were mostly just scatterings of trailer homes dumped along the roadside,* [...]. (B. Bryson, *The Lost Continent*)
In fact, **such** *prettiness* **as** *she possessed was purely superficial.* (R. Shepherd, *Happy Ever After*)

Cette tournure a fréquemment, comme dans ces exemples, un sens **paucal :** *such towns as existed* signifie "les quelques villes qui existaient". ➤ 25.2.3.b pour un sens proche de *what* + nom : *such prettiness as she possessed* ≈ *what prettiness she possessed.*

1. Quelques autres constructions d'un niveau de langue recherché :

*There was not a house **but** had several empty apartments.* Il n'y avait pas une maison qui n'eût des appartements vides. (sens négatif de *but*)

*It **would be** a rash man **who** bet on their success.* Bien téméraire celui qui miserait sur leur succès.

*He **who** breaks the law must face the consequences.* Celui qui enfreint la loi doit assumer les conséquences de ses actes.

*It is a small college, and yet **there are those** who love it.* C'est un petit établissement universitaire, et pourtant il y a des gens qui y sont profondément attachés.

2. Dans des variétés de langue dialectale ou non standard, *as* peut être employé normalement comme pronom relatif :

It was chilly too for them as did the milking. Il faisait froid aussi pour ceux qui trayaient les vaches. (M. Wesley, *Part of the Furniture*) (= *for those who did...*)

28.7 Traduction de "dont"

Le problème de la traduction de "dont" est avant tout un problème de grammaire française : "dont" peut avoir plusieurs fonctions syntaxiques (complément de verbe, complément d'adjectif ou complément de nom), qui correspondent à plusieurs traductions. Il faut donc commencer par analyser correctement "dont" dans la phrase française et il ne faut surtout pas croire que *whose* est toujours l'équivalent de "dont". Pour savoir quelle est la fonction de "dont" (qui correspond à "de + groupe nominal"), il suffit de le remplacer par son antécédent :

L'homme dont vous m'avez parlé... ↔ Vous m'avez parlé **de l'homme**.
(**L'homme**, et par conséquent **dont**, est complément du verbe "parler".)
Sa voiture, dont il est si fier, ... ↔ Il est si fier **de sa voiture**. (complément de l'adjectif "fier")
Fred, dont la maison a été détruite par l'incendie, ... ↔ La maison **de Fred** a été détruite. (complément du nom "maison")

28.7.1 "Dont" est complément d'un nom

a. Sens partitif (➤ 28.2.5.c) : *of whom* (si l'antécédent est une personne), *of which* (autres cas).

(1) Ses trois fils, dont le plus âgé habite Paris, sont mariés. *His three sons, the eldest of whom lives in Paris, are married.*

(2) Il a plusieurs voitures, dont une seule est française / dont aucune n'est française / dont deux Rolls. *He has several cars, only one of which is French / none of which is French / two of which are Rolls Royces.*

(3) Il n'a pas voulu monter dans ma voiture, dont une aile était cabossée. *He refused to ride in my car, a wing of which was dented.* (Notez que *whose* n'est pas possible ici : le sens de *whose* inclut un article défini ; opposez à l'exemple (6) ci-après.)

(4) Son livre, dont quelques exemplaires se trouvent sur ces étagères, se vend très bien. *His book, a few copies of which / of which a few copies are on these shelves, sells quite well.*

Dans la langue courante, on emploie souvent *of them* (plutôt que *of whom / of which*) quand le sens est "parmi lesquels" : *He has three sons, two of them are boy / The refugees, many of them children, lived in tents.*

b. Autres cas : *whose*. (L'emploi de *of which* est également possible quand l'antécédent n'est pas une personne, mais il est relativement rare. ➤ 28.2.4).

(5) Fred, dont la maison a été détruite par l'incendie, habite maintenant chez nous. *Fred, whose house was burnt down by the fire, is now living with us.*

(6) Il n'a pas voulu monter dans ma voiture, dont le pare-chocs avant était cabossé. *He refused to ride in my car, whose front bumper was dented.*

Cas particulier : "la façon / manière dont..." → *the way (in which)...* (➤ 28.6.1)

! Souvent, en langue courante, on évite l'emploi du relatif *whose* et on préfère une tournure en *with* :

(7) Je ne monterai pas dans une voiture dont le pare-brise est cassé. *I won't ride in a car with a broken windscreen.*

28.7.2 "Dont" est complément d'un verbe ou d'un adjectif

"Dont" est traduit par le relatif *that / Ø / whom / which*, plus (éventuellement) la préposition avec laquelle se construit le verbe ou l'adjectif **anglais**.

(8) Les enfants dont il s'occupe ne sont pas les siens. *The children who / whom / that / Ø he is looking after are not his.*

(9) Sa voiture, dont il est très fier, est une voiture de collection. *His car, of which he is very proud, is a vintage car* ou *His car, which he is very proud of...*

Faites particulièrement attention aux cas dans lesquels il n'y a pas de préposition après le verbe anglais (équivalents anglais de "se servir de", "avoir besoin de", etc.).

(10) L'outil dont il se sert est une alène de cordonnier. *The tool he is using is a shoemaker's awl.* (Ici, pas de préposition : le verbe *USE* est transitif, contrairement à "se servir (de)".)

28.8 Relatives complexes

On peut former des relatives à partir d'un groupe nominal qui est contenu dans une subordonnée nominale complément :

This car has been fitted with tyres that all the adverts say won't skid. Cette voiture a été équipée de pneus dont toutes les publicités disent qu'ils ne dérapent pas.

L'antécédent *tyres* est repris par le pronom relatif *that*, qui est le sujet de *won't skid*. On peut en effet reconstruire *This car has been fitted with tyres that won't skid.*

Par ailleurs, on peut reconstituer *all the adverts say these tyres won't skid,* où on voit que la subordonnée nominale *these tyres won't skid* est complément de *say.* On peut découper la phrase comme suit :

This car has been fitted with tyres

[*that* =$_{tyres}$ *all the adverts say*

[*( )* =$_{tyres}$ *won't skid*]].

Le pronom relatif *that* est "remonté" depuis la subordonnée nominale [*( ) won't skid*] par-dessus *all the adverts say* pour se placer à côté de son antécédent.

Dans les relatives complexes, tous les relatifs (*who, whose, which, that, Ø, what*) sont utilisés, avec toutes les fonctions possibles. La conjonction de subordination *that* peut à l'occasion apparaître à condition que le pronom relatif ne soit pas en fonction sujet :

He is one of the two or three human beings (who / that / Ø) I am quite certain (Ø / that conjonction) I shall never forget. (Le pronom relatif est objet de *forget.*)
Luckily the police doctor was not Dr Rashmole, whose exuberance they felt would have been unendurable.
They are building what they hope will be a major observatory.
He wasn't the type of young man who / that / Ø you would want your daughter to marry.

Ces relatives ne doivent pas être confondues avec des propositions incises, même si certains cas peuvent prêter à confusion : *He is one of the two or three human beings who (I am quite certain) I shall never forget.*

La différence se voit clairement quand il y a plusieurs degrés de subordination : *The man you say you're certain stole your car already has a police record.* Ni *you say* ni *you're certain* ne pourraient être mis entre parenthèses en tant qu'incise.

Un fonctionnement analogue se rencontre pour les interrogatifs, soit dans les questions directes (➤ 20.2 *Who do you think said that?*), soit dans les questions indirectes (➤ 25.2.1 *They asked me who I thought had left last*).

La coordination

29.1 La coordination

29.1.1 Définition de la coordination

a. La coordination concerne des termes de catégorie syntaxique identique (GN, proposition, adjectif, par exemple). Les termes sont reliés par une **conjonction de coordination** et sont au même niveau syntaxique, c'est-à-dire que l'un ne dépend pas de l'autre et peut être utilisé seul :

> *Will you have ice cream **or** sorbet?* (GN coordonnés par *or*)
> *The children had a swim **and** the parents sunbathed.* (propositions coordonnées par *and*)

Comparez avec les cas suivants, dans lesquels la relation n'est pas la coordination :

> *Will you have vanilla ice cream with chocolate flakes?* (Les GN *vanilla* et *chocolate flakes* dépendent du GN *ice cream*.)
> *The children had a swim when the sun came out.* (La proposition *when the sun came out* est subordonnée à la proposition *the children had a swim* et en dépend syntaxiquement.)

b. Les **conjonctions de coordination** sont :

> *and, or, but*
> *for* qui ne peut coordonner que des propositions

Les termes suivants sont des adverbes (ils apparaissent à côté de *and*) mais jouent un rôle important dans la coordination :

> *so, yet*
> *neither, nor*

> *We sunbathed a lot (and) so we got a nice tan / (and) yet we didn't get a tan.*

On considérera aussi dans ce chapitre les corrélations opérées par :

> *neither... nor..., either... or..., both... and..., whether... or...*
> *the more... the more...*

Avec *but* et *for*, ainsi qu'avec *the more... the more...*, on peut penser qu'il n'y a pas coordination pure mais qu'un des termes joints est sous la dépendance de l'autre. Les interprétations de *and* et *or* avec un sens de conséquence (*Move and I'll shoot*) font aussi pencher vers l'idée d'une dépendance, mais de nature sémantique. En fait, la frontière entre la syntaxe et la sémantique est ici difficile à tracer.

29.1.2 Coordination de propositions

a. Pour les propositions, il n'est pas toujours facile de distinguer coordination et subordination. Les deux procédés sont utilisés pour exprimer des sens de même nature :

> *He went back to the hotel because he didn't like the sun.* ... parce qu'il n'aimait pas le soleil.
>
> *He went back to the hotel, for he didn't like the sun.* ... car il n'aimait pas le soleil.

Remarquez cependant qu'ici la subordonnée (*because*...) peut être déplacée dans la phrase, ce qui n'est pas le cas de la coordonnée introduite par *for* : *Because he didn't like the sun, he went back to the hotel.* Seules les coordonnées qui représentent des événements totalement indépendants peuvent être déplacées : *The parents sunbathed and the children had a swim.*

Quand il existe une relation temporelle (succession) ou logique (cause, opposition, concession, condition), entre des coordonnées, le déplacement soit est impossible, soit modifie le sens :

> *It started raining and everybody went back to the hotel.* (Succession. Le déplacement modifie le sens : *Everybody went back to the hotel and it started raining.*)

Comparez à *Everybody went back to the hotel after / when / because it started raining*, où la subordonnée se déplace sans modifier le sens.

Comparez aussi : d'un côté, *Don't move or I'll shoot / Move, and I'll shoot* et de l'autre côté, *If you move, I'll shoot.*

Les propositions introduites par *neither* ou par *nor* et certains types de propositions introduites par *so* ont une forme spéciale (inversion sujet-auxiliaire) qui ne leur permet pas d'exister comme propositions indépendantes :

The children didn't like the kiwi sorbet, (and) neither did the grown-ups. Les enfants n'ont pas aimé le sorbet au kiwi, et les adultes non plus. (➤ 2.7.6.i)

*The children loved the chocolate ice cream, (and) so did the grown-up*s. Les enfants ont adoré la glace au chocolat, et les adultes aussi. (➤ 2.7.6.i)

b. Coordination de propositions subordonnées

* **Subordonnées nominales introduites par *that* ou par Ø**

Il faut utiliser *that*, ou le répéter, devant la deuxième subordonnée si on veut éviter une ambiguïté :

> *Bill knew that Maggie would come to the party and / but that Sylvia had found an excuse.*

On pourrait ne pas répéter *that* devant la deuxième subordonnée, mais elle risquerait alors de se comprendre comme coordonnée à la principale. Donc, surtout si la première subordonnée est longue, il est toujours préférable d'introduire la seconde par *that*.

- **Subordonnées adverbiales** (appelées aussi circonstancielles, ➤ chap. 27)
La deuxième subordonnée n'est introduite par aucune conjonction (et surtout pas par *that*) :

When the company closed down and he had to find a new job, his friends were very helpful. Quand l'entreprise a fermé et qu'il a dû retrouver du travail, ses amis l'ont beaucoup aidé. (Remarquez le "que" en français devant la deuxième coordonnée.)

29.1.3 Coordination de groupes syntaxiques

Les GN, les adjectifs, les adverbes, les groupes prépositionnels, les verbes et les groupes verbe + complément peuvent être coordonnés à l'aide de *and, or* et *but.*

We can invite your parents and / but not / or my cousins.
His tie was red and / or green.
He felt sad but relieved.
The weather is probably, and unfortunately, going to change.
He got up suddenly but calmly.
The old typewriter is in the attic or under the bed.

! Quand il y a plus de deux termes coordonnés, *and* et *or* n'apparaissent qu'une seule fois, entre les deux derniers termes (sauf recherche d'un effet spécial) : *We can invite Laurie, Maggie, Susie and / or Wendy.*

! *And* et *or* ne se placent jamais devant le premier terme, à la différence du français. ➤ 29.2.1 et 2.

1. Adjectifs. Avec *and*, remarquez l'ambiguïté possible en position pré-nominale : *They wore red and blue ties* (= *ties that were red and blue* ou = *blue ties and red ties*).

2. Compléments de verbes. Il est possible de coordonner des compléments directs et indirects ensemble : *He looked for, and found, a radically new solution.* (N'oubliez pas la préposition du complément indirect.)
Dans une série de compléments indirects introduits par la même préposition, on ne répète généralement pas cette préposition : *Do you wish to speak to the person in charge or the one who knows what's going on?* (plaisanterie classique).

3. Des termes de nature différente mais qui jouent le même rôle peuvent se coordonner :
She walked out calmly and with dignity. (adverbe et groupe prépositionnel)
During the first ten minutes of the film and after the hero dies, the film tends to be slow. (groupe prépositionnel et proposition adverbiale)

4. Le verbe qui suit *go* et *come* est généralement coordonné par *and* en anglais britannique :
Go and get dressed. Va t'habiller.
She went and got dressed in a hurry. Elle est allée s'habiller en vitesse.
Come and have a drink. Viens prendre un verre.

Mais aussi, dans la langue familière : *Go get dressed / Come have a drink*. L'emploi de *to* indique nettement une intention du sujet : *He came to have a drink* (Il est venu pour boire un verre).

Avec *try*, la forme coordonnée n'existe qu'à l'impératif, ou après un modal : *Try and be quiet* (Essaye de te tenir tranquille).

29.2 Les corrélations

29.2.1 *Either... or... / neither... nor...*

Either... or... et *neither... nor...* peuvent introduire pratiquement n'importe quel terme, y compris des propositions entières (mais rarement des adjectifs en position pré-nominale). *Either... or...* et *neither... nor...* se placent immédiatement devant le mot ou groupe de mots sur lequel ils portent.

GN sujet : *Neither your parents nor my cousins will enjoy a rock and roll concert.* Ni tes parents ni mes cousins n'apprécieront un concert de rock.

GN complément : *They always eat either caviar or salmon for Christmas.* Ils mangent toujours soit / ou du caviar soit / ou du saumon pour Noël.

Adjectifs : *The tie must be either red or blue.* La cravate doit être soit rouge, soit bleue / rouge ou bleue.

Compléments circonstanciels : *The dictionary is neither in the attic nor under the bed.* Le dictionnaire n'est ni dans le grenier ni sous le lit.

Auxiliaires : *She neither could nor would go.* Elle ne pouvait ni ne voulait partir.

Verbes : *She either worked or dreamed in the garden.* Soit elle travaillait, soit elle rêvait dans le jardin. / *We could neither work nor rest.* Nous n'arrivions ni à travailler ni à nous reposer.

Subordonnées adverbiales : *Either when the war broke out or when the new president was elected, the gold disappeared.* (Remarquez qu'il faut répéter la conjonction *when*.)

Subordonnées nominales : *He knew neither where the gold was stored nor that it had disappeared.* (Remarquez que *that* est obligatoire.)

L'ordre est toujours : d'abord *(n)either* (qui n'apparaît qu'une fois), puis *(n)or* (qui est répété s'il y a plus de deux termes) :

We can go either by train, or by plane, or by boat.

Neither the president, nor the vice-president, nor the general-manager knew anything of the matter.

Bien sûr, puisque la négation figure dans *neither* et *nor*, il ne doit pas y avoir de négation sur le verbe.

1. La conjonction *or* peut apparaître seule à condition qu'elle soit hors corrélation : *I'll have something simple, eggs or a steak.* Elle peut donc ainsi apparaître après une négation : *He doesn't drink or smoke* (Il ne boit ni ne fume). On a bien "ni" en français mais on n'a généralement pas *nor* en anglais (parce qu'il n'y a pas de corrélation). Attention aussi aux négations cachées : *He went out without a raincoat or an umbrella* = Il est sorti sans imper ni parapluie. (*Without* contient une négation.)

2. Il existe un cas où *neither / nor* s'emploient après une négation, mais il faut une pause marquée : *He doesn't drink, neither / nor does he smoke.*

29.2.2 Both... and...

Pour insister sur la liaison établie par *and*, on place *both* devant le premier terme :

> *They always eat both caviar and salmon at Christmas.* Ils mangent toujours et du caviar et du saumon pour Noël. (surtout pas **and... and...*)

29.2.3 Whether... or...

a. *Whether... or...* coordonne deux termes contenus dans une **proposition interrogative indirecte** :

> *I wonder whether / if the president will open the exhibition or (whether / if he will) watch the tennis final.* Je me demande si le président inaugurera l'exposition ou s'il assistera à la finale de tennis.

Cette corrélation permet de coordonner les deux termes de l'alternative positif / négatif (*if* est aussi possible) :

> *I wonder whether / if the president will open the exhibition or not.* Je me demande si le président inaugurera l'exposition ou non. (Aussi : *I wonder whether or not the president...* **If or not* est impossible.)

b. *Whether... or...* permet aussi de présenter en même temps **deux possibilités concurrentes** (*if* est ici impossible) :

> *Whether you like it or not, I'm going to that party.* Que ça te plaise ou non, je vais à cette soirée. (Remarquez la traduction par "que".)
>
> *Whether they use nuclear weapons or conventional weapons is not the point, we'll all be dead anyway.* Qu'ils utilisent des armes nucléaires ou des armes conventionnelles n'est pas le problème, nous serons tous morts de toute façon.

29.2.4 La corrélation *the more / less... the more / less....*

Cette corrélation est étudiée plus en détail en 17.7. L'accroissement proportionnel s'applique à des termes qui ne sont pas forcément de même nature, situés dans deux propositions qui sont juxtaposées. Les deux propositions sont dans une relation d'inter-dépendance, la première constituant une condition de la seconde :

> *The more he works, the more he earns.* (deux verbes)
> *The faster you run, the sooner you'll get there.* (deux adverbes)
> *The more people he questioned, the more puzzled he got.* (nom et adjectif)

30 Ellipse et remplacement

30.1 Définitions

Pour éviter de répéter des termes qui ont déjà été mentionnés, on peut :

• soit tout simplement ne pas les mentionner à nouveau, c'est-à-dire pratiquer une **ellipse** (appelée aussi effacement) :

> *I don't care who votes for Robinson, I won't.* (ellipse *I won't* [*vote for Robinson*])

• soit utiliser un terme qui remplace les termes déjà mentionnés, en plus bref (**anaphore**) :

> *He may not like caviar, but I do.* (*Do* se substitue à *like caviar.*)

Certains pronoms sont un cas de remplacement, tandis que le pronom zéro est un cas d'ellipse (➤ chap. 19). Mais d'autres termes que les noms font l'objet de reprises par ellipse ou remplacement : verbes, parties de propositions ou propositions entières.

Il arrive que l'on supprime ou que l'on remplace à l'avance : *I didn't intend to, but I'll have to **refuse the offer** / When he sees your work, **the boss** will be impressed / Nobody seems to have noticed it yet, but ours could well be **the last generation** for which movie-going has anything like a sense of magic* (B. Bryson, *The Lost Continent*). Ce procédé s'appelle la **cataphore.**

Il existe aussi quelques cas où l'ellipse est utilisée pour autre chose que pour reprendre des termes mentionnés par ailleurs (➤ 30.6).

30.2 Ellipse et remplacement des noms et groupes nominaux

30.2.1 Reprise d'un GN entier

Un GN entier est repris par un pronom personnel (➤ 19.2.1) :

> *The shop had **several fine old books,** I bought **them**.*
> *The shop had **some fine Swiss cheese,** I bought **it**.*
> *I met **your young cousin** at the party, I thanked **her** for her postcard.*

30.2.2 Reprise de N

Pour reprendre N, deux possibilités :

• ellipse de N, c'est-à-dire pronom zéro, pour les dénombrables au pluriel et les indénombrables

• remplacement de N par le pronom *one / ones*, pour les dénombrables seulement

a. Ellipse de N (pronom zéro)

Le pronom zéro peut reprendre n'importe quelle sorte de nom (éventuellement accompagné d'adjectifs), mais il faut choisir le bon déterminant (➤ 19.3.1) :

*This **tea** is excellent. I think I'll have **a little**.* (reprise de *tea* indénombrable, avec déterminant *a little*)

*These **Japanese books** are splendid. I think I'll buy **a few**.* (reprise de *book* dénombrable et de l'adjectif *Japanese*, avec déterminant *a few*)

Le pronom zéro est toujours précédé d'un déterminant :

*Harry bought **some books**, but Susie stole **some**.* ... mais Susie en a volé.

Some ne représente pas la même quantité dans les deux cas : les livres volés par Susie ne sont pas les mêmes que ceux achetés par Harry. Par contre, si les objets quantifiés sont les mêmes, on a un pronom personnel :

*Harry bought **some books**, but Susie stole **them**.* ... mais Susie les a volés.

Them reprend exactement *some books* : les livres volés par Susie sont ceux que Harry avait achetés.

Seuls les déterminants *a / an, every, any* (qualité), *no* et les possessifs (génitif 1 des pronoms personnels) ne peuvent pas précéder le pronom zéro (➤ 19.3.1).

Par contre, le pronom zéro s'emploie après le génitif des noms (le pronom *one* est ici impossible) :

Susie's party wasn't much fun, but Patsy's was. ... mais celle de Patsy, si.
Your cooking is excellent, but I still prefer my mother's. ... celle de ma mère.

b. Remplacement de N par le pronom *one / ones*

Si l'on veut reprendre un nom en lui ajoutant un adjectif, il est impossible d'employer le pronom zéro. Il faut employer *one / ones*, qui ne peut représenter qu'un nom dénombrable, au singulier ou au pluriel (➤ 19.3.2).

These flowers are beautiful, I think I'll have a few blue ones.

One / ones est l'équivalent exact d'un substantif dénombrable, ce qui fait que tous les déterminants de quantification sont possibles (dans les mêmes conditions que pour un nom), même ceux qui ne sont pas possibles avec le pronom zéro, notamment l'article *a / an*, ainsi que le déterminant Ø (➤ détails supplémentaires en 19.3.2) :

*The flowers were beautiful, he bought **a blue one**.*
*They hadn't got any red socks, so he had to buy **blue ones**.*

! *One* est totalement impossible avec les indénombrables. Donc, pour reprendre un indénombrable en lui ajoutant un adjectif, il faut répéter le nom :

Mexican food is all right, but I prefer Chinese food. La cuisine mexicaine est bien, mais je préfère la chinoise.

Il arrive aussi, dans certains cas, que la reprise se fasse par pronom zéro :
*I took a bite of a samurai [a Japanese dish] once, but it was much too rough for my taste. I prefer **Chinese**.*

30.3 Reprise du verbe et de ce qui en dépend

Pour reprendre le verbe et les compléments qui en dépendent, il y a deux possibilités :

- ellipse de V (et ses compléments)
- remplacement de V par *DO*

30.3.1 Ellipse de V

Il y a un parallèle net entre l'ellipse de V et celle de N. De même que l'ellipse de N (pronom zéro) n'est rendue possible que par la présence d'un déterminant, l'ellipse de V n'est possible qu'en présence d'un auxiliaire.

> *He wasn't a man to settle down to prison like some **can**. He was a proud man.* Il n'était pas homme à s'adapter à la prison comme certains en sont capables.
> (ellipse de *settle down to prison* en présence de *can*)

Cet auxiliaire peut être le même que celui mentionné la première fois, quand il y en a un :

> *'So you've lost your passport?' 'Yes, I'm afraid I **have**.'* ... J'en ai bien peur.

Cependant, l'auxiliaire peut être différent, ou ajouté : de cette manière, on peut préserver ou modifier le temps, la modalité ou l'aspect, ainsi que jouer sur la négation, qui est portée par un auxiliaire.

> *'So you've bought a new car.' 'No, I **haven't** yet, but I **might** very soon.'* ... Non, pas encore, mais je pourrais le faire très bientôt.
> *'Do you think they could have won the election?' 'No, they **couldn't**, but they **should** next time.'* ... Non, ce n'était pas possible, mais ils devraient y arriver la prochaine fois.

L'ellipse du verbe se fait parfois entre un modal et un GN, ce qui donne la fausse impression que le modal peut se construire comme un verbe, avec un complément d'objet : *Sandro pulled a big towel from the rack and began to dry Fintan, as a mother **would a child**.* (M. Keyes, *Last Chance Saloon*). Bien évidemment, le GN *a child* est ici complément du verbe effacé *dry*. Ce cas est différent de celui de l'emploi de *DO* devant un GN mentionné en 30.3.2, car ce *DO* remplace un verbe, et en garde les propriétés syntaxiques.
Sur les restrictions à l'ellipse de *BE*, ➤ 30.3.4.

30.3.2 Remplacement de V par *DO*

S'il n'y a pas de raison d'employer un auxiliaire (modalité ou aspect) dans la reprise, l'ellipse de V est impossible et il faut employer l'auxiliaire *DO* pour remplacer V. Comme *DO* porte le temps et la négation, on peut encore jouer sur ces deux termes :

> *'I'm sure she likes flowers.' 'No, she **doesn't**.'* ... Non, elle ne les aime pas.
> *'Do you play tennis?' 'Well, I **did** when I was younger, but I **don't** any longer.'* ... J'y ai joué quand j'étais plus jeune, mais (je n'y joue) plus maintenant.

Il peut y avoir déjà un auxiliaire devant la première mention de V : *When one feels that things can't possibly get any worse, they often do* (*do* = *get worse*). Quand on a l'impression que la situation ne peut pas empirer, c'est souvent ce qui arrive.

En anglais britannique, on trouve aussi DO après des auxiliaires : *They didn't steal the money, but they could have done.*

On peut remplacer V seul sans son complément quand le contraste porte sur le complément : *At Harrods, we get as many bricklayers as we do wealthy sheiks* (À / Chez Harrods [grand magasin] nous voyons autant de maçons que de riches émirs) / *She speaks Chinese better than I ever will German* (Elle parle chinois mieux que je ne parlerai jamais allemand).

L'ellipse ou le remplacement de V sont exploités dans les diverses reprises par auxiliaire : réponse abrégée, reprise interrogative, construction *so* / *neither* / *nor* + auxiliaire + sujet, construction sujet + auxiliaire + *too* / *either*, construction *so* + sujet + auxiliaire, demande de confirmation (➤ 2.7.5 et 2.7.6). Un exemple, à comparer avec la traduction française :

> 'Her conduct fell short of the standards of decorum which Vashti's expects of its clients.' 'It **can't have done**. There **aren't** any.' 'There **are** and it **did**.' Sa conduite a contrevenu aux principes de bonne tenue que les clients du restaurant Vashti sont censés posséder. – Ce n'est pas possible, il n'y a pas de principes de ce genre. – Il y en a, et elle y a contrevenu.

Le comparatif est aussi une construction qui utilise les reprises par auxiliaire et ellipses :

> *They have more money than we ever did / will.*
> *Your cooking is much better than my mother's.*

Remarquez l'usage considérable que l'anglais fait des auxiliaires par rapport au français. Le français fait bien sûr aussi appel aux ellipses, mais les procédés de reprise recourent très peu aux auxiliaires.

30.3.3 Un cas d'ellipse sans auxiliaire

Quand la reprise dépend d'un verbe principal qui est normalement suivi de l'infinitif, il est impossible d'avoir le DO auxiliaire seul après l'infinitif (pour *do so*, ➤ 30.4.3). Il y a alors ellipse :

> *Jimmy has brought a puppy home though I told him not to.* ... bien que je lui aie dit de ne pas le faire / bien que je le lui aie interdit.

On trouve ce type d'ellipse notamment après : *want* (GN) *to*, *intend* (GN) *to*, *mean* (GN) *to*, *tell* (GN) *to*, *have to*, *be going to* (➤ 26.2.3 et 26.2.4).

Il y aussi ellipse après *make* et *let* (obligatoirement sans *to* cette fois) :

> *Jimmy didn't want to do his homework, but I made him.* ... mais je l'y ai obligé.

30.3.4 Le cas de BE et HAVE

BE est souvent conservé dans les reprises quand il suit un auxiliaire (➤ 2.7.5), particulièrement lorsqu'il est verbe de liaison :

'*I hope nothing is wrong at home.*' '*Might something be?*' '*Something might always be.*' (*Is* verbe de liaison devant l'adjectif *wrong* est conservé.) J'espère que rien ne cloche à la maison. – Ça pourrait (se faire) ? – Ça risque toujours.
'*I wasn't hurt.*' '*You might have been.*' (*Been* auxiliaire du passif *be hurt* est conservé.) Tu aurais pu l'être. (Notez que le pronom " l' / le " du français n'a pas d'équivalent en anglais.)

Lorsque *HAVE* marque un décalage vers le passé, il ne peut pas être supprimé : *They didn't complain, but they could have.*

30.4 Reprise de propositions

30.4.1 Ellipse

Dans les questions (directes ou indirectes) qui portent sur un complément pré-positionnel, on ne conserve que le mot interrogatif et la préposition qui l'accom-pagne, et celle-ci se place **après**. Toute la proposition fait l'objet d'une ellipse (l'ellipse est notée ci-après entre crochets) :

'*Will you open that tin for me?*' '*What with?*' (ellipse : *What [shall I open that tin] with?*)
'*We talked a lot.*' '*What about?*' (ellipse : *What [did you talk] about?*)
'*I must take some money.*' '*What for?*' ... Pour quoi faire ? (ellipse : *What [must you take some money] for?*)

Par ailleurs les interrogatifs sans préposition permettent, comme en français, des ellipses variées :

Somebody has moved my things, I wonder who. (ellipse : *I wonder who [has moved my things]*)

30.4.2 Remplacement ou ellipse après les verbes d'opinion (*I think so, I know*)

L'ensemble d'une proposition peut être repris par remplacement (*so* ou *it / that*) ou ellipse après un verbe d'opinion ou de déclaration.

On ne trouve l'ellipse qu'après *know* :

'*It's pretty cold outside.*' '*I know.*'... Je (le) sais.

On trouve *so* notamment après *believe, expect, fear, guess, hope, imagine, say, seem, suppose, tell, think, be afraid* :

'*Is it cold outside?*' '*I think so.*' ... Je pense. (ici, pas **I think*).
You must take your medicine every day – the doctor said so. ... le docteur l'a dit.
'*Will she get the job?*' '*I hope so.*' ... J'espère / Je l'espère.

Know ne peut être suivi de *so* que dans des cas exceptionnels : '*Do you really think so?*' '*I KNOW so.*'

On comprendra mieux le rôle de *so* dans ces constructions si l'on se rappelle qu'il y joue le rôle d'un adverbe dont le sens n'est pas très éloigné de celui de "ainsi" : *I think so, I think in that way.* Même remarque pour *do so*, ➤ 30.4.3.

L'ellipse est cependant toujours possible quand la reprise est dans la même phrase :

> *She'll get the job, I hope / I think / I'm afraid.* ... j'espère / je pense / je (le) crains.

Pour reprendre une proposition en la niant, on emploie *not* après *believe, expect, fear, guess, hope, imagine, suppose, think, be afraid* :

> *'Will she get the job?' 'I hope not.'* ... J'espère que non.
> *'Is his latest CD good?' 'I'm afraid not.'* ... Malheureusement, non.

On peut aussi nier le verbe et employer *so*, mais seulement avec les verbes d'appréciation d'un degré de certitude comme *believe, expect, guess, imagine, suppose, think* :

> *'Is it cold outside?' 'I don't think so.'* ... Je ne pense pas.

So et *not* se trouvent aussi après des adverbes qui expriment un degré de certitude par rapport au contenu de la proposition reprise, et après *if* :

> *'Do you think he can win the election?' 'Maybe (so) / Certainly not / Of course not.'* ... Peut-être que oui / Certainement pas / Bien sûr que non.
> *I heard we are going to get a rise. If so, we could buy a new washing machine. If not, we'll have to wait.* ... Si c'est le cas... Dans le cas contraire...

Say offre un choix entre *so* et *it* / *that*. *It* / *that* fait référence aux mots exacts qui ont été prononcés (qui ne constituent pas forcément une proposition), alors que *so* représente le contenu d'une proposition :

> *'Hello!' 'Who said that?'* (** Who said so?* parce que *Hello* n'est pas une proposition pouvant être vraie ou fausse.)
> *'All fools should be shot.' 'Who said that?'* = Qui a prononcé ces mots ? / *'Who said so?'* = Qui a émis l'idée contenue dans cette proposition ?

1. On emploie *it* après *believe* quand on se réfère à un fait : *'Luke has been promoted.' 'I can't believe it.'*

2. *So* peut également reprendre un adjectif ou un participe passé (V + *-EN*), notamment après *less* et *more* : *The building was damaged, but less so than might have been expected* ... mais moins qu'on aurait pu le craindre.

3. *As much* peut jouer un rôle semblable à celui de *so* après les verbes de déclaration ou d'opinion : *Jackie guessed correctly that her letter had gone astray, though he never said as much to her / Burun took Rostov aside. "Be careful of Nogai. He wants to set you against me." "I thought as much."* (W. James, *The Earth is the Lord's*) C'est bien ce que je pensais / Je m'en doutais.

30.4.3 *Do so / do it / do that*

Do so reprend le groupe verbal (et les compléments) :

> *If Ted is going to send them a thank-you letter, you'd better do so too.* Si Ted doit leur envoyer une lettre de remerciements, il vaudrait mieux que tu le fasses toi aussi.

On peut également employer *do it* et *do that* (possibles ici). *Do so* sera utilisé (de préférence à *do it* et *do that*) pour exprimer le sens de "faire la même chose". (Contrastez avec : *I think I ought to send them a thank-you letter. I'll do it tomorrow.*)

30.4.4 *I do so* / *So I do* / *So do I*

Ne confondez pas ces trois constructions, dans lesquelles l'ordre des mots est bien sûr essentiel :

*You asked her to send them a thank-you letter, and **she did so**.* ... et elle l'a fait.
*'Flora told me she saw you at the rock concert last night.' 'Oh, yes. **So she did**.'* ... En effet.
*Sue and I went to visit the new museum yesterday. I found it very disappointing, and **so did she**.* ... et elle aussi.

30.5 Ellipses de coordination

Les éléments communs à deux propositions coordonnées font l'objet d'une ellipse. Ceci ne pose pas vraiment de problème quand le terme commun est mentionné d'abord (l'ellipse est notée entre crochets) :

He was charged for being drunk and disorderly and made to pay a fine. (terme commun : *he was* ; ellipse : *[he was] made to pay a fine*) Il a été accusé d'ivresse publique et obligé de payer une amende.

Mais il est fréquent en anglais que le terme commun soit mentionné après l'ellipse, et non avant :

My wife had neither knowledge of nor any part in Rupert's death. (terme commun : *Rupert's death* ; ellipse : *neither knowledge of [Rupert's death]*) Ma femme n'était pas au courant de la mort de Rupert, et elle n'y a pas pris part. (Notez l'emploi des prépositions.)
This money can only be used for death and injury benefits. (terme commun : *benefits* ; ellipse : *for death [benefits]*) Cet argent ne peut être utilisé que pour des indemnités en cas de décès ou de blessure.

30.6 Ellipses qui ne sont pas des reprises

30.6.1 Ellipse de sujet (+ auxiliaires) + BE après les conjonctions

Dans la construction conjonction + adjectif, il y a ellipse de sujet + BE avant l'adjectif :

The Socialist Party, however small, might succeed in electing a dozen MPs. (ellipse : *however small [it may be]*) ... aussi petit soit-il, ...
He crossed his arms, hugging himself as though cold. (ellipse : *as though [he was] cold*) ... comme s'il avait froid.
Pour the gravy when hot. (ellipse : *when [it is] hot*) Versez la sauce quand elle est chaude.

30.6.2 Ellipses de langue parlée

Dans les questions de langue parlée courante, il est fréquent qu'il y ait ellipse soit de l'auxiliaire, soit du GN sujet et de l'auxiliaire.

- **Ellipse de l'auxiliaire :**

  She around now? (ellipse : [*Is*] *she around now?*) Elle est là en ce moment ?

  Everything okay? (ellipse : [*Is*] *everything okay?*) Tout va bien ?

  What happened? Somebody get shot? (ellipse : [*Did*] *somebody get shot?*) Qu'est-ce qui s'est passé ? Quelqu'un s'est fait tirer dessus ?

- **Ellipse du GN sujet + auxiliaire :**

  See the paper this morning? (ellipse : [*did you*] *see...*) T'as vu le journal ce matin ?

  You've got a good build. Ever do any boxing? (ellipse : [*did you*] *ever do...*) Vous avez fait de la boxe ?

Ces ellipses ne sont pas arbitraires. Il faut toujours que le terme qui subit l'ellipse soit facile à reconstituer. Les auxiliaires affectés sont essentiellement *do* / *did*, *is* / *are*, *was* / *were* et *have* / *has*. Les GN sont fréquemment les pronoms de 2ᵉ personne, mais pas exclusivement. Ce type d'ellipse peut s'étendre à quelques formules toutes faites qui contiennent d'autres auxiliaires :

  Like a drink? (ellipse : [*Would you*] *like a drink?*) Quelque chose à boire ?

Des ellipses du GN sujet (et éventuellement de l'auxiliaire) apparaissent aussi dans les affirmations :

  Doesn't matter. (ellipse : [*It*] *doesn't matter*) Ça fait rien.

  Cold, isn't it? (ellipse : [*It is*] *cold*) Froid, hein ?

Encadré 30-A : *Do*, verbe ou auxiliaire

1. *Do* verbe lexical

En tant que verbe à part entière, DO est compatible avec tout autre auxiliaire, y compris l'auxiliaire DO : *They didn't do the shopping.*

En contraste avec MAKE, DO indique une activité qui n'aboutit pas obligatoirement à la création de quelque chose. Ce sens de simple activité peut expliquer ses autres emplois.

2. *Do* verbe de remplacement de verbe (+ compléments)

Ce sont les formes *do it, do that, do so,* et aussi *what... do* qui servent de substitut à un groupe verbal : *Molly sent a cheque, and Harry did so too* / *The Chinese vase is broken. Who did that?* / *Molly sent a big cheque, and Harry felt a fool for not doing so* / *What he finally did was write a big cheque.*

DO est ici un verbe à part entière, et il peut donc être construit avec des auxiliaires (dont DO) : *Molly sent a big cheque, but Harry didn't do so* / *and Harry must have done so too.*

Cet emploi n'est normalement possible que si le groupe verbal représente une action, d'où l'impossibilité de ⋆*Molly loves cuddly teddy-bears, and Peggy does so too.* Il ne faut pas confondre cette phrase avec *Molly loves cuddly teddy-bears, and Peggy does too,* qui relève du point 3 ci-dessous.

a. En anglais britannique, DO seul (sans *so, it,* etc.) peut être utilisé en position finale dans des reprises à la suite d'un autre auxiliaire : *I should think he knows, he must do.* (K. Amis) / *You never give me any support, you never have done.* (R. Rendell)

b. DO peut ne reprendre que le verbe, sans son complément: *I know deep-sea diving doesn't scare you, but it does me.*

On voit que les cas **a** et **b** ne comportent pas de restrictions sur le sens du verbe repris : il peut s'agir aussi bien d'un verbe d'état que d'un verbe d'action, comme avec le DO auxiliaire.

3. *Do* auxiliaire

En tant qu'auxiliaire, DO forme sa négation et son interrogation directement (*She doesn't* / *Does she?*). Il n'existe qu'au présent et au prétérit (*do* / *does* / *did*). Mais, à la différence des modaux, il ne peut être suivi d'aucun autre auxiliaire.

DO auxiliaire reprend le verbe (+ compléments), sans restriction de sens : *Ida swims faster than Cindy does* (action) / *You look much better than she does* (état).

Dans ce cas, DO joue un rôle identique à celui des autres auxiliaires (modaux, HAVE, BE) ; comparez à : *Ida swims faster than Cindy ever has* / *will.*

Annexe 1
Règles de ponctuation et de typographie

Nous rappelons ici des règles essentielles, et nous indiquons par la mention "≠ **français**" les principaux cas dans lesquels l'usage anglais diffère de l'usage français. Dans les tableaux ci-après, la première colonne désigne les cas d'utilisation, la seconde colonne donne des exemples.

---

lettres majuscules (ou **capitales**) *capital letters*

• au début d'une phrase et à l'initiale des noms propres	*Beware of incorrect punctuation – especially on road signs.* (K. J. Coverdale)
• dans les sigles et acronymes	*the WWF, UNESCO*
• (≠ **français**) à l'initiale des adjectifs de nationalité ou se rapportant à certains groupes de personnes (notamment religions) ; noms / adjectifs désignant des langues	*an Italian painter / a Catholic bishop* un peintre italien / un évêque catholique *She can speak Japanese / It's an Arabic word.* Elle parle japonais / C'est un mot arabe.
• (≠ **français**) noms de jours et de mois	*on Saturday, November 1st* le samedi 1er novembre
• (≠ **français**) à l'intérieur des titres de livres, films, etc. (et pas seulement à l'initiale de ces titres)	*Once Upon a Time in the West* Il était une fois dans l'Ouest

italiques (≠ caractères romains) *italics (≠ roman type)*

Souligné dans l'écriture manuelle = *italiques* dans un texte imprimé.

✦ *Si l'italique a été choisi pour l'ensemble d'un texte, c'est le* romain *qui remplira les fonctions habituellement remplies par l'italique.*

• mots faisant l'objet d'une emphase • mots sur lesquels porte un commentaire • mots étrangers • titres de livres, films, etc. (mais les titres de nouvelles, de poèmes et d'articles se mettent simplement entre guillemets)	*I can't understand why you* insist *so much on this!* *Do you know what the word* roman *means?* *He likes music very much – it's his* raison d'être. Romeo and Juliet *is on at the Globe at the moment.*

apostrophe ' *apostrophe* /əˈpɒstrəfi/

• contractions, voyelles / consonnes supprimées • devant le *s* de certains pluriels (➤ 12.2.2.b) • marque du génitif (➤ 18.3) ✦ N'imitez pas les utilisations abusives devant le *s* du pluriel (**jean's*), et ne confondez pas *who's* et *whose*, ou *it's* et *its*.	*'Don't talk to 'im more than is necessary, you understand,' my companion said.* (R. Dahl, "The Hitchhiker") *Don't forget to dot your i's and cross your t's*

point . *full stop, period, point, dot* (selon utilisation)

• à la fin d'une phrase (GB : *full stop*, US : *period*) • "point décimal" (*point*, ou également parfois *dot*) • dans les adresses internet ou e-mail (*dot*) Le mot *dot* désigne également le point sur les lettres *i* et *j*.	*2.5 metres* (*two point five metres*) *www.pearsoneducation.fr*

virgule, *comma*	
• Utilisation un peu moins fréquente qu'en français, mais les règles essentielles sont les mêmes. Attention par exemple aux virgules jouant un rôle de parenthèses : il faut *deux* virgules (une de chaque côté de l'incise).	*But, you see, my stories have led me through my life.* (R. Bradbury, *Zen in the Art of Writing*)
• N'utilisez pas une virgule pour séparer le groupe sujet (même long) du verbe, ou le verbe du complément d'objet, ou pour introduire une relative restrictive (➤ 28.3.1).	*The first story I did actually publish was in a horror fanzine* [= *fan magazine*] *issued by Mike Garrett of Birmingham, Alabama* [...]. (S. King, *On Writing*)
• (≠ **français**) pour introduire du discours direct après un verbe comme *say, ask*, etc.	*She paused, then added, "The stuff that came out of him was green."* (S. King, *On Writing*)

deux points : *colon* /ˈkəʊlən/ parfois GB /ˈkəʊlɒn/	
• pour introduire une liste	*There were three of them: Ted, Sue and Robert.*
• pour introduire une explicitation	*Subject: Protection of the environment.*
• pour introduire une citation (mais ➤ aussi **virgule**)	*He went on: "So every once in a while, Taylor ... slipped."* (S. Sheldon, *The Sky is Falling*)

point-virgule ; *semicolon*	
Peu utilisé. Fonction identique à celle du point, mais indique un lien étroit entre les propositions qu'il relie.	*If she was merry then she was delightful company; if she was depressed then she was melancholia personified.* (W. Boyd, *The Blue Afternoon*)

tiret – ou — *dash*
Ne confondez pas avec le trait d'union.
GB : espace avant et après – / US : pas d'espace avant ni après —

• pour introduire une remarque, ou une explication, ou changer de point de vue (en français, plutôt virgule, ou deux points, ou point-virgule)	*The Raven was filmed as a comedy—no kidding.* (S. King, *On Writing*) '*I'm not bored – I'm jealous.*' (W. Sutcliffe, *Are you Experienced?*)

	... when capitulation came I felt nothing –
• pour indiquer une hésitation (cf. trois points de suspension en français) • fonction identique à celle de parenthèses	*less than nothing, even.* (N. Hornby, *High Fidelity*) *"In fact I'm looking for a—a girlfriend."* (A. Proulx, *That Old Ace in the Hole*) *When the window is partly open—it only opens partly—the air can come in [...]* .* (M. Atwood, *The Handmaid's Tale*)

trait d'union - *hyphen*

• relativement rare dans les composés du type "nom + nom" (➤ 18. 4.2) • fréquent (ou obligatoire) dans les composés constitués d'une expression • fréquent (ou obligatoire) dans les composés qui ont une fonction d'adjectif épithète • notez, dans certains cas d'ellipse (avant *and* ou *or*), le cas des composés tronqués	*mother-in-law, an out-of-date version* *a drug(s)-related offence, double-digit inflation, a ten-year-old child, a one-eyed man* *long- and short-term memory* *on- or off-the-record anecdotes*

barre oblique / *slash*

• sens le plus général : "ou" • pour délimiter une transcription phonémique, ou phonétique "large" (➤ remarque 2).	*Each one will make his/her own decision.*

parenthèses ( ) *(round) brackets / parentheses*
crochets [ ] *square brackets*

Utilisation identique à celle du français. Les crochets sont employés notamment pour signaler une modification ou un ajout dans un texte cité. Une suppression est signalée par [...] – mais on utilise également (...), ou simplement trois points (➤ remarque 5).	*I checked my watch: Philip Brockway (my ex-husband) was early.* (W. Boyd, *The Blue Afternoon*) *'My recent trip to my hometown [Manchester] was eventful,' he said.* *We shall go on to the end, [...] we shall never surrender.* (W. Churchill)

guillemets ' ' / " " *quotation marks / quotes*
✦ Jamais « », ni remplacement par un tiret.

US : " "
GB : généralement ' '
Observez dans les exemples les emplois
de la virgule (utilisée couramment après
said, etc., ➤ **virgule**), ainsi que la place
des divers signes de ponctuation (avant
ou après les guillemets).
➤ aussi encadré 4-A sur le discours
rapporté.

"He doesn't like personal publicity," Crom-
well said. "How did you get him to agree?"
(S. Sheldon, *The Sky is Falling*)
"Not much time to look, huh?" Chee said.
"What did you see when you did look?"
(T. Hillerman, *Hunting Badger*)

Remarques

1. Espaces (= blancs entre mots ou signes) : en anglais (≠ français), pas d'espace
devant **?**, **!**, **:** et **;** (les signes "doubles"). Si vous utilisez un traitement de texte qui
gère les espaces automatiquement, faites attention à la langue choisie. N.B. : en
anglais, *space / spacing* désigne aussi bien l'espacement (= *word / letter spacing*) que
l'interlignage (= *line spacing*).

2. On place entre **barres obliques** les transcriptions phonémiques ou les transcriptions phonétiques "larges" (transcriptions qui n'indiquent pas, par exemple, la différence entre le "*l* clair" de *like* et le "*l* sombre" de *milk* ou de *pill*), et entre **crochets** les
transcriptions phonétiques (notamment les transcriptions "étroites") : /laɪk/, /mɪlk/,
/pɪl/ ≠ [laɪk], [mɪɫk], [pʰɪɫ].

3. Les **coupures de mots** en fin de ligne se font très différemment du français.
Donc, dans le doute, évitez-les, ou bien vérifiez dans le dictionnaire (*Longman Dictionary of Contemporary English*).

4. Point d'interrogation (*question mark*) et **point d'exclamation** (*exclamation mark /
point*) : utilisation comme en français.

5. Points de suspension (ou **trois points**). Ils sont employés pour signaler une omission dans une citation (*ellipsis points* : [...], (...) ou . . .), ou une pause (*three dots* : *He
finally said . . . nothing*). Ne les utilisez pas pour terminer une énumération : préférez *etc.*

Annexe 2
Verbes irréguliers

Ne sont pas inclus dans cette liste les verbes composés irréguliers dont le sens se déduit facilement du sens de chacun des éléments, c'est-à-dire des verbes comme *foresee* (prévoir) ou *misunderstand* (mal comprendre), qui se conjuguent comme *see* et comme *understand*.

Certains verbes appartiennent à un niveau de langue recherché. Ceci est indiqué par la lettre F (*formal*) figurant entre parenthèses.

Lorsqu'une forme régulière existe, elle est indiquée par la lettre R. Ne sont pas mentionnés les emplois non standard de la forme du prétérit à la place de la forme du participe passé (*He'd broke the glass*).

Une traduction est donnée pour chaque verbe, mais seulement **à titre indicatif**. Très souvent, cette traduction n'est pas la seule possible.

Présent	Prétérit	Participe passé	
abide (F)	*abode*, R	*abode*, R	demeurer
awake	*awoke*, R	*awoken*, R	(se) réveiller
bear /beər/	*bore*	*borne*	porter
beat	*beat*	*beaten*	battre
become	*became*	*become*	devenir
begin /bɪ'gɪn/	*began*	*begun*	commencer
behold	*beheld*	*beheld*	contempler
bend	*bent*	*bent*	courber
bereave (F)	*bereft*, R	*bereft*, R	priver de
beseech /bɪ'si:tʃ/ (F)	*besought* /bɪ'sɔ:t/, R	*besought*, R	supplier
beset	*beset*	*beset*	assaillir
bet	*bet*, R	*bet*, R	parier
bid	*bade, bid*	*bid, bidden*	offrir (un prix)
bind	*bound*	*bound*	lier

Présent	Prétérit	Participe passé	
bite	*bit*	*bitten*	mordre
bleed	*bled*	*bled*	saigner
blow	*blew* /blu:/	*blown*	souffler
break /breɪk/	*broke*	*broken*	casser
breed	*bred*	*bred*	élever
bring	*brought* /brɔ:t/	*brought*	apporter
broadcast	*broadcast*, R	*broadcast*, R	émettre, diffuser
build /bɪld/	*built*	*built*	bâtir
burn	*burnt*, R	*burnt*, R	brûler
burst	*burst*	*burst*	éclater
buy	*bought*	*bought*	acheter
cast	*cast*	*cast*	lancer
catch	*caught* /kɔ:t/	*caught*	attraper
chide (F)	R, *chid*	R, *chidden*	réprimander
choose /tʃu:z/	*chose* /tʃəʊz/	*chosen* /'tʃəʊzn/	choisir
cleave (F)	*cleft, clove*	*cleft, cloven*	fendre
cling	*clung*	*clung*	s'accrocher
come	*came*	*come*	venir
cost	*cost*	*cost*	coûter
creep	*crept*	*crept*	ramper
cut	*cut*	*cut*	couper
deal /di:l/	*dealt* /delt/	*dealt*	distribuer
dig	*dug*	*dug*	creuser

Présent	Prétérit	Participe passé	
dive	R, US aussi *dove*	*dived*	plonger
do	*did*	*done*	faire
draw	*drew*	*drawn*	tirer
dream	*dreamt* /dremt/, R	*dreamt*, R	rêver
drink	*drank*	*drunk*	boire
drive	*drove*	*driven*	conduire
dwell	*dwelt*, R	*dwelt*, R	demeurer
eat	*ate* /et/, /eɪt/	*eaten*	manger
fall	*fell*	*fallen*	tomber
feed	*fed*	*fed*	nourrir
feel	*felt*	*felt*	(res)sentir
fight	*fought*	*fought*	combattre
find	*found*	*found*	trouver
fit	R, US aussi *fit*	R, US aussi *fit*	convenir (dimension)
flee	*fled*	*fled*	fuir
fling	*flung*	*flung*	lancer avec force
fly	*flew*	*flown*	voler (dans les airs)
forbear (F)	*forbore*	*forborne*	s'abstenir
forbid	*forbad(e)*	*forbidden*	interdire
forecast	*forecast*, R	*forecast*, R	prédire
forget	*forgot*	*forgotten*	oublier
forgive	*forgave*	*forgiven*	pardonner
forsake	*forsook*	*forsaken*	abandonner

Présent	Prétérit	Participe passé	
freeze	*froze*	*frozen*	geler
get	*got*	*got, gotten*	obtenir
give	*gave*	*given*	donner
go	*went*	*gone*	aller
grind	*ground*	*ground*	moudre
grow	*grew*	*grown*	pousser, croître
hang	*hung*	*hung*	pendre (R dans le sens de "tuer par pendaison")
hear	*heard*	*heard*	entendre
hew (F)	*hewed*	*hewn*, R	tailler à la hache
hide	*hid*	*hidden, hid*	cacher
hit	*hit*	*hit*	frapper
hold	*held*	*held*	tenir
hurt	*hurt*	*hurt*	blesser
keep	*kept*	*kept*	garder
kneel	*knelt*, R	*knelt*, R	être à genoux
knit	*knit*, R	*knit*, R	tricoter
know	*knew*	*known*	connaître
lay	*laid* /leɪd/	*laid*	poser à plat
lead /liːd/	*led*	*led*	mener
lean /liːn/	*leant* /lent/, R	*leant*, R	incliner
leap /liːp/	*leapt* /lept/, R	*leapt*, R	sauter
learn	*learnt*, R	*learnt*, R	apprendre
leave	*left*	*left*	quitter
lend	*lent*	*lent*	prêter

Présent	Prétérit	Participe passé	
let	*let*	*let*	laisser
lie	*lay*	*lain*	être couché
light	*lit*, R	*lit*, R	éclairer
lose /luːz/	*lost*	*lost*	perdre
make	*made*	*made*	faire
mean	*meant* /ment/	*meant*	signifier
meet	*met*	*met*	rencontrer
mislay	*mislaid*	*mislaid*	égarer
mow /məʊ/	*mowed*	*mown*, R	faucher, tondre
pay	*paid* /peɪd/	*paid*	payer
plead	R, US aussi *pled*	R, US aussi *pled*	plaider
prove	R	R, US aussi *proven*	prouver
put	*put*	*put*	mettre
quit	*quit*, R	*quit*, R	arrêter, cesser
read /riːd/	*read* /red/	*read* /red/	lire
rend	*rent*	*rent*	déchirer
rid	*rid*, R *(ridded)*	*rid*, R	débarrasser
ride	*rode*	*ridden*	être à cheval
ring	*rang*	*rung*	sonner
rise	*rose*	*risen*	s'élever
run	*ran*	*run*	courir
saw /sɔː/	*sawed*	*sawn*, R	scier
say	*said* /sed/	*said* /sed/	dire

Présent	Prétérit	Participe passé	
see	*saw*	*seen*	voir
seek	*sought*	*sought*	rechercher
sell	*sold*	*sold*	vendre
send	*sent*	*sent*	envoyer
set	*set*	*set*	placer
sew /səʊ/	*sewed* /səʊd/	*sewn* /səʊn/, R	coudre
shake	*shook* /ʃʊk/	*shaken*	secouer
shear /ʃɪə/ (F)	*sheared*	*shorn*, R	tondre
shed	*shed*	*shed*	répandre
shine	*shone*	*shone*	briller (R dans le sens de "faire briller")
shit	*shit, shat*, R	*shit, shat*, R	chier
shoe	*shod*, rarement R	*shod*, rarement R	ferrer (un cheval), chausser
shoot /ʃuːt/	*shot*	*shot*	faire feu, tirer
show	*showed*	*shown*, R	montrer
shrink	*shrank, shrunk*	*shrunk*	rétrécir
shut	*shut*	*shut*	fermer
sing	*sang*	*sung*	chanter
sink	*sank*	*sunk*	couler (embarcation)
sit	*sat*	*sat*	être assis
slay (F)	*slew*	*slain*	tuer, occire
sleep	*slept*	*slept*	dormir
slide	*slid*	*slid*	glisser

Présent	Prétérit	Participe passé	
sling	*slung*	*slung*	lancer avec force
slink	*slunk*	*slunk*	se déplacer furtivement
slit	*slit*	*slit*	fendre, inciser
smell	*smelt*, R	*smelt*, R	sentir
smite (F)	*smote*	*smitten*	frapper avec force
sneak	R, rarement *snuck*	R, rarement *snuck*	(s')introduire / sortir furtivement
sow /səʊ/	*sowed* /səʊd/	*sown*, R	semer
speak	*spoke*	*spoken*	parler
speed	*sped*, R	*sped*, R	aller vite
spell	*spelt*, R	*spelt*, R	épeler
spend	*spent*	*spent*	dépenser
spill	*spilt*, R	*spilt*, R	répandre (par mégarde)
spin	*span*, *spun*	*spun*	(faire) tourner vite
spit	*spat*, *spit*	*spat*, *spit*	cracher
split	*split*	*split*	fendre
spoil	*spoilt*, R	*spoilt*, R	gâter
spread /spred/	*spread*	*spread*	répandre
spring	*sprang*, *sprung*	*sprung*	bondir
stand	*stood* /stʊd/	*stood*	être debout
steal	*stole*	*stolen*	voler (qqch)
stick	*stuck*	*stuck*	coller
sting	*stung*	*stung*	piquer
stink	*stank*, *stunk*	*stunk*	sentir mauvais

Présent	Prétérit	Participe passé	
strew (F)	*strewed*	*strewn*, R	joncher
stride	*strode*	*stridden*	marcher à grands pas
strike	*struck*	*struck*	frapper
string	*strung*	*strung*	enfiler (des perles, etc.)
strive (F)	*strove*, R	*striven*, R	s'efforcer
swear	*swore*	*sworn*	jurer
sweep	*swept*	*swept*	balayer
swell	*swelled*	*swollen* /'swəʊlən/, R	enfler
swim	*swam* /swæm/	*swum*	nager
swing	*swung*	*swung*	(se) balancer
take	*took*	*taken*	prendre
teach	*taught*	*taught*	enseigner
tear /teə/	*tore*	*torn*	déchirer
tell	*told* /təʊld/	*told*	dire
think	*thought*	*thought*	penser
thrive (F)	*throve*, R	R, *thriven*	bien se développer
throw	*threw*	*thrown*	lancer
thrust	*thrust*	*thrust*	pousser avec force
tread /tred/	*trod*	*trodden*, *trod*	fouler
understand	*understood*	*understood*	comprendre
undertake	*undertook*	*undertaken*	entreprendre
upset	*upset*	*upset*	renverser, bouleverser
wake	*woke* /wəʊk/, R	*woken*, R	réveiller

Présent	Prétérit	Participe passé	
wear /weə/	*wore* /wɔ:/	*worn*	porter (un vêtement)
weave /wi:v/	*wove* /wəʊv/	*woven*	tisser
wed (F)	*wed*, R	*wed*, R	marier / épouser
weep (F)	*wept*	*wept*	sangloter
wet	*wet*, R	*wet*, R	mouiller
win	*won*	*won*	gagner
wind /waɪnd/	*wound* /waʊnd/	*wound*	tourner, enrouler
wring /rɪŋ/	*wrung* /rʌŋ/	*wrung*	tordre (mouvement tournant)
write	*wrote*	*written*	écrire

Index

Liste des tableaux et encadrés

Dépôt légal : juin 2008
IMPRIMÉ EN FRANCE

Achevé d'imprimer le 26 mai 2008
sur les presses de l'imprimerie «La Source d'Or»
63200 Marsat
Imprimeur n° 10293